DOMITILA

PAULO REZZUTTI

DOMITILA

A HISTÓRIA NÃO CONTADA

Edição revista

1ª edição

EDITORA RECORD
RIO DE JANEIRO • SÃO PAULO
2025

CIP-BRASIL. CATALOGAÇÃO NA PUBLICAÇÃO
SINDICATO NACIONAL DOS EDITORES DE LIVROS, RJ

R359d Rezzutti, Paulo, 1972-
Domitila / Paulo Rezzutti. - 1. ed. - Rio de Janeiro : Record, 2025.
(A história não contada ; 4)

ISBN 978-85-01-92384-4

1. Santos, Domitila de Castro Canto e Melo, Marquesa de, 1797-1867. 2. Pedro I, Imperador do Brasil, 1798-1834. 3. Brasil - História - Império, 1822-1889. I. Título. II. Série.

25-98134.1 CDD: 923.1
CDU: 929.732(81)

Gabriela Faray Ferreira Lopes - Bibliotecária - CRB-7/6643

Texto revisado segundo o Acordo Ortográfico da Língua Portuguesa de 1990.

Direitos exclusivos desta edição reservados pela
EDITORA RECORD LTDA.
Rua Argentina, 171 – Rio de Janeiro, RJ – 20921-380 – Tel.: (21) 2585-2000.

Impresso no Brasil

ISBN 978-85-01-92384-4

Para Adriana

— A marquesa de Santos era na verdade bonita, como diziam?
— Estava na ruína, mas ainda assim bem se via ter sido um pancadão de respeito...
E a testemunha atardava-se nos gabos da beleza moribunda:
— Toda a gente muito a considerava.
— Tinha o ar de soberana de todos nós, trazido dos hábitos da corte de d. Pedro I...
— No tempo do brigadeiro dava sota e ás em São Paulo [...]
Teria nascido daí a preocupação que faria do menino, trinta e tantos anos mais tarde, o primeiro historiador dessa mulher, aproveitada, vilipendiada e ignorada, cortesã em chinelas e fitão de Santa Isabel, que o Brasil, exagerado e inclinado a imitações francesas, pretendeu transformar numa pródiga Pompadour...

Alberto Rangel, *Águas revessas*

SUMÁRIO

Apresentação 11

Prefácio à nova edição revista 15

Prefácio
Tudo o que você queria saber sobre Domitila de Castro e tinha vergonha de perguntar 21

Introdução à primeira edição
Marquesa dos Santos ou dos Demônios? 23

Parte I: São Paulo (1797-1822)
A formosa sem dote 31
Bodas de sangue 41
O príncipe encantado 51

Parte II: Rio de Janeiro (1823-1829)
Versalhes tropical 67
A Nova Castro 79
A primeira-dama do imperador 95
Marquesa 109
Quebra-se o triângulo 135
O atentado da Glória 149
O exílio paulista 167
Os cem dias de Domitila 179
Marquesa de Santos ou de Pompadour? 191

Parte III: São Paulo (1829-1867)
Recomeço 207
O "Reizinho de São Paulo" 217
Tempo de revolução 229
Estudantadas 245
Crepúsculo 257

Epílogo
O destino da prole 275

Anexos: A paulista que virou marquesa que virou lenda
A marquesa de Santos e a cultura brasileira 313
As casas da marquesa 339
Um solar assombrado 345
Santa Domitila 349

Apêndices 355
Cronologia 371
Notas 383
Bibliografia 401
Agradecimentos 417

APRESENTAÇÃO

> ***Os homens vieram primeiro ao mundo, fizeram as leis e tomaram para si as regalias.***
>
> Teresa Margarida da Silva e Orta, 1750

Treze anos separam a primeira edição desta nova edição revista. Assim como eu não sou mais o mesmo autor, esta obra também não é mais a mesma. Os treze anos que nos separam carregam com eles vivências, aprendizados, descobertas e novas compreensões, além de muito mais maturidade. Assim é a vida, assim é o percurso do ser humano nela: nem as pessoas, nem os objetos, tampouco os pensamentos são imutáveis; somos todos seres em constante evolução e aprendizado. Isso vale ainda mais no que diz respeito à tarefa do biógrafo de esmiuçar e revelar a vida de seres humanos. O conselho dado por Carl G. Jung deveria ser seguido por todos: "Conheça todas as teorias, domine todas as técnicas, mas, ao tocar uma alma humana, seja apenas outra alma humana".[1]

Escrever a biografia de uma mulher brasileira nascida no final do século XVIII, cuja trajetória percorre boa parte do XIX, ainda é um desafio considerável. Procurar a voz de Domitila de Castro, a marquesa de Santos, sem ser pela narrativa de terceiros é uma tarefa árdua. Temos, por exemplo, a voz de d. Pedro nas cartas dele para Domitila, que ela guardou. As cartas dela para ele que sobreviveram são raras.

Anos depois da primeira edição desta obra, localizei, na Fundação Biblioteca Nacional, no Rio de Janeiro, cartas tanto de Domitila para o genro, o conde de Iguaçu, quanto para a última filha dela e de d. Pedro I, Maria Isabel, condessa de Iguaçu. Igualmente, surgiu a troca de correspondência entre o conde de Iguaçu e a duquesa de Goiás, primeira filha de d. Pedro com Domitila, que partiu para a Europa com 5 anos e nunca mais viu a mãe.

Nesses achados, apareceram diversas surpresas, como as lembranças desse genro. Ele traçou um perfil da sogra no qual a culpou pela péssima educação moral dada à filha, esposa dele. Por sorte, também há as cartas da marquesa para o conde. Em algumas, escutamos a voz de uma mãe, aos 53 anos, irritada com os desvarios do genro: "Estou bem convencida que o senhor é daqueles homens que não olham para suas dívidas e nem para o futuro. Eu, sendo mulher, lembro-me do futuro". Também é numa carta dela para o conde de Iguaçu, frequentador do palácio de São Cristóvão e servidor da Casa Imperial, que observamos o lado político de Domitila, durante o Segundo Reinado, passando informações sobre acontecimentos em São Paulo para que chegassem ao conhecimento do imperador d. Pedro II.

Isso demonstra, mais uma vez, que é nos arquivos de homens que acabamos por buscar a voz da mulher. "No teatro da memória, as mulheres são sombras tênues."[2] O silêncio imposto às vozes femininas é um reflexo dos valores da cultura da época, como pude observar ao estudar o processo de divórcio da filha da marquesa, Maria Isabel. A condessa de Iguaçu acabou tendo, nas mãos do conde, destino semelhante ao da mãe com o primeiro marido, Felício. Maria Isabel foi traída, roubada, humilhada, espancada e tentou se separar, sendo as suas testemunhas praticamente desconsideradas no processo de divórcio, enquanto que as do conde, que nada viram direito ou nada sabiam ao certo, tiveram mais peso.

Assim como na época — o conde de Iguaçu tentou justificar os seus crimes contra a esposa culpando a marquesa pela educação da filha —, ainda hoje parte da sociedade continua condenando Domitila ao rotulá-la como "amante". Como se fosse fácil biografar uma mulher desse estrato social e desse período, ainda me debrucei sobre uma cujo maior mérito parece ter sido seduzir o "inocente" e jovem príncipe regente do Brasil.

APRESENTAÇÃO

Ao menos uma vez por semana eu escuto perguntas a respeito de como seria a história do Brasil se determinado fato tivesse ou não ocorrido. Por exemplo: "Como seria o Brasil se a monarquia não tivesse sido derrubada em 15 de novembro de 1889?". Eu respondo, invariavelmente, que história não é ficção, não é feita de "se". A única certeza histórica que eu tenho é que, se não fosse Domitila, teria sido outra na vida de d. Pedro I. O fato de o príncipe não ter honrado a esposa, impondo a ela, como imperador do Brasil, a presença não apenas da amante, mas também da filha tida fora do casamento, não impediu que ele fosse lembrado por diversas ações políticas que realizou. Já Domitila carregou para sempre a marca de ter sido "a outra", a "destruidora de lares".

Esta edição retoma a questão de que 10% da vida de uma pessoa, no caso de uma mulher paulista do século XIX, não podem resumir os outros 90% vividos. Isso porque Domitila transgrediu em várias outras áreas e foi muito mais que amante. Foi mulher, foi mãe, foi avó, foi esposa, foi vítima de violência doméstica, foi uma sobrevivente. Foi uma mulher forte em meio a uma sociedade patriarcal opressora, em que o seu gênero não valia muito. Direitos eram impensáveis: as mulheres não podiam mover nem mesmo processos se não houvesse um homem que as tutelasse. Liberdade, educação, aspirações, bens, tudo era reservado aos homens.

Sabemos que Domitila, mesmo sem saber escrever de maneira gramaticalmente correta para o padrão da época, soube se expressar muito bem. Soube obedecer quando interessava e mandar quando queria. Soube emprestar dinheiro a juros e quadruplicar o seu patrimônio. Soube aprender rapidamente as coisas da vida e do mundo. Soube se divertir, enfeitar-se, cobrir-se de joias e influenciar a moda e a cultura da sua cidade. Soube educar filhos, netos e afilhados, e proteger agregados. Soube passar por cima da vontade do marido falecido e deixar o filho se casar por amor sem ser deserdado por isso. Soube viver com a marca de ter sido a outra, sem que isso a impedisse de ser quem bem entendesse.

Paulo Rezzutti

Março de 2025

PREFÁCIO À NOVA EDIÇÃO REVISTA

Permitam-me uma impertinência, quero começar este prefácio com uma crítica, não propriamente ao livro, mas ao título/subtítulo e à sua (restrita) promessa. A narrativa é mais do que a vida de Domitila e *a história não contada da marquesa de Santos*. O que o historiador Paulo Rezzutti faz ultrapassa o limite sugerido pelo título. Ele nos conta a história do Brasil, dos meandros do poder, seu *modus operandi*, humanizando seus personagens por meio da história de Domitila. Diria, parafraseando o escritor mineiro Affonso Romano Sant'Anna, que quem quiser pode pensar que o livro trata apenas de uma história de amor. "Mas quem quiser ver mais fundo vai começar a entender melhor o Brasil."[1] Não só um Brasil que ficou no passado, mas o quanto desse passado persiste e se repete no presente.

Já nas primeiras páginas isso se desvela. O historiador traça um retrato não só de Domitila, mas da prosaica São Paulo do século XVIII. Entrelaça o ano do nascimento da futura amante de d. Pedro I (alçada a marquesa) com a cidade de São Paulo, que contava naquele momento com 5 mil habitantes; descreve as primeiras construções, a limpeza e higiene da cidade (em comparação ao Rio de Janeiro, pelo uso de fossas ao invés dos "tigres", pessoas escravizadas que carregavam, nas costas, baldes com excrementos para serem jogados no mar), além de nos contar os hábitos e costumes dos paulistas, considerados mais simples e severos.

As mulheres paulistanas usavam "sarja de Málaga preta e a mantilha de casimira, debruada de renda" que mais lembravam as burcas usadas por mulheres muçulmanas, o que fazia recair sobre elas uma série de limitações sobre a sua liberdade natural. Sempre me pergunto: por que as mulheres são as primeiras a serem controladas em sociedades repressivas e autoritárias? Por que elas foram (e ainda são) tão temidas?

O livro de Rezzutti é uma instigante resposta a essa questão, e Domitila, um exemplo quase perfeito. Arrisco-me a afirmar que as mulheres foram (e ainda são) as protagonistas das mudanças mais profundas de costumes, e aquelas que conseguem se contrapor e se impor rearranjam a ordem dos poderes. No Brasil de Domitila, nem José Bonifácio, o político mais influente e conselheiro privilegiado de d. Pedro I, resistiu. Foi, assim como os irmãos, acusado de conspiração e exilado em 1823. Não só essa manobra política foi atribuída a Domitila, mas uma série de outras. O autor, no entanto, toma cuidado para não superdimensionar o poder dela, observando que o imperador não estava completamente submetido à sua vontade, mas atendia aos desejos que em parte lhe convinham.

Ainda assim revela, por meio da pesquisa das cartas entre d. Pedro I e Domitila, a sua importância, até mesmo a sua associação simbólica com a Independência do Brasil. D. Pedro I claramente diz isso em um dos registros: "No dia que fazia três anos que eu comecei a ter amizade com mecê [29 de agosto de 1825] assino o tratado do nosso reconhecimento como Império por Portugal [...] Quando há para notar uma tal combinação de acontecimentos políticos com os nossos domésticos e tão particulares".[2]

Tal amalgamado entre decisões políticas e sentimentos não se restringe a essa história amorosa, mas parece repetir-se ao longo da história. Não sem razão Domitila é comparada à famosa marquesa de Pompadour. De fato, Pompadour foi mais do que uma simples amante de Luís XV, era uma mulher culta e sagaz que gradualmente adquire um poder político e econômico sem precedentes. Guardadas as diferenças entre ambas, não seria um exagero fazer o paralelo. Domitila torna-se uma espécie de primeira-ministra do Brasil no período e, assim como a marquesa francesa, beneficia-se com as intermediações. Rezzutti enumera os feitos conhecidos (e comprovados), destacando desde a queda dos Andrada até o fato de ter "embolsado quatro mil libras esterlinas pelas negociatas"[3] de um caso envolvendo o militar português Luís Rego.

Um parêntese: essa é uma característica da pesquisa de Paulo Rezzutti que chama atenção ao longo da leitura, ele não recai em hipóteses fáceis e sensacionalistas que poderiam apimentar a história. Prefere, diante das zonas interditas da história, adotar a prudência ou, até mesmo, questionar a veracidade de alguns documentos, como é o caso da suposta última carta da imperatriz d. Leopoldina para sua irmã, assumindo dívidas e maldizendo d. Pedro I e sua amante. Usando a sua experiência na análise das cartas originais, o historiador aponta incongruências nesta última carta e conclui que "a produção de escândalos para macular a imagem pública de alguém não é invenção recente".[4]

Voltando a Domitila, o autor destaca as paixões provocadas por ela não só entre os seus contemporâneos, mas até hoje. Dona de uma altivez incomum, Domitila soube enfrentar (e usar) a paixão do imperador a seu favor para conter seus desafetos. Todos os constrangimentos que passou foram rapidamente reprimidos por d. Pedro I e compensados com títulos, honrarias e privilégios para ela e parte de sua família. Mesmo durante o período em que seu relacionamento com d. Pedro I desgasta-se, ela não perde o entendimento do valor próprio. Isso fica patente na carta em que responde a ordem do imperador de que se afastasse da corte: "Não sou destas de saco às costas". Em outra, continua: "Perdoe-me que lhe diga isto: eu não preciso de conselhos".[5]

Este livro não só apresenta a "amante atrevida" de d. Pedro I, mas oferece a oportunidade de ampliar nosso entendimento sobre Domitila por meio de outras facetas não tão luminosas e humanas. Domitila foi uma sobrevivente, como nos lembra o historiador, recuperando-se de um ataque com faca de seu ex-marido. Um homem que a agrediu física e psicologicamente por anos, depredou o patrimônio da família e a perseguiu, mesmo após uma conturbada separação. Foi também mãe dedicada de 14 filhos, sendo que apenas 7 deles sobreviveram. Educou todos e cuidou do patrimônio deles.

O testamento, transcrito na íntegra em anexo, é, entre os registros escritos e reunidos por Paulo Rezzutti, um dos mais reveladores de uma outra faceta de Domitila. No seu registro final, ela contempla não só os filhos, mas lembra-se dos desassistidos — destaca-se a sua preocupação com as pessoas escravizadas que trabalhavam para ela. Ainda que hoje soe profundamente agressiva e desencaixada a escravização de pessoas, é importante recorrer ao tempo e aos seus costumes. O ato de Domitila não deixa de conter uma dose de afeto.

Domitila liberta a maioria deles e deixa orientações de cuidado, como é o caso de Carolina, em que roga a seus filhos "que não consintam que ela se case senão com pessoa de bons costumes, para que não a maltrate e conserve alguma coisa que tiver". Ou com a rebelde escrava Helena, que deixa livre com a condição de que passe a "morar com sua filha e de não furtar e não beber bebidas espirituosas".[6]

Ela foi também a mulher mais rica de São Paulo e provavelmente do Brasil. Era a única que figurava entre os quinze capitalistas listados no *Almanak administrativo, mercantil e industrial da província de São Paulo*. Recursos que ela soube administrar e fazer crescer. Como nos informa Rezzutti, ela triplica o patrimônio com o passar dos anos, algo em torno de 228 milhões de reais.

Domitila ficou conhecida também por sua caridade. Doou recursos para a construção do Cemitério da Consolação em São Paulo, onde está enterrada, para os necessitados e mesmo para financiar a Guerra do Paraguai, distribuindo dinheiro entre os soldados antes de sua partida.

Por fim, não poderia deixar de destacar o encarte de imagens do livro, em que há não só o famoso retrato de Domitila de Castro, sem autoria conhecida, trajada com luxo e joias, mas também uma série de pequenos e inusitados objetos que nos dão a ver a importância e o teor da relação entre os amantes. Como os pelos (provavelmente pubianos) enviados pelo amante junto a uma carta para Domitila, um pendente de marfim com o retrato de d. Pedro I criança, uma pulseira de miçangas que formam o busto do imperador ou mesmo o imponente colar com catorze ametistas (novamente) com o busto de d. Pedro I. A prática de portar o retrato do marido, comum entre as esposas da época, não deixa de revelar um ar de obsessão e ciúmes por parte do imperador, como também foi usada socialmente por Domitila como símbolo de seu status e poder. Por isso a importância da presença dessas imagens que falam por si. O texto, que já é visual, ganha assim reforço com essas imagens, que, apesar de não serem alvo da análise, auxiliam a imaginação histórica dos leitores.

Eis que este trabalho de fôlego nos oferece a oportunidade de ver o Brasil pelos olhos dessa controversa personagem, combinando e alinhavando (ricamente) elementos que vão desde cartas, imagens, objetos à análise atenta do historiador, expressos por meio de uma escrita arguta e clara. Mais do que uma questão de gosto, amores e ódios que a marquesa de Santos pode nos provocar, é importante compreender esta leitura como uma oportunidade de complexificar o alcance e as nuances do nosso olhar sobre o nosso (difícil) país através de uma personagem igualmente multifacetada.

Isabelle Anchieta

Doutora em Sociologia pela USP, mestre em Comunicação Social e jornalista. Recebeu os prêmios Rumos Itaú Cultural e ABEU pela trilogia Imagens da Mulher no Ocidente Moderno.

PREFÁCIO

Tudo o que você queria saber sobre Domitila de Castro e tinha vergonha de perguntar

É uma bem apaixonante história essa que nos conta Paulo Rezzutti. Pois, assim como há encontros pela vida, também entre autores e personagens, entre pesquisadores e seus objetos de pesquisa eles ocorrem. Pois o historiador descobriu um personagem histórico sobre o qual se debruçou, com rigor e ternura, ao longo de anos de pesquisa em arquivos diversos e centenas de documentos. Ninguém conhece melhor Domitila de Castro do que ele... Portanto, ninguém melhor do que Paulo Rezzutti para desconstruir o mito e nos apresentar a sua história, tendo como pano de fundo as transformações políticas, sociais e econômicas do nascente Império do Brasil.

Apoiado numa escrita eficaz, num estilo vivo, sem efeitos de retórica, texto, portanto, que se lê com curiosidade e emoção, Rezzutti remonta às origens da bela nascida "na formosa sem dote", a pequena São Paulo, decifrando seu passado: bodas infelizes, encontro com um jovem príncipe quase encantado e ida para a corte do Rio de Janeiro, a consolidação no papel de favorita, seu poder e fascínio. E, no outro lado da moeda, as inconstâncias de d. Pedro, a triste existência da imperatriz Leopoldina, assim como sua morte com diagnóstico inédito, as outras concorrentes, o exílio que rompeu o encanto e o ocaso de uma trajetória: a da Pompadour tropical.

Absolutamente inéditos são os capítulos sobre o retorno de Domitila a São Paulo. O casamento com uma das figuras mais emblemáticas da sociedade, a prole aumentada, a relação com a cidade, "a benfeitora" e o destino de sua família. O tríptico é tão mais interessante e intenso quanto seus capítulos, que se percorrem com leveza, e se baseiam em exaustiva e consistente pesquisa. Graças a ela, Domitila de Castro nos aparece inteira, como se acabasse de virar a esquina.

Tão fascinante quanto necessário, o livro de Paulo Rezzutti atravessa o enigma do mito, escuta, interroga e corrobora as vozes do passado, encaixa peças de um quebra-cabeça que açodava os historiadores havia muito tempo. Ele nos restitui um retrato nítido da marquesa de Santos e a sua versão de uma verdadeira história, dentre tantas outras que ainda serão construídas sobre o Primeiro Reinado.

Mary Del Priore

Historiadora, professora e autora de mais de 52 títulos.
É membro da Academia Paulista de Letras
e vencedora do Prêmio Jabuti.

INTRODUÇÃO À PRIMEIRA EDIÇÃO

Marquesa dos Santos ou dos Demônios?

"Mas então penduraram o retrato dessa tipa! Não ofenderão os melindres das famílias de São Paulo?",[1] perguntou Afonso Taunay horrorizado a Sérgio Buarque de Holanda, diretor do Museu Paulista, apontando para o quadro em que uma dama com um vestido antigo e desafiadores olhos escuros os observava.[2]

A "tipa" em questão era Domitila de Castro Canto e Melo, a marquesa de Santos. Taunay, durante a gestão de três décadas à frente do Museu Paulista, havia condenado Titília, para os íntimos, ao limbo de qualquer museu: um canto na reserva técnica, longe dos olhos dos visitantes. Ela só veio alcançar a redenção graças ao novo diretor, que a trouxe à luz. Desde então encontra-se exposta, geralmente, e com vista para o local onde repousam os restos mortais de seu imperial amante e das duas esposas dele.

Parte do choque de Taunay era compreensível: haviam posto a tela diante de um retrato do padre Feijó e, entre os dois, a cama que pertencera a ela. O espanto do antigo diretor perante a cena inusitada, causada por uma curadoria desastrada, ilustra como, anos após a morte da marquesa, os paulistas não sabiam bem o que fazer com a memória de Domitila.

Existe um tabu histórico envolvendo a marquesa de Santos na cidade onde nasceu. As duas principais obras sobre a história de São Paulo e das famílias paulistas no século XIX, *A província de São Paulo* (1879), de Manuel Eufrásio de Azevedo Marques, e a *Genealogia paulistana* (1903), de Luís Gonzaga da Silva Leme, não trazem qualquer menção às filhas que ela teve com o imperador. Só mencionam Domitila como a esposa do brigadeiro Tobias de Aguiar, informando os filhos que teve com ele, e, no caso da *Genealogia*, listando as crianças do primeiro casamento com o alferes Felício Pinto Coelho de Mendonça.

Com o passar do tempo, após a morte de Domitila, seus conterrâneos, incluindo algumas gerações de sua família, buscaram supervalorizar aspectos e qualidades pouco conhecidos da marquesa fora de São Paulo, relegando para segundo plano o seu concubinato com o imperador, causa primeira de sua ascensão social e independência financeira, das quais não apenas ela, mas toda a família, se beneficiou.

Domitila, sem ter sido amante de d. Pedro, sem ter usufruído as benesses de poder, riquezas e glórias, viveria, provavelmente, como grande parte das brasileiras de sua época: uma vida obscura. E seria apenas mais um nome, em meio a uma série de outros, em alguma árvore genealógica. Separada do primeiro marido, manteria a vida discreta de tantas outras brasileiras que conseguiram o divórcio junto à Igreja Católica. Talvez se amancebasse com algum outro homem de condição igual ou inferior ao primeiro. Dificilmente seu nome se destacaria, como não se destacou o nome de nenhuma outra mulher paulista de sua época. A célebre cafeicultora Veridiana Valéria da Silva Prado, igualmente divorciada, filha natural[3] do barão de Iguape, ocuparia lugar na crônica social gerações depois do caminho desbastado por Titília.

Ao contrário dos primeiros paulistas, que se aventuravam pelo sertão atrás de riquezas ou defendendo as fronteiras do império lusitano, os homens de meados do século XIX fixaram-se na terra, vivendo entre a capital e as fazendas, para onde podiam levar as famílias. Assim, a mulher paulista do período colonial, que tinha aprendido a depender de si mesma, passava a contar com a figura masculina mais presente. Essa mudança levou as paulistas da sociedade a se readequarem ao padrão estabelecido para as mulheres de sua época, que não deveriam chamar atenção sobre si.

Seus trabalhos restringiam-se ao âmbito familiar e beneficente. Não por acaso, o mito criado ao redor da marquesa em São Paulo tenta impingir-lhe, devido à dimensão de sua figura, benemerências maiores do que realmente praticou. Entretanto, a aura de boa samaritana entra em contraste com o que a família paulista tradicional considerava adequado na época. Damas que se destacassem nesses afazeres a ponto de terem a atenção pública voltada para si não eram modelos a serem seguidos, afinal, como dizem as Escrituras, "não saiba a tua mão esquerda o que faz a tua direita":

> Lendo, porém, nos jornais os nomes de várias senhoras que se dedicavam a tal mister [preparar bandagens para os soldados feridos na Guerra do Paraguai], acompanhados de grandes elogios, o comendador fez cessar esse trabalho em sua casa, avesso como era aos aplausos e a toda espécie de publicidade.[4]

O que as famílias paulistas da época teriam pensado da idosa marquesa, que, usando a condecoração de Santa Isabel, distribuiu publicamente dinheiro aos soldados que partiam para a Guerra do Paraguai, em 1865, pouco tem a ver com a ideia de benemerência que seus conterrâneos atualmente lhe conferem. E, talvez, independente como era, Domitila não se importaria com nenhum dos dois.

Alguns paulistas, quando o título dela é pronunciado, tomam a peito a sua defesa. Logo surge alguém que a chame de "santa". Afirmam erroneamente que ela doou terras para a construção do Cemitério da Consolação[5] e trouxe a primeira faculdade para São Paulo. Ao mesmo tempo que tratam de coroar a idosa marquesa com folhas de louro, puxam as cortinas para cobrir a face jovem e atrevida da paulista que foi amante do imperador. Parecem querer ignorar o passado anterior ao retorno dela à Pauliceia. Não lhes agradam as cartas dos amantes de São Cristóvão, só a "força da mulher paulista". Os cariocas, por sua vez, não raro tratam-na de "alpinista social".

Em São Paulo, onde se iniciou o romance com d. Pedro, e no Rio de Janeiro, onde ele se desenvolveu, existem distinções a respeito da figura de Domitila. Enquanto na Pauliceia a marquesa desponta como santa, matrona ou ainda a "desviada" que se tornou "honesta", a maioria dos cariocas vê em Domitila a manipuladora, a mulher que se aproveitou de d. Pedro para enriquecer, a responsável pela morte da imperatriz d. Leopoldina e pela queda do Primeiro Reinado.

Para quase todos os brasileiros, principalmente os de fora do cenário desse caso amoroso, a imagem de Domitila é a da "amante de d. Pedro I", a que tomou banho nua com ele em Morro de São Paulo, na Bahia. A marquesa não tem muito passado nem futuro após sua expulsão da corte. Essa figura é a mesma utilizada pelo escritor Paulo Setúbal no seu romance *A marquesa de Santos* — só importa o escândalo.

Com o tempo, para um grupo de pessoas, a imagem de Domitila amalgamou-se ao ideal do amor romântico, passando a representar no imaginário popular do brasileiro o mesmo que outros amores impossíveis, como os de Tristão e Isolda, Paolo e Francesca da Rimini, Abelardo e Heloísa. Ela foi a mulher escolhida para ser amada pelo imperador, ao contrário de d. Leopoldina, a esposa imposta. Sentimentos nascidos da afeição *versus* interesses de Estado sacramentados pela Igreja: AMOR *versus* ROMA.

Quando, pelas convenções, d. Pedro foi obrigado a se casar novamente, listou todas as qualidades que a noiva deveria ter, como uma espécie de prêmio de consolação por não poder ter a mulher que amava. É essa a imagem que vem à mente para grande parte dos brasileiros: o amor sem um final feliz, comprometido por razões sociais e políticas. Claro que isso é para os românticos. Outros culpam Domitila pela corrupção e pelo início dos "cabides de emprego" do funcionalismo estatal. Diante do Solar da Marquesa de Santos, em 2011, eu presenciei a cena de uma mulher impedir o seu companheiro de entrar para conhecer o museu. Imagine, entrar na casa de uma mulher que foi amante! A marquesa sofre preconceito até nos dias de hoje. As pessoas que conseguem ver além do estereótipo vislumbram as diversas facetas de uma mulher forte, corajosa e decidida a tomar o destino nas próprias mãos, em vez de se deixar dominar.

Quem foi realmente essa mulher que, quase duzentos anos depois do início de seu relacionamento com d. Pedro, ainda é capaz de dividir o Brasil em marquesistas e antimarquesistas? É o que convido o leitor a descobrir comigo.

Paulo Rezzutti

Outubro de 2012

PARTE I

SÃO PAULO (1797-1822)

A FORMOSA SEM DOTE[1]

> [...] *essa terra é devassa como uma cidade, insípida como uma vila e pobre como uma aldeia.*
>
> Álvares de Azevedo, *Macário*, 1839

Quando Domitila nasceu, em 1797, São Paulo jazia sonolenta no topo da colina do colégio fundado pelos jesuítas no século XVI, embalada pelo gemer característico do carro de boi. A vila outrora famosa pelas entradas e bandeiras que alargaram as fronteiras do Brasil havia se transformado numa cidade caipira, de passagem de bens, sobrevivendo à custa de impostos sobre os gêneros que transitavam pelo seu entroncamento em direção a Rio, Santos, Minas e ao sul do Brasil. Apesar de centro administrativo da capitania, estava longe de parecer que se transformaria na metrópole atual. A região mais densamente povoada, que conhecemos hoje como bairro da Sé, tinha pouco mais de 5 mil habitantes. Se somados aos das demais freguesias que compunham a cidade na época, como São Bernardo, Guarulhos, Cotia, entre outras, chegariam a aproximadamente 20 mil pessoas, o suficiente para ocupar menos de um quarto do estádio do Maracanã.

A área urbana era confinada entre os rios Tamanduateí, de um lado da colina, e Anhangabaú, do outro. As construções que delimitavam a região central e o início das chácaras eram os conventos do Carmo, São

Francisco e o mosteiro de São Bento. Ao longe, além dos rios, era possível avistar trechos de mata nativa, de onde sobressaíam araucárias e palmeiras jerivás, paus-brasis, ipês-amarelos, pitangueiras e quaresmeiras.

O término das obras da Calçada do Lorena, nova via moderna, pavimentada, que ligava a vila de São Paulo e o porto de Santos, tinha apenas cinco anos em 1797. O caminho sofria, do mesmo modo que os anteriores, com as fortes chuvas da serra do Mar e com deslizamentos; porém era mais rápido e eficiente que o antigo Caminho do Padre José.[2] Por essa estrada desciam os principais produtos de exportação da capitania: açúcar, carne-seca, aguardente, entre outros — a riqueza que viria com o café ainda estava distante; os produtos importados subiam a serra para abastecer a cidade, como sal, vinho português, vidros, ferragens e tecidos. As cargas eram transportadas no lombo de mulas conduzidas pelos tropeiros, homens rudes cobertos por ponchos e chapéus de couro de abas largas e desabadas sobre o rosto, que possuíam, em sua maioria, pouco além da roupa do corpo.

São Paulo, nessa ocasião, além de trilhas, travessas e becos, contava com poucas ruas mal calçadas por pedra bruta, como Direita, São Bento, Carmo, Quitanda, Cadeia, das Casinhas, Boa Vista, São Gonçalo, Pelourinho, Rosário e da Freira. O calçamento acabou adestrando a mulher paulista a um andar faceiro, registrado pelos viajantes. Na verdade, o passo leve e seguro era para evitar que torcesse os tornozelos nas pedras.

Os raros viajantes que por essas ruas transitaram puderam admirar a limpeza que imperava na cidade. O paulista utilizava fossas negras, não se servia dos "tigres" — escravizados que esvaziavam barris de excrementos no mar, como no Rio de Janeiro e em Santos. Os escravizados eram pouco mais de 24% da população,[3] número baixo se comparado ao de cidades grandes da época, como Rio e Salvador. Os viajantes estrangeiros eram recebidos por crianças em algazarra, interessadas em saber se eles tinham o mesmo número de dedos nas mãos que os habitantes da terra.

Hábitos e costumes paulistas

Raras eram as casas de pedras ou tijolos. Os prédios eram construídos pelo método de taipa de pilão, onde o barro e outros elementos eram socados dentro de moldes de madeira com a espessura que a parede deveria ter.

As construções, habitualmente de dois andares, eram dotadas de balcões, por onde o paulista "tomava a fresca". Elas ainda possuíam influência da arquitetura mourisca, e, assim, as mulheres se protegiam dos olhares curiosos por detrás das rótulas e dos muxarabis, peças treliçadas que permitiam preservar a intimidade da residência. As casas eram pintadas geralmente de branco, rosa ou amarelo.

Por dentro, a casa do paulista era severa, sem a elegância que o viajante poderia encontrar em regiões do Rio, Minas, Bahia, Pernambuco ou Maranhão.

Vetustas cadeiras coloniais eram colocadas numa fileira, geralmente ocupada pelos homens, enquanto as mulheres, sentadas em sofás de palhinha, faziam trabalhos de agulha à luz de candeeiros de latão abastecidos com óleo de rícino. Isso se não houvesse visitas, pois, normalmente, elas não frequentavam a mesa diante de hóspedes, ou a sala na ocasião em que forasteiros pediam pouso.

Era comum encontrar na mesa paulista feijão, toucinho, farinha e carne de porco, além de linguiça defumada e a onipresente couve, que seria bastante amaldiçoada pelo poeta Álvares de Azevedo anos mais tarde ao vê-la até no café da manhã. Esses ingredientes eram tão comuns, que são os principais de um prato conhecido até hoje como virado à paulista. As frutas, como a laranja, eram acrescentadas aos pratos salgados, como o próprio virado. A mistura agridoce era uma constante na mesa de São Paulo, onde a abóbora acompanhava a carne de porco e a polivalente banana, frita com canela e açúcar, virava sobremesa; crua, misturavam com o feijão.

A mulher paulista

As paulistas de classe mais elevada geralmente só eram vistas nas ruas acompanhadas pelo chefe da família e usualmente para fins religiosos, quando saíam trajadas com sarja de Málaga preta e a mantilha de casimira, debruada de renda, que tudo escondia. As imagens representando as paulistas dessa época nos recordam as burcas usadas pelas mulheres em alguns países islâmicos. As mais pobres usavam roupas de chita e baeta e cobriam-se com xale preto. A vestimenta mudava totalmente em dia de festa, quando elas apareciam com vestidos coloridos e decotados, cobertas de colares de ouro e com os cabelos enfeitados com flores.

O respeito à Igreja, ao marido, aos pais e aos irmãos estava longe de colocar a mulher paulista como ser indefeso e totalmente obediente. Durante anos, as mulheres de São Paulo acostumaram-se a tomar decisões e resolver a vida sem seus companheiros. Primeiro os homens partiam com as monções e as bandeiras — expedições que alargaram as fronteiras do Brasil — em busca de indígenas, ouro e pedras preciosas. Depois houve a fase da corrida do ouro nas Minas Gerais. Com a vocação de São Paulo para guardar as fronteiras do sul, os homens iam para as guerras enquanto as mulheres cuidavam de si próprias. Muitas paulistas eram tidas por bruxas, pois faziam o possível e o impossível para lidar com as necessidades básicas diárias. Delas dependiam muitas vezes o sustento dos filhos e a cura de enfermidades, com suas ervas e rezas. Mulher paulista era sinônimo de mulher brava e independente; afinal, não haviam elas incitado os maridos durante a Guerra dos Emboabas para eles retornarem às minas e as tomarem de volta? Do sul de Minas veio o ditado: "Quem casa com paulista nunca mais levanta a crista".

A religião não só marcava os limites, por intermédio de seus conventos, igrejas e cemitérios, mas também ditava o dia a dia da vila. Nos oratórios públicos, um deles nos "quatro cantos" — nome da antiga encruzilhada formada pela rua Direita e a rua São Bento —, era possível encontrar boa parte da população paulistana ajoelhada na rua às seis da noite, rezando por cerca de 25 minutos.

Religião e moral, apesar das tentativas de se aliar uma à outra, raramente andaram juntas, ainda mais na São Paulo daquela época. Alguns paulistas preferiam as igrejas cujo latinório era dito mais rapidamente para se verem livres da obrigação religiosa, ou ainda escolhiam aquela em que sabiam que o padre exagerava no vinho da missa, para hilaridade dos fiéis. O "crescei e multiplicai-vos" era levado a sério pelos próprios sacerdotes, que tinham filhos. Ao se analisar o censo de 1798, é possível ver que estava longe de ser rara a família cuja chefe era uma mulher solteira e com mais de três filhos.

O nobre João de Castro, o Quebra-Vinténs

Claro que ter dinheiro ajudava a mulher a ser livre e dona de seu destino, como o caso de Teresa Braseiro. Viúva diversas vezes, essa espanhola alta, loura e de olhos azuis, abastada proprietária das terras onde hoje fica o largo do Paissandu, nas quais seus escravizados plantavam café, enamorou-se do militar açoriano João de Castro do Canto e Melo, noivou e teve com ele uma filha, Maria Eufrásia de Castro, a quem criou sozinha devido ao término do compromisso. De condição financeira inferior, João de Castro do Canto e Melo, pai da futura marquesa de Santos, chegou a acumular diversas dívidas, inclusive de aluguéis. Casar em São Paulo era caro.

João de Castro tinha o apelido de Quebra-Vinténs, querem uns pela sua força física, pois seria capaz de dobrar moedas com os dedos, querem outros pela fama de desvirginar donzelas.

Segundo a viajante inglesa Maria Graham, o pai de Domitila:

> [...] posto que português de boa família, mantinha o que se chama, tecnicamente, uma loja, em São Paulo [...]. Foi nessa venda que d. Pedro se hospedou quando fez sua excursão política às capitanias do sul. As quatro filhas solteiras do hospedeiro foram chamadas para entreter o real visitante com

> música e dança. Alguém observou que a pérola da família, ou antes, da cidade, estava ausente e se chamava madame de Castro. Seu marido era oficial da milícia local. O pai foi polidamente solicitado a mandar buscar a pérola. Veio e foi julgada irresistível![4]

João de Castro estava bem longe de ser um estalajadeiro que colocava suas filhas para dançar sobre as mesas para deleite do futuro imperador do Brasil. Da fofoca recolhida por *lady* Graham, amiga da imperatriz Leopoldina, a única verdade é que o pai de Domitila era um português de boa família.

Nascido em Angra do Heroísmo, na ilha Terceira, nos Açores, em 1740, podia não ser rico, porém descendia da antiga nobreza lusitana e espanhola. Entre seus antepassados havia vice-reis da Índia, altos funcionários administrativos e nobres cavaleiros.

Segundo o conde de Iguaçu, casado com uma neta de João de Castro do Canto e Melo e um estudioso de genealogia, a família "era de origem muito nobre".[5] O "Canto" de seu nome vinha de John de Kent, um nobre inglês, neto do rei Eduardo I da Inglaterra. Kent, em 1367, foi para Castela e ali ajudou a combater os mouros.

John de Kent estabeleceu-se em Guimarães, Portugal, dando origem à família Canto, uma das linhagens portuguesas mais importantes do período medieval. Seus descendentes ajudaram a povoar a ilha Terceira, nos Açores. Um deles, Pedro Anes do Canto, tornou-se provedor das Armas e Naus da Índia e fidalgo da Casa Real. O "Castro" vinha da região de Vila Nova de Cerveira, perto da Galícia. Eles descendiam do conde de Arraiolos, irmão da rainha d. Inês de Castro.

D. Inês (1325-1355) era uma aia de d. Constança (1316-1349), esposa do futuro rei d. Pedro I de Portugal (1320-1367). Pedro e Inês apaixonaram-se e, após a morte de d. Constança, teriam se casado em segredo. Por motivos políticos, Inês de Castro foi assassinada a mando do pai do amante, o rei Afonso IV de Portugal. Quando da subida de d. Pedro I ao trono, ele teria exumado e entronizado o cadáver de d. Inês como rainha de Portugal e celebrado um macabro beija-mão, no qual os cortesãos tiveram de beijar a mão da falecida. A caça aos assassinos da esposa vitimou diversos nobres, entre eles Pero Coelho, ancestral do primeiro marido de Domitila, Felício Pinto Coelho de Mendonça.

O pai de João de Castro, João Batista de Castro do Canto e Melo, foi casado com Elisabete Ricketts, filha de Sarah White — tia materna do primeiro-ministro inglês Robert Jenkinson, segundo conde de Liverpool — e de George Poyntz Ricketts, que governou Tobago e Barbados no final do século XVIII.

João de Castro ingressou bastante jovem no Exército português nos Açores e veio servir no Brasil, onde participou de uma campanha contra os espanhóis no sul do país. Ele foi transferido para São Paulo em 1779.

Na época em que Domitila nasceu, tinha chegado ao posto de comandante do 4º Esquadrão da Legião de São Paulo, sendo transferido posteriormente para a milícia, com a patente de sargento-mor. Sob o comando do engenheiro militar Daniel Pedro Müller, João de Castro se dedicaria posteriormente aos serviços públicos de viação, supervisionando a construção de pontes, estradas e aterros.

A família Castro em São Paulo

Após o término de seu relacionamento com Teresa Braseiro, João de Castro casou-se em 1784 com Escolástica Bonifácia de Oliveira Toledo Ribas, de 22 anos; o noivo tinha 44. Numa época em que as mulheres se casavam entre os 13 e os 15 anos, d. Escolástica teve sorte de não ficar solteira.

A esposa não ficava atrás do marido quanto a descender de família ilustre. Nascida em São Sebastião, litoral norte de São Paulo, em 1760, era filha de Ana Maria de Toledo e Oliveira e do tabelião José Bonifácio Ribas. Um dos irmãos de d. Escolástica, Manuel Alves de Toledo Ribas, atingiu o posto de brigadeiro no Exército e recebeu de d. João VI o hábito de Cristo — comenda dada a militares por valiosos serviços prestados à monarquia — durante sua participação nas festividades de aclamação do rei no Rio de Janeiro, em 1818.

Entre os antepassados dessa família estavam os irmãos Bartolomeu[6] e Alexandre de Gusmão,[7] o cacique Piquerobi,[8] irmão do cacique Tibiriçá,[9] e a esposa do bandeirante Fernão Dias, Maria Garcia Betim. Sua genealogia chegava até a um irmão de Pedro Álvares Cabral.

Os filhos

João de Castro, à época do casamento, tinha seis escravizados e recebia, como tenente, o soldo de dez mil-réis, bastante para comprar um cavalo, mas não muito para criar quatro casais de filhos. O primogênito herdou o nome do pai, João. Tanto ele quanto os irmãos, José, Pedro e Francisco, foram inscritos na cavalaria com 5 anos de idade, em média. Em 1822, no ano da Independência, já contavam com uma longa lista de serviços prestados. Em 1815, o pai tinha assumido o posto de capitão comandante do 4º Esquadrão de Cavalaria da Legião das Tropas Ligeiras da Capitania de São Paulo. Entre as ações de que tomou parte estiveram a primeira campanha contra Artigas, em 1816, e a tomada da Cisplatina, atual Uruguai, entre 1817 e 1820.

Se os quatro rapazes, como membros da aristocracia, foram encaminhados para a carreira que estava ao alcance na época, o exército, as garotas, diferentemente da imaginação de Maria Graham, não eram solteiras quando d. Pedro esteve em São Paulo, em 1822. Maria Benedita, Ana Cândida e Domitila casaram-se com oficiais militares; Fortunata, irmã delas, morreu jovem.

De todos os irmãos, Domitila era mais próxima de José, que posteriormente se casou com a filha mais velha dela, Francisca.

Domitila

Domitila de Castro Canto e Melo, a caçula das meninas, nasceu em 27 de dezembro de 1797 num sobrado próximo ao antigo quartel de cavalaria de São Paulo, onde hoje fica o Palácio da Justiça, na Sé, e foi batizada em

7 de março de 1798. Devido a uma enfermidade de d. Escolástica, sua ama de leite foi uma prima de sua mãe, d. Catarina Angélica da Purificação Taques Alvim, filha do genealogista dos bandeirantes, Pedro Taques.

Além de ser chamada de diversas formas, publicáveis ou não, a confusão com seu nome de batismo era causada até por ela mesma. Chegou a assinar e ser chamada como Dimitília, Demetília e Dometília, de onde se originou o apelido, Titília, que ninguém errava e seria amplamente utilizado por d. Pedro em suas cartas a ela. José Bonifácio chamava-a de Domitila, como a real intenção de seus pais de lhe darem o nome da mártir romana santa Flávia Domitila, mesmo nome de uma tia-avó materna.

O acesso feminino à cultura, a ler e a escrever era bastante limitado. Um dito popular do período resume bem o que se pensava a respeito da educação da mulher: "Menina que sabe muito é mulher atrapalhada. Para ser mãe de família, saiba pouco ou saiba nada". Quarenta anos após o nascimento de Domitila, as coisas não eram tão diferentes. Um inspetor, ao visitar um orfanato paulista, reclamou ao presidente da província que a professora ensinava literatura em vez de costura e bordado.

Não podemos culpar Domitila por não saber escrever direito o próprio nome e cometer diversos erros ortográficos em suas cartas, já o mesmo não pode ser dito dos diplomatas estrangeiros, que chegaram a chamá-la, entre outros disparates, de Desmetilde, Mectildes e Matilda.

As jovens paulistas

Domitila e suas irmãs passaram toda a infância e parte da adolescência em São Paulo. Isoladas e distantes das modas europeias, pouco restava às garotas além de divertir-se com jogos de salão, aprender a fazer rendas, bordados e doces, a tocar violão e cantar.

Segundo relatos deixados por viajantes europeus, as moças paulistas de boa família eram bem-educadas, polidas e espontâneas. Um costume observado pelo mineralogista inglês John Mawe, em 1808, era o hábito das jovens de São Paulo de ornar seus penteados com flores. Quando apresentadas a algum visitante masculino, retiravam dos cabelos uma delas para lhe ofertar. O cavalheiro, durante a visita, retribuiria a gentileza dando à dama uma flor tirada do jardim da residência.

Podemos supor que, na infância, Domitila participasse das brincadeiras das meninas de sua idade, em que as crianças brancas eram as sinhás e as crianças negras, as escravizadas. Num reflexo do mundo adulto, cada uma delas aprendia desde cedo os papéis que iria desempenhar. Jogos ancestrais, vindos com os marinheiros portugueses trezentos anos antes, ainda eram bastante apreciados, como as cinco-marias, no qual pedras eram jogadas ao ar com uma das mãos enquanto a outra tinha de recolher rapidamente as demais no solo antes que as lançadas caíssem. Também as bonecas de trapos, feitas em casa, eram populares em São Paulo.

Pelos retratos a óleo de Domitila, e pela gravura de sua filha com d. Pedro, a duquesa de Goiás, podemos imaginar que Titília deveria chamar bastante atenção quando criança, com a pele clara, cabelos castanhos e olhos verde-escuros enormes e vivos. Seria ela uma das crianças que, em algazarra, correram atrás de John Mawe para contar se o estrangeiro tinha a mesma quantidade de dedos que a garotinha de 10 anos?

BODAS DE SANGUE

Mãe, que cousa é casar? Filha, fiar, parir e chorar.

Antônio Delicado, *Adágios portugueses*, 1651

Em última instância, podemos culpar Napoleão pelo casamento desastroso de Domitila com o alferes mineiro Felício Pinto Coelho de Mendonça.

O Corso, que pôs em xeque o sistema das monarquias absolutistas europeias e causou a vinda da família real portuguesa para o Brasil em 1808, também deixou as coisas na Espanha bastante bagunçadas. Ao aprisionar a família real espanhola e colocar José Bonaparte, seu irmão, no trono, Napoleão desbaratou o intrincado sistema governamental do país, que por séculos manteve as colônias americanas sob seu domínio. Com um governo praticamente acéfalo, o Vice-Reino do Rio da Prata, constituído por Argentina, Uruguai, Paraguai e Bolívia, acabou se esfacelando. O príncipe regente português d. João, por receio do interesse britânico na região do Prata, aliou-se primeiramente aos espanhóis para manter o Uruguai e depois acabou por invadi-lo, anexando-o ao Brasil. Assim, garantia acesso ao estratégico rio da Prata.

Por conta de toda essa movimentação militar na fronteira sul, em junho de 1812 chegou a São Paulo o 1º Esquadrão do Corpo de Dragões de Vila Rica, sob o comando de João Carlos de Oyenhausen-Gravenburg, que viria a ser o último capitão-general de São Paulo. O posto mudaria de nome em 1822, e os governadores passariam a ser conhecidos como presidentes de província.

Segundo o sueco Gustavo Beyer, que viu os Dragões de Minas em São Paulo na época, o regimento era:

> [...] provavelmente um dos mais brilhantes do mundo [...]. Todo o metal nos arreios era de prata maciça e, como eles pertenciam a famílias mineiras naquela rica província, estavam equipados em correspondência. Contaram-me que no regimento nenhum homem havia que não tivesse a soma de mil coroas na algibeira. O seu comportamento também era o melhor possível.[1]

Um mineiro para uma paulista

Desse garboso regimento fazia parte o alferes Felício Pinto Coelho de Mendonça, de 24 anos, fidalgo da Casa Real, moço rico. Felício era filho do capitão-mor Felício Pinto Muniz Coelho da Cunha, dono de lavras de ouro na fralda da serra de Cocais, onde a família estabeleceu um feudo que originaria a cidade de Barão de Cocais.

O inglês John Mawe, que se hospedou na fazenda Cachoeirinha, de propriedade do futuro sogro de Domitila, comentou que, apesar de bastante rica, a lavra que este possuía era "trabalhada por *apenas* duzentos negros" (grifo nosso). Às vésperas do casamento de Titília, o pai dela, segundo o censo, possuía somente três escravizados.

Em São Paulo, o Esquadrão de Dragões aquartelou-se primeiramente na antiga fazenda Santa Ana, que pertencera aos jesuítas e daria nome ao bairro paulistano.[2] Com a chegada dos demais esquadrões, Felício, junto com outros oficiais, foi transferido para o semivazio convento São Francisco, na região central de São Paulo.[3]

João de Castro e sua família moravam, nessa época, numa casa na rua do Ouvidor, hoje José Bonifácio, vizinhos de parede-meia da filha

Ana Cândida e do genro, o tenente português Carlos Maria de Oliva. Os fundos comunicavam-se com a rua do Jogo da Bola, atual Benjamin Constant, perto do prédio em que Felício se alojava.

Titília havia completado 15 anos em 27 de dezembro; duas semanas depois, em 13 de janeiro de 1813, ela e Felício casaram-se na casa de João de Castro, seis meses após a chegada do mineiro a São Paulo.

No dia 11 de janeiro, João de Castro assinara um termo de fiança, no qual se responsabilizava pela apresentação, dentro de alguns meses, da certidão de batismo de Felício. Não havia tempo de a certidão vir de Minas, nem de correr os proclamas corretamente. O medo de se perder um ótimo partido para a filha exigiu a aceleração do processo. Afinal, Felício poderia partir para o sul a qualquer instante.

O casamento, nessa época, envolvia diversas negociações. Os homens discutiam os arranjos matrimoniais; política, dinheiro e casta social eram determinantes para a união. Afeição ou até mesmo afinidade sexual não eram levadas em conta. Felício tinha fortuna, posição social, perspectiva de uma carreira no exército. Domitila não tinha muito dinheiro, mas vinha de uma excelente e tradicional família; era jovem, podemos acreditar que era bonita, que chamava a atenção e que era prendada. A julgar pela quantidade de filhos tidos pela mãe e pelas irmãs casadas, podia-se intuir que Domitila seria fecunda, como de fato se comprovou. Enfim, ela era tão bom partido quanto o noivo.

Casamento em São Paulo

Casar-se em São Paulo custava caro, reclamação feita até pelo governador e pela câmara. Em carta para o príncipe regente d. João, o bispo de São Paulo defendia-se, afirmando ter de pagar pelo trabalho que os casamentos davam e que, caso parasse de cobrar, a Coroa teria que o ressarcir dos custos para prover o seu sustento. Nada foi feito, e os paulistas mais pobres simplesmente uniam-se sem os ritos sagrados. O casamento de Domitila custou, só em taxas para a Igreja, mais de três mil-réis. O bispo poderia ter aproveitado a baixa na cotação de café e comprado, com esse valor, 45 quilos do produto. Mas quem estava contando tostões? Após a morte de Fortunata, ainda na infância, João de Castro casava bem a última filha que morava sob o seu teto.

O padrinho de Domitila foi seu cunhado, Boaventura Delfim Pereira, casado com Maria Benedita. O futuro barão de Sorocaba devia ser, até então, o melhor genro que João de Castro havia conseguido; tinha foros de nobreza e recebera antes de casar, em 1812, o hábito da Ordem de Cristo, uma importante condecoração portuguesa.

A festa do casamento deve ter tido início por volta das três da tarde. Carnes cozidas e assadas devem ter aparecido em abundância, principalmente o papo de peru com farofa. A famosa aguardente da Freguesia do Ó dividiria a mesa com o vinho português, e a mostarda produzida pelos monges beneditinos em sua fazenda em São Bernardo não podia faltar. E os doces, então? A pamonha, o curau, bolinhos fritos, leite com farinha, canjica, frutas da terra e a famosa compota de figo disputavam espaço com os deliciosos doces de ovos portugueses. Depois da oficialização do casamento, às nove da noite, a festa e as danças devem ter continuado.

Ainda longe do romantismo da era vitoriana, a consumação carnal do casamento não possuía qualquer sofisticação nem muita higiene. O ato deve ter sido rápido, sem muitas preliminares além de algumas poucas carícias nos seios. Podemos até supor que a primeira noite de Domitila e Felício ocorreu em pé, no chão, na rede ou num catre,[4] afinal, a cama como conhecemos, móvel comum em qualquer moradia de hoje, era objeto de luxo na época.

Na capitania de Minas Gerais

A estada do novo casal em São Paulo não durou muito. Com as negociações para o tratado de paz em Buenos Aires, o regimento de Felício retornou a Minas. Titília, acompanhando o marido, iria ver com os próprios olhos não só a fortuna que diziam que a família dele possuía, como também uma cidade bem maior e mais próspera. Vila Rica, atual Ouro Preto, onde se estabeleceram em junho de 1813, era mais rica e mais populosa que São Paulo e tinha uma infraestrutura melhor, por exemplo, quanto ao fornecimento de água. A cidade mineira possuía catorze chafarizes, contra dois na Pauliceia que nem sempre tinham muita água. A vida religiosa era vivida dentro de igrejas recobertas por muitas arrobas de ouro e com obras de artistas como mestre Ataíde e Aleijadinho. A Casa da Ópera de Vila Rica era de altíssimo nível e muito mais profissional que a de São Paulo.

A primeira filha do casal, Francisca Pinto Coelho de Mendonça e Castro, nasceu em 1813 e foi batizada em 13 de dezembro, na presença do avô paterno, na Igreja São João Batista do Morro Grande, em Barão de Cocais. Essa igreja havia sido erguida a mando da família de Felício, toda em pedra. Antônio Francisco Lisboa, o Aleijadinho, que faleceria no ano seguinte, tomara parte em sua construção.

Em 20 de novembro de 1816 nasceu o segundo filho, Felício Pinto de Mendonça e Castro. A criança recebeu o mesmo nome do pai e do avô. Ao longo destas páginas, poderá parecer ao leitor que a criatividade passava longe na hora de escolher o nome dos bebês. Porém, diferentemente dos dias atuais, o nome não era influenciado pela moda. Geralmente o primogênito recebia o nome do pai ou do avô; também se homenageavam pessoas próximas ou ainda o santo de devoção. Um antigo ditado português diz: "Quem longe vai casar, ou vai enganado, ou vai enganar". De qualquer maneira a coisa não termina bem, como foi o caso do relacionamento entre Domitila e Felício.

O arquiteto José Tobias de Aguiar,[5] bisneto de Domitila, conta que Felício a maltratava muito, era um "cavalo". No afã de tirar-lhe o ar aristocrático, obrigava-a a servir à mesa como uma serviçal, isso em pleno regime escravocrata. Domitila, pelas respostas atravessadas que daria dez anos mais tarde ao imperador do Brasil, faria jus ao sangue das mulheres paulistas que lhe corria nas veias e não seria submissa a ponto de engolir desaforos.

Separação

Hoje, legalmente, existem direitos iguais para homens e mulheres; naquela época, não. A mulher era tratada como uma extensão do marido. Surras e açoites corretivos eram comuns. O homem só não podia exagerar a ponto de atentar contra a vida da esposa; se isso acontecesse, ela poderia entrar com um libelo cível de divórcio perpétuo no Tribunal Eclesiástico e solicitar a separação junto à Igreja. Um documento guardado na Fundação Biblioteca Nacional, no Rio de Janeiro, dá uma amostra dos transtornos ocorridos entre o casal. Trata-se de um requerimento de 1820 solicitando a intervenção do rei d. João VI no que diz respeito à guarda dos filhos de Domitila e Felício. No documento, são relatados os abusos cometidos pelo marido. Podemos observar como o comportamento de Felício mudou depois de chegar a Minas com a esposa:

> [...] chegando a sua casa e pátria, pondo em execução o seu péssimo gênio e depravados costumes, tentando até contra a vida da suplicante, viu-se esta na circunstância de sair da sua casa e procurar a companhia e abrigo de sua avó d. Ana Maria de Toledo, residente em Vila Rica, e escrevendo a seus pais à cidade de São Paulo, estes a mandaram buscar, onde a suplicante até hoje reside [...].[6]

Em 1816, Domitila retornava a São Paulo por ordem dos pais, trazendo os filhos consigo. No ano seguinte, Felício conseguiu trocar de posto com o tio materno de Domitila, Manuel Alves de Toledo Ribas, e foi transferido do Regimento de Cavalaria de Vila Rica para o de Caçadores de Santos. Assim, partiu para São Paulo atrás da esposa e dos filhos. Felício conseguiu convencer os pais de Domitila de que havia mudado. Relutantemente, Domitila aceitou a insistência de João de Castro e Escolástica para que perdoasse o marido e refizesse o casamento, o que ela fez "não porque a suplicante deixasse de conhecer a péssima condição do suplicado; mas, sim, para que seus pais e o público fossem testemunhas dos seus depravados costumes".[7]

Em meio a essas idas e vindas, rompimentos e reconciliações, nasceria em 1818 o terceiro e último filho do casal, João Pinto Coelho de Mendonça, batizado em 22 de agosto de 1819 em São Paulo e falecido ainda criança.

Como Domitila esperava, a cidade, pais e colegas de Felício viram quem ele realmente era:

> Então seus pais e o público conheceram que a suplicante [Domitila] não tinha uma camisa que este [Felício] lhe desse, nem para seus filhos [...]. Não há uma pessoa nesta cidade a quem [ele] não pedisse dinheiro, dizendo ser para sustentar a sua família, porém mal dela se não fosse o amparo dos pais da suplicante. Ele procurava amizades que pudesse desfrutar, e logo que assim não acontecia, tratava de baixo de pretexto de honra culpando a suplicante a fim de encobrir a sua conduta, chegando a ponto de pedir a seus próprios camaradas trastes emprestados e vendê-los. Ficou sem uniformes, tudo consumiu, e até fingindo procurações falsas tentou arrecadar dinheiro da Pagadoria das Tropas, e com firmas falsas da suplicante mandou dar consumo nos bens que tinha em Vila Rica, que lhe tocaram por falecimento de sua mãe, que não podiam ser vendidos sem outorga da suplicante, deixando-a sem coisa alguma. Tudo acabou com más companhias, pelas casas de jogos, chegando até a levar os seus filhos pequenos para casas indecentes.[8]

Com a morte da sogra de Domitila, Mariana Manoela Furtado Leite de Mendonça, em 22 de novembro de 1814, o casal havia herdado terras e outros bens em Minas, que Felício queria vender para obter dinheiro. A recusa da esposa em assinar a venda fez o marido falsificar a sua assinatura.

João Carlos Augusto de Oyenhausen-Gravenburg, capitão-general de São Paulo na época, havia sido o comandante dos Dragões de Minas, regimento de Felício em 1813. John Mawe, viajante inglês, fora apresentado a ele na casa do pai de Felício, na fazenda Cachoeirinha, no início do século XIX. Oyenhausen era um importante e respeitado militar e administrador lusitano que fora transferido para o Brasil em 1799, e desde então havia governado Grão-Pará, Ceará, Mato Grosso e, agora, São Paulo. Mesmo tendo sido íntimo da família de Felício, ou até mesmo por isso, ele tomou publicamente partido de Domitila e da família Castro, pedindo a intervenção do rei d. João VI no caso.

No requerimento de Oyenhausen ao monarca, ele solicitou que os filhos de Domitila e Felício deveriam ficar com os avós maternos, como solicitava a mãe:

> À vista do exposto, ainda que o pai do suplicado tenha mais posses, e seja mais abastado em bens, não se segue que a riqueza seja consequência de uma boa educação, por isso a suplicante roga a Vossa Majestade, com toda a submissão, [que] se digne atendê-la, mandando que seus filhos sejam conservados na companhia da suplicante debaixo da tutela de seus pais e avós.[9]

Um atentado na bica de Santa Luzia

Uma das razões de Oyenhausen ter se voltado contra Felício pai e filho, e tomado a defesa de Domitila foi a tentativa do marido de assassinar a esposa.

Por volta das seis da manhã de 6 de março de 1819, Felício esfaqueou Domitila duas vezes, na coxa e na barriga. O atentado ocorreu próximo da bica de Santa Luzia, entre a propriedade dos pais de Titília, uma chácara que se localizava onde hoje fica o bairro da Liberdade, e a chácara onde morava d. Francisco de Assis de Lorena, jovem oficial alto, loiro e de olhos azuis. Ainda com a arma ensanguentada, Felício procurou refúgio na casa de parentes, que lhe recusaram o abrigo. No mesmo dia, foi preso e enviado para a sede de seu regimento, em Santos.

Domitila sobreviveu graças aos cuidados de Tomás Gonçalves Gomide, cirurgião-mor da Legião das Tropas Ligeiras de São Paulo. A cura dos ferimentos demorou mais de um mês: ela só se restabeleceu completamente em 26 de abril.

Na sua defesa, Titília contou que estava indo à casa de uma prima e que Felício a surpreendeu no caminho. Alguns outros disseram que ela tinha ido à bica pegar água, mas bicas e fontes eram frequentadas por escravizados; somente os muito pobres iam pegar água pessoalmente, não era lugar para "moças de boa família", até porque esses locais eram pontos de prostituição. Felício alegaria, ao atentar contra a vida da esposa, que só estava buscando reparar a sua honra. Segundo ele, o culpado de tudo seria d. Francisco. O oficial e Titília estariam tendo um caso.

A morte legal da mulher

O Código Filipino, que reunira as ordenações e as leis de Portugal e que vigorou no Brasil até 1916, quando da criação do Código Penal, legitimava o feminicídio em caso de adultério. No Livro V, Título XXXVIII, encontramos a seguinte passagem: "Achando o homem casado sua mulher em adultério, licitamente poderá matar assim a ela, como o adúltero".[10] Além disso, o marido poderia acusar a esposa de adultério — o inverso era impossível. Caso Felício tivesse matado Domitila por conta da infidelidade dela, provada a traição, o alferes não sofreria punição alguma pelo assassinato.

Os motivos do mineiro aparentemente não encontravam respaldo, e Felício não conseguiu comprovar a acusação contra a esposa. Oyenhausen informou a d. João VI que os problemas familiares eram bem anteriores à chegada de d. Francisco a São Paulo. As desavenças do casal começaram antes de Domitila abandonar Vila Rica e ter qualquer contato com d. Francisco de Lorena.

Briga pelos filhos

Felício conseguiu se livrar da prisão e partiu para o Rio de Janeiro, procurando falar diretamente com d. João VI. Graças à influência do sogro de Domitila, o rei ordenou que os filhos do casal fossem entregues a um procurador, que os levaria para Minas. Oyenhausen fincou o pé e continuou do lado da família Castro, tergiversando a entrega das crianças durante anos. Somente em 1820 o capitão-general de São Paulo recebeu três ordens do ministro de d. João, Tomás António de Vila Nova Portugal, para entregar os filhos de Domitila, ora a representantes do avô paterno delas, ora a representantes do pai das crianças. Nenhuma das ordens foi obedecida.

O impasse a respeito de quem ficaria com elas só seria resolvido com o divórcio definitivo, em 1824. Nesse processo, as testemunhas confirmariam as informações contidas nos despachos de Oyenhausen para a corte quatro anos antes e acrescentariam novos detalhes sobre o dia a dia do casal, como o hábito de Felício ameaçar constantemente Domitila, chegando a dormir com uma faca na cabeceira da cama.

Se, mais de duzentos anos depois do crime, pessoas ainda culpabilizam as vítimas do sexo feminino, questionando o que elas fizeram para serem mortas ou espancadas por homens, é de imaginar como a provinciana São Paulo viu o caso na época e a fama com que Domitila teve que lidar. Os futuros detratores dela iriam aumentar o acontecido, não raro dando razão a Felício. Afinal, segundo eles, se ela havia se tornado amante do imperador, devia ter feito isso antes. Tinha, assim, início a fama de Domitila, adúltera e esfaqueada pelo marido com razão!

O PRÍNCIPE ENCANTADO

O homem é fogo, mulher, estopa: vem o diabo e assopra.

Antônio Delicado, *Adágios portugueses*, 1650

"Meu Deus! Como é feio! Meu Deus! Como é feia! Meu Deus! Como são todos feios! Não há um único rosto gracioso entre eles, exceto o do príncipe real." Com essas exclamações, segundo a marquesa de Abranches, o embaixador francês Junot descrevia a família real portuguesa, a quem foi apresentado em 1805.

O príncipe real a que Junot se referia era o futuro d. Pedro I do Brasil e IV de Portugal. O príncipe transformou-se em herdeiro após a maldição dos Bragança fazer mais uma vítima: seu irmão mais velho, d. Antônio, morreu aos 6 anos, em 1801. A praga que assombrava a família real portuguesa, e depois a brasileira, teria tido início após d. João IV, fundador da Casa de Bragança, no século XVII, chutar um franciscano que lhe pedia esmolas. O religioso teria lançado a maldição de que nenhum primogênito da família real permaneceria vivo para herdar o trono. O que de fato ocorreu, com raras exceções, até a proclamação da República nos dois países.

D. Pedro estava às vésperas de completar 24 anos quando conheceu Domitila em São Paulo. Tinha ele entre 1,66 metro e 1,73 metro,[1] pouco mais que a média dos homens de sua época. Possuía tórax e ombros largos, braços fortes e mãos grandes. Contrário ao costume europeu do pai, d. João VI, de banhar-se o mínimo possível, d. Pedro adorava água. Banhava-se constantemente, às vezes mais de uma vez por dia. Gostava de nadar nu na praia do Flamengo, e, mais velho, na de Botafogo, pouco se importando com o que os moradores do local achavam.

Era vaidoso. Seguindo a moda masculina, usava costeleta e bigode, ocultando assim a pele do rosto, que ficara um pouco marcada por conta de uma doença. Os cabelos, densos e ondulados, eram castanho-escuros, e o corte variava com as últimas tendências europeias, como percebemos por suas imagens em gravuras e quadros. Tinha pele clara, que as práticas esportivas tornaram bronzeada. As escaladas dos morros cariocas e as cavalgadas diárias deixaram suas maçãs do rosto bastante rosadas. Grandes olhos negros, lábios bem-feitos, dentes alvos, porém tortos, e um nariz aquilino completavam sua aparência máscula. A postura ereta e altiva dava-lhe um porte marcial. Sofria de epilepsia, cujos ataques despontavam geralmente quando passava por grandes emoções. A doença poderia ser a causa de sua impulsividade e sexualidade exacerbada. Era muito simpático, tinha uma personalidade encantadora, porém um gênio instável. Ia da ira a uma sonora gargalhada em segundos. Se algo lhe parecia engraçado, ria daquilo; ao perceber que magoava alguém ao fazê-lo, desculpava-se sinceramente pela brincadeira. Não tinha paciência alguma com bajuladores nem com os intrigantes membros da corte.

Sua esposa, a imperatriz d. Leopoldina, em carta à irmã, traçou um pouco do caráter de d. Pedro:

> [...] meu esposo é um verdadeiro amigo e um ser nobre; em poucas palavras quero descrevê-lo com toda a franqueza, convicta de que esta carta nunca cairá em outras mãos que não as tuas [...]. Ele me diz tudo o que pensa com franqueza e mesmo com certa rudeza; acostumado a que se lhe faça sempre sua vontade, tudo tem que se adaptar a ele, e até tenho que

> aturar algumas grosserias, porém vê que me magoam e assim chora comigo; além disso estou convicta de que, com toda sua impetuosidade e maneira de pensar, me ama sinceramente, embora seja [...] muito reservado e teimoso; conheço cada um de seus pensamentos para mim, contudo, o que o torna querido e digno de proteção é o fato de continuar sendo amigo de seus amigos, mesmo que caiam em desgraça, e não poupar sacrifício por eles, ao passo que é implacável com seus inimigos; além disso, se comporta impecavelmente para com seus pais.[2]

D. Pedro tinha predileção pela música, chegando a tocar diversos instrumentos e compor missas, te-déuns, aberturas e hinos. Além disso, interessava-se realmente pelos problemas e pela saúde de todos à sua volta, inclusive dos animais. Chegou a passar a noite em claro ao lado de Vicentinho, irmão de leite de um de seus filhos, e geralmente era ele quem fazia vigília junto ao leito de d. Paula Mariana, sua filha com diversos problemas de saúde que não sobreviveu à infância. A d. Pedro II atribuíram uma frase que ficou famosa, que, se não fosse imperador, seria professor. D. Pedro I, se não fosse monarca, provavelmente seria músico, médico ou veterinário.

D. Pedro e as mulheres

Sem ter muito com o que se ocupar — afinal seu pai, d. João VI, manteve-o longe dos negócios de Estado até 1821 —, d. Pedro fazia o que qualquer rapaz que não precisa trabalhar faz até hoje: divertia-se. Não era amante de bebidas; bebia pouco, geralmente em algum brinde protocolar. O que ele gostava mesmo era de mulheres. Chegou a ser proibido, por zelosos pais de família, de entrar em algumas casas cariocas. Não raro, era possível ver o príncipe herdeiro, montado a cavalo, cercar alguma cadeirinha[3] com a cortina fechada, afastá-la e ver se quem ia dentro era moça e bonita. Se fosse, cortejava-a, se não, um pedido de desculpas, um toque de cumprimento no chapéu, e partia a galope.

D. Pedro nunca primou pela discrição amorosa. Seu primeiro caso mais longo, com a bailarina francesa Noemi Thierry, era comentado abertamente no Rio de Janeiro. Noemi acabou sendo casada com um oficial português, recebeu uma boa quantia de d. João VI e foi despachada para Pernambuco, aos cuidados do governador local. O filho que ela teve com d. Pedro não sobreviveu, e teria sido o primeiro primogênito dele levado pela maldição dos Bragança. O seu envolvimento público com Noemi ocorreu antes do casamento com d. Leopoldina, em 13 de maio de 1817. Contudo, mesmo após a chegada da arquiduquesa austríaca ao Rio de Janeiro, d. Pedro teve diversos outros relacionamentos, inclusive com a esposa de um dos membros da comitiva que acompanhou d. Leopoldina ao Brasil. Isso fora casos com escravizadas, atrizes estrangeiras e mulheres da sociedade fluminense.

O início do processo da Independência

D. Pedro encontrava-se no posto de príncipe regente do Brasil desde a partida de d. João e da corte para Portugal, no início de 1821, como consequência da Revolução do Porto de 1820. Esse levante pôs fim ao governo absolutista, convocou eleições para uma assembleia constituinte e instituiu uma nova junta regencial do reino, que exigiu o retorno da sede de poder para Lisboa.

No final de 1821, chegaram ordens das Cortes de Lisboa que exigiam o retorno de d. Pedro à Europa e a mudança administrativa do Brasil, com as províncias se comunicando diretamente com Lisboa, sem haver mais um poder nacional centralizado no Rio de Janeiro. Minas, São Paulo e Rio de Janeiro apoiaram a permanência do jovem príncipe no Brasil. Um manifesto escrito por José Bonifácio, assinado por clero, deputados, governo e povo de São Paulo, pedia que d. Pedro continuasse no Brasil.

Entre as diversas assinaturas encontrava-se a do tenente-coronel João de Castro do Canto e Melo.

A mobilização da elite do sul e do sudeste ao redor do então príncipe regente fez com que ele contrariasse as ordens recebidas e continuasse no Brasil. O anúncio oficial dessa decisão ocorreu em 9 de janeiro de 1822 e ficou conhecido como Dia do Fico.

Quem não gostou muito do desenrolar dessa ação foi o Exército português sediado no Rio. Seu comandante, o general Jorge de Avilez, tentou fazer cumprir as ordens de Lisboa, mas foi obrigado a recuar devido à resistência da milícia e da população carioca. Por conta dos distúrbios no Rio, d. Pedro escreveu para Minas e São Paulo solicitando soldados fiéis a ele.

São Paulo, atendendo à solicitação, armou e despachou a tropa dos Leais Paulistanos, cerca de 1.100 homens. Entre eles estava o jovem cadete, irmão caçula de Domitila.

A Bernarda de Francisco Inácio

Logo após a tropa, seguiu José Bonifácio, então membro do governo provisório paulista, que, assim que chegou ao Rio, foi nomeado por d. Pedro para o cargo de ministro do Reino e Assuntos Estrangeiros. Seu irmão Martim Francisco continuou em São Paulo, no cargo de secretário das Finanças e do Interior do governo provincial.

Oyenhausen, que defendera Domitila anos antes, havia sido eleito presidente do governo provisório paulista e, por desentendimento com os irmãos Andrada, foi chamado ao Rio de Janeiro. Quem deveria assumir o cargo era Martim Francisco, mas seus inimigos políticos, capitaneados por Francisco Inácio de Souza Queirós — a quem o movimento deve o nome Bernarda de Francisco Inácio —, impediram a posse, fazendo com que Oyenhausen descumprisse as ordens de sair do posto. Martim Francisco foi preso e deportado para o Rio de Janeiro, onde acabou libertado e nomeado ministro das Finanças.

D. Pedro obrigou o governo revoltoso a se dissolver e viajou a São Paulo para convocar novas eleições. Ele nomeou d. Leopoldina como princesa regente e partiu do Rio em 14 de agosto, acompanhado de uma pequena escolta formada por um secretário, dois criados, o jovem militar Francisco de Castro do Canto e Melo e o Chalaça, apelido de Francisco Gomes da Silva, seu amigo e futuro secretário. Durante a viagem, a comitiva foi engrossada com a adesão de cidadãos notáveis da região do Vale do Paraíba.

Chegada a São Paulo

No dia 24, já no subúrbio paulista, d. Pedro pernoitou na Penha, de onde despachou o Chalaça e Francisco de Castro, promovido por ele a alferes três dias antes, para verificarem o "espírito" dos moradores da cidade. Segundo recordaria Francisco de Castro em relato publicado em 1864:

> A 24, décimo dia da jornada, passou o príncipe na povoação da Penha. À noite, por ordem dele, eu e Francisco Gomes viemos à cidade, a fim de observarmos o estado em que ela se achava, e podermos prestar exatas informações a respeito; regressamos à meia-noite, dando notícias da perfeita quietação em que a tínhamos encontrado.[4]

Após assistir logo pela manhã à missa na Igreja da Penha, o príncipe e sua comitiva voltaram à estrada e seguiram o melhor caminho existente à época para apreciar devidamente a cidade. Depois de deixar a colina da Penha, outra, mais ao longe, ostentava as torres das oito igrejas, dos dois conventos e dos três mosteiros que dominavam o horizonte paulistano. Passando pela Várzea do Carmo, atual parque D. Pedro II, que na época era um verdadeiro pântano, d. Pedro subiu a ladeira do Carmo, atual avenida Rangel Pestana, em direção ao então núcleo urbano.

A escravizada Lucrécia Cananeia Galvão, de 9 anos, viu quando d. Pedro entrou em São Paulo. Cento e doze anos depois, em 23 de dezembro de 1934, completamente lúcida, recordava: "[...] ele chegou a cavalo, acompanhado de muitos moços e trazia a sua roupa com um pouco de barro da estrada. [...] [ele era] um moço bonito, de olhar alegre e de barbas 'suíças'. Quando apeou do cavalo, então, causava admiração. Alto, elegante e sem luxo".[5]

Outra testemunha da entrada de d. Pedro foi Francisco de Assis Vieira Bueno. Tinha pouco mais de 6 anos quando viu o príncipe entrar na cidade, na manhã de 25 de agosto.[6] Ele se lembraria da chegada de d. Pedro, dos fogos, do canhoneio e da festa. Viu o futuro imperador atravessar a galope a ponte do Carmo e parar no meio da ladeira, onde foi recepcionado pelo bispo d. Mateus Pereira e por representantes políticos. Vieira Bueno registrou um boato interessante em suas memórias: d. Pedro teria estado na cidade na véspera, na calada da noite, incógnito, junto com "Xico" de Castro. Teria aí, então, conhecido a irmã divorciada do alferes, Domitila.

É fato que o jovem Francisco, além de guia da viagem, se tornou amigo de d. Pedro durante a jornada. Fazia parte do gênio do príncipe não ter cerimônias e ser dado a conversas com todos; também fazia parte do caráter de d. Pedro distinguir as pessoas que o serviam bem, principalmente se tivessem problemas. E isso era o que a família do alferes mais tinha.

Nessa época, João de Castro e seus dependentes, incluindo Titília e os netos, moravam num casarão no bairro da Liberdade, perto de onde Domitila havia sido esfaqueada. O local, apelidado de Chácara dos Ingleses, como grande parte da São Paulo colonial, não existe mais. Não só a construção desapareceu como também o próprio espaço, uma vez que a terra foi removida para a construção da Radial Leste.[7] O local era ermo, próximo ao Cemitério dos Aflitos, afastado do centro, onde, altas horas, nenhum vizinho notaria qualquer visita.

Favores

Apesar de ter solicitado a sua reforma do Exército em abril de 1822, na patente de tenente-coronel, João de Castro estava, assim como a grande maioria dos militares portugueses no Brasil, sem receber o soldo já fazia meses. Vivia do aluguel de mulas para descida e subida de mercadorias pela serra do Mar, próximo a um local denominado Moinhos, hoje conhecido como Ipiranga.

A vinda de d. Pedro, em companhia do filho de João de Castro, Francisco, poderia ser uma ótima oportunidade para resolver não só a questão de sua aposentadoria, mas também duas outras. A pendência do divórcio de Domitila e a guarda dos filhos dela com Felício era a primeira; a segunda era interceder pelo genro, Antônio Bernardo Quartim, casado com a filha que João tivera com Teresa Braseiro, Maria Eufrásia de Castro. Quartim, por ter participado da bernarda contra os Andrada, fora deportado para Jundiaí. A crônica familiar dos Quartim de Moraes dá como certo que foi Domitila quem conseguiu do príncipe a libertação do cunhado.

O encontro entre d. Pedro e Domitila

Antônio José de Oliveira,[8] casado com uma prima de Domitila e ajudante de ordens do imperador, deixou um relato curioso sobre um dos primeiros encontros entre ela e d. Pedro em São Paulo, antes do dia 7 de setembro. O príncipe regente, encantado em vê-la chegando numa cadeirinha transportada por escravizados, teria dispensado um carregador e assumido ele próprio um dos varais, afirmando querer verificar o peso da ocupante. Titília, entre risos encabulados, admirava-se: "Como Vossa Alteza é forte! Como Vossa Alteza é forte!". Entre risadas e flertes, os escravizados teriam sido, por fim, substituídos por homens da guarda de honra, com d. Pedro brincando que jamais Domitila teria "negrinhos" como aqueles.

Levando-se em conta o gênio indomável de d. Pedro I, que havia de levar uma bofetada de uma bonita escravizada em Santos, às vésperas da Independência, por tê-la agarrado no meio da rua e lhe dado um beijo, bem poderia ser verdade a história relatada.

A fama da beleza das paulistas daquela época pode ser exemplificada pelo dito popular coletado pelos naturalistas bávaros Johann Baptist von Spix e Carl Friedrich Philipp von Martius: "Na Bahia, merecem gabo eles, e não elas; em Pernambuco, elas, e não eles; em São Paulo, elas e elas".[9]

Domitila, quando d. Pedro a conheceu, estava com 24 anos, nove meses a mais que ele. Podemos descrevê-la como atraente, simpática, espirituosa e muito divertida. A pele dela era clara e bem cuidada, e seus olhos, de um tom profundo de verde, devem ter chamado a atenção de d. Pedro. O nariz, delicado, era levemente curvo, a boca, bem-feita, com dentes brancos. Por ser alta, os quadris e os seios grandes não eram desproporcionais no conjunto. Era "cheinha", sem músculos nem ossos aparentes.

29 de agosto de 1822

Sabemos, pois d. Pedro deixou diversas vezes registrado em cartas para Titília, que ele passou a ter *amizade* com ela em 29 de agosto de 1822: "[...] no dia que fazia três anos que eu comecei a ter amizade com mecê".[10] Engana-se, porém, quem supõe que amizade significa o mesmo que hoje. Em carta de 31 de agosto de 1828, ele seria mais explícito: "[...] tendo sempre em sua lembrança o dia 29 deste mês em que começaram as nossas desgraças e desgostos em consequência [de] nos ajuntarmos pela primeira vez [...]".[11]

Provavelmente, o primeiro filho que tiveram fora concebido entre os dias 29 de agosto e 8 de setembro.

Outra lenda a respeito dos primeiros dias de d. Pedro e Domitila em São Paulo diz respeito ao título que ela ganharia futuramente, com referência à cidade de Santos.

Titília teria seguido na garupa de d. Pedro até a cidade costeira paulista. O príncipe e sua comitiva desceram a serra em 5 de setembro, retornando no dia 7. Ele queria ver as fortificações da cidade e prestar homenagens aos parentes de José Bonifácio que moravam lá.

D. Pedro viajou cercado por padre, secretário, políticos, fazendeiros, ajudantes de ordens e soldados. Não faltaram cronistas da Independência. Ao menos quatro deixaram relatos, alguns puxando a brasa para a sua sardinha, explicando como aconselharam o príncipe a proclamar a Independência do Brasil às margens do Ipiranga. Entretanto, nenhum deles viu, ou se viu não registrou, a presença de Domitila junto à comitiva ou mesmo fora dela. A crônica chegou a indiscrições como a diarreia do príncipe e a bofetada da escravizada santista, mas não à presença da amante.

Sete de Setembro

A parte curiosa do Sete de Setembro ficou na parada feita por d. Pedro no local onde acabaria proclamando a Independência. Segundo o registrado por membros da comitiva, ele afastou-se do grupo, pois estaria com desarranjo intestinal. O lugar escolhido da parada ficava a trezentos metros de uma outra propriedade que João de Castro possuía, na qual guardava suas mulas de aluguel. Foi próximo desse local que d. Pedro recebeu os correios vindos da capital com as notícias de que as Cortes de Lisboa iriam retirar o poder do príncipe regente. D. Pedro deveria retornar para a Europa com a família; os Andrada e todos os que ficaram ao lado dele no Fico seriam presos e enviados a julgamento em Lisboa. Ademais, todas as ordens das Cortes suspensas pelo príncipe deveriam ser cumpridas, visando à recolonização do Brasil. Além desses informes, seguiam cartas com conselhos de d. Leopoldina e José Bonifácio. D. Pedro resolveu dar um basta final declarando a dissolução dos laços políticos entre os dois países.

"Viva o rei do Brasil"

Domitila certamente estava com a família no Teatro da Ópera, no Pátio do Colégio, naquela noite.

O local era pequeno, baixo, estreito e tinha somente um andar. Externamente, o edifício era pintado de vermelho e possuía três portas negras. A plateia, com 350 lugares, era ocupada pelos homens. Havia 28 camarotes; no de número onze, o do governador, esperava-se o aparecimento do príncipe regente a qualquer momento. Era o único camarote mobiliado. As famílias iam ao teatro acompanhadas por escravizados que levavam cadeiras de casa, além de cestas de comida com frango assado, empanadas e cuscuz. Afinal, o paulista jantava cedo, era normal sentir fome durante as apresentações.

Francisco de Castro, às 21h30, abriu as cortinas do camarote, ao qual d. Pedro acabava de chegar. Nesse momento, o futuro imperador foi aclamado pelo povo paulista como o "primeiro rei brasileiro", brado levantado na plateia pelo padre Ildefonso Xavier, em conjunto com Antônio Leite Pereira Lobo e João de Castro Canto e Melo, segundo recorda o coronel Manuel Marcondes de Oliveira Melo, uma testemunha ocular.

Nessa noite histórica, todos teriam ouvido no teatro, pela primeira vez, o Hino da Independência.

Francisco de Castro, em relato escrito sobre o evento, conta: "Fez-se, afinal, ouvir o hino, no qual tomaram parte o príncipe, d. Maria Alvim, d. Rita e outras senhoras".

Se entre as "outras senhoras" estava Domitila, só nos resta imaginar.

No fim do espetáculo, o príncipe poderia ter observado no chão as cascas de queijo, os ossos de galinha e os caroços de azeitona, restos das refeições que mataram a fome dos paulistanos naquela noite, mas d. Pedro saiu antes do término da peça *O convidado de pedra*. As aventuras de d. Juan ele já conhecia; queria viver as próprias.

Sem notícias de d. Pedro, que se deixara demorar em São Paulo, e sem saber que o marido já estava a caminho do Rio de Janeiro, d. Leopoldina escreveu a ele em 13 de setembro:

> Meu querido esposo.
>
> Ontem à noite recebi a carta na qual me diz que responde aos ofícios do [dia] 20; ela me zangou muito vendo que ainda não toma a resolução de vir, que é mais necessária do que nunca [...].
>
> Receba mil abraços e saúdes de nós todos que estamos bons
>
> Desta sua amante esposa
> Leopoldina[12]

Rumo à corte

Entretido com a política paulista e com Domitila, d. Pedro ficou em São Paulo mais do que a esposa gostaria. Ele partiu para o Rio de Janeiro em 9 de setembro, e em seu rastro seguiram Francisco de Castro, seu pai, João, e seu cunhado Boaventura Delfim Pereira. Boaventura tomaria parte no cerimonial da coroação de d. Pedro, em 1º de dezembro de 1822, na capela imperial, sendo um dos responsáveis pela entrega do pálio sob o qual ficaria o imperador. Isso mostra como a família Castro e seus agregados já estavam ao redor do novo governante desde o início da Independência do Império do Brasil.

Em novembro, finalmente, o príncipe teria um tempo, em meio ao turbilhão político dos arranjos e acertos da Independência, para escrever à amante paulista que reclamava sua atenção, afinal já havia enviado a ele duas cartas:

Santa Cruz, 17 de novembro de 1822

Cara Titília

Foi inexplicável o prazer que tive com as suas duas cartas. Tive arte de fazer saber a seu pai que estava pejada de mim (mas não lhe fale nisto) e assim persuadi-lo que a fosse buscar e a sua família, que não há de cá morrer de fome, muito especialmente o meu amor, porque estou pronto a fazer sacrifícios.

Aceite abraços e beijos e fo...

Deste seu amante que suspira pela ver cá o quanto antes,
O Demonão[13]

Em maio de 1823, o pai de Domitila, já reformado no posto de tenente-coronel do Estado-Maior do Exército, passaria a receber sua aposentadoria, de oitenta mil-réis, na intendência da corte, no Rio de Janeiro. Por volta dessa época, deve ter ocorrido a mudança da família para a capital do recém-fundado Império do Brasil. E, conforme prometido por d. Pedro, os Castro não iriam mesmo passar fome por lá.

PARTE II

RIO DE JANEIRO (1823-1829)

VERSALHES TROPICAL

Nesta corte é necessário um espírito de sacrifício, sob todos os pontos de vista.

D. Leopoldina, em carta para a irmã Maria Luísa

Primeiro Domitila abandonou a pacata São Paulo pela movimentada Vila Rica. Agora saía novamente da província para conhecer a efervescente capital do novo império.

Chegando pelo mar, Titília deve ter se encantado com a cidade do Rio de Janeiro. Encravada entre o oceano Atlântico e as belas montanhas cobertas de vegetação luxuriante, era possível ver a baía de Guanabara espraiar-se em anfiteatro até os contrafortes da serra. As sombras das palmeiras brincavam nas paredes caiadas, embaladas pela brisa suave, e não era difícil nuvens de borboletas coloridas entreterem os passageiros que esperavam o navio atracar no porto. Acima da cidade, mosteiros e conventos plantados a cavaleiro nos topos dos morros observavam sonolentos a cidade fervilhante.

As pessoas ricas e os embaixadores preferiam morar em grandes chácaras em Botafogo, onde colibris brilhantes, azuis, dourados e púrpura cruzavam o ar. À noite, assim que o sol escaldante começava a se pôr, vaga-lumes surgiam cintilando sobre a vegetação. A trilha sonora ficava entre o murmúrio dos regatos que desciam a serra e o barulho do mar quebrando na praia. O local era razoavelmente distante do movimento do centro da cidade e mais fresco. O caminho aprazível desse bairro terminava na cidade propriamente dita.

Domitila teria sorte se houvesse desembarcado nesse retiro, mas, como a grande maioria das pessoas que iam de veleiro de Santos ao Rio de Janeiro, ela desceu no cais do porto, no centro da cidade, e deve ter ali tomado seu primeiro choque. A imagem idílica vista do mar desfazia-se ao pisar em terra.

O Rio de Janeiro em 1823

O Rio, em 1823, contava com cerca de 80 mil habitantes. Pelas ruas, viam-se mais negros do que brancos. Afinal, os escravizados, quase metade da população, eram quem fazia a cidade funcionar.

Um viajante estrangeiro chegou a descrever o trabalho dos africanos no porto:

> Mal se podem figurar os fardos enormes que os infelizes são obrigados a carregar, sendo-lhes necessário para isso um longo hábito. Os fardos são suspensos a uma barra de madeira, cujas extremidades pousam sobre seus ombros. Marcham cantando uma de suas árias nacionais, monótona e triste, servindo de cadência para regular o passo. Percebe-se muitas vezes por um acento que estão prestes a sucumbir sob a carga; mas então o chicote arranca-lhes novos esforços [...].[1]

Domitila deve ter se surpreendido com uma inovação: podia-se sair de noite na rua sem que um escravo da família carregasse archotes ou lampiões para iluminar o caminho. Alimentados com óleo de baleia, os lampiões de rua, a bem da verdade, forneciam uma luz avermelhada e mortiça, mas já era alguma luz. Eles cobriam todo o perímetro urbano, e só a rua do Ouvidor possuía mais de treze! Em São Paulo, eles só apareceriam em 1830.

Os lampiões não ficavam em postes, mas em armações presas às paredes das casas. A iluminação estava a cargo de escravizados, em sua maioria maltrapilhos e de péssima categoria, segundo relato dos viajantes. Era fácil reconhecê-los: viviam besuntados de óleo de peixe e embriagados. Dormiam pelas ruas para mais fácil apagar os lampiões conforme clareava o dia.

Além do sistema de iluminação pública, o saneamento também funcionava com a força da mão de obra escrava. A água limpa era trazida por eles, e os barris com os dejetos da casa e de seus ocupantes eram transportados pelos "tigres", que os jogavam ao mar. Segundo alguns, os escravizados tinham esse apelido devido às queimaduras de pele provocadas pelas imundícies que caíam no seu corpo e secavam ao calor escaldante.

Às vezes os escravizados cansavam-se e, ao sair da vista dos donos e feitores, acabavam jogando o lixo na esquina. Assim, grandes monturos podiam ser vistos em praças e ruas. A água também acabava sendo contaminada. A rua da Vala, atual Uruguaiana, por exemplo, tinha uma calha que dava escoamento às águas do chafariz da Carioca até a Prainha. Geralmente a calha estava cheia de animais mortos e lixo, e sua água transbordava, levando restos podres até o mar. As casas, como a maior parte das construções portuguesas na colônia, eram fortes e não muito bonitas, excetuando-se as vilas estrangeiras de Botafogo e uma ou outra construção mais aristocrática, que se destacava pelo tamanho e pela localização. As moradias, em geral, ocupavam todo o lote, edifício colado em edifício, sem recuo, como ainda é possível ver em algumas ruas do centro. Via de regra, alcançavam três ou quatro andares e tinham três janelas na fachada. Como as janelas eram compridas, a desproporção entre a altura e a largura das casas chamava atenção.

Domitila deve ter notado que as construções não tinham muxarabis ou rótulas, ao contrário de São Paulo. D. João proibiu seu uso assim que chegou ao Rio de Janeiro. Uns acreditam que a medida visava tirar o ar de vila mourisca da cidade. Segundo outros, d. João teria, na verdade, medo de ser emboscado por algum atirador escondido.

Não era apenas na estética que a construção diferia, mas também no método. Em São Paulo, usava-se o barro para levantar as paredes; no Rio, usavam-se tijolos e pedras.

Se era fácil se livrar dos muxarabis e das rótulas, ficava mais complicado livrar-se das estreitas ruas e vielas mal calçadas por onde o esgoto corria a céu aberto. Varíola e outras doenças grassavam na capital, mas nem tudo eram mazelas aos olhos de uma recém-chegada como Titília.

Tecidos de Manchester, queijos, manteiga, cerveja, talheres, porcelanas, joias, roupas, chapéus. Tudo exposto em vitrines elegantemente arrumadas e decoradas com espelhos e panos coloridos à vista dos transeuntes. E os cabeleireiros, as modistas e os mestres perfumistas? O que falar então dos confeiteiros, padeiros e licoreiros? Domitila deve ter ficado extasiada ao entrar nesse mundo novo.

A corte no Rio de Janeiro

No entanto, nem sempre o Rio de Janeiro tinha sido assim. A grande transformação dessa cidade havia ocorrido com a vinda da família real portuguesa para o Brasil, até então colônia de Portugal, em 1808.

O príncipe d. João, em 1807, estava literalmente entre a cruz e a espada. De um lado, Napoleão, que queria invadir Portugal; do outro, a Inglaterra, que ameaçava afundar os navios portugueses caso isso ocorresse. No meio, Portugal, que o príncipe sabia não ter condições suficientes para combater nenhum dos dois países. D. João era regente de Portugal desde 1799, quando assumiu as funções no lugar de sua mãe, a rainha d. Maria I. Após a morte do marido e do filho mais velho, os problemas mentais da rainha agravaram-se, tornando-a incapaz de governar. Com os acontecimentos advindos da Revolução Francesa, ela começou a ter delírios nos quais achava que estava para morrer nas mãos do povo e que iria para o inferno, onde via seu pai transformado em carvão por ter expulsado os jesuítas de Portugal.

Desprestigiado por diversos historiadores, d. João VI já foi chamado de tudo: glutão, porco, burro, preguiçoso, entre outros adjetivos. No entanto, poucas decisões seriam tão acertadas quanto a transferência da corte para o Brasil. Diferentemente de cenas como "fuga em massa" ou "salve-se quem puder", a vinda da corte foi uma operação orquestrada com antecedência. Navios portugueses começaram a ser convocados para retornar a Portugal meses antes, e os que estavam carregados com produtos no Brasil receberam ordens de não partir para a Europa. Vários departamentos governamentais foram preparados para serem embarcados, inclusive a Real Biblioteca: alguém realmente acredita que é possível "fugir" levando uma biblioteca consigo? No final, as coisas se precipitaram. As tropas do general francês Junot teriam se aproximado de Lisboa antes do esperado e houve realmente um embarque apressado, mas as coisas tinham tido um mínimo de planejamento, ainda que falho.

D. João, ao transferir a corte para o Brasil, não só salvou a coroa como também a família. Napoleão, pelo Tratado de Fontainebleau, de 1807, entre a França e a Espanha, iria dividir Portugal entre os dois países, acabando, praticamente, com a dinastia de Bragança. Mas não conseguiu. No seu exílio em Santa Helena, o decaído imperador francês reclamaria, em suas memórias, que o rei português foi o único a conseguir enganá-lo. E assim d. João garantiu que seus descendentes viessem a ocupar os tronos do Brasil e de Portugal por mais de oitenta anos.

Com a derrota francesa na Batalha de Trafalgar, em 1805, Napoleão havia perdido definitivamente o controle do Atlântico para a Inglaterra. Como Portugal era aliado inglês e a Inglaterra estava sofrendo com o bloqueio continental imposto pelos franceses, d. João, assim que aportou no Brasil, escoltado pelos navios de guerra britânicos, abriu os portos para as nações amigas, especificamente para os ingleses, que passaram a gozar de taxas privilegiadas.

Num primeiro momento, as grandes cidades costeiras do Brasil viram-se inundadas de produtos importados da Inglaterra — claro que a corte era a que mais consumia. Além da grande quantidade de portugueses, desde nobres até comerciantes, estrangeiros de outros países também acorreram para a nova capital do império lusitano. Diversos foram os viajantes que aproveitaram a abertura dos portos brasileiros e vieram para cá com o propósito de conhecer o Brasil. Além de pesquisadores e cientistas, também chegaram membros do alto funcionalismo europeu e norte-americano para compor as embaixadas estrangeiras. Isso contribuiu para dar um colorido novo ao local, e o Rio de Janeiro prontamente tomou ares cosmopolitas. Em 1815, com a derrota definitiva de Napoleão, os comerciantes franceses também chegaram, e com eles vieram, um ano depois, os artistas da Missão Francesa para dar um aspecto europeu à corte encravada nos trópicos.

A corte portuguesa, que seguiu o destino de seus soberanos, alojava-se em casas cedidas, de boa vontade ou à força, pelos cariocas. Não raro os nobres alugavam o andar de baixo para os proprietários legais.

Os Bragança no Brasil

A família real, ao desembarcar, ficou toda no conjunto preparado pelo vice-rei, o conde dos Arcos. O edifício da antiga residência dos governadores do Rio de Janeiro foi ligado à cadeia e ao mosteiro carmelita por passadiços. Os presos e os monges foram remanejados para outros locais, e suas celas, apesar da tentativa de reforma, continuavam parecendo celas e não agradaram muito aos Bragança, que, pela primeira vez, estavam todos reunidos sob o mesmo teto.

D. João e a esposa, a princesa espanhola Carlota Joaquina, não se davam bem. Já em Portugal moravam em locais separados, ele em Mafra e ela, com sua corte, na Quinta do Ramalhão. Enquanto isso, d. Pedro ficava com a avó com problemas mentais no Palácio de Queluz.

No Rio de Janeiro, a vida em comum da família desfez-se rapidamente.

D. João recebeu de presente a quinta de Elias Antônio Lopes, um rico comerciante português. Era uma propriedade afastada e em local elevado, de onde era possível avistar o porto e a cidade, e que, por isso, recebeu o nome de Quinta da Boa Vista. Quando não estava lá com os filhos d. Pedro, d. Miguel e a mais velha, casada, estava despachando no paço da cidade, descansando na Ilha do Governador ou na fazenda de Santa Cruz — uma de suas propriedades favoritas —, ou, ainda, subindo a serra para passar uma temporada na fazenda do Padre Correia. Enquanto isso, a esposa, acompanhada das infantas, morava num palacete na praia de Botafogo. A rainha, d. Maria I, ficou no convento do Carmo.

Após a morte de d. Maria, d. João foi aclamado rei no Rio de Janeiro, com o nome de d. João VI. Depois das melhorias implantadas na cidade, como teatros, biblioteca, imprensa, jardim botânico, o Banco do Brasil e diversas outras providências indispensáveis para o funcionamento do governo, ele pretendia continuar por aqui.

O príncipe regente

Com a vinda da família real portuguesa para cá, o Brasil passou de colônia a sede do governo, tendo sido elevado, juntamente com Portugal e Algarves, a Reino Unido. Além disso, Portugal fora libertado dos franceses em 1811, e nada de d. João querer voltar. Isso começou a causar grande insatisfação por lá. Com a saída do Exército francês, foi criada uma regência, e os ingleses ajudaram a administrar o país. Depois de anos como metrópole, Portugal começava a se queixar que tinha virado colônia, com tudo tendo que ser resolvido no Brasil.

Com a tempestade que Napoleão provocou na Europa, o vento do Liberalismo alastrara-se. A alegação de que o rei detinha "direitos divinos" para exercer o seu poder ficou comprometida com a Revolução Francesa. Algumas casas europeias perceberam que para sua dinastia sobreviver seria necessário fazer concessões; assim, abriram mão do Absolutismo e adotaram uma carta constitucional. Era isso, entre outras coisas, que a Revolução do Porto, deflagrada em Portugal a 1820, exigia. Outra exigência era o retorno do rei e a saída definitiva dos ingleses.

Por algum tempo, d. João pensou em enviar o príncipe herdeiro, ou mesmo a pequena d. Maria, sua neta, para Portugal, mas as coisas acabaram sendo resolvidas de maneira diferente. D. Pedro foi deixado no Brasil, como príncipe regente, no início de 1821, e a corte portuguesa retornou à Europa. Um dos primeiros problemas enfrentados por d. Pedro foi financeiro. Com a partida da corte, o tesouro do reino foi junto, e o Banco do Brasil ficou à beira da insolvência. D. Pedro passou a morar definitivamente no palácio de São Cristóvão, na Quinta da Boa Vista, e ajeitou as repartições públicas no paço da cidade, terminando com o costume de se alugarem casas e prédios para instalar os serviços públicos. Até as roupas passaram a ser lavadas em casa, pelas mucamas do palácio: nada de mandar lavar fora.

D. Leopoldina

Junto com d. Pedro, ficou no Brasil a sua família: seus filhos, d. Maria da Glória e d. João Carlos, e sua esposa, a arquiduquesa austríaca d. Leopoldina, descendente da Casa Imperial dos Habsburgo, uma dinastia que estava no poder desde 1273.

Casar-se com uma Habsburgo era ter ao lado de si a melhor mulher que um governante poderia ter. A máxima instituída por Rodolfo IV, "Os outros façam guerra, tu, Áustria feliz, casa-te", era o meio pacífico de o Império dos Habsburgo garantir seu poder, e para isso a família criava as melhores princesas da Europa. Todas as filhas de Francisco I, pai de Leopoldina, eram tão educadas quanto ela. Sabiam ciências naturais, desenho, pintura e línguas, e eram versadas em política internacional, assunto debatido em família.

A corte de Viena era uma das mais fulgurantes da Europa. Após a queda de Napoleão, foi nessa cidade, sob o comando do primeiro-ministro, Metternich, que a maior parte das cabeças coroadas europeias se reuniu para o Congresso de Viena, em que foram redefinidas as fronteiras e as dinastias depois da barafunda promovida pelo Corso. Nessa ocasião, d. Leopoldina conheceu todos os reis e os mais importantes políticos europeus.

D. Leopoldina nasceu em 22 de janeiro de 1797, no mesmo ano que Domitila. Seu nome era Leopoldina Carolina Josefa. Ao casar, assumiu "Maria" como primeiro nome, passando a assinar "Maria Leopoldina".

Tinha ela entre 1,55 metro e 1,58 metro de altura,[2] traços finos, olhos azuis-acinzentados e cabelos louros. A pele era bastante clara e delicada.

Acostumada com a temperatura baixa e o tempo seco da Áustria, a umidade e os quase 30 °C que enfrentou no Rio de Janeiro deixaram uma impressão profunda na primeira imperatriz brasileira. Em carta para a tia, ela desabafava: "[...] deve-se dizer que a América portuguesa seria um paraíso terrestre se não fosse um calor insuportável [...] e muitos mosquitos que são um verdadeiro tormento [...]".[3]

O clima, seu hábito de cavalgar sozinha e com o marido — tomando o único cuidado que existia na época: usar um chapéu —, bem como o fato de ter ficado grávida quase todos os anos desde que se casou com d. Pedro, contribuíram muito para lhe prejudicar a pele e a silhueta. Todas as imagens, pinturas ou gravuras em que é retratada no Brasil mostram-na inchada, por causa da gravidez em decurso ou da anterior.

Ela era muito mais culta e preparada para o seu papel, moral e intelectualmente, do que d. Pedro. Certa vez, d. Leopoldina deu de presente ao marido um cavalo árabe. Ele ficou extasiado, dizia que aquele deveria ser o cavalo mais lindo do mundo. Complacente, d. Leopoldina explicou que realmente era um belo cavalo, mas que existiam outros bem mais bonitos. Ela possuía uma vivência cultural maior que a do esposo, e isso, em algum momento, pesou sobre o orgulhoso d. Pedro.

O casamento entre o príncipe e d. Leopoldina foi, como a totalidade dos casamentos reais até então, arranjado para garantir uma aliança entre dois Estados. Eventualmente, essas uniões estatais provocavam anomalias: um dos dois cônjuges apaixonava-se pelo outro. Esse foi o caso dela. Mas, aos poucos, a imperatriz foi descobrindo que d. Pedro era incapaz de lhe retribuir o amor romântico pelo qual ela ansiava. Eles eram companheiros, ela o respeitava, dava-lhe filhos, acompanhava-o em suas excursões e aconselhava-o politicamente. D. Pedro não deixava de ter afeto pela esposa, mas era egocêntrico, não a deixava se divertir, ir ao teatro sem ele ou mesmo usar vestidos decotados. Para a irmã, d. Leopoldina reclamava: "[...] à noite vou dormir às oito horas, porque infelizmente é mais fácil a pedra virar leite do que se receber permissão para ir ao querido teatro".[4] Ou, ainda: "No Brasil nunca se dança e meu esposo tem o encantador hábito de se divertir de todas as maneiras, porém os outros nunca podem rir e têm que viver como ermitões".[5]

D. Leopoldina, que dançara as primeiras valsas vienenses, devia lembrar do passado como um sonho distante, uma vez que as diversões para ela tinham tido fim assim que chegou ao Rio de Janeiro. Cada vez mais introvertida e dentro do limitado papel em que a corte a encaixara, tinha como válvula de escape seu museu particular e seus objetos de pesquisa, coleta e estudos de espécies nativas, muitos dos quais enviava para Viena.

D. Pedro ao menos confiava politicamente na esposa, pois a nomearia por duas vezes regente do Império em sua ausência. Mas as paixões mesmo estavam reservadas para fora do lar, como bem demonstra este trecho de uma carta dele para Domitila: "Ontem mesmo fiz amor de matrimônio para que hoje, se mecê estiver melhor e com disposição, fazer o nosso amor por devoção".[6]

A desilusão da romântica d. Leopoldina já tinha ocorrido anos antes. Em carta para a irmã Maria Luísa, ela desabafava, em 7 de abril de 1820: "[...] se hoje fosse livre, nunca mais casaria, pois [...] o santo matrimônio traz consigo muitos desgostos e aborrecimentos e o sacrifício da própria individualidade [...]".[7]

Um ano depois, em 24 de maio de 1821, novas queixas: "Começo a crer que se é muito mais feliz quando solteiro, pois agora só tenho preocupações e dissabores, que engulo em segredo, pois reclamar é ainda pior; infelizmente vejo que não sou amada".[8]

Um dos grandes problemas na adaptação da princesa era a corte portuguesa. Suas reclamações à irmã eram várias. Um dos poucos consolos era o seu sogro, d. João VI. Mas, a despeito das atenções do sogro e do carinho que se criou entre eles, a vida estava longe de ser o conto de fadas sonhado. Com Maria Luísa, d. Leopoldina desabafava em 26 de outubro de 1818: "Nesta corte é necessário um espírito de sacrifício, sob todos os pontos de vista. Pensas que o Brasil é um trono de ouro, para mim, está sendo um jugo de ferro".[9]

Os cortesãos não se acostumavam ao que julgavam ser excentricidades de uma estrangeira. Onde já se viu uma mulher estudar ciências naturais? Fazer questão de que os filhos brincassem na terra e cultivassem um pequeno jardim? Que loucura! Mesmo assim, ela era calma e doce com todos. Chegou até a encantar o ranzinza Luís Joaquim dos Santos Marrocos, funcionário que veio com o restante da Real Biblioteca para o Brasil em 1811 e por aqui ficou, após a Independência.

Em carta para o pai, em Lisboa, Marrocos informava, a 12 de novembro de 1817, que a princesa "tem agradado em extremo a todos: mui discreta, desembaraçada, e comunicável; [...] mui fértil na conversação, e mui aguda nas respostas; mestra na arte de agradar e fazer-se estimável; e para ser mais notável, até tem medo de trovoadas".[10]

No início, d. Leopoldina não era favorável ao Liberalismo, principalmente ao Constitucionalismo, e dizia que d. Pedro adorava "ideias novas". Porém, após ver que as Cortes Gerais portuguesas tinham a intenção de recolonizar o Brasil e acabar com as prerrogativas absolutistas de d. João VI, não restou a ela outra opção além de se aliar a José Bonifácio e aos demais ministros no esforço de aconselhar o marido que fizesse a Independência.

D. Pedro e d. Leopoldina, após os acontecimentos do Sete de Setembro, passaram a ser malvistos na Europa entre as casas reinantes, até que a Inglaterra interveio nas negociações do reconhecimento do Brasil independente. Os próprios diplomatas austríacos, antes do reconhecimento oficial da Áustria, referiam-se a ela como "aquela que se diz imperatriz do Brasil". O barão de Mareschal,[11] diplomata austríaco creditado na corte do Rio de Janeiro, só mudou a forma de tratá-la nos despachos diplomáticos após o reconhecimento em 1825. D. Pedro, para ele, continuava sendo príncipe e d. Leopoldina, uma arquiduquesa, mesmo depois da coroação, que ocorreu no Rio de Janeiro em 1º de dezembro de 1822.

O amante da irmã da amante

Apesar de Domitila não estar no Rio de Janeiro quando ocorreu a coroação de d. Pedro, as mulheres da família foram representadas por sua irmã mais velha, Maria Benedita. Ela havia se mudado para o Rio com o marido, Boaventura Delfim Pereira, que fora nomeado guarda-roupa do imperador e, por isso, tomara parte na cerimônia.

Maria Benedita, segundo o barão de Mareschal, era uma mulher bastante formosa e encontrava-se grávida em meados de 1823, quando Titília chegou à capital. O sobrinho de Domitila, Rodrigo Delfim Pereira, nasceria no final do ano.

Quase 160 anos depois, em 1981, um trineto de Rodrigo, Francisco Pinto Balsemão, ocuparia o cargo de primeiro-ministro de Portugal. Era a primeira vez, desde a queda da monarquia, que um descendente de d. Pedro I governava o país. Rodrigo era filho de Maria Benedita com d. Pedro.

A NOVA CASTRO

Em pessoa de cetro, não há vício secreto.

Antônio Delicado, *Adágios portugueses*, 1651

Na primeira carta de d. Pedro a Domitila que se conhece, ele prometeu não deixar que ela e a família passassem fome. Nada disse a respeito de ser fiel à amante. Apesar do longo relacionamento que iniciaria com Titília, o "Demonão", ou ainda "Fogo-Foguinho", como assinava inicialmente os bilhetes e as cartas para ela, era um grande sedutor. Dizem que o poder seduz, e poder d. Pedro tinha de sobra.

Ser um cortesão significava, entre outras coisas, manter-se próximo do centro de decisões administrativas e políticas e, com isso, granjear postos e empregos privilegiados. Era recomendável não ter muitos escrúpulos. Buscava-se fazer tudo o que estivesse ao alcance para desfrutar a boa amizade do imperador.

Como recordaria d. Pedro seis anos depois, o filho Rodrigo foi feito porque a mãe, Maria Benedita, "não era burra".[1] Com o nascimento do filho do imperador, Boaventura, o suposto pai da criança, que já tinha um cargo na corte, passou a ser o administrador de todas as propriedades imperiais.

Não sobreviveram provas de como Domitila e o restante da família, que chegavam de São Paulo, receberam a notícia. Entretanto, enquanto durou o relacionamento entre d. Pedro e Titília, a rivalidade das irmãs pode ser percebida nas cartas em que ele se defende dos ciúmes da amante, como quando jura que não foi à casa nem "do grande nem do pequeno Boaventura".[2]

Outro indício da cisão familiar é a localização geográfica dos Canto e Melo no Rio de Janeiro. Enquanto Boaventura e Maria Benedita estavam instalados próximo da igreja de Nossa Senhora da Glória do Outeiro, de particular devoção dos Bragança até hoje, Domitila, seus dois filhos e seus pais foram morar numa casa em Mata-Porcos, atual Estácio. Sua irmã Ana Cândida e seu cunhado Carlos Maria de Oliva, então integrante do Batalhão de São Paulo servindo no palácio de São Cristóvão, foram para o Engenho Velho, não muito distante.

Embora fosse amante da irmã da amante, d. Pedro tinha com a família Castro uma relação ótima. Seu carinho e respeito pelos pais de Domitila, pela irmã desta, Ana Cândida, por seus irmãos e cunhados estão sempre presentes nos bilhetes a Titília. Referia-se aos pais de Domitila como "querida velha" ou "querido velho", e aos irmãos dela tratava por "manos". Depois da vida familiar que teve, com pais e cortes separadas em eterna disputa, a família de Domitila foi o referencial mais próximo que d. Pedro teve disso.

Enquanto nascia um novo filho e uma família paralela achegava-se ao trono imperial, d. Pedro continuava lidando com as tensões do processo da Independência. Exércitos enfrentavam-se na Bahia, na Cisplatina, no Pará, no Piauí, e havia problemas na própria corte.

O Patriarca da Independência

Quando, em 1822, os militares portugueses levantaram-se contra os brasileiros no Rio de Janeiro, d. Pedro enviou sua mulher, d. Leopoldina, e os filhos para a fazenda de Santa Cruz. Quem a escoltou foram os paulistas do Batalhão dos Leais Paulistanos. As damas portuguesas que haviam permanecido no Brasil com o retorno de d. João VI para a Europa se recusaram a acompanhar a princesa.

Um ano depois, a situação dúbia que d. Pedro vivia refletia-se na corte carioca. Ele havia proclamado a Independência do Brasil, transformando-se em seu primeiro imperador, e continuava herdeiro de Portugal, que tentava reverter a emancipação política brasileira. Nascido e criado dentro do Absolutismo, via-se às voltas com ideias liberais. Velhos cortesãos portugueses, chegados ao Brasil em 1808, conviviam no palácio com pessoas como José Bonifácio e diversos novos políticos do Brasil independente. E havia ainda, pela cidade e nos jornais, quem defendesse a República. A animosidade no ar era palpável, e não faltavam apelidos. Os portugueses, em geral, eram os "pés de chumbo", os "corcundas" eram os absolutistas e os brasileiros eram chamados de "cabras".

José Bonifácio, um dos principais artífices da Independência, era natural da cidade de Santos. Seu pai, o coronel Bonifácio José Ribeiro de Andrada, era proprietário do sítio Mongaguá, que deu origem a essa cidade no litoral paulista. Como acontecia nas famílias de posse, foi enviado jovem para Coimbra, a grande universidade lusitana, para estudar. Em 1788, já era formado em Direito e em Filosofia, e seguiu a carreira acadêmica, especializando-se em matemática, mineralogia, história natural, entre outras disciplinas. Depois de uma viagem pela Europa patrocinada pela Coroa portuguesa, retornou para Coimbra, onde passou a dar aulas, ao mesmo tempo que prestava serviços ao governo português.

Com a invasão napoleônica, Bonifácio alistou-se no Corpo de Voluntários Acadêmicos, onde acabou chegando ao posto de comandante devido à sua capacidade de liderança. Já aposentado dos trabalhos no Reino, conseguiu permissão de d. João para retornar ao Brasil, aonde chegou em 1819, com 51 anos. Junto com o irmão, Martim Francisco, fez pesquisas mineralógicas em São Paulo, onde ajudou a organizar as eleições de 1821 e tomou parte no governo, até ser convidado por d. Pedro para o cargo de ministro.

Reflexos da Bernarda de Francisco Inácio

Maria Graham descreveu José Bonifácio como uma pessoa muito interessante, bastante polido, baixo, rosto magro e pálido. Parecia alguém tomado por uma atividade febril que lhe consumia corpo e mente. Uma particularidade dos irmãos Andrada, José Bonifácio, Martim Francisco e Antônio Carlos, era a união inquebrantável dos laços familiares e o ódio figadal que os unia contra qualquer pessoa que hostilizasse um dos três. Os alvos, entre 1821 e 1823, eram Francisco Inácio e todos os que participaram da revolta em São Paulo que impediu Martim Francisco de assumir o governo da província.

Para instaurar um processo, à época, decretava-se uma devassa, isto é, um inquérito. A fim de impedir que os investigados interferissem nas apurações necessárias do processo, eles eram exilados para outras cidades e províncias ou mesmo para fora do país.

Todas as vezes em que d. Pedro tentou terminar com a devassa de São Paulo e anistiar os envolvidos, entre eles Francisco Inácio, Oyenhausen, Daniel Pedro Müller e o genro de João de Castro, Bernardo Quartim, entre outros, José Bonifácio ameaçou renunciar ao ministério.

Nesse tempo, segundo a própria Maria Graham, Domitila só ia ao palácio se acompanhada de um dos irmãos ou do cunhado. O que a amiga inglesa de d. Leopoldina afirma é corroborado por uma das primeiras cartas de d. Pedro à amante, no início de sua vida no Rio de Janeiro, na qual o imperador diz: "Tomara eu que os ladrões dos médicos deixassem já de cá dormir, para você me vir cá visitar com o Nhô Xico conforme lhe mandei dizer, o que por ora não pode ser, em consequência do acima exposto".[3]

Primeira acusação contra Domitila

Essa carta foi escrita enquanto ele se recuperava de uma queda de cavalo — uma de várias, mas a mais grave — que sofrera em 30 de junho de

1823 próximo ao palácio. Na queda, o imperador fraturou clavículas e costelas e machucou bastante o quadril.

O conselheiro Vasconcelos Drummond, fiel amigo de José Bonifácio, conta em suas memórias que d. Pedro estava na verdade preso à cama, com o corpo todo quebrado, devido a uma surra que levara de um marido ciumento. Nesse estado, receberia frequentemente a amante, que praticamente habitava a antecâmara, segundo a imaginação do conselheiro. De acordo com Drummond, Domitila teria recebido dinheiro do grupo de Francisco Inácio não só para conseguir que o inquérito fosse cancelado, mas também para a nomeação de um parente dele ao cargo de intendente de polícia. Isso teria sido a gota d'água para José Bonifácio, que pediu novamente a renúncia, dessa vez aceita por d. Pedro.

O que a memória seletiva de Drummond esqueceu foi que as devassas não estavam acontecendo somente em São Paulo, mas também no Rio de Janeiro e em outras partes do Império recém-nascido. Os fluminenses Gonçalves Ledo e José Clemente Pereira, por exemplo, também foram alvos dos Andrada, cuja ira desabara sobre os portugueses.

D. Pedro contra os Andrada

Dias antes da queda de d. Pedro, Antônio Carlos defendeu na Assembleia Constituinte a polêmica proposta do deputado Muniz Tavares em que os portugueses residentes no Brasil que houvessem dado provas inequívocas de sua adesão à causa da Independência seriam declarados brasileiros. Em contrapartida, qualquer português suspeito de atitudes contra a separação do Brasil seria sumariamente expulso e teria seus bens confiscados. Alimentando a xenofobia, a proposta também estimulava o denuncismo.

Aos Andrada cultos, corajosos e desinteressados faltavam paciência, tolerância e modéstia. Quando perdiam a calma, deixavam-se levar apaixonadamente pelo ódio.

> Sr. presidente, falemos claro, é quase impossível em regra que um português possa amar de coração uma ordem de coisas que implica a ruína de sua pátria de origem e enodoa a sua dignidade. Por mim o digo, se eu fosse português detestaria a separação e independência do Brasil.[4]

O que pensava o inflamado Antônio Carlos ao pronunciar essas palavras na assembleia? D. Pedro era português, não renunciara à sua cidadania. Militares portugueses fiéis ao novo monarca haviam mudado de lado e combatiam em favor do Brasil.

Preso ao leito, recebendo delegações de políticos, d. Pedro teve contato com deputados que, vindos de diversas partes do Império, estavam participando da Assembleia Constituinte. Por meio dessa gente, passou a ouvir diferentes versões do que ocorria. José Bonifácio declarava que as decisões tomadas até então, ao transformar em adversários todos os que eram contra suas ideias, abrindo devassas e exilando-os, visavam proteger a "ordem pública". Agora d. Pedro escutava, de um grupo diverso, o outro lado da história, que lhe soava como "liberdade sacrificada".

Aparentemente, após escutar as queixas dos deputados, o imperador tomou a decisão de terminar com as devassas. Irados, os Andrada retiraram-se do governo e voltaram para seus assentos na Constituinte.

Procurando culpados

Culpando Domitila pela própria queda, José Bonifácio e seus irmãos incluiriam em seu rol de inimigos "as Castro", no plural — pois, segundo o Patriarca, a mãe dela era uma bruxa —, atrelando para sempre a imagem dela como traficante de favores.

Se a intervenção de Domitila nesse caso foi real, se efetivamente recebeu compensações financeiras para obter do imperador a libertação dos bernardistas paulistas, não existem provas. Entretanto, é sintomático o fato de ela, ao retornar para São Paulo, em 1829, ter ido morar numa chácara pertencente a Francisco Inácio. Outro indício é a ascensão de Oyenhausen, protetor de Domitila desde o início de sua luta para manter os filhos junto a si. Implicado na Bernarda de Francisco Inácio, ele foi destituído do poder em São Paulo, porém, futuramente, acabaria virando ministro das Relações Exteriores do Brasil, seria escolhido para o Senado e feito visconde e depois marquês de Aracati.

Teria efetivamente uma paulista recém-chegada à corte mais poder e inteligência que José Bonifácio? Improvável, mas ela tinha meios de fazer chegar a d. Pedro o outro lado da história e influenciá-lo.

Colocar a culpa da queda dos irmãos santistas em Domitila seria, talvez, uma boa vingança contra o imperador. Isso faria com que a figura do monarca se visse diminuída. D. Pedro não passaria de um governante manipulado pela amante. Ainda mais numa época em que o homem era o centro de tudo, dentro e fora do lar, colocá-lo como um joguete nas mãos de uma mulher era escarnecer da masculinidade do governante, expondo-o como um fraco.

É curioso notar que das mais de duzentas cartas escritas por d. Pedro a Domitila nenhuma discute política. Ele fala de amor, sexo, família, flores, costumes, teatro, filhos, animais, moda, favores, mas nada desse tema. Elas podem ter sido queimadas, ou o assunto ter sido tratado de viva voz.

Domitila e a corte

Domitila era uma sobrevivente. Já tinha se livrado de um marido brutal, que tentara assassiná-la. Agora era preciso resistir num ambiente hostil. E fazer isso na corte do Primeiro Reinado requeria estômago, um bom jogo de cintura e saber escolher bem os aliados. Bonifácio caiu, ministros caíram, e, de todas as amantes de d. Pedro, ela foi a que mais tempo ficou ao lado dele.

> Logo em sua chegada à corte, Domitila foi apresentada informalmente à imperatriz. D. Pedro, em carta à amante, narrou o diálogo que teve com a esposa: "[...] ela me disse que mecê lhe disse que tinha a moléstia de Lázaro. [...] Eu respondi 'ou tenha ou não, cá para mim não me importa, porque não tenho tratos com ela'".[5]

A tal "doença de Lázaro", que Domitila disse à imperatriz que sofria, é o que se conhece hoje como hanseníase, ou, mais popularmente, lepra. Sem tratamento na época, a doença era contagiosa e causava mutilações. Quem, no século XIX, iria ter uma leprosa como amante? Domitila sabia mentir, talvez até de maneira exagerada. Mas, aparentemente, não sabia se vestir.

D. Pedro, nos primeiros tempos, tratou pessoalmente do guarda-roupa de Domitila. Matuta, ela achava que resolveria as coisas como se fazia em São Paulo, costurando os próprios vestidos. No entanto, o imperador mandava-a procurar as melhores modistas do Rio de Janeiro.

> Desejando eu que, quando mecê apareça publicamente, apareça bem-vestida, e decente: aí lhe mando essa peça de touquinha, mais renda, para que as mande fazer num vestido com guarnições francesas na última moda, e como mecê o não saberá fazer, bom, será bom que Boaventura a leve à casa da modista madame Josefine, para que ela lhe tome a medida, e saia uma obra boa. Espero que isto faça para se apresentar na Glória enervando todas que lá aparecerem.[6]

Além de fornecer os tecidos, d. Pedro também pensava nas joias que ela usaria: "Para esse dia já terei as ametistas postas em bom adereço completo que fica obra digna de quem a dá e de quem a recebe".[7]

Essas ametistas a que d. Pedro se refere são o famoso colar que se encontra no Museu Imperial, em Petrópolis, e que fez parte do inventário das joias de Domitila, quando de seu falecimento: "[...] colar de ametistas e retrato em camafeu com a figura do imperador".

D. Pedro havia mandado fazer para a amante uma "joia de afeto". As pedras, assim como flores, frutas e leques, tinham linguagem própria. No caso, um dos simbolismos da ametista é que ela representa o amor profundo e verdadeiro até a morte. Além das gemas, há o rosto de d. Pedro feito num camafeu aplicado sobre a ametista central. Esse tipo de joia era sempre usado pela esposa para manter perto de si a imagem do marido. Nos retratos a óleo das imperatrizes d. Leopoldina e d. Teresa Cristina, é possível visualizar broches ou pulseiras em que aparecem os retratos de d. Pedro I ou de d. Pedro II.

Outra joia que Domitila ganhou de d. Pedro foi uma miniatura dele, também pertencente ao Museu Imperial, na qual o imperador aparece criança. Atrás da miniatura, há um chumaço dos cabelos do amante com uma moldura de hera pintada, simbolizando a eternidade. Com presentes tais e os parentes da amante ganhando cargos na corte, começava a ficar difícil para a sociedade fechar os olhos para o relacionamento. D. Pedro estava prestes a levantar o fino véu que separava os seus interesses particulares do seu ofício como imperador. É difícil imaginar um amante ser tão detalhista a ponto de ainda desempenhar bem diversos papéis, como o de pai, militar, além de cuidar de seus negócios particulares.

Casamento x amores

Com os casamentos dos governantes sendo arranjados em função dos interesses de Estado, era aceitável e extremamente comum que reis e imperadores tivessem amantes. Aliás, não só eles. José Bonifácio mesmo teve uma filha fora do casamento e a trouxe consigo quando partiu de Portugal para o Brasil, casando-a com o seu irmão Martim Francisco. As cartas entre José Bonifácio e o conselheiro Drummond mostram o velho Patriarca, aos 60 anos de idade, preocupado em ajudar financeiramente uma amante que deixou no Rio ao ter que partir para o exílio em 1823.

O próprio pai de d. Pedro, d. João VI, teve uma amante, Eugênia de Menezes, dama de companhia da rainha Carlota Joaquina, com quem teve uma filha. Todos eles se pautaram pela discrição; o adultério público, principalmente o dos reis, cujas amantes exerciam até funções nas cortes, não era mais bem-visto desde a queda do Antigo Regime na França.

Foi com a discrição que pautava os relacionamentos extraconjugais, tidos como normais, que d. Pedro tratou a princípio seu envolvimento com Domitila. Não que o estouvado príncipe fosse um modelo de bom senso. Os amigos e servidores mais próximos do imperador não só sabiam da ligação entre eles, como ela fazia parte de sua vida social.

Os primeiros frutos

Na primeira carta de d. Pedro para Domitila, no final de 1822, ele menciona que ela o havia informado sobre a gravidez. O destino dessa criança é incerto: pode ter falecido bebê, como tantas na época. Após a primeira edição desta obra, chegou a mim, em 2015, um manuscrito guardado por uma antiga família paulista. Segundo os registros genealógicos anotados por Theodora de Camargo Ayres, seu bisavô paterno, Jesuíno do Amaral Gurgel, teria sido, segundo tradição familiar, o primogênito dos amantes:

> Os meus princípios de boa moral me deixam diminuída em ter que escrever isto mas enfim, paciência.
>
> Jesuíno do Amaral Gurgel era fruto do pecado da Independência do Brasil. "Marquesa de Santos e d. Pedro."
>
> O monsenhor Manuel Joaquim do Amaral Gurgel, parente e amigo da família da marquesa, comprometeu-se [em] ser o protetor deste fruto e criou-o e deu-lhe o seu nome: Amaral Gurgel.

Apesar do registro da tradição, falta documentação para sustentá-la. Se de fato o bebê nasceu, não é improvável que ele tenha sido dado para alguém criar, visto ser essa uma forma de Domitila e tantas outras mulheres na época se livrarem da prova material de uma acusação de adultério.

Se persistem dúvidas a respeito do primeiro filho, o mesmo não ocorreu com o segundo. Domitila ficou grávida novamente em setembro de 1823.

Apesar da separação física entre Felício e Domitila, a oficialização eclesiástica ainda não havia sido buscada — perante a Igreja, Titília ainda era casada com o alferes, que, desde que saíra preso de São Paulo pela tentativa de assassinar a esposa, acabara por se estabelecer na corte. É possível imaginar o que o vingativo e sanguinário mineiro poderia fazer se soubesse que sua mulher estava grávida. Até requerer o reconhecimento da criança não seria ideia de todo descartável. A possibilidade de Felício ter qualquer direito sobre o bebê que estava para nascer devia causar arrepios ao imperador.

Pode-se acusar d. Pedro de marido negligente e político inábil, mas sempre foi um pai zeloso e responsável, até mesmo com quem não era filho dele. Futuramente, tomaria para si a educação do casal de filhos de Domitila. Enquanto Felício Filho se preparava para ingressar na carreira na Marinha, Francisca seria matriculada num dos melhores colégios para meninas da elite carioca, à custa do imperador.

Separação de Domitila e Felício

Com o avançar da gravidez, d. Pedro resolveu intervir no processo de separação de Domitila e Felício. Assim como ocorria no Brasil Colônia, a Igreja, e não o Estado, definia a constituição do casal e, consequentemente, da família; somente ela poderia conceder o divórcio. Seguia-se a determinação do Concílio de Trento e as Constituições Primeiras do Arcebispado da Bahia de 1707 para os casos previstos que justificavam a separação perpétua do casal, entre eles o de sevícias e maus-tratos. Apesar de essa situação já estabelecida continuar vigente durante os primeiros tempos do Império, o uso contínuo das normas do Concílio e das Constituições só foi oficializado na lei de 3 de novembro de 1827.

A separação naquela época não era o que é hoje. Durante o Império, o controle do registro público era uma função da Igreja, que regulava nascimentos, casamentos e óbitos. A doutrina eclesiástica, na época, permitia o divórcio, com a separação dos corpos e dos bens do casal, mas não a dissolução do casamento, ou seja, marido e mulher unidos pelo rito tridentino, ao se separarem, só poderiam se casar novamente em caso de morte de um deles. O casamento era eterno. Mas na prática... Domitila estava grávida de d. Pedro, e Felício já tinha outra mulher e duas filhas com ela.

Com a pressão do imperador, a justificação preparatória, que geralmente demoraria semanas, foi realizada em 48 horas. Diversos paulistas que agora serviam no Batalhão do Imperador foram testemunhas para Domitila e praticamente repetiram os fatos já elencados anteriormente pelo ex-governador de São Paulo. Em pouco mais de dois meses a sentença de divórcio foi lavrada. D. José Caetano da Silva Coutinho sentenciou de maneira favorável nos autos de ação de Domitila. Segundo o que se comentava, esse serviço foi regiamente pago com a indicação dele ao posto de senador do Império.

Seis dias após o início do processo, em 10 de março de 1824, Felício foi nomeado administrador da Feitoria do Periperi. Pertencente à fazenda de Santa Cruz, propriedade da Coroa, essa feitoria destinava-se à produção de arroz, feijão, milho, anil e aguardente. O ex-cunhado, Boaventura Delfim Pereira, seria o chefe de Felício a partir do mês seguinte, quando assumiria, a 21 de abril, o cargo de superintendente-geral da fazenda. Domitila conseguiu o divórcio e Felício, com um emprego novo, deixou o processo correr à revelia.

Mas nem tudo foram flores. Ao descobrir sobre o nascimento de Isabel, em 23 de maio, dois dias após a sentença, Felício escreveu uma carta desaforada ao ex-cunhado Boaventura, falando mal de Titília. Boaventura entregou a carta a d. Pedro, que tomou a correção do alferes nas próprias mãos. Indo a cavalo até a sede da feitoria, esbofeteou Felício e prometeu surrá-lo se ele não ficasse longe de Isabel e Domitila. O susto deu resultado: um ano depois, Felício assinava a separação de corpos, as crianças ficavam sob responsabilidade da mãe, e o pai, sem nenhum direito a usufruto dos bens dos filhos.

"Nossa Belinha"

Isabel, que seria a filha preferida de d. Pedro, foi batizada em 31 de maio de 1824 na igreja de São Francisco Xavier do Engenho Velho.[8] Foi registrada filha de pais incógnitos e exposta, ou seja, entregue, na casa do coronel João de Castro. Seus avós maternos serviram de padrinhos. D. Pedro chamava a menina de "nossa Belinha", ou apenas de "Bela", nas cartas trocadas com Domitila. Sempre preocupado em agradar à menina, mandava-lhe pão de ló, frutas e até o hoje incomum "bolo de cutia",[9] de que sabia que ela gostava. Também perguntava diariamente sobre sua saúde: "Mande-me dizer como tem passado a nossa querida Bela, produto dos nossos sinceros amores".[10]

Pensava frequentemente nela e também no seu futuro. Certa vez, garantiu a Domitila que Isabel seria "de mecê [...] inseparável até ter idade de aprender",[11] ou seja, em algum momento ele retiraria a filha dela e a levaria para ser educada no palácio, junto com os irmãos.

A "Nova Castro"

A defesa contra Felício seria uma das primeiras que d. Pedro faria de Domitila. Sempre que sua amada passasse por algum aborrecimento, ele estaria lá para protegê-la. Muitas vezes, porém, essa proteção ultrapassava limites. Conforme afirma a historiadora Isabel Lustosa, a ascensão de Domitila se daria "a partir da reparação de desfeitas públicas que lhe fizessem".[12] As agressões contra a amante eram tomadas por d. Pedro como afrontas a ele próprio. O imperador passou a considerar qualquer ato contra ela como um ultraje à sua vontade em tê-la na corte usufruindo seus espaços de sociabilidade. E, antes que o ano acabasse, fecharia um teatro por causa dela.

Em setembro de 1824, Domitila passou por seu primeiro vexame público na corte. Entre a rua do Cano, atual Sete de Setembro, e a do Piolho, atual da Carioca, próximo à praça da Constituição, atual Tiradentes, ficava o Teatrinho Constitucional São Pedro. Era um teatro particular, com plateia seleta, um dos entretenimentos mais finos da corte. Só entravam no estabelecimento os associados e os que tinham convites especiais, o que não era o caso de Domitila naquela noite de primavera. D. Pedro, ao chegar ao teatro, soube que a amante fora barrada no saguão e posta na rua sem demora. A justificativa dos diretores em não aceitar a presença de Titília dizia respeito, primeiro, ao fato de ela não ser uma associada e, segundo, à moral duvidosa da paulista, que já começava a ser alvo de fofocas. Colérico, o imperador deu meia-volta e saiu do teatro.

No dia 22 de setembro, o intendente-geral da polícia dava ordens para que o teatro fosse fechado e indiciava os diretores baseado na lei de 20 de novembro de 1823, que proibia sociedades secretas. Como os estatutos não haviam sido submetidos à aprovação do governo, eles incorriam nas penas previstas pela lei. No fim, o processo foi abandonado, mas não antes que os artistas fossem despejados e seus trajes e cenários alimentassem uma grande fogueira próximo à igreja de Sant'Anna.

Um transeunte que passava pelo local, conta o comerciante inglês John Armitage, ao ver a fogueira, indagou:

> — Queiram dizer-me qual foi a razão de se fechar tão repentinamente o teatro?
>
> — Ora — replicou um dos diretores —, por nenhum motivo, que eu saiba, senão que recusamos admitir em nossa lista a Nova Castro.[13]

A resposta era irônica. A história do amor entre Inês de Castro e d. Pedro I de Portugal rendeu mais de uma peça. A mais recente, na época, tinha o apelido de Nova Castro.

Dando satisfação a Domitila, d. Pedro escreveu a ela:

> Meu bem,
>
> Aí vai o remédio que chegou neste momento da cidade, não me esqueço de nada seu. Já se mandou fechar o teatro, apreender papéis e proceder à devassa do que se sabe para meu esclarecimento. [...] Hoje já não trabalha o teatro, e estão todos de boca aberta.
>
> Seu amante, fiel e constante
> O Demonão[14]

Mal sabiam seus súditos que teriam de fechar logo a mandíbula antes de terem cãibra. Os amores de d. Pedro e Domitila prometiam causar novos escândalos em 1825.

A PRIMEIRA DAMA DO IMPERADOR

Quem tem afeição não tem inteira razão.

Antônio Delicado, *Adágios portugueses*, 1651

Se em 1825 d. Pedro fizesse um balanço dos acontecimentos dos três anos anteriores, veria que tudo caminhava da melhor forma possível. No campo militar, as batalhas da Independência haviam sido ganhas e o brigadeiro Lima e Silva, pai do futuro duque de Caxias, havia derrotado a Confederação do Equador, que pretendia implantar uma república no nordeste brasileiro. A Inglaterra tentava uma mediação entre Brasil e Portugal para resolver diplomaticamente a Independência. Era questão de tempo regularizar a situação do reconhecimento do Brasil junto às nações. Na política interna, após fechar a Assembleia Constituinte no final de 1823, o imperador havia exilado os Andrada, bem como outros radicais, e outorgara uma Constituição ao Brasil que vigoraria por mais de sessenta anos.

O futuro parecia promissor para d. Pedro. No campo pessoal, d. Leopoldina continuava cumprindo o seu papel de esposa e imperatriz, andava a cavalo com ele pelo menos duas vezes por dia, ao amanhecer e no final da tarde, auxiliava como intérprete junto à massa de imigrantes germânicos que desembarcava no Rio de Janeiro, e dava-lhe filhos todos os anos. Domitila e Belinha, suas duas grandes paixões, eram alvos de seus mimos: d. Pedro chegava a desviar presentes que deveriam ser entregues à imperatriz e dá-los para a amante.

Ainda sobravam tempo e disposição para outras aventuras passageiras, que geralmente terminavam com Domitila tendo uma crise de ciúmes, a ponto de o imperador lhe escrever: "Eu já não namoro a ninguém depois que lhe dei minha palavra de honra".[1]

Se as juras de fidelidade do nosso d. Juan dos trópicos de nada valiam, diferentes eram as atitudes tomadas em relação à amante.

O incidente na capela imperial

Na Semana Santa de 1825, Domitila, embalada pelas graças que vinha conquistando do régio amante, foi assistir às comemorações da festa na capela imperial, atual igreja Nossa Senhora do Carmo da Antiga Sé, no centro do Rio de Janeiro. Não se sabe se por insistência de Domitila ou se por resolução própria, d. Pedro ordenou que Joaquim Valentim Faria de Souza Lobato, porteiro da Câmara Imperial, a levasse para assistir à missa na tribuna das damas do paço. Essas tribunas podem ser vistas até hoje. São pequenos balcões localizados no alto, onde a elite assistia aos ofícios religiosos separada do povo, numa posição privilegiada, na qual podia ver e ser vista.

A hierarquia da corte era rígida e os cortesãos, muito ciosos dos privilégios que haviam alcançado. As tribunas de honra da igreja, localizadas acima do altar-mor, eram frequentadas apenas pela família imperial e por pessoas do séquito. Domitila não tinha nenhum cargo no paço, muito menos um que lhe desse direito a frequentar a tribuna das damas da imperatriz.

Imagine, então, qual não foi a surpresa das nobres presentes ao verem entrar aquela que já era apontada à boca pequena nas ruas como a amante paulista do imperador. Inicialmente atônita, a baronesa de São Salvador dos Campos dos Goytacazes viu Domitila sentar-se, mas se recuperou em segundos. Como que afrontada, levantou-se e saiu do local, ato imitado por diversas outras senhoras. Titília, humilhada, assistiu à missa sozinha na tribuna. Foi alvo dos olhares e dos comentários de todos os presentes na igreja.

Ana Francisca Rosa Maciel da Costa, baronesa de Goytacazes, foi a primeira brasileira nata agraciada com um título nobiliárquico, recebido em 1812 de d. João. A família de seu já falecido marido, os Carneiro Leão, era uma das mais ricas do Rio de Janeiro e gostava de ostentar isso, como apontam Maria Graham e outros estrangeiros, escandalizados com o tamanho e a qualidade das joias que essas mulheres usavam.

Quando a baronesa resolveu, com seu ato, colocar Domitila em seu lugar, já fazia quatro anos que d. João VI e a corte portuguesa haviam deixado o Brasil e retornado a Portugal. A nobreza da metrópole, hereditária, fruto do Feudalismo português, não via com bons olhos essa nova nobreza colonial caricata, para a qual o dinheiro assegurava os títulos. Os portugueses vingavam-se nos dias de grande gala na corte, quando a nobiliarquia ditava as regras, e as antigas famílias e mercês tinham precedência sobre os novos titulados.

Os nobres brasileiros trataram Domitila como tinham sido amargamente tratados pela nobreza de sangue portuguesa. A resposta, contudo, não se fez esperar.

A nova dama camarista da imperatriz

Como de praxe, nas comemorações dos aniversários de membros da família imperial, títulos, condecorações, mercês e perdões eram distribuídos pelo imperador e pela imperatriz. Segunda-feira após a Páscoa, 4 de abril, era aniversário de d. Maria da Glória, filha mais velha de d. Pedro e d. Leopoldina e herdeira do trono. Na lista das pessoas agraciadas com alguma benesse imperial, aparecia o nome de Domitila de Castro Canto e Melo, nomeada dama camarista da imperatriz.

Esse posto conferia a Domitila o direito de acompanhar d. Leopoldina a todos os lugares, sendo-lhe destinado o lugar de honra logo após os imperadores em qualquer ocasião pública, isto é, na igreja, no teatro e em outros eventos, tendo precedência sobre as outras damas do paço.

D. Pedro não era o ser mais ponderado do mundo: quando errava a mão, errava feio. A nomeação, concebida como uma bofetada na baronesa de Goytacazes e nas demais damas que haviam se julgado superiores a Domitila, ateou fogo ao mundo diplomático da corte. Afinal, se antes a paulista passara quase despercebida, agora, com a nomeação feita, ela conseguira acesso direto aos quartos dos imperadores. Numa sociedade de corte, o acesso aos aposentos íntimos dos governantes é um dos mais elevados favores de que um cortesão poderia usufruir. Isso mostrava o grau máximo de proximidade que aquela pessoa tinha com o poder, tornando ela própria uma potencial força de influência política.

Os embaixadores e ministros plenipotenciários correram para os seus informantes e, logo depois, para a escrivaninha mais próxima, a fim de despachar relatórios aos seus respectivos países informando quem era a amante oficial do imperador.

Uma coisa era ser mais uma das amantes de d. Pedro, outra era ganhar um dos mais elevados cargos na corte e o direito de viver com os soberanos, trabalhando e morando no palácio, ao menos uma semana por mês. Isso impôs a Domitila um peso político com o qual ela nunca havia sonhado. Também a d. Leopoldina foi imposto algo: a presença da amante dentro da própria casa.

Segundo alguns historiadores, d. Leopoldina teria ficado aborrecida com o tratamento dado a Domitila pelas damas do paço e proposto a nomeação da moça, cuja família gravitava ao redor do marido desde que este retornara de São Paulo, em setembro de 1822. Mas essa história parece ficar a meio caminho entre a cegueira da imperatriz, que não enxergava o que estava acontecendo, e a aura de santa mártir, esposa fiel, que, inicialmente, não via maldade em nada. De fato, d. Leopoldina, cercada por uma corte hostil, não deveria saber, na época, sobre o relacionamento extraconjugal do marido. Afinal, a própria Titília contara-lhe que era leprosa!

A humilhação das damas do paço

Porém, claramente, a nomeação fora ideia de d. Pedro. Existem provas da raiva do imperador com a afronta sofrida por Domitila. Como se não bastasse o novo cargo da amante, ele ainda arrumou um modo de humilhar as damas.

> Meu amor,
>
> Já esta tarde começam os desavergonhados a saber quem sou, e quem mecê, e quanto eu a estimo.
>
> Mandei pôr uma fechadura na porta das tribunas para se fechar a porta, que não será aberta venha quem vier enquanto mecê não vier, e assim ficam todos sem lugar. Além disso, hei de tratar os maridos de bonito modo, e eu lhe prometo que mais nada hão de fazer <u>aos amores.</u>
>
> Deste seu desvelado, constante, fiel,
> agradecido e verdadeiro amante
> O Imperador
>
> P.S. na lateral da carta:
> São três da tarde, vou jantar. Mecê venha para a tribuna às seis da noite para que se ponha bem em prática o plano.[2]

D. Pedro mandou que fosse instalada uma tranca na porta de acesso à tribuna da capela imperial, deu ordens para que esta fosse aberta somente quando a dama camarista, Domitila, chegasse e combinou com a amante que ela deveria aparecer na igreja quase no início do ofício religioso. Assim, todas ficaram em pé, sem assento, até a sua chegada.

O assunto ainda rendeu um poema de gosto duvidoso de d. Pedro para Domitila:

Domitila, minha imperatriz do coração. Desde que pus meus olhos na tua formosura, quis ser todo e sempre teu. Queres, divina augusta de meu pensamento? É para ti estes versos, meu amor.

Pedro

Filha dos césares, imperatriz augusta,
tu abateste altiva soberbia
com que tuas damas de raça ímpia
abater queriam quem delas não se assusta.
Vedes, aristocratas cafres, quanto custa
apezinhar aquela cuja alegria
consiste em amar a Pedro e a Maria,[3]
Titília bela, tua causa é justa
O mérito, a verdade em todos os países
aparecerão sempre em grande esplendor.
Sustem-nos o soberano, são tuas raízes.
Conta com Pedro, pois ele é defensor
do pobre, do rico, do Brasil, dos infelizes,
ama a justiça, de teu amigo é vingador.[4]

Maria Graham conta que as principais damas da corte se recusaram, a princípio, a visitar Domitila para cumprimentá-la pela nomeação.

> [...] mas em breve fizeram-lhes compreender que a teimosia não resultaria em nenhum bem à imperatriz, mas, com maior probabilidade, arruinar-lhes-ia as famílias. Antes, pelo contrário, sei que o preço exigido pelo perdão de uma Casa foi o sacrifício de uma linda carruagem nova, havia pouco importada de Londres, e que se destinou à cocheira dela.[5]

Logo Domitila receberia não apenas a visita das damas e demais servidores do paço, congratulando-a pelo posto, como os diplomatas estrangeiros também passariam a ir vê-la. Com o cargo, recebia também o seu primeiro salário: sessenta mil-réis mensais. Era o início de sua fortuna.

Domitila foi recebida oficialmente pela primeira vez na corte no palácio de São Cristóvão, como ditava o protocolo, em dia de grande gala. O coche da princesa Maria da Glória foi buscar a nova dama em sua residência. A paulista usava um vestido branco e tinha os longos cabelos escuros enfeitados com uma grinalda de botões de rosa e duas borlas de fita branca na cabeça. Foi apresentada formalmente à imperatriz pela açafata d. Francisca de Castelo Branco.

O barão de Mareschal, em informe a Viena no dia 15 de abril, comentou que d. Leopoldina comportou-se da melhor maneira possível quando Domitila foi beijar-lhe a mão pela graça obtida. Segundo o diplomata, a imperatriz cedeu sabiamente aos desejos do marido sem hesitação e sem censura alguma. Na folha que cobre esse relatório e que se encontra na Biblioteca Nacional da Áustria, é possível ver uma anotação feita pelo imperador Francisco I: "Que homem miserável é o meu genro".

A partir desse momento, a ascensão social de Domitila foi meteórica. Uma mulher divorciada carregava então um estigma social, era considerada uma "mulher perdida". Ela dificilmente era aceita na alta sociedade, tanto que, com cargo na corte ou sem ele, as famílias da elite reagiram, tirando suas filhas do colégio em que Francisca, filha de Domitila e Felício, havia sido matriculada.

Domitila vista pelos estrangeiros

Os diplomatas em seus despachos e os estrangeiros registraram opiniões contraditórias sobre a aparência da amante imperial nas suas memórias. O francês conde de Gestas achava-a "exteriormente agradável para um país onde não havia belezas"; Gabriac, seu sucessor diplomático na corte, afirmaria ter Domitila "nobre regularidade dos traços, tão raro nesse país". O cônsul espanhol, Delavat, afirmava que a amante de d. Pedro tinha "fisionomia agradável e expressiva". O pintor francês Debret registraria sua "energia espiritual" presente em seus "olhos expressivos e na fisionomia móvel". Os militares germânicos Carl Seidler e Carl Schlichthorst discordavam a respeito da beleza de Domitila: enquanto o primeiro achava-a corpulenta demais para ser bonita, o segundo não apenas apreciava a sua corpulência, como ainda dizia que, se Domitila já havia passado da primavera da mocidade, os olhos nada haviam perdido do brilho, e lhe atribuía maneiras de soberana.

> D. Dimitila [sic] absolutamente não é de família nobre, malgrado sua aparência de princesa [...]. Quem fizer questão de possuir um retrato muito parecido da festejada D. Dimitila [sic] faça vir de Paris uma estampa que traz a legenda: "O Querido Brasileiro Dia", na qual está alegoricamente representada a Independência[6] do novo Império do Brasil. Sobre despedaçados grilhões de escravos e serpentes calcadas aos pés, vê-se o jovem d. Pedro com uma encantadora americana que se lhe atira nos braços. A bela condessa é o original dessa figura. Não me atrevo a afirmar que tenha posado para o pintor nos mesmos trajes com que na gravura se apresenta.[7]

Para o embaixador norte-americano Condy Raget, Titília não passava de uma prostituta paulista da mais baixa extração social, que não possuía beleza alguma. Já para o barão de Bougainville, o favor de que Domitila gozava junto a d. Pedro não era devido à sua aparência, pois nunca deve ter sido bela, e sua fisionomia brasileira deixava a desejar quanto à graciosidade. Enfim, os estrangeiros que não apreciavam as mulheres daqui não viram beleza em Domitila e os que gostavam de brasileiras acharam-na atraente.

Assim, não só o Brasil, mas também o mundo inteiro, tomava conhecimento de Domitila, que, maliciosamente, passou a ser chamada de "a primeira dama do imperador".

A Independência e Domitila

Com a sociedade querendo ou não, d. Pedro havia transformado sua amante num elemento político. Em julho de 1825, desembarcava no Rio de Janeiro Sir Charles Stuart, ministro intermediador do rei da Inglaterra e plenipotenciário de d. João VI, encarregado do reconhecimento da Independência do Brasil. Stuart visitou Domitila primeiro, antes de se avistar com a imperatriz.

Em carta para George Canning, ministro dos Assuntos Estrangeiros da Inglaterra, Stuart afirmou que, graças à intervenção de Felisberto Caldeira Brant Pontes de Oliveira Horta, o futuro marquês de Barbacena, e de Domitila, d. Pedro aceitou a modificação da fórmula que aparecia no Tratado da Independência. Em vez de "pela unânime aclamação dos povos", o imperador teria sido investido no cargo pela Constituição. Desse modo, d. João VI não ficaria melindrado. O monarca português insistia na tese de que o Estado brasileiro pertencia a ele, que o estava dando para o filho, colocando-o como imperador do Brasil em seu lugar.

O tratado foi divulgado em Portugal em 15 de novembro de 1825. Durante todo o processo, d. João tentou honrar d. Leopoldina, escolhendo datas importantes relacionadas a ela. No dia 22 de janeiro de 1825, aniversário da nora, d. João decidiu pelo restabelecimento da paz entre as duas nações e nomeou um gabinete favorável à Independência do Brasil para que conseguisse dar início às relações entre os dois países. Em 13 de maio, aniversário de d. João e do casamento de d. Leopoldina e d. Pedro, o rei português assinou a primeira das cartas régias com as diretrizes que deveriam ser seguidas por Sir Charles Stuart. A data de 15 de novembro, escolhida para divulgar o tratado, é o dia de São Leopoldo da Áustria, padroeiro do país e santo onomástico da imperatriz.

Enquanto isso, d. Pedro, no Brasil, misturando o público com o privado, nem se lembrava da esposa. Ele via as datas do processo da Independência como um recado do destino, um apoio e uma proteção a seu amor por Domitila. Ele deixou isso claro numa carta para ela de 27 de dezembro de 1825, dia do aniversário de 27 anos de Domitila.

Meu amor e meu tudo
27 de dezembro de 1825

No dia em que fazia três anos que eu comecei a ter amizade com mecê [29 de agosto de 1825] assino o tratado do nosso reconhecimento como Império por Portugal. Hoje, que mecê faz os seus 27, recebo a agradável notícia que no Tejo tremulara em todas as embarcações nele surtas o pavilhão imperial, efeito da ratificação do tratado por el-rei, meu augusto pai. Quando há para notar uma tal combinação de acontecimentos políticos com os nossos domésticos e tão particulares!!!

Aqui há o que quer que seja de misterioso, que eu ainda por ora não diviso, mas que indica que a providência vela sobre nós (e se não há pecado) até como aprova a nossa tão cordial amizade com tão célebres comemorações [...].[8]

Concorrência

A posição privilegiada de Domitila junto ao imperador, que cobria a amante, sua família imediata e periférica, e até mesmo o ex-marido, de favores, passou a despertar inveja e cobiça. Adèle Bonpland era uma bela e jovem francesa de traços delicados, mulher do naturalista Aimé Bonpland. Este, durante a tentativa de implantar uma colônia de exploração de mate na fronteira tríplice entre Argentina, Brasil e Paraguai, viu-se aprisionado pelo dr. Francia, ditador paraguaio. Madame Bonpland, não conseguindo nenhuma ação do governo de Buenos Aires para libertar o marido, partiu para o Brasil na tentativa de atrair d. Pedro à sua causa.

O imperador já estava com problemas suficientes na Cisplatina desde o início do ano e não pretendia começar uma guerra contra o Paraguai por conta de um explorador estrangeiro, mas conseguiu assegurar que as cartas de madame Bonpland ao marido atravessassem a fronteira e chegassem até ele.

Leviana, adepta de intrigas políticas e com tempo sobrando no Rio de Janeiro, Adèle tentou mobilizar estrangeiros e brasileiros influentes para um plano brilhante: derrubar o gabinete imperial, fazer nomear políticos mais liberais e assumir, ela mesma, o posto de Domitila na corte e na cama de d. Pedro. O único a ganhar algo com isso foi o imperador, que pôde incluir Adèle na longa lista de casos passageiros.

Viscondessa da pátria dos Andrada

Domitila tinha vindo para ficar, e, como prova disso, a publicação de um decreto de d. Pedro em 12 de outubro de 1825 informava:

> Atendendo aos distintos méritos e serviços de d. Domitila de Castro Canto e Melo, primeira dama da imperatriz, minha muito amada e prezada mulher, pelos quais se faz digna a minha imperial consideração: hei por bem, como prova do muito que a aprecio, fazer-lhe mercê, em sua vida, de viscondessa de Santos, com honras de grandeza.

Foi grande o choque dos brasileiros e dos estrangeiros ao verem a paulista divorciada pular a hierarquia nobiliárquica e passar diretamente de coisa alguma ao terceiro degrau da nobreza brasileira. O título de viscondessa ficava acima do de barão, porém as "honras de grandeza" não eram usualmente conferidas junto com a honraria. Com essa graça, o nobre podia usar no seu brasão a coroa do título imediatamente superior ao seu, ou seja, no caso de Domitila, a coroa de conde, além de seus herdeiros poderem requisitar a titulação novamente dentro da família.

Enquanto a corte e o Brasil começavam a comentar o ocorrido, a imperatriz, d. Leopoldina, modelo de sangue-frio e compostura, portava-se como se nada estivesse acontecendo. O barão de Mareschal, inconformado, escrevia a Viena:

> Parece-me impossível que a senhora arquiduquesa não veja o que se passa tão diretamente sob os seus olhos; mas Sua Alteza Real tem a alta prudência de jamais fazer menção disso para com quem quer que seja e de simular que nada percebe. O senhor príncipe, em contrapartida, está cheio de atenção e de respeito para com ela e, apesar da existência de uma amante favorita, instante algum cessou de se mostrar bom marido e de aproveitar todas as ocasiões para fazer o elogio das virtudes de sua esposa e de elogiar a felicidade que presidiu à união.[9]

A notícia da graça cruzou como uma flecha o oceano Atlântico e atingiu o alvo em cheio. D. Pedro fizera uma provocação direta aos Andrada ao escolher o título de Domitila. José Bonifácio, em seu exílio na França, urrou de ódio em carta ao amigo, o conselheiro Drummond: "Quem sonharia que a michela [prostituta] Domitila seria viscondessa da pátria dos Andrada? Que insulto desmiolado! [...] Oh, meu bom Deus, por que me conservas a vida para ver o meu país enxovalhado a tal ponto!".[10]

Não foi apenas Domitila quem recebeu graça nesse dia. O irmão dela, Pedro, foi feito Cavaleiro da Ordem de Cristo e Moço da Imperial Câmara, enquanto Francisco ganhou a Ordem do Cruzeiro. Em dezembro, o cunhado Carlos Maria de Oliva receberia o hábito de Avis.

Novos frutos

Apesar de a Constituição Imperial dada por d. Pedro prever que qualquer descendente do imperador, incluindo mulheres, podia ascender ao trono, somente um homem poderia manter a linhagem dos Bragança. D. Maria da Glória, nascida em 1819, era em 1825 a herdeira do trono do Brasil; seu irmão, d. João Carlos, havia falecido no início de 1822. D. Maria da Glória tinha mais três irmãs, d. Januária, d. Paula Mariana e d. Francisca. Todas elas, pela Constituição, seriam preteridas caso seus pais tivessem um filho homem, passando a este o título de príncipe do Grão-Pará, que designava os herdeiros do trono do Brasil.

No Arquivo Histórico do Museu Imperial, em Petrópolis, há diversas cartas estranhas de cobrança. Nelas, uma madame Goufferton de Chateauneuf cobrava o pagamento por ter ensinado a imperatriz a ter um filho homem. Quer com a ajuda da mandingueira francesa, com rezas ou dietas, quer pela seleção natural, d. Leopoldina efetivamente teve outro menino. Em 2 de dezembro de 1825, nascia o futuro imperador d. Pedro II. Mas a imperatriz não foi a única a dar um menino ao imperador. Com ou sem ajuda da francesa, cinco dias depois, não muito longe do palácio, um outro Pedro vinha ao mundo, filho de d. Pedro com Domitila.

Empolgado, o imperador chegou a cogitar batizar o filho com a amante com todas as pompas na capela imperial, mas mudou de ideia e o bebê foi batizado na igreja do Engenho Velho como filho de pais incógnitos. Os padrinhos de Pedro de Alcântara Brasileiro, que o pai planejava fazer duque de São Paulo, foram o tio de Domitila, Carlos Maria de Oliva, e a irmã dela, Francisca de Castro.

A Guerra da Cisplatina

O nascimento dos dois varões, que encheu de orgulho d. Pedro, foi eclipsado pelos acontecimentos na turbulenta fronteira do sul. Em abril de 1825, durante o processo de organização das Províncias Unidas do Prata, que dariam origem ao Estado argentino, alguns exilados uruguaios, vindos de Buenos Aires, retornaram à Cisplatina levantando a população espanhola contra o governo brasileiro. O general Lecor conseguiu manter Montevidéu e outras cidades, porém o interior da província permanecia nas mãos dos portenhos. Após receber tropas vindas do Rio Grande do Sul, Lecor preparou uma ofensiva contra os rebeldes, mas essa força expedicionária acabou dizimada na Batalha de Sarandi, em 12 de outubro, aniversário de d. Pedro. Algumas semanas depois, devido ao sucesso dos uruguaios dissidentes, o governo argentino decidiu aceitar oficialmente a petição deles para que a Cisplatina fosse admitida à união. Buenos Aires e outras províncias mandaram tropas para ajudar os uruguaios contra os brasileiros, levando d. Pedro a declarar guerra contra a Argentina em 10 de dezembro de 1825.

MARQUESA

Guerra, caça e amores; por um prazer, cem dores.

Antônio Delicado, *Adágios portugueses*, 1651

Em 31 de janeiro de 1826, uma proclamação do imperador anunciava:

> O desejo que tenho de conhecer se possível for todos os súditos e que eles pessoalmente me conheçam; a íntima convicção em que estou que as dissensões havidas em algumas províncias, como a experiência me mostrou em as duas que já fui, têm nascido de eu não estar ao fato de suas necessidades para de pronto lhes dar remédio [...].

Assim d. Pedro comunicava à corte o seu embarque para a Bahia, que ocorreria em 2 de fevereiro, por volta das cinco da tarde.

A Bahia era uma das províncias mais ricas do Brasil, porém, segundo recordaria Francisco Gomes, secretário de d. Pedro, em suas memórias:

> As vozes que se tinham soltado [na Bahia] eram — morram os portugueses. Esta fora a senha para numerosíssimos ajuntamentos de homens de cor, os quais sem detenção, nem receio, passaram a cometer crimes. A força composta dos naturais da província pareceu hesitar, ou fosse receio ou conivência.

> Os negros da Bahia e Recôncavo davam muito que recear e as autoridades careciam de força material, que se opusesse às tentativas dos inimigos da ordem.[1]

Para evitar derramamento de sangue, d. Pedro resolveu ir à Bahia "crendo que a sua pessoa daria brios aos fiéis, atemorizaria os revoltosos e conseguiria tranquilizar a interessante província, que se achava a ponto de cair vítima da anarquia".[2]

Outra questão da visita imperial era conseguir arregimentar homens para o exército que se batia na Cisplatina.

Sobre a viagem, o diplomata austríaco Mareschal despachava no dia 13 de fevereiro:

> A viagem da corte à Bahia deu lugar a um grande escândalo. Ver o imperador fazer acompanhar-se no mesmo navio pela imperatriz, sua filha mais velha e sua amante oficial ofendeu necessariamente todo o mundo, mas o medo pessoal que a violência do caráter deste príncipe inspira fechou a boca de todos. — A senhora arquiduquesa que, naturalmente, se devia sentir a mais ferida, mostrou a este respeito a mais perfeita indiferença [...]; o único receio que ela se dignou exprimir-se referiu-se ao mau exemplo que isso daria à jovem princesa, criança precoce a quem nada escapa. Não sei se isto é sabedoria, filosofia prática ou despreocupação, mas a gente não se poderia conduzir com mais tato do que a arquiduquesa; todo o mundo está de acordo a respeito deste fato, e ela ganha todo o dia na opinião pública e na do seu augusto esposo.[3]

O sangue-frio da imperatriz

Em algum momento d. Leopoldina percebeu que Domitila mentira para ela quanto a ser lazarenta, mas nada abalava a dignidade da imperatriz, nem mesmo d. Pedro. No despacho, Mareschal continua:

> [...] o imperador recebeu cartas anônimas, onde o censuravam de levar a mulher só para servir de véu para a sua amante. Ficou por causa disso muito irritado e apressou-se em levar as cartas à imperatriz: esta recebeu tão estranha confidência com o seu costumado sangue-frio, dizendo-lhe que aquilo ou era falso, ou verdadeiro, que no primeiro caso não valia a pena ocupar-se com isso e no segundo seria preciso fingir que se despreza o boato para fazê-lo cair. O mais engraçado é que o sangue-frio da imperatriz enraiveceu o imperador, e ele censurou-a por não se aborrecer com ele; pôde observar-se em seguida que Sua Majestade aparecia constantemente em público com a senhora arquiduquesa e que ele redobrou de atenção e consideração para com ela.[4]

A atitude de d. Leopoldina era política. Mais preparada para o exercício da representação do poder imperial que o marido, ela tinha uma noção maior que ele do seu dever como imperatriz e estaria pronta a suportar humilhações para não desprestigiar a Coroa perante o povo. Tampouco lhe restavam muitas alternativas, pois dar um escândalo público só agravaria a sua solidão naquela corte hostil, em que se sentia uma alienígena cercada de bárbaros. O imperador interpretou a reação da mulher como qualquer homem interpretaria: "[...] ela não se importa". Mas d. Leopoldina importava-se. Em cartas ao seu secretário informal, o negociante e hoteleiro suíço João Martinho Flach, reclamando da falta de dinheiro crônica em que vivia, desabafava: "O meu esposo se interessa somente pela maldita bruxa e à outra [Leopoldina referindo-se a si própria] pode acontecer o que quiser".[5]

Com Georg Anton von Schäffer, encarregado na Europa da vinda de imigrantes germânicos para o Brasil, a imperatriz também se abriu: "Aqui, infelizmente, anda tudo transtornado, pois, sinceramente falando, mulheres infames como se fossem Pompadour e Maintenon e ainda pior, visto que não têm educação alguma, e ministros da Europa toda e da santa ignorância governam tudo torpemente".[6]

Na Bahia

A viagem à Bahia transformou-se num inferno para a imperatriz. Uma coisa era aguentar a amante do marido no palácio, durante uma semana, trabalhando junto a si, outra era viajar durante 24 dias — que devem ter parecido uma eternidade — num grupo de trezentas pessoas, cercada pela imensidão do Atlântico, sendo humilhada publicamente.

Embora amigos íntimos tenham aconselhado d. Pedro a não se expor a escândalos, pois o mundo tinha os olhos nele, as pessoas do navio estavam atentas aos seus passos, e a filha de 7 anos, bem como a imperatriz, deveriam ser respeitadas. Mas o imperador não ouvia: estava cego de paixão. Sem compostura, tratava a amante com intimidade total na frente de quem quer que fosse. Chamava-a publicamente de "minha Titília" e "minha rica viscondessa". D. Leopoldina, recolhida à cabine, preferia comer sozinha a ser obrigada a dividir a mesa com d. Pedro, Domitila e a filha, que, acompanhando o pai na intimidade da favorita, passeava com ela de braços dados pelo convés.

No dia 26, os imperadores desembarcaram em Salvador, com d. Pedro fazendo questão absoluta de que "aquela dama", Domitila, estivesse no mesmo barco que os levaria à terra. Ficaram hospedados onde hoje se localiza o palácio Rio Branco, na praça Tomé de Souza, próximo ao elevador Lacerda. No local, erguiam-se o palácio do Governador e a Casa de Relação.[7] As duas construções eram unidas por um passadiço, em que foi instalada a princesa d. Maria da Glória. O governo baiano destinou à imperatriz os aposentos da Casa de Relação, e d. Pedro e Domitila ficaram no palácio do Governador. Pelo tratamento dispensado à amante, parecia que ela era a imperatriz. Até o seu quarto era mais luxuoso que o de d. Leopoldina.

Domitila acompanhava os soberanos nos eventos, despachos e beija-mãos em Salvador e região. Quando passeavam de carruagem, d. Pedro ia guiando, com a imperatriz ao lado e d. Maria da Glória e Domitila sentadas atrás. Mas nem sempre Titília estava disposta a acompanhá-los.

Pelas cartas de d. Pedro para a mãe dela, d. Escolástica, sabemos que Domitila teve dor de ouvido, e d. Pedro tomou conta da amante: "[...] já pondo-lhe sinapismos, já deitando-lhe bichas, e com tão feliz resultado que espero porque já está muito mais aliviada, que amanhã ou depois já sai comigo, a minha senhora e filha no carrinho".[8]

D. Pedro recebia informes oficiais e particulares enviados da corte. Entre as questões pessoais, os cortesãos do paço, como o camarista da semana, informavam-lhe sobre a saúde dos filhos, legítimos ou não: "A senhora Bela tem passado muito bem os dias 8, 9, 10 e 11, foi hoje passar o dia com d. Ana Cândida". Ou ainda: "O senhor Pedro tem ido sempre melhor, sua cor diz tudo, é como de quem tem perfeita saúde. Diz-me d. Escolástica que ele mama bem, não chora, e dorme; e já não tem os vômitos ou engasgamento quando mama".[9] A pequena Isabel, com 1 ano e 9 meses, não podia ouvir trote de cavalo, que achava que era o "padrinho", d. Pedro, chegando.[10]

A morte de um dos Pedros

Durante a viagem à Bahia, ocorreu uma das diversas perdas que abalariam Domitila e d. Pedro naquele ano. O recém-nascido Pedro, filho dos amantes, faleceu em 13 de março. A corte pôs-se em polvorosa. O que fazer? Rompendo com qualquer bom senso, os cortesãos e o governo resolveram proporcionar um funeral digno de um príncipe, para escândalo do barão de Mareschal e de outros diplomatas estrangeiros que receberam o convite oficial das pompas fúnebres. O pequenino caixão, com o corpo embalsamado, foi carregado por ministros, entre eles o visconde de Aracati, que era ninguém menos que Oyenhausen, agora nobilitado e futuro chefe da pasta das Relações Exteriores. Frei Arrábida, confessor de d. Pedro, chorou tão sentido, que o ato foi objeto de menção em diversos despachos.

Após quase dois meses na Bahia, d. Pedro, d. Leopoldina, Domitila e os demais cortesãos e ministros desembarcaram no Rio de Janeiro em

1º de abril. A imperatriz, em carta ao pai, mencionaria que a viagem havia sido desagradável em todos os sentidos, e para a amiga Maria Graham comentou que fora bastante penosa, parecia ter durado "dois meses eternos".

O palacete do Caminho Novo

Além de d. Leopoldina ter que conviver com a amante do marido em viagens, passeios e no palácio, ela ainda ganhou Domitila como vizinha.

Em 1824, segundo pesquisa das arquitetas Ana Pessoa e Ana Lúcia Vieira dos Santos,[11] Domitila tornou-se foreira de um terreno em São Cristóvão pertencente à Irmandade do Santíssimo Sacramento da Candelária. Nesse local viria a ser erguido um grande palacete. A frente do terreno dava para a rua Nova da Boa Vista, também conhecida como rua do Imperador, e, posteriormente, "rua da marquesa de Santos", como podemos ver em diversos jornais a partir do final da década de 1820. A lateral do terreno era voltada para a estrada de São Cristóvão, e, ao fundo, fazia limite com o rio da Joana. Na região, Domitila também adquiriu duas chácaras contíguas na estrada do Campo de São Cristóvão.

O palacete começou a ser erguido provavelmente no fim de 1824 ou início de 1825, e, enquanto ele não ficava pronto, Domitila se mudou para um sobrado na chácara que anteriormente pertencera a Teodoro Ferreira de Aguiar. Desse local, à tarde, ela ia observar a construção da sua nova casa, por meio da abertura que havia mandado fazer na cerca de espinhos que limitava a chácara.[12]

Em março de 1826, segundo a documentação levantada,[13] o palacete começou a receber as esquadrias e os artefatos de ferro. Ele provavelmente passou a ser habitado em 1827.

O mesmo amante ardoroso e atencioso com Domitila, que mandava para ela os tecidos e indicava a modista a que deveria ir, que escolhia as ametistas que seriam "postas em bom adereço completo que fica obra digna de quem a dá, e de quem a recebe", foi detalhista com a nova residência. Segundo o diretor da Casa da Marquesa de Santos, Douglas Fasolato:

> A casa que d. Pedro construiu [no Rio de Janeiro] e imprimiu o seu gosto é a casa da marquesa. Tanto é que as escolhas dos profissionais que atuaram na casa são escolhas dele, pessoas que trabalhavam com ele no palácio. É a grande representação, é onde d. Pedro pode exercitar o seu gosto, as suas escolhas, no morar.[14]

Como nos recordam Ana Pessoa e Ana Lúcia Vieira dos Santos, no livro a respeito da sua estada no Brasil, o mercenário alemão Carl Schlichthorst comentou que d. Pedro estava construindo em frente ao paço da Boa Vista um palácio para Domitila, "no qual seu gosto como arquiteto se patenteia do mesmo modo brilhante e genial como se mostrou compositor do Hino Imperial". Segundo o autor, não era uma figura de linguagem dizer que o "imperador construía": ele mesmo teria feito "a planta e ele mesmo a executa, não escapando à sua atenção os mais ínfimos pormenores. [...] todas as suas obras trazem o cunho do bom gosto, do esplendor e da utilidade".[15]

Durante muitos anos se acreditou, sem documentação que comprovasse, que o projeto da construção ficara a cargo do arquiteto francês Pierre Joseph Pézerat.

Porém, segundo as pesquisas de Ana Pessoa e Ana Lúcia Viera dos Santos, a

> [...] atribuição de autoria ao jovem francês, além de infundada, desconsidera [...] a presença de profissionais portugueses junto à casa imperial, como também a tradição da arquitetura portuguesa na construção e reformas de palácios e, até mesmo, na reconstrução de sua capital.[16]

Ao confiarmos nas palavras de Schlichthorst, provavelmente foi d. Pedro quem deu as feições ao palacete, assegurando o emprego de materiais de excelente qualidade na construção e chegando a detalhes como os caixilhos em formato de coração nas bandeiras das portas internas do edifício.

A execução das obras foi confiada ao português Pedro Alexandre Cravoé. As pinturas decorativas teriam sido feitas por Francisco Pedro do Amaral, um dos primeiros discípulos do pintor francês Jean-Baptiste Debret. Francisco chegou ao posto de mestre de decorações da corte imperial, trabalhou no paço imperial, na Quinta da Boa Vista e em residências da elite. Os estuques das paredes e dos tetos foram realizados pelos irmãos Ferrez, Marcos e Zeferino.

O que havia de mais sofisticado na época foi empregado no palacete, que, ainda hoje, permanece como memória das grandes construções do Primeiro Reinado que sobreviveram às mudanças da cidade.

Os salões do primeiro andar receberam pinturas murais e estuques no teto, cujos elementos dão nome aos salões. O central, que se abre em direção à atual avenida, com três portas que dão para uma sacada, é o Salão Aurora, e tem esse nome devido aos quatro medalhões com representações dessa deusa. À direita fica o Salão da Música, cuja temática gira ao redor da vida do deus Apolo, protetor das artes. Euterpe, a deusa da música, aparece tocando harpa enquanto é observada por ele. Diversos cupidos tocam instrumentos como violino, harpa, lira e flauta.

O Salão da Música, uma das atividades preferidas do imperador, liga-se ao Salão da Águia, que tem esse nome devido à águia em relevo no centro do teto. Aventa-se a hipótese de que a decoração mais sóbria do aposento, com pinturas da mitologia, indicaria que esse era o espaço masculino da casa, portanto de uso do imperador.

À esquerda do Salão Aurora fica o maior aposento de todos, o Salão dos Deuses, onde nas paredes existem pinturas alegóricas de quatro continentes: Europa e Ásia de um lado e, em frente a elas, América e África. Chegou-se a cogitar que a indígena seminua que representa a América seria inspirada em Domitila. O nome desse salão vem da decoração do teto, em que Júpiter aparece junto de sua corte.

Na sequência vem o Salão Flora, com pinturas de pássaros e flores; é o toucador de Domitila, que se comunica com sua alcova. As janelas do Salão Flora abrem-se hoje para o terreno vizinho. Na época, os terrenos da marquesa eram muito maiores e sem vizinhos, e as janelas do aposento dela davam para a fachada do palácio de São Cristóvão, a um quilômetro de distância.

A fachada principal do palacete, reta e sóbria, fica de frente para a rua, atual avenida d. Pedro II. Suas linhas contrastam com a fachada dos fundos, cuja parte central avança em planta circular em direção ao jardim. No andar térreo, a sala circular tem três portas em arco pleno e, no andar superior, três janelas balcão, com guarda-corpo de ferro, além de duas portas, uma em cada lateral, que dão acesso ao jardim por meio de escadarias, também com guarda-corpo de ferro. As escadas acompanham o formato circular dessa parte da edificação como se a abraçassem. É uma solução bastante elegante, sobretudo para acessar os aposentos íntimos da casa diretamente pelo jardim.

Uma passagem na divisa dos terrenos, aberta a mando do imperador, facilitava a entrada de d. Pedro às escondidas pelos fundos da casa.

Domitila levou os móveis do palacete consigo para São Paulo em 1829 e atualmente se encontram espalhados por muitos museus brasileiros e em coleções particulares. Tão nobre quanto o edifício era o recheio dele. A cama e o espelho de corpo inteiro, um *psiché*, foram doados por descendentes de Domitila, junto de um canapé, ao Museu Paulista, mais conhecido como Museu do Ipiranga. Tanto a cama quanto o *psiché* são obras do ebanista francês Louis-Alexandre Bellangé.

Segundo pesquisa de Eudes Campos,[17] a cama, especificamente, teria sido criada para o rei Carlos X da França, mas acabou não sendo adquirida. O móvel então foi apresentado para venda na Exposição da Indústria Francesa, ocorrida no Louvre de 1º de agosto a 31 de setembro de 1827. Feita em nogueira, a cama possui aplicações em bronze dourado nos quatro pináculos. Numa das laterais, o móvel é ornamentado com folhas, leões e efígies de inspiração egípcia em bronze cinzelado. Essa lateral ficava de frente para as portas da entrada do quarto, enquanto a outra, sem decoração, ficava encostada na parede da alcova. Muito provavelmente, ao gosto da época, a cama ficava sobre um estrado, com um cortinado por cima. O *psiché* é outra peça que se destaca, pois há duas cabeças humanas em bronze, uma de cada lado do espelho, com cocares de plumas e brincos, numa clara alusão a indígenas e, talvez, ao "Novo Mundo", para onde a encomenda seguiria. É provável que a peça tenha sido executada por Bellangé posteriormente, para compor o conjunto do quarto.

Até mesmo os jardins de Domitila foram alvo da atenção de d. Pedro. Em carta para Titília, o imperador informa que ele levava mudas de morangos, roseiras de cem-folhas e hortênsias "para a sua chácara, mas enquanto mecê para lá não vai eu as tratarei para depois irem".[18]

Amores e ciúmes

A casa de Domitila no Rio de Janeiro, assim como cargos e títulos, materializava, aos olhos de todos, a paixão de d. Pedro por ela. D. Leopoldina, como sempre, não demonstrava publicamente ciúmes de como o marido tratava a amante. Isso seria considerado indigno de alguém na sua posição social e política. Mas d. Pedro e Domitila eram o oposto.

Domitila, ao contrário de d. Leopoldina, não era nem um pouco compassiva em relação ao imperador. Muitas vezes enfrentava-o diretamente, obrigando-o a se justificar. Algumas vezes, ele se justificava antes mesmo que ela assim o exigisse:

> Meu amor
>
> Quem ama com verdadeiro amor é franco e sincero, e não teme desavenças quando fala a verdade.

> Hoje, meu amor, topei o alferes Lobo com a mulher. Assuntei logo que lha devia participar antes que as inzonas [mentiras] e as intrigas fervessem contra mim, e ao mesmo tempo protestar-lhe novamente minha fidelidade, dar-lhe minha palavra de honra, já por mim a mecê dada, que não quero nada de mais ninguém.
>
> Perdoe se com isto a enfado; mas o meu amor é [rasgado] me manda fazer este protesto, ao qual jamais falharei. Aceite o coração amoroso deste seu amante, fiel e constante para sempre.
>
> O Demonão
>
> P.S. Como conheço seu gênio ciumento que prova amizade, eu lhe peço por todos os santos, pela vida da nossa Isabel, que mecê mande indagar se assim me comporto com ela ou com qualquer outra, porque estou certo que se os [que] indagarem forem verdadeiros, em mim se não achará mentiroso.[19]

Autocontrole nunca foi o forte de d. Pedro, e ele tinha ciúmes doentios de Domitila. Ela, por sua vez, aproveitou-se disso durante os anos que estiveram juntos. Ao contrário da esposa, o lugar de Titília próximo ao poder não estava garantido, e amor e paixão apenas não segurariam alguém impetuoso e dado a sucessivos casos amorosos como d. Pedro.

Domitila, pelo que vemos nas cartas recebidas do amante, sabia como provocar ciúmes nele, deixando-o em dúvida sobre se ela era fiel, se realmente o amava. Com esses jogos amorosos e o envolvimento da família dela ao redor dele, d. Pedro manteve-se interessado em Titília por muitos anos.

Nas mensagens dele para ela, um homem muito possessivo revela-se. A própria casa que mandou construir para Domitila, cheia de arte e recheada de luxos, era uma gaiola dourada, com caixilhos em formato de coração, em que a confinou. Diversas vezes o imperador ficou numa janela do palácio de São Cristóvão espionando com uma luneta a residência da amante. A prova disso? Os diversos recados enviados por mensageiros de confiança, inquirindo de quem eram as carruagens estacionadas diante da residência dela, ou informando-a de que não adiantava fechar as janelas, pois ele sabia que ela estava lá. Em contrapartida, quando ela as deixava abertas, ele escrevia: "[...] a propósito daquela janela do teu quarto, quero dizer-te que fica aberta mais do que deve e eu não gosto disso".[20] As bainhas dos vestidos de Domitila também eram causa de aborrecimento da parte do amante: "Muito curto está o teu vestido de chita [...]. Eu sinto muito que tu estivesses dando a perna na escada para me mostrares o vestido curto".[21]

Os interrogatórios de d. Pedro eram constantes: "Quero saber muita coisa: primeiro, como passaste, segundo, onde foste passear, terceiro, a que hora chegaste, quarto, por que havia luz às 23h30 na sala redonda de baixo, e quinto, se te divertiste bem, sem que olhaste algum 'amor passageiro' [...]".[22] Parece que Domitila, se atraída por amores passageiros, não fazia questão alguma de dissimular, ou, antes, demonstrava propositadamente para instigar ciúmes no amante. Depois de um espetáculo no teatro imperial, d. Pedro escreveu a ela: "[...] não sei como lhe não caíram os olhos do camarote abaixo quando olhou para debaixo da minha tribuna, e saiba que o seu disfarce de olhar para cima quando eu reparei não é dos melhores".[23]

Uma figura em especial, talvez um dos "amores passageiros" de Domitila a que d. Pedro se refere, chegou até nós pelas crônicas do Primeiro Reinado: o tenente Morais. Numa carta de d. Pedro à amante, ele se indigna por ela ter voltado do teatro para casa na sege desse tenente. Parece que d. Pedro havia mandado reformar a carruagem de Domitila, que, ao se ver sem condução, tomou carona com Morais, de quem sabia que o imperador tinha ciúmes. Obviamente, a carruagem ficou pronta bem rápido depois do fato. Ainda quanto ao tenente, ele teria sido culpado de uma cena entre d. Pedro e Domitila devido a uma joia que aquele usava. Tratava-se de um trancelim, um cordão, feito de fios de cabelos negros, que o imperador acreditava serem da amante.

O gênio de Domitila

O atrevimento da paulista não parecia ter fim. Imagine um homem nascido e criado no centro do poder, com todos prontos para servi-lo, ter que enfrentar uma mulher que não só o cobrava por suas escapadas amorosas, como também fazia-o acreditar que agia da mesma maneira que ele. Isso, em pleno século XIX, quando o lugar da mulher era praticamente o de se portar como um apêndice do homem, era bem fora do padrão.

Além disso, Domitila tinha diversos outros contrapontos em relação à austera d. Leopoldina. Ao contrário da arquiduquesa, ela era brasileira, conhecia a terra, o povo e os costumes, e não era obrigada a gerar herdeiros para o trono e representar o poder. Os anos no Brasil, afastada da família, tendo que aguentar diversas gravidezes sob o calor abrasador do Rio de Janeiro, além da ignorância e da falta de cultura dos cortesãos, fora a escassez de distrações, levaram cada vez mais d. Leopoldina à melancolia e à depressão. Enquanto isso, Domitila, que não sofria com o peso das exigências para o desempenho do papel de uma princesa, podia usar armas diferentes, como a sedução. E ela não tinha os mesmos pudores em relação ao sexo que a maioria das mulheres da sociedade da época. Domitila recebia cartas falando do amor de devoção que d. Pedro queria fazer com ela, que o imperador queria ser o "seu mico" na cama, que queria apalpá-la "por dentro e por fora" e que estava com saudades de ir aos seus "cofres". Isso numa época em que, como nos lembra Mary Del Priore:

> Os pregadores da Igreja condenavam os atos amorosos fora da procriação ou muito frequentes. Beijo, ou "chupar a língua", era considerado pecado. Os chamados "toques desonestos" nas partes pudendas, ou a masturbação mútua, também. As posições no coito eram controladas. Proibidas: a mulher sobre o homem ou ela de quatro. A primeira por inverter a ordem natural das coisas. E a segunda porque animalizava um ato

considerado sagrado. A maioria das esposas preferia ter um quarto separado ou simplesmente pagar seu "débito conjugal" quando este lhe era exigido, sem demonstrar o menor prazer.[24]

Domitila estava acima do que era exigido das demais, porque ela era a mulher escolhida pelo imperador do Brasil e tinha que agir de acordo com o que ele desejava dela. Em contrapartida, ela não era contida com relação a sentimentos que as demais damas de alta estirpe eram educadas desde cedo para ocultar, como os ciúmes e a raiva. Isso, aliado a um senso de humor, agradava ao imperador.

Certa vez, o pintor e professor da Academia Imperial de Belas Artes Félix Émile Taunay presenciou uma cena, segundo seu filho Afonso. Ao subir a escada principal do palácio de São Cristóvão, ele viu Domitila passar correndo, muito agitada e rindo. Logo atrás, vinha o imperador, "absolutamente como duas crianças a brincarem".[25]

Assim que passou por Taunay, Domitila deixou-se cair desmaiada, ou fingindo isso, numa cadeira na sala ao lado, no momento em que ia ser agarrada por d. Pedro. O imperador ficou desesperado, chamou os criados, e logo veio o médico do paço que cumpria a escala da semana. D. Pedro foi em direção a Taunay e contou que, assim que acabou de jantar, começara a palitar os dentes e dissera a Domitila, que passara o dia em São Cristóvão, que "entre dois dentes, por mais perfeitos, limpos e sãos, sempre havia cheiro de comida". O imperador quis, por força, fazer com que Titília cheirasse os dentes dele para provar o que dizia. A princípio rindo, ela se recusou, depois ficou brava com a insistência.

D. Pedro ficou irritado com o que julgou ser teimosia dela e a agarrou pelos pulsos para fazê-la cheirar a sua boca. Domitila se libertou e correu dele, primeiro ao redor da mesa e depois pelos corredores do palácio.

> — Não acha, sr. Taunay, que fiz mal? — perguntou verdadeiramente arrependido.
>
> — Acho — replicou meu pai. — Tudo provém do mau hábito de se palitarem os dentes em público, coisa que não se admite na França.

— E com toda a razão — concordou o imperador; — que quer? Estes costumes portugueses... Faltamos muita coisa para sermos civilizados. Pobre marquesa!

E num arranco de demasiada franqueza: — Fui um brutamonte![26]

Reconhecimento de Isabel Maria

Nem tudo, porém, eram brincadeiras, jogos de amor e ciúmes. No dia 24 de março de 1826, d. Pedro recebeu a notícia da morte do pai, aos 59 anos, ocorrida, ao menos oficialmente, em 10 de março, três dias antes da morte do filho de Domitila e Pedro. Oficialmente porque, segundo alguns estudos, d. João VI teria sido envenenado no dia 4 e já estaria morto no dia 8, quando foi publicada a carta régia em que nomeava a filha, a infanta Isabel Maria, regente de Portugal. Aparentemente, a assinatura da carta seria uma falsificação da verdadeira firma de d. João. A morte do rei de Portugal dava início a uma crise dinástica que só terminaria oito anos depois, em 1834. Como o conselho de Estado brasileiro deu parecer desfavorável à aceitação da Coroa portuguesa, d. Pedro redigiu, junto com o seu secretário, Francisco Gomes da Silva, o Chalaça, uma Constituição para Portugal nos moldes da Carta brasileira. Outorgou-a como d. Pedro IV de Portugal, em 29 de março, e renunciou ao trono português em 3 de maio, em favor de sua filha mais velha, d. Maria da Glória, agora d. Maria II.

A morte de d. João deu a d. Pedro liberdade para fazer o que quisesse sem recear censuras paternas. Em maio, o imperador se decidiu por reconhecer publicamente Isabel, filha dele com Domitila. Para isso, numa época em que boa parte da vida era regulada pela Igreja, era necessário retificar o registro de batismo da menina, onde ela constava ser fruto de pais desconhecidos.

Quem não gostou da história foi o bispo do Rio de Janeiro, d. José Caetano da Silva Coutinho, o mesmo que havia anteriormente ajudado a acelerar o divórcio entre Domitila e Felício. Dessa vez, o religioso não compactuou com a atitude de d. Pedro. D. José proibiu que o vigário da igreja de São Francisco Xavier, no Engenho Velho, rasgasse a página do batizado da pequena Belinha para que fosse feito novo assento, onde constaria o imperador como pai.

D. Pedro não se fez de rogado e decidiu reconhecer a filha por decreto, algo nunca visto no Brasil até então:

> Declaro que houve uma filha de mulher nobre e limpa de sangue, a qual ordenei que se chamasse d. Isabel Maria de Alcântara Brasileira, e a mandei criar em casa do gentil homem da minha Imperial Câmara João de Castro Canto e Melo. E para que isto a todo tempo conste, faço esta expressa declaração que será registrada nos livros da Secretaria de Estado dos Negócios do Império, ficando o original em mão do mesmo gentil homem da Imperial Câmara para ser entregue à dita minha filha, com o seu título. Palácio do Rio de Janeiro, 24 de maio de 1826, quinto da Independência e do Império.[27]

É mais comum que o pesquisador encontre registros de filhos cujos pais são desconhecidos, mas nesse temos a imagem da mãe incógnita. Entretanto, mesmo sem revelar o nome da mãe da criança, é afirmado que ela era "nobre e limpa de sangue", ou seja, aristocrata e não judia nem mestiça. Mesmo sem o nome de Domitila no documento, d. Pedro afirmava que sua filha seria criada na casa do velho militar João de Castro; assim, ela ficaria junto com a mãe. O decreto foi assinado também pelos ministros Lages, Inhambupe e José Feliciano Fernandes Pinheiro. De posse do documento, Francisco Gomes cavalgou até a igreja e intimou o padre a reformar a declaração de batismo. O decreto acrescentou oficialmente "Maria" ao nome da filha, que passou a ser Isabel Maria, mesmo nome da irmã de d. Pedro que havia assumido a regência portuguesa.

Duquesa de Goiás

Um dia após o aniversário de 2 anos de Bela, em 24 de maio, foi realizada uma grande festa na casa de Domitila para comemorar o reconhecimento e o título que a menina recebeu do pai: duquesa de Goiás.

Pelo sistema nobiliárquico adotado no Brasil, o título de duque era reservado somente a pessoas ligadas à família do soberano. Num único caso ele foi conferido a alguém fora da casa imperial como forma de distinção máxima por serviços prestados à nação: foi o título de duque de Caxias, dado por d. Pedro II a Luís Alves de Lima e Silva. O título de duquesa colocava a filha adulterina do imperador acima de todos os demais membros da corte e de toda a nação brasileira. Isabel Maria não se curvaria a ninguém além dos membros da família do imperador. Até Domitila, então viscondessa, devia reverências à filha.

Os convidados começaram a chegar ao meio-dia. Os ministros que assinaram o decreto estavam presentes, além do capitão da guarda do imperador, o primeiro ajudante de campo, o secretário de gabinete, o visconde de Barbacena e o seu irmão, o visconde de Gericinó, entre outras personalidades ilustres, todos vestidos com uniforme de gala. O luto em memória a d. João VI fora levantado para o evento.

O imperador chegou numa rica carruagem puxada por seis cavalos, com os guardas e acompanhantes dos dias usuais de grande gala. Foi recebido à porta pelo velho militar João de Castro, que carregava a netinha nos braços. Terminada a leitura do documento de reconhecimento e do título conferido, d. Pedro perguntava a quem se aproximava dele: "Já foi beijar a mão de minha filha?", ou, ainda, insistia com a menina: "Duquesa, dá a mão a beijar ao sr. Fulano". Durante o almoço que se seguiu, o imperador e a filha ficaram numa mesa, os parentes maternos e convidados em outra. A imperatriz passou o dia todo caçando, enquanto, conforme o barão de Mareschal informou a Viena, a festa na casa da amante se transformou numa orgia, com os ministros bebendo mais do que deviam.

No dia 28 de maio, Isabel, acompanhada pelo avô, foi apresentada oficialmente a d. Leopoldina. Segundo José Delavat y Rincón, enviado diplomático espanhol ao Rio de Janeiro, a imperatriz, após manter o sangue-frio perante a corte, encerrou-se em seus apartamentos privados, onde passou o dia chorando. Diz uma história ventilada entre os cortesãos que a imperatriz, ao beijar a pequena duquesinha, teria balbuciado: "Tu não tens culpa, tu não tens culpa". Um mês após o reconhecimento e a apresentação, em novo informe, Delavat deixou claro que a imperatriz continuou tratando Domitila amigavelmente.

Com esse reconhecimento, a pequena Goiás passou a frequentar o paço e brincar com seus outros irmãos. Bela, aos 2 anos de idade, deve ter sido uma criança muito engraçadinha, esticando a mão para ser beijada. Quando ia ao palácio, d. Pedro pegava-a no colo e saía pelos corredores fazendo-a dar beija-mão aos cortesãos.

Segundo Melo Morais, a imperatriz,

> [...] quando a duquesa lá ia, dava-lhe um beijo na face, chamando-a de minha filha; e quando a duquesa se retirava dizia a todos que a cercavam: "tudo posso sofrer e tenho sofrido, menos ver essa menina a par de meus filhos; e estremeço de raiva quando a vejo; é o maior dos sacrifícios recebê-la".[28]

Se d. Leopoldina exercitava valorosamente o seu autocontrole no início, o mesmo não se podia exigir das crianças do paço, ainda mais devido à proteção e à predileção que percebiam que d. Pedro tinha em relação a Isabel Maria.

Certa vez, por ter esbarrado na duquesinha durante uma brincadeira e feito a meia-irmã cair no chão, d. Paula Mariana apanhou do pai e ficou traumatizada. Sempre que Bela aparecia, a princesa agarrava-se às criadas.[29] A viajante inglesa Maria Graham, que não se encontrava mais no Brasil na época do reconhecimento da duquesa de Goiás, tomou conhecimento do fato, talvez por carta de algum dos amigos do Rio de Janeiro, e registrou que a menina havia sido a causa de um

> [...] grande agravo à imperatriz e ocasionou uma explosão de mau humor de d. Maria [d. Maria da Glória], agora rainha de Portugal [d. Maria II], que posso bem registrar aqui. Quando alguns anos depois esta meiazinha foi apresentada no palácio, o imperador determinou que ela deveria jantar com d. Maria. A princesa recusou-se a sentar-se à mesa com a que ela chamava de "a Bastarda". O imperador insistiu e ameaçou dar em d. Maria uma bofetada, ao que se voltou ela orgulhosamente para ele e disse: "Uma bofetada! Com efeito! Nunca se ouviu dizer que uma rainha, por direito próprio, fosse tratada com uma bofetada!".[30]

Julius Mansfeldt, em suas memórias sobre o Brasil, comenta a respeito de d. Maria da Glória não querer ter qualquer contato ou demonstrar respeito com a nova irmã: "O imperador tomou o assunto para si e provou à sua filha, muitas vezes com a mão levantada, que toda posição tinha seu valor e que ele não procurava o mérito no nascimento".[31]

A opinião pública

Para explicar publicamente a decisão do imperador, seu secretário, Francisco Gomes, fez uma relação histórica de reis europeus que haviam reconhecido seus filhos fora do casamento, tendo alguns desses até se tornado reis ou gerado futuros governantes. De posse dessas informações, diversos jornais, como o *Diário Fluminense* de 10 de junho e o *Spectador Brasileiro* do dia 14, nitidamente pagos, com dinheiro ou favores, pelo imperador, teceram louvores a d. Pedro por ter reconhecido a "pobre criança".

No mesmo ano foi construído um navio de guerra que levou o nome de *Duquesa de Goiás*. Além disso, foram dadas instruções às tropas a respeito do novo membro a família imperial, a quem deveria ser dispensado o tratamento de alteza.

Mas nem todos gostaram muito da atitude do imperador. Segundo informe de Jacques Guinebaud, cônsul francês na Bahia:

> O povo clama, em altas vozes, contra a fraqueza e a vilania dos conselheiros do monarca, apologistas públicos e, por escrito, de sua conduta em relação à jovem duquesa de Goiás, filha natural, fruto de duplo adultério vivo, legitimada e reconhecida, a pretexto do que os reis franceses Henrique IV e Luís XIV tinham feito o mesmo.
>
> Entretanto, não obstante verificar a existência do grande desprestígio do governo imperial, não diviso ainda sintoma algum de rebelião.[32]

A bigamia institucionalizada

Enquanto o caso de Domitila e d. Pedro tornava-se cada vez mais público e comentado por todo o Brasil e pelo mundo, d. Leopoldina ainda mantinha sua olímpica paciência, para descontrole do embaixador austríaco. No dia 29 de junho, dia de São Pedro, o santo do nome do imperador:

> [...] festejou-se d. Pedro em casa do veador da imperatriz [...]. D. Pedro, d. Leopoldina, as jovens princesas, lá passaram o dia em companhia da viscondessa de Santos, da Goiás, sua mãe, seu avô e todo o resto da família materna. A despeito dessa estranha mistura, o dia passou tão alegre e tão tranquilamente como se a poligamia estivesse legalmente estabelecida no país.[33]

D. Pedro deixava-se ficar cada vez mais tempo na casa da amante, tão perto do palácio. Segundo o barão de Mareschal, "A paixão do imperador por sua amante parece ficar mais forte a cada dia. Ele passeia frequentemente na cidade com a Goiás; foi publicamente com a mãe na alfândega". No dia 31 de julho, d. Pedro assistiu, junto com a imperatriz e d. Maria da Glória, a uma festa religiosa por motivo de uma promessa feita por Domitila pelo restabelecimento da saúde da filha. Para arrepio do diplomata austríaco, os imperadores "foram acompanhados da guarda de honra, o que só acontece em grandes ocasiões".[34]

Logo depois, no início de agosto, o imperador partiu com a viscondessa de Santos e a duquesa de Goiás para a fazenda de Santa Cruz. Em despacho para Viena, o barão de Mareschal relatou o fato:

> Sua Majestade partiu em 3 de agosto acompanhado da viscondessa e sua família para Santa Cruz, donde ainda não voltou; nem a S.M. a imperatriz, nem camareiros, ministros ou secretários tiveram autorização para os acompanhar. Todos os negócios parados porque ninguém pode decidir as menores coisas sem ser por ordem sua. Tal ausência no momento mostra o quão longe vai o poder da amante.
>
> O público está extremamente escandalizado e descontente, mas todos estão em silêncio, salvo alguns pasquins; os jornais estão em silêncio sobre este ponto tão delicado, mas eu acredito que essa reserva seja mais por medo de que um ataque pessoal seja seguido de uma vingança pessoal, do que por respeito ao governo.[35]

Ninguém mais tinha dúvida da existência de um relacionamento entre eles, e d. Pedro e Domitila pareciam não fazer mais questão nenhuma de esconder. O povo e até brasileiros fora do país começaram a se incomodar com a traição imperial. Em Buenos Aires, Cipriano Barata e outros exilados políticos publicaram panfletos contra os atos imorais do imperador. Casas e muros cariocas amanheciam com caricaturas de d. Pedro, Domitila e d. Leopoldina. Numa delas, a imperatriz esfaqueava a amante enquanto d. Pedro implorava-lhe que perdoasse Titília. Em outra, d. Pedro era o cavalo e puxava a carruagem da amante, que controlava as rédeas.

A inquietação nas ruas finalmente chegou ao palácio. Em 24 de agosto, quando o futuro d. Pedro II foi reconhecido publicamente como herdeiro do trono, o intendente da polícia recomendou, e a corte acatou, que não se fizesse uma apresentação de gala no teatro para comemorar a data. Dois dias depois, uma delegação da assembleia, formada por deputados e senadores, chegou ao palácio com o ato de apresentação oficial do herdeiro do trono aos representantes da nação. Quem teve a honra de segurar a criança para apresentá-la oficialmente foi ninguém menos que o pai de Domitila, João de Castro, agora no cargo de estribeiro-mor, numa clara demonstração pública do alto grau de apreço que a família da paulista alcançara.

Obviamente, todo o escândalo começara a gerar desconfortos. Como se houvesse algo de errado, d. Pedro deu ordens para que as tropas fossem aquarteladas; as patrulhas e guardas foram dobradas. O imperador visitou pessoalmente, na calada da noite, diversos quartéis. Deve ter recebido algum informe de que um golpe contra Domitila e sua família, ou mesmo contra ele, estava sendo preparado. Nesse momento, parece ter percebido quão longe havia ido e passou a dar mais atenção à esposa, em público e em particular. Por essa época, d. Leopoldina engravidou novamente.

Marquesa de Santos

A reaproximação, contudo, foi efêmera. Se a imperatriz tinha esperanças de uma mudança de comportamento do marido, elas tiveram fim a 12 de outubro, quando d. Pedro, no dia do seu aniversário, abriu o cofre das graças e, com as mãos cheias, criou 23 marqueses, entre os quais entrava a elevação do título de Domitila, de viscondessa para marquesa de Santos. Novamente galgando de dois em dois os degraus da nobiliarquia brasileira, a paulista foi elevada pelo seu imperial amante ao pináculo da nobreza brasileira. A justificativa não se pautava mais nos "bons serviços prestados à imperatriz", mas na criação da duquesa de Goiás, como pode ser observado no texto do decreto:

> [...] faço saber aos que esta minha carta virem que, querendo dar um público testemunho do alto apreço em que tenho os serviços prestados pela viscondessa de Santos, d. Domitila de Castro Canto e Melo [...], tratando da minha muito amada e querida filha, a duquesa de Goiás, desde que me dignei a entregar-lhe, e querendo fazer-lhe honra e mercê em atenção a tão distintos serviços, que sobremaneira têm penhorado meu coração, hei por bem acrescentá-la em grandeza com o título de marquesa de Santos.[36]

Não só Domitila foi nobilitada, como também o pai dela foi feito visconde de Castro e o cunhado Boaventura recebeu o título de barão de Sorocaba. Todos os irmãos da marquesa tornaram-se gentis-homens do paço, um deles recebeu a patente de coronel, e dois primos obtiveram o cargo de guarda-roupa do imperador.

A morte do pai de Domitila

O velho visconde não usufruiria por muito tempo o seu novo título. Acamado desde meados de outubro, recebeu a extrema-unção no dia 18, por volta das dez da noite. Demonstrando publicamente seus sentimentos em relação à doença do pai da amante, o imperador foi visitá-lo, acompanhado da imperatriz e de d. Maria da Glória. Depois foi com a família rezar pela melhora do militar na igreja de Nossa Senhora da Glória do Outeiro. Reza a lenda que uma das damas de d. Leopoldina, a marquesa de Itaguaí, teria aconselhado a imperatriz que não fosse à igreja. Ela teria respondido: "Ele pede a Deus pelo Castro, eu peço que lhe abra os olhos". Mas d. Pedro, além de não abrir os olhos, ainda tornou pública a sua relação com os familiares de Domitila, tendo praticamente se mudado para a cabeceira do doente durante boa parte do mês de outubro.

O visconde de Castro morreu aos 85 anos, em 2 de novembro. O funeral dele foi um dos mais faustosos do Primeiro Reinado: seiscentos convites para as exéquias foram enviados, inclusive para o corpo diplomático, gastaram-se mais de dez arrobas em cera de vela, além de seiscentas tochas, contrataram-se músicos e foram pagas 51 missas de corpo presente. Tudo à custa do imperador.

Assim como foi transmitido do paço imperial para as redações dos jornais o que deveria se falar a respeito do reconhecimento da duquesa de Goiás, o mesmo aconteceu com o obituário do velho militar. Até mesmo um diálogo fictício entre o pai de Domitila e d. João VI foi criado:

> Para que conte o seu destemor, e bigarria, cumpre que se diga que dizendo-lhe el-rei o senhor d. João VI, — "O Castro nunca me pedes nada, tendo feito tantos serviços" — ele respondeu, "Fiz o meu dever, e só o que peço é a amizade de V.M., e que me passe para o estado-maior no mesmo posto".

Guardado na seção de manuscritos da Biblioteca Nacional, no Rio de Janeiro, existe um curioso panfleto impresso intitulado "Às saudosas cinzas do ilmo. e exmo. senhor João de Castro Canto e Mello [Melo], visconde de Castro, grande do império, gentil homem da câmara de sua Majestade Imperial, comendador da Ordem de Aviz etc., etc., etc. Elegia oferecida à sua muito amada e prezada filha a ilma. e exma. senhora marquesa de Santos".[37] O autor do poema, o desembargador e poeta Ovídio Saraiva Carvalho e Silva, que mais tarde seria o autor da primeira letra do Hino Nacional Brasileiro, descreve no poema a escolha do visconde de Castro pela Morte, que, invejosa da grandeza e da prosperidade do Brasil, decide ceifar a vida de um dos maiores heróis da nação e pai de heróis. Em determinado momento, Ovídio informa que as pessoas desprotegidas e desamparadas com a morte do visconde podiam procurar a sua filha, "e tuas aflições terão conforto". E continua: "Ela é mãe, tanto jus tem a duquesa". Quando, num poema público honrando o pai de Domitila, existe a afirmação de que ela é mãe da duquesa de Goiás, é porque uma parte da sociedade brasileira naturalizara o fato.

Em 5 de dezembro, o *Diário do Rio de Janeiro* publicou que todas as dívidas de João de Castro seriam pagas pela tesouraria imperial. Na mesma seção "notícias particulares" do jornal, é possível ler sobre o encontro inusitado entre o falecido visconde e seu ex-genro: "Roga-se ao sr. major Felício Pinto Coelho, ou a quem mais vezes fizer, mandar à rua da Glória, nº 76, satisfazer a quantia de 36.400 réis, por crédito, resto de maior quantia de um escravo novo comprado no dia 1º de novembro de 1826, da data deste a oito dias, pois pelo decurso parece não fazer tal tenção".

QUEBRA-SE O TRIÂNGULO

Até a pena se recusa a escrever!!!! A virtuosa imperatriz Leopoldina já não existe!!!!

Frei Antônio de Arrábida em carta a d. Pedro I

D. Leopoldina tinha suportado calada tudo do marido até então: desprezo, esquecimento e humilhação. Mas o imperador abandonar a própria casa durante dias para servir de enfermeiro ao velho visconde de Castro foi demais para ela. Finalmente a imperatriz explodiu.

Segundo o cozinheiro do palácio, cujo relato o barão de Mareschal recolheu num de seus informes a Viena, d. Leopoldina teria chegado a dar um ultimato ao marido: ele que escolhesse entre ela e a amante; se a escolhida fosse Domitila, que lhe fosse permitido retornar para junto de seu pai na Áustria. No dia 22 de outubro, sem resposta do marido, ela foi procurar o diplomata austríaco e comunicou-lhe suas aflições, sem, contudo, confiar os pormenores. No dia seguinte, ainda sem notícia alguma do imperador, mandou que arrumassem as roupas dele e as levassem à casa da amante. Entretanto, em vez disso, um criado foi avisar d. Pedro, que voltou o mais rápido possível ao palácio de São Cristóvão, onde o casal teria tido uma briga espetacular, com ele, depois de muito gritar e esbravejar, atirando-se aos pés da imperatriz e pedindo-lhe, novamente, perdão.

Desde antes da morte do pai de Domitila, d. Leopoldina não se encontrava bem de saúde. No começo de novembro, foi acometida de dores na perna, na coxa e no pé. Deprimida, chorava muito e dizia ter saudade de sua babá.

No dia 5, na presença de d. Pedro e de d. Maria da Glória, foi inaugurada oficialmente a Academia Imperial de Belas Artes. A falta da imperatriz foi notada. Segundo informou o visconde de São Leopoldo em suas memórias, ela estava "incomodada", por isso não compareceu. A depressão de que d. Leopoldina sofria, já percebida por Maria Graham em 1825, piorou com a nova gravidez.

Apesar de a esposa não estar bem, d. Pedro, devido às complicações com a Guerra da Cisplatina, a desorganização das tropas e da administração do sul do Brasil, resolveu partir para o Rio Grande do Sul. Levaria como reforço oitocentos oficiais e as tropas mercenárias do 27º Batalhão de Infantaria Ligeira. Também seguia uma frota de novos navios de guerra, entre eles a corveta *Duquesa de Goiás*.

A última discussão entre d. Pedro e d. Leopoldina

Antes da partida, inicialmente prevista para o dia 20 de novembro, teria havido um beija-mão na corte em despedida a d. Pedro. O que aconteceu nesse evento, por não haver relato de testemunha ocular, continua sendo motivo de especulação. Com base em alguns informes diplomáticos e relatos colhidos por viajantes, pode-se inferir que d. Pedro, na tentativa de apaziguar os ânimos, tenha buscado colocar d. Leopoldina e Domitila juntas, lado a lado, durante o beija-mão. Assim, mostraria a toda a corte que estava tudo em paz e que os acontecimentos do final de outubro, com a ameaça de a imperatriz deixar o Brasil, haviam sido apenas boatos. Ainda sem estar completamente restabelecida, d. Leopoldina não quis comparecer ao evento, sobretudo ao lado da marquesa. D. Pedro teria perdido a cabeça e, numa altercação com a esposa, provocado nela hematomas que foram notados pelo embaixador francês, o marquês de

Gabriac. Esses hematomas definitivamente ajudaram a espalhar o boato de que, durante a discussão, o imperador tinha dado um pontapé na imperatriz, o que só pôde ser desmentido muitos anos depois.

A doença da imperatriz

Especulações à parte, os acontecimentos mostram que de fato algo pode ter ocorrido no dia 20 de novembro de 1826, afinal d. Pedro desistiu de embarcar naquele dia, alegando como motivo o estado de saúde da esposa, porém ela não melhorou e ele embarcou mesmo assim, três dias depois. Mareschal informou a Viena: "Tive a honra de vê-la e fui testemunha da maneira com que o imperador, que parecia fortemente comovido, lhe testemunhava o seu pesar em abandoná-la nesse estado". A despedida entre marido e mulher foi eternizada por Melo Morais:

> Na véspera da viagem do imperador para o Rio Grande do Sul ela [Leopoldina] lhe fez presente de anel com dois pequenos brilhantes, cujo anel abrindo-se tinha dois corações com o nome de ambos: ela mostrando-lhe disse chorando: *eu morro: você quando vier do Rio Grande já não me há de achar. Aqueles, que na vida foram desligados, sejam unidos depois da morte.* Ele a abraçou, chorando ambos muito; e ela lhe disse: *que tudo lhe perdoara, e nenhum rancor lhe tinha.*[1]

Parece haver algo de real nessa cena, uma vez que a tia de d. Leopoldina, a rainha Maria Amélia, em carta para Maria Luísa, datada de 7 de março de 1827, menciona que a imperatriz brasileira teria dito ao imperador, durante a despedida: "Adeus para sempre, pois não o verei mais [...]".[2]

A primeira parada de d. Pedro foi em Santa Catarina, onde chegou cinco dias depois da partida e de onde escreveu para a esposa e a amante cartas praticamente idênticas, descrevendo as particularidades da viagem. Porém, na carta para Domitila, havia um estendido final apaixonado.[3] Enquanto isso, na corte, a saúde da imperatriz piorava. Mareschal mudou-se para o palácio de São Cristóvão e insistiu que os médicos publicassem boletins diários a respeito da evolução do quadro da paciente. Esses boletins e outros relatos serviram de base para o estudo realizado pelo dr. Pedro de Freitas, que concluiu que a doença de d. Leopoldina era febre tifoide.[4]

Num de seus informes ao governo austríaco, o diplomata afirmou que Domitila dera provas de imprudência e tolice, sendo aconselhada a fingir uma indisposição e a não aparecer no paço para cumprir suas funções enquanto a imperatriz não melhorasse. Mas o conselho não surtiu efeito, e, em novo relatório, Mareschal afirmava:

> Restringi-me estritamente a estar presente, nada aconselhei e nada exigi e observei com olho frio os ares imperiosos da amante que atravessou os apartamentos como se viesse para tomar posse e o tom arrogante e escandaloso com que se queixava de que a camareira-mor, que, segundo o costume, presidia à consulta dos médicos, não abandonava tudo para recebê-la.[5]

Logo os cariocas ficaram sabendo da doença da imperatriz. O embaixador da Prússia, Theremin, oficiava a Berlim:

> O povo encontrava-se literalmente de joelhos implorando ao Todo-Poderoso pela conservação da imperatriz. As igrejas nunca se esvaziaram, e nas capelas domésticas todo mundo ficava prostrado de joelhos. Os homens formavam procissões, não das do tipo comum que importunam, mas com verdadeira devoção, onde corriam muitas lágrimas.[6]

Com a ausência de d. Pedro da corte e a doença de d. Leopoldina, Domitila percebeu que cargo e título de nobreza não compravam respeito.

A camareira-mor, a marquesa de Aguiar, proibiu que qualquer pessoa entrasse nos aposentos da imperatriz, para evitar que a amante pudesse perturbar a enferma. Os ministros chegaram a cogitar enviá-la para fora do Rio de Janeiro, mas, por não conseguirem aprovar a moção por unanimidade, desistiram da ideia. Informada do fato pelo ministro da Justiça, Domitila enfureceu-se. Segundo John Armitage, teria tentado forçar a passagem para entrar nos aposentos de d. Leopoldina, sendo barrada pelo marquês de Paranaguá, que se postou diante da porta do quarto e afrontou-a: "Tenha paciência, senhora marquesa, Vossa Excelência não pode entrar".

A morte de d. Leopoldina

Presa à cama durante catorze dias com dores, tosse, diarreia e febre, d. Leopoldina abortou um feto masculino no dia 2 de dezembro. Até os dias atuais, há quem afirme, sem qualquer prova, que o aborto e a posterior morte da imperatriz teriam sido causados por um chute dado pelo imperador antes da partida dele para o sul.

Caso d. Pedro tivesse espancado ou feito qualquer outra coisa com d. Leopoldina que provocasse o aborto, este ocorreria em questão de horas, e não dias. D. Pedro teria supostamente batido na esposa em 20 de novembro; ele embarcou no dia 23, o navio partiu no dia 24 e o aborto ocorreu somente em 2 de dezembro.

Depois disso, d. Leopoldina entrou em delírio quase contínuo. No dia 4, teve uma leve melhora, confessou-se e recebeu os sacramentos. Depois teria rogado para ver a criadagem e pediu perdão a eles por qualquer ofensa que pudesse ter cometido. Recebeu pela última vez as suas damas, mas não Domitila. Solicitava constantemente ver os filhos, que lhe eram levados. D. Maria da Glória, com 7 anos, ficou bastante impressionada com a agonia da mãe.

A virada do dia 10 para 11 de dezembro foi assim descrita por Mareschal:

> Sua Majestade continuava a estar num estado convulsivo, o desânimo aumentando a cada momento e não lhe permitindo mais do que tons de fracos gemidos; a respiração extremamente curta, o pulso muito fraco depois de 24 horas; enfim, às dez da manhã, a morte terminou os seus sofrimentos, sem esforço, sem estertor, suas feições de modo algum eram alteradas e ela parecia ter adormecido pacificamente e na posição mais natural.[7]

Ainda em informe ao governo austríaco, o diplomata relatou que d. Leopoldina faleceu sem deixar disposições testamentárias, o que vai contra uma carta supostamente ditada pela imperatriz nos momentos finais de sua vida. Essa missiva seria uma das "provas" das agressões sofridas pela monarca antes da partida de d. Pedro.

A última carta da imperatriz

A carta, endereçada à irmã Maria Luísa, ex-imperatriz dos franceses, teria sido ditada por d. Leopoldina à marquesa de Aguiar em 8 de dezembro. Nela, a imperatriz relatava as agruras pelas quais vinha passando: "Há quase quatro anos, minha adorada mana, como vos tenho escrito, que por amor de um monstro sedutor me vejo reduzida ao estado da maior escravidão e totalmente esquecida do meu adorado Pedro".

Este trecho da carta faz eco aos comentários do povo de que d. Pedro teria maltratado a imperatriz: "[...] maltratando-me na presença daquela mesma que é a causa de todas as minhas desgraças. Muito e muito tinha a dizer-vos, mas faltam-me forças para me lembrar de tão horroroso atentado que será sem dúvida a causa de minha morte".

Faltavam-lhe forças para se lembrar do "horroroso atentado", mas não para continuar ditando mais da metade do total da carta, falando sobre credores e as dívidas que estes haviam contraído para ajudá-la financeiramente.

Em outra parte, d. Leopoldina descreve a pessoa a quem a carta está sendo ditada: "A marquesa de Aguiar, de quem bem conheceis o zelo e o amor verdadeiro que por mim tem, como repetidas vezes vos escrevi, essa minha única amiga que tenho, é quem vos escreve em meu lugar".

No fim, ela manda recomendações para que paguem tudo o que deve aos credores, além de dispor que as filhas sejam educadas pela marquesa de Aguiar, até que "o meu querido Pedro não disponha em contrário".

Diversos detalhes estranhos desse documento foram ignorados pelos historiadores até hoje.

Primeiro: em nenhuma outra carta conhecida d. Leopoldina trata a irmã por "mana". Sempre a chama de caríssima ou queridíssima Luísa,[8] independentemente de a mensagem seguir por correio diplomático ou por mensageiro particular de confiança. Se d. Leopoldina alguma vez escreveu queixando-se de Domitila para a irmã, essas cartas foram destruídas por Maria Luísa, pois nunca apareceram, ao contrário das missivas em que a imperatriz faz menção à amante do marido endereçadas aos secretários Flach e Schäffer.

Segundo: a marquesa de Aguiar não é mencionada em nenhuma outra das mais de duzentas cartas conhecidas da imperatriz.

Terceiro: a forma de tratamento dispensado à irmã na carta não era a usual. Diferentemente do que ocorre em países como Portugal e França, no Brasil, atualmente, não existe mais o cuidado de empregar a segunda pessoa do singular, "tu", para pessoas com quem temos intimidade, e a segunda pessoa do plural, "vós", para os interlocutores a quem devemos respeitosa distância.

D. Leopoldina, em todas as demais cartas à irmã, trata-a com a familiaridade que é própria aos parentes, não se utiliza da segunda pessoa do plural em nenhum momento. Por que faria isso na sua última carta de despedida? Fantasiosa seria a hipótese de a marquesa de Aguiar substituir o "tu" afetuoso pelo "vós" majestático na carta que a ama moribunda ditava à ex-imperatriz dos franceses: "Não vos tornarei a ver! Não poderei outra vez repetir que vos amava, que vos adorava!".

Quarto: o barão de Mareschal estava no palácio durante toda a enfermidade. Como compatriota da imperatriz, ela não o teria chamado para tomar nota de sua última carta à irmã? Em parte da missiva, existe uma menção direta ao embaixador: "Faltaria ao meu dever se além de ter declarado ao Mareschal e ao Cadolino que tenho dívidas contratadas para sustentar os pobres [...]". O diplomata austríaco, pela carta, teria sido informado por d. Leopoldina desses débitos e tinha recomendação para pagá-los. Isso contraria o relato de Mareschal para Viena a respeito da ausência de disposições da imperatriz.

Todos os que se ocuparam até hoje do estudo dessa carta serviram-se de uma cópia, que hoje está no Arquivo Histórico do Museu Imperial. A original nunca foi encontrada em nenhum arquivo, no Brasil ou no exterior. A cópia existente em Petrópolis está escrita em português, com uma única frase em francês dizendo que a transcrição foi feita de acordo com uma original expedida em 12 de dezembro de 1826. Essa cópia apareceu no Rio de Janeiro em 5 de agosto de 1834 — quase oito anos após a morte da imperatriz — para ser registrada junto ao tabelião Joaquim José de Castro. Testemunharam: César Cadolino, J. M. Flach, J. Buvelot e Carlos Heindricks. Desses, comprovadamente com dois, Cadolino e Flach, d. Leopoldina contraíra vultosas dívidas.

Era, portanto, conveniente ter alguma prova das dívidas da imperatriz, melhor ainda se confessadas pela própria. Apesar de o decreto de 11 de outubro de 1827 ter criado uma dotação de oitenta contos de réis para o pagamento aos credores da falecida, nos anais da Câmara dos Deputados existe menção às dívidas ainda em 1838.[9] Quanto à pessoa a quem a carta teria sido ditada, a marquesa de Aguiar, assim como diversos cortesãos portugueses, retornou a Portugal após a abdicação do imperador, desembarcando no cais de Belém a 5 de agosto de 1831,[10] de modo que, em 1834, estava convenientemente longe do Brasil para confirmar ou negar a autenticidade do documento. O barão de Mareschal, também citado na carta, tinha partido quatro anos antes de o documento aparecer. Entre 1833 e meados de 1834, alguns políticos veriam com bons olhos um documento público que demonizasse o ex-imperador; afinal, o Partido Caramuru, capitaneado pelos Andrada, ainda nutria alguma esperança de que d. Pedro, após conseguir pacificar Portugal e entronizar d. Maria da Glória, pudesse voltar ao Brasil como regente de d. Pedro II. A produção de escândalos para macular a imagem pública de alguém não é invenção recente.

Exumação de d. Leopoldina

Foi preciso esperar 185 anos para acabar com aquele boato do "horroroso atentado". Além da história do pontapé na barriga, também chegou aos nossos dias o rumor de que, durante a discussão com d. Pedro no dia 20 de novembro de 1826, d. Leopoldina teria caído de uma escada interna do palácio de São Cristóvão, que seria utilizada para ligar a parte íntima aos aposentos oficiais. Até o prédio ser destruído pelo fogo em 2018, corria uma lenda, entre visitantes e funcionários do Museu Nacional instalado no palácio desde 1892, de que essa escada seria amaldiçoada e faria vítimas graves até hoje. Se a queda da imperatriz tivesse mesmo acontecido, muito provavelmente ela teria quebrado alguns ossos, o que não ficou comprovado durante a sua exumação.

O tempo na cidade de São Paulo em 27 de fevereiro de 2012 estava abafado, carregado de nuvens. O céu indicava que poderia chover a qualquer instante, mas, na cripta sob o Monumento da Independência, no bairro do Ipiranga, o ar-condicionado estava no máximo. As pessoas ali reunidas pouco pareciam se importar com isso. Médicos forenses, físicos e demais técnicos da USP, chefiados pela arqueóloga Valdirene do Carmo Ambiel, devidamente paramentados com macacão branco, máscara e luvas, preparavam-se para o momento da exumação da imperatriz d. Leopoldina. Entre os convidados estavam o príncipe d. Bertrand de Orléans e Bragança, representando a família imperial brasileira, Regina Pontes, diretora do Museu da Cidade de São Paulo, responsável pela cripta, além de membros do Departamento do Patrimônio Histórico. Após uma rápida cerimônia religiosa, o caixão foi aberto, e então os presentes puderam subir ao andaime que ladeava o sarcófago de granito, dentro do qual jazia o ataúde com os restos mortais da primeira imperatriz brasileira. Emocionados, os presentes viram a delicadeza dos ossos do rosto de d. Leopoldina, única parte visível de seu corpo, uma vez que as vestes de gala com que ela havia sido enterrada em dezembro de 1826, incluindo o seu manto, permaneciam intactas. O trabalho da arqueóloga e da equipe consistiria em analisar os remanescentes humanos dos imperadores, de maneira não invasiva, e preservá-los.

Na madrugada de 19 para 20 de março de 2012, na Faculdade de Medicina da USP, em São Paulo, uma tomografia computadorizada realizada nos restos mortais da imperatriz constatou apenas que d. Leopoldina não tinha um dos dentes do siso. Nenhum osso quebrado nem nenhuma marca de trauma foram encontrados, tampouco se confirmou a suspeita de reumatismo levantada por um de seus biógrafos devido às constantes queixas de d. Leopoldina, em cartas para parentes e amigos, a respeito de dores nas mãos.

A comoção pela morte da imperatriz

Com a morte da imperatriz, todo o Rio de Janeiro caiu em pranto convulso. Os sinos dobravam toque de finados e os canhões das fortalezas disparavam de dez em dez minutos. Até o final da tarde, toda a população vestia luto. Mal havia casa em que ao menos um morador não tivesse ido mais de uma vez aos portões do palácio saber notícias da saúde da imperatriz. O alemão Carl Seidler notou as faces pálidas e o desespero de "negros, mulatos, portugueses, ingleses, italianos, alemães" que "choravam em comum a morte da imperatriz; pela primeira vez sentiam-se irmãos, o ódio nacional calava-se e os ressentimentos pessoais desapareciam".[11] Maria Graham anotou: "Os pobres negros andaram pelas ruas por muitos dias gritando: 'Quem tomará agora o partido dos negros? Nossa mãe se foi!'".[12]

O ódio contra Domitila

O ódio e a frustração que a população sentia se voltaram, naturalmente, contra a amante. O batalhão de mercenários alemães ameaçou rebelar-se. O barão de Mareschal registrou que a todo instante, durante a doença de d. Leopoldina, temeu-se um atentado contra Domitila e sua família que pudesse levar a uma luta entre os revoltosos e o Batalhão de São Paulo, aquartelado próximo ao palacete da marquesa e que fazia a guarda do palácio de São Cristóvão. Diversas medidas de segurança foram tomadas, e Domitila foi aconselhada a não continuar as suas visitas ao paço "pelo fato de produzir considerável e perigosa irritação".[13]

No final, dois tiros de pistola acabaram sendo disparados contra o cunhado de Domitila, Carlos Maria de Oliva, comandante do Batalhão de São Paulo, que residia com a marquesa e recentemente havia sido nomeado camareiro da imperatriz. Mesmo com a patrulha rondando a residência de Domitila, o palacete acabou apedrejado.

Cartas anônimas ameaçadoras dirigidas à marquesa de Santos e aos ministros, imprecações públicas e pasquinadas acusavam abertamente a amante de, em conluio com o barão de Inhomirim, médico de d. Leopoldina, terem-na envenenado.

O ministro da Guerra e o intendente-geral da polícia movimentaram-se para proteger a favorita do imperador na ausência deste. Domitila foi enviada para a residência de d. Mariana Carlota de Verna Magalhães, enquanto patrulhas de cavalaria fiéis ao regime guardavam suas propriedades em São Cristóvão.

A reação do imperador

O caos que imperou durante a doença e a morte de d. Leopoldina não deixou de atingir o próprio ministério, que recusou a ajuda de navios britânicos e franceses, que poderiam ter entregado rapidamente os despachos a respeito da doença e posterior morte da imperatriz. Por não acharem "decoroso", os ministros não pediram ajuda ao embaixador britânico. Este, prontamente, teria deslocado um navio da frota do Atlântico e levado de volta ao Rio o imperador, que talvez pudesse ter encontrado a esposa ainda com vida. Em vez disso, os ofícios sobre a doença de d. Leopoldina chegaram com a notícia da sua morte levada por um bergantim norte-americano.

Ainda no Sul, d. Pedro havia recebido informes desencontrados. Os ministros contavam que a capital estava em polvorosa e insinuavam sobre as causas morais que teriam levado d. Leopoldina a óbito, enquanto o intendente-geral da polícia asseverava que o Rio de Janeiro estava em paz.

Quem desempatou foi Domitila, que informou a d. Pedro que a morte da imperatriz servira de pretexto para insultá-la. Fora proibida de entrar no paço e suspeitava que os ministros tivessem excitado o povo contra ela. Se não fosse pelo ministro da Guerra e pelo intendente da polícia, ela, seus parentes e amigos teriam sido apunhalados. O gabinete conspirava com o propósito de criar uma regência para d. Pedro II e aprisionar o imperador no Sul. Domitila implorava pela volta do amante. O próprio barão de Mareschal declarou a d. Pedro, quando este desembarcou, que se a imperatriz houvesse falecido entre os dias 5 e 6, provavelmente teria estourado uma revolução na capital.[14]

D. Pedro mostrou-se o mais cauteloso possível em seu retorno. Ordenou que o pavilhão imperial não fosse hasteado no navio em que viajava e tomou providências para que não soubessem que estava chegando. Quando dois navios de guerra brasileiros entraram no porto, em meados de janeiro, achou-se que o imperador estaria a bordo, porém d. Pedro fez os comandantes comunicarem-se com a terra avisando que ele havia ficado no Sul.

Ainda embarcado, d. Pedro escreveu a Domitila, em 15 de janeiro de 1827:

> Bordo da nau *Pedro Primeiro* entrando no Rio de Janeiro a minha querida filha do meu coração e minha amiga.
>
> Teu tio Manuel Alves, meu íntimo amigo e inseparável companheiro de dia e de noite, é portador deste. Ele, minha

> filha, te contará os incômodos, sofrimentos, aflições, pesares e, mais que tudo, o desgosto pela morte da minha adorada esposa. [...] Ele te contará do célebre sonho que tive em 11 do mês passado, que desde então data a minha aflição e disposições para vir unir-me contigo e junto de teu peito e sobre ele depositar minhas lágrimas. Eu tomo nojo por oito dias e esta a única razão que faz com que eu não vá logo, como desejava, [...] e sim vá à noite, como teu tio combinou contigo. Pedro I, que é teu verdadeiro amigo, saberá vingar-te de todas as afrontas que te fizeram, ainda que sua vida lhe custe.[15]

Infelizmente d. Pedro confiou de viva voz o sonho que teve no dia em que Leopoldina morreu. Seria uma premonição envolvendo a morte da esposa? Ou que algo de errado estava acontecendo no Rio? Só nos resta conjeturar.

O imperador desembarcou no Rio de Janeiro naquele mesmo dia. Ao chegar, praticamente escondido, dirigiu-se a São Cristóvão e tomou diversas providências. Uma delas foi escrever ao visconde de São Leopoldo, que viera do Sul com ele. Conforme o visconde recordou em suas memórias:

> Deixo à história do tempo revelar os motivos que determinaram uma ocorrência extraordinária que então se deu, e que veio afligir-me sobremaneira. Poucas horas depois de desembarcar, recebi uma carta toda do punho do imperador, ordenando-me fizesse lavrar os decretos de demissão dos ministros marquês de Paranaguá, marquês de Baependy, marquês de Caravelas e marquês de Inhambupe, e a nomeação dos seus sucessores nominalmente indicados. Visivelmente ficaram eles no desagrado.[16]

O imperador também faria uma limpeza no paço, dispensando de seus serviços o confessor e antigo professor, frei Antônio de Arrábida, e a camareira-mor, a marquesa de Aguiar.

No dia 25 de janeiro, dia de São Paulo, durante as cerimônias fúnebres em intenção da alma da imperatriz, Domitila, grávida novamente, mostrou-se em lugar de destaque na tribuna das damas do paço. O viúvo pareceu ao corpo diplomático bastante comovido, ora amassando um lenço contra os olhos inchados, ora concentrado em seu livro de orações. Em meio a isso tudo, deu-se uma pausa de uma hora para almoçar com a amante e a família dela, numa das tribunas especialmente preparadas.

Toda a igreja, padres, nobres, militares, enfim, a corte inteira tinha os olhos postos na paulista, na favorita do imperador, que derrubara ministros e que diziam ter mandado matar a imperatriz para ocupar o trono.

O ATENTADO DA GLÓRIA

[...] há circunstâncias, e ocorrências e azares, que às vezes fazem perder o juízo, excitar o ciúme, gerar-se a raiva, perpetrarem-se loucuras, e até mesmo coisas que só o desespero pode sugerir.

Trecho de uma carta de d. Pedro a Domitila[1]

Se antes a corte já se dividia entre partidários da amante e da imperatriz, agora, com a falta da última, aos que não passaram para o lado de Domitila só restava rezar e implorar a Deus que colocasse juízo na cabeça do monarca.

A morte de d. Leopoldina causou um vácuo que não se sabia se e nem por quem iria ser ocupado. Logo as apostas começaram, obviamente, a recair sobre a marquesa de Santos.

O barão de Mareschal ouviu rumores de que alguns cortesãos tentavam tecer uma nova genealogia de Domitila que chegasse até Inês de Castro para comprovar, assim, o sangue real da favorita, tornando-a apta a ocupar oficialmente o seu lugar ao lado do imperador. Para esse plano, só havia um problema: o ex-marido de Domitila, Felício, ainda vivia, e nenhum dos dois podia se casar novamente pelas leis da Igreja.

O embaixador sueco registrou num despacho diplomático que se pretendia elevar o título de marquesa de Santos para duquesa de Santa Cruz; o marquês de Gabriac ouviu que ela seria feita duquesa do Grão-

-Pará. Era esperada alguma nomeação importante quando o luto da corte amainasse. Achava-se que Domitila ou a mãe dela seria nomeada tutora dos filhos de d. Leopoldina. Diziam ainda os rumores que d. Pedro, no desespero de precisar criar os filhos sozinho, teria convidado a marquesa para morar oficialmente no paço, e que a favorita teria, prudentemente, recusado.

Os "nossos filhos"

Apesar do luto aparente do imperador, ele continuava visitando Domitila, principalmente à noite. D. Pedro tinha consciência da dor que os brasileiros estavam sentindo pela perda da imperatriz, que passou a ser popularmente referida como "anjo tutelar do Império". Tinha também ideia da situação periclitante que vivia. Se por um lado temia que a falta da mulher lhe causasse a perda do trono, por outro tinha de assegurar que mal nenhum acontecesse aos seus filhos, a ponto de invocar a maternidade de Domitila. Após a morte da esposa, ele preferiu que a duquesa de Goiás permanecesse em tempo integral com as crianças que teve com a imperatriz. Nas cartas à amante, referia-se a d. Pedro II, d. Maria da Glória, d. Paula, d. Januária e d. Francisca como "nossos filhos".

Nessa confusa mistura familiar, o monarca não era indiferente ao futuro dos filhos de Domitila com Felício. Em março de 1827, mandou o primogênito da marquesa sentar praça como guarda-marinha e, em seguida, concedeu-lhe dispensa. Felício Jr. partiria para concluir seus estudos em Paris à custa de uma bolsa dada pelo imperador. A Francisca já dotara de quatro contos de réis, que deveriam ser aplicados em títulos do governo, sacáveis somente quando ela se casasse. A mãe de Domitila, d. Escolástica, e a irmã, Ana Cândida, também receberam honras em março, ao serem nomeadas damas do paço.

Férias em família

Foi também nessa época, três meses após o falecimento da esposa, que d. Pedro viajou com a marquesa, a duquesa de Goiás e d. Maria da Glória de férias para a fazenda do Padre Correia. O imperador conhecera a propriedade ainda na época de seu pai, d. João VI, que costumava se refugiar na região durante o verão carioca. D. Pedro passou a frequentar o local, encantado com o clima, para desespero da irmã e herdeira do padre, d. Arcângela Joaquina, que em carta à filha se queixava da última visita imperial:

> [...] infelizmente vejo a minha bacia que até servia para nela se por as piquiras que iam pescar para divertimento da senhora duquesa [de Goiás], e muito pior depois que chegou a rainha [d. Maria da Glória], que é uma forte basilisco; que nada parava com ela e quando se despediram, foi até outra vez que esperam tornar; esta gente julgo pensa estas visitas que há obrigação de os receber; e ser tudo deles; o cônego lhe carregaram a melhor besta que tinha e o seu cavalo em que andava nessa cidade e vinha o cavalo da rainha e mais nada; e lá se foi [...].[2]

Dama da Ordem de Santa Isabel

No aniversário de d. Maria da Glória, em 4 de abril de 1827, Domitila foi distinguida novamente. Recebeu das mãos da rainha de Portugal a comenda da Ordem de Santa Isabel. Essa condecoração portuguesa, criada por d. João para d. Carlota Joaquina, era uma ordem feminina — da qual a rainha de Portugal era a grã-mestra. A comenda tinha a função de laurear mulheres que se destacassem pela caridade, como a rainha portuguesa Santa Isabel.

A falta da esposa compassiva, serena e prudente começava a pesar sobre d. Pedro. Em maio de 1827, durante a abertura da Assembleia Nacional, todos notaram a voz do imperador fraquejar e o rosto banhar-se de lágrimas ao pronunciar a parte do discurso que tratava da morte da imperatriz.[3]

O aniversário da duquesa de Goiás e o remorso de d. Pedro

A corte levantou novamente seu luto para festejar o aniversário da duquesa de Goiás, que completava 3 anos. No dia 24, houve uma grande festa no palácio de São Cristóvão. Não era comum que embaixadores estrangeiros comparecessem às celebrações de aniversário dos príncipes, mas o costume foi quebrado para saudar a pequena duquesa. Compareceram ao evento diplomatas da Inglaterra, da Prússia e da Colômbia, além de diversos cortesãos, ministros e representantes das forças de terra e mar. A presença sobretudo de Robert Gordon, diplomata inglês, colocou Mareschal, que não havia ido, em maus lençóis. Dois dias depois, correu ao paço para se desculpar e visitou a pequena Goiás para cumprimentá-la; no ano seguinte, ele se alinharia aos demais embaixadores em grande gala.

Depois do beija-mão, teve início o banquete. Claramente visava-se dar destaque à filha: Domitila só entrou no salão bem depois de Isabel. Como de costume, foram preparadas duas mesas: uma para o imperador e sua família e outra para os demais convidados. D. Pedro parecia distraído, não dava muita atenção às pessoas e, em determinado momento, nervoso, levantou-se da cadeira, saiu da mesa e deixou o salão. Como não retornava, Domitila foi atrás do amante. Segundo a crônica da época, a marquesa teria encontrado d. Pedro chorando abraçado a um retrato da imperatriz.

Afastamento dos amantes

Em junho, a relação entre os amantes esfriava. D. Pedro havia tomado uma decisão: precisava se casar novamente. Chamou ao paço o barão de

Mareschal para uma conversa franca no dia 16 daquele mês. O atordoado bisbilhoteiro austríaco não pôde crer no que o monarca lhe pedia: simplesmente ajuda para conseguir uma noiva na Europa, com as bênçãos do imperador Francisco I, avô de seus filhos.

Em carta escrita ao sogro em julho, d. Pedro confessou que não fora um bom marido para d. Leopoldina e pediu perdão por suas faltas.

> Como escrevo a Vossa Majestade com tanta franqueza vou a protestar-lhe que convencido de um dever religioso é que procedo desse modo, que toda a minha maldade acabou, que de hoje em diante não cairei nos erros em que até agora tenho caído e dos quais todos me arrependo e tenho pedido a Deus perdão, prometendo nunca mais os cometer, desejo casar-me para viver conforme a minha religião e edificando os meus súditos que precisam de bons exemplos dados por mim.[4]

Mareschal preparou um dossiê para o monarca brasileiro. Empolgado com a honra que d. Pedro havia lhe dado, aproveitou a ocasião para lhe dizer francamente os dois maiores entraves para o imperador conseguir uma nova esposa: a marquesa de Santos e a duquesa de Goiás.

Toda a Europa comentava a respeito do adultério de d. Pedro, como mostra uma carta particular recebida por Albino José Barbosa de Oliveira de um ex-colega da Universidade de Coimbra, Joaquim Francisco de Sá:

> Lisboa, 14 de setembro de 1827
>
> [...] Há muito que não temos notícia do Brasil, desejo saber se está com efeito concluída a paz entre Buenos Aires, o que muito desejo. Aqui se diz que S.M. desterrará a marquesa de Santos, por lhe constar que se falava mal dele por causa dela etc. e gabam muito essa ação. Outrossim, dizem que ele mandará pedir a filha do rei da Baviera. Valha a verdade.[5]

A amante e a filha adulterina haviam sido elevadas a honras nobiliárquicas durante a vida da imperatriz. Que garantias daria o imperador de que a próxima esposa não sofreria igual humilhação? Mareschal, no relatório que preparou, informava claramente que o imperador tinha de se livrar da duquesa de Goiás e da marquesa de Santos para conseguir uma nova mulher. D. Pedro não concordava: não viveria sem a filha por perto e, quanto a Domitila, estava no sétimo mês de gestação. Informaria à marquesa que pretendia se casar novamente e que ela teria de deixar a corte, mas isso seria feito de maneira tranquila. Não queria colocar a vida de Domitila e do bebê em risco tomando decisões precipitadas.

Domitila no meio da diplomacia mundial

D. Pedro, buscando tranquilizar o barão de Mareschal, informou-o da conversa que tivera com a amante no dia 21 de junho. Afirmou que estava tudo acabado entre eles, mas que não enviaria a marquesa imediatamente para fora da corte. Como ela estava grávida, ele considerava isso um ato bárbaro, que poderia matar a mãe e o bebê. Ficou decidido que ele daria uma pensão a Domitila e educaria a duquesa de Goiás, como sempre fora seu projeto, bem como a criança que nasceria em breve. A marquesa poderia escolher onde quisesse morar, mas o ideal, segundo o próprio imperador havia aconselhado, seria que ela deixasse a corte.

Afinal, o que realmente levou d. Pedro a tratar Domitila dessa maneira? A paixão havia arrefecido? Os ciúmes dele com os flertes que notara entre o tenente Morais e a marquesa desgastaram a relação ou os jogos da amante haviam ido longe demais?

O mais provável é que Domitila tivesse virado um peão num jogo diplomático internacional.

D. Miguel, irmão de d. Pedro, era o oposto do imperador brasileiro. Extremamente católico, antiliberal e centrado, abominava a maçonaria e era, assim como a mãe, absolutista até a medula. Carlota Joaquina e o filho mais novo, por terem participado ativamente do movimento chamado Abrilada, que aprisionou membros liberais da corte e do governo português em abril de 1824, haviam sido exilados. D. Carlota foi encerrada em Queluz e d. Miguel, enviado para Viena. Na Áustria, o príncipe português contou com a proteção do príncipe de Metternich. O primeiro-ministro austríaco foi um dos forjadores da Santa Aliança, que unia as principais nações europeias contra as ideias nacionalistas e constitucionalistas, e era adepto do intervencionismo nos países em que o Liberalismo pudesse derrubar a monarquia. Metternich antipatizava com d. Pedro. A ideia de um príncipe de sangue que outorgava constituições, abrindo mão de parte dos seus direitos divinos, era despropositada para o austríaco.

Visando assegurar a coroa portuguesa para a filha e impedir algum problema futuro com d. Miguel, d. Pedro queria que o irmão viesse para o Rio de Janeiro, onde juraria a Constituição de Portugal, se casaria com a sobrinha, d. Maria da Glória, que passaria à história como d. Maria II, e voltaria para assumir a regência lusitana no lugar da jovem esposa — que se juntaria ao tio-marido quando tivesse idade para assumir o trono e os compromissos matrimoniais. Temendo que d. Miguel ficasse retido no Rio, Metternich fez uma contraproposta: a rainha seria enviada para Viena, onde se casaria com o irmão de d. Pedro, e lá ficaria, sendo criada pelo avô materno até que pudesse assumir o trono português, que seria ocupado por d. Miguel como marido e regente.

D. Pedro concordou com a ida da filha, mas condicionou a viagem dela: Viena deveria arrumar-lhe uma nova esposa antes da partida de d. Maria da Glória. A presença de Domitila, ainda instalada às portas do palácio de São Cristóvão, pairava como uma espada sobre a cabeça do diplomata austríaco — se a Áustria se comprometesse com o casamento, afiançando a mudança moral de d. Pedro, que demonstrasse isso conseguindo logo uma noiva, caso contrário, a amante, que estava nas proximidades, poderia tomar o lugar da mãe dos filhos de d. Leopoldina, como os nascentes rumores no Rio de Janeiro prediziam.

A pretensão de d. Pedro era casar-se com alguma das princesas da Baviera, pois assim viraria cunhado do pai de d. Leopoldina, fortalecendo ainda mais os laços familiares. No dia 23 de junho, mensageiros embarcaram para Viena levando diversos documentos ao imperador Francisco I, entre os quais pedidos oficiais de casamento, um para cada uma das princesas.

A duquesa do Ceará

Em 13 de agosto, Domitila deu à luz mais uma filha de d. Pedro, que foi chamada de Maria Isabel. Foi reconhecida pelo imperador,[6] que pretendia lhe dar, no futuro, o título de duquesa do Ceará.[7] Seus padrinhos foram o futuro d. Pedro II e a duquesa de Goiás. Não houve grande alarido na corte; o batizado foi tranquilo, sem a presença do imperador, apenas de um padrinho designado por ele para fazer o toque na pia batismal em nome do príncipe herdeiro.

Nossa Senhora da Glória

Quem hoje vê a igreja de Nossa Senhora da Glória do Outeiro, no Rio de Janeiro, nem imagina que o mar chegava à base do morro — afastado no século XX pelo aterro do Flamengo. No alto da elevação, havia uma ermida desde o século XVII. A construção barroca, atualmente uma das raras igrejas com planta octogonal no Rio de Janeiro, foi inaugurada em 1739.

Desde a sua chegada, a família real portuguesa prestigiou a igreja. Em 27 de julho de 1819, d. João VI levou a primeira neta nos braços até o seu altar, onde ela foi dedicada a Nossa Senhora da Glória. Quando d. Pedro sofreu um grave acidente de cavalo, em 1823, assim que se pôs de pé, foi assistir à missa lá. No Museu da Irmandade, existe até hoje um ex-voto mandado fazer por d. Leopoldina pela recuperação do marido. O casal imperial ia ao menos uma vez por semana a essa igreja, hábito que o monarca preservou após a morte da imperatriz.

Ao redor da ermida, no alto e na subida do morro, existiam diversas chácaras de personalidades importantes da corte. Entre os membros da sociedade carioca que moravam no local estavam a baronesa de São Salvador do Campo dos Goytacazes, aquela que se recusou a sentar com a amante imperial na comemoração da Semana Santa de 1825; o tesoureiro da alfândega, José Maria Velho da Silva; o escrivão da mesa dos despachos marítimos, Júlio Cezar Muzzy; e Boaventura Delfim Pereira, o barão de Sorocaba. Raros eram os moradores do outeiro e altos dignitários que não faziam parte da irmandade da Glória — que todo dia 15 de agosto dava uma grande festa em homenagem à padroeira.

Mas, em 1827, as chuvas não deixaram o foguetório — que sempre coroava a novena à santa — ocorrer na data comemorativa. Ele foi adiado até que o clima ficasse propício, o que aconteceu no dia 19. Tão firme estava o tempo, que, nessa manhã, o marquês de Barbacena embarcou para a Europa, tendo como missão trazer para o Brasil a nova esposa de d. Pedro e imperatriz do Brasil. Na bagagem, levava presentes em pedras preciosas para a corte austríaca e comendas para a família da futura noiva do imperador.

À tarde, após jantar, d. Pedro levou os filhos para um te-déum na Glória pelo restabelecimento do príncipe herdeiro, que não estava bem de saúde. O monarca retornou à noite, com a filha, a rainha d. Maria II, para assistir à queima dos fogos de artifício na casa do barão de Sorocaba, Boaventura Delfim, e de sua esposa, Maria Benedita, irmã de Domitila.

A chácara ficava na primeira travessa da ladeira da Glória, à direita. No início do século XX, foi erguida no local a Vila Aymoré, uma série de casas de estilo eclético que sediam atualmente o campus da Escola Superior de Propaganda e Marketing (ESPM).

Quando ocorriam festividades da irmandade, era comum d. Pedro pernoitar na propriedade dos Sorocaba. O imperador aproveitava para ver o filho que teve com Maria Benedita, Rodrigo. Um caminho ligava diretamente a área onde fica a igreja à chácara. A propriedade era grande o suficiente, tanto quanto a constância do visitante, para que Boaventura Delfim mandasse erguer outra construção no terreno somente para uso do monarca. Assim, d. Pedro podia pousar na chácara dos Sorocaba quando ficasse tarde para voltar a São Cristóvão ou aos aposentos no paço da cidade.

A baronesa, a marquesa e o pompoarismo

Maria Benedita, segundo o barão de Mareschal, apesar de mais velha que Domitila, ainda era um "belo espécime feminino". A baronesa, que sobreviveu quase trinta anos ao marido, continuou causando espanto e sensação junto aos homens. Com mais de 60 anos, em 1853, divertiu bastante o indiscreto secretário da embaixada da Espanha, o jovem escritor Juan Valera, que confidenciou a um amigo em Madri:

> A baronesa de Sorocaba, mãe do tal Delfim Pereira e sogra do judeu errante, chupa como pode a este outro judeu sedentário. [...] Esta sessentona baronesa de que estou falando é a mais engraçada e divertida baronesa de todo o universo, e me tem particular carinho. Come mais que frieira, bebe como um alemão e ainda anda de amores com dois ou três indivíduos de estômago forte. Eu estou persuadido de que esta baronesa há de morrer de farra [...]. Quando a baronesa se entusiasma e fica alegre, faz e diz diabruras. Quanto eu não daria para que vossa mercê a visse bailar o lundu, com todos os movimentos das nádegas típicos dessa dança. [...] Me conta sobre suas aventuras com d. Pedro I e com o bispo de São Paulo, de quem tem filhos naquela cidade [...]. Os amantes da baronesa foram inumeráveis. Noites atrás me disse: "Rapaz, eu sou romanista, minha irmã e minhas filhas também, mas nenhuma me supera".[8]

Achando que ser "romanista" era algo tão inerente àquela divertida baronesa como os "bicos nos grãos-de-bico e os rabos nos galos", Valera ficou espantado diante da confissão do que se tratava a especialidade em que Maria Benedita gabava-se de ser a melhor da família. Aparvalhado, explicou ao amigo que romanismo era: "[...] a mulher estar dotada de forças de trações e contrações poderosas para sorver líquido e apertar e conter sólido, com tão estupendo prazer nos fazem sofrer, nos enlouquecem, nos fazem gritar e morder, como se fôssemos lobos".[9]

Ou seja, a baronesa, as filhas e Domitila — afinal, a outra irmã, Ana Cândida, já estava morta havia dezenove anos quando Maria Benedita fez a confissão a Juan Valera — seriam versadas na arte do pompoarismo. O que fica ainda por descobrir é como e por quem Domitila e Maria Benedita foram instruídas nessa arte, que teria vindo do Oriente. De qualquer maneira, educação austríaca alguma prepararia uma arquiduquesa Habsburgo para tão cruel rivalidade.

O atentado

Domitila e Maria Benedita viviam entre brigas e altercações devido aos ciúmes que a marquesa tinha de d. Pedro com a irmã. Não deve ter gostado de saber que o amante passou mais uma noite na casa dos Sorocaba, que se divertiu tanto, ficou tão alegre, que até dançou.

No dia 20, após os festejos, o monarca partiu com Boaventura, que era superintendente das Quintas e Fazendas Imperiais, para a fazenda imperial de Santa Cruz. Três dias depois, voltando para casa durante a noite, Maria Benedita teve sua carruagem alvejada a tiros. Ela não se feriu, somente um vidro do veículo ficou estraçalhado. Pedindo segredo aos criados a respeito do ocorrido, despachou um mensageiro a Santa Cruz para informar ao marido sobre a tentativa de assassinato. Na carta, a baronesa dizia ter sido vítima de uma emboscada, e suspeitava que o tiro houvesse partido de um oficial do regimento de São Paulo, íntimo da marquesa, e que seu próprio irmão José de Castro estivesse envolvido.

A "culpada"

Ciente do ocorrido, d. Pedro acreditou que Domitila tivesse realmente sido a mandante do crime. O imperador, nos rompantes que lhe eram peculiares, retornou à corte no dia 25. Recebeu o intendente-geral da polícia, Alberto Aragão, que leu para ele os relatos das últimas ocorrências da cidade. Por não saber do atentado da Glória, ou não o mencionar deliberadamente, foi demitido no meio da audiência. No dia seguinte, uma torrente de ordens choveu sobre o palacete da marquesa.

Se d. Pedro não podia mandar prender os supostos culpados pelo atentado — afinal, o escândalo na Europa seria desastroso para o projeto do novo casamento —, decidiu puni-los como era possível. Por meio de seu secretário, Francisco Gomes da Silva, o Chalaça, ordenou que Domitila e seus irmãos embarcassem imediatamente para a Europa no bergantim português *Treze de Maio*, que deveria partir até o dia 3 ou 4 de setembro. A ordem vinha sob o pretexto das negociações de seu futuro casamento:

> Havendo Sua Majestade o imperador entabulado, em potência estrangeira, negociações ao complemento das quais muito de frente se lhes opõem a estada de Vossa Excelência nesta corte, e mesmo neste império [...] ordena Sua Majestade Imperial que Vossa Excelência [...] siga para Portugal ou para outro qualquer país estrangeiro".[10]

Além disso, d. Pedro também mandou retirar as duas filhas da marquesa, a recém-nascida Maria Isabel e a duquesa de Goiás, levando-as para morar definitivamente com ele na Quinta da Boa Vista.

Quem serviu de garoto de recados entre o paço e o palacete da favorita foi o recém-nomeado bispo de São Paulo, d. Manuel Joaquim Gonçalves de Andrade, que se encontrava na ocasião no Rio de Janeiro. Amigo da família Castro Canto e Melo desde a época que moravam em São Paulo, ele intercedeu junto ao imperador para que Domitila pudesse aguardar o término do resguardo de parturiente. Em outubro, a marquesa prometia ir embora, não para a Europa, mas para Santos.

Sem conseguir se livrar da amante, ao menos o imperador tratou de expurgar a família Castro para longe do Rio. No começo de setembro, ordenou o embarque para o Recife do 5º Batalhão de Caçadores de Linha, o chamado "Batalhão de São Paulo", estacionado em São Cristóvão. Esse batalhão, formado em grande parte por moços de famílias paulistas, que tinham na marquesa praticamente uma madrinha, era comandado por Carlos Maria de Oliva, cunhado de Domitila. Pedro e José, irmãos dela, receberam ordens de sair do Rio de Janeiro imediatamente e juntar-se às tropas brasileiras na Guerra da Cisplatina.

Rede de intrigas

Infelizmente, não sobreviveram provas, e o único relato em que se baseia a história do atentado da Glória é, obviamente, um despacho do barão de Mareschal. Segundo se especula, Domitila teria tido consciência de que Rodrigo Delfim Pereira seria filho de d. Pedro com a irmã somente em junho de 1827, quando a relação entre a marquesa e o imperador esfriou e ele começou a procurar uma nova esposa.

Alguns cortesãos, cientes do desgaste político que a relação do soberano com a marquesa estava causando não só no Brasil, mas ao prestígio brasileiro na Europa, podem, também, ter feito uma armadilha para Domitila. Seria difícil matá-la sem transformá-la em mártir e provocar uma caçada do imperador aos assassinos, ao passo que envolvê-la num incidente de ciúmes contra a irmã seria tão escandaloso, que o imperador teria de agir, como efetivamente o fez. Um dos que mais lucrariam com isso seria o barão de Mareschal, e consequentemente a Áustria, que, se empenhando em ajudar d. Pedro a conseguir uma nova esposa na Europa, ficaria mais aliviada em assegurar que Domitila já não estava próxima ao trono.

O próprio cunhado da marquesa bem poderia ter urdido o plano. A baronesa de Sorocaba não chamou a polícia; mandou um correio para a fazenda de Santa Cruz, onde estavam o marido e d. Pedro. O imperador, meses depois, ao reatar a relação com Domitila, chamou o barão de Sorocaba de "barão de Soca-Rabo"[11] e diz ter sido iludido por ele. Infelizmente não esclarece qual seria esse engodo. Maria Benedita e Domitila ficariam estremecidas, mas voltariam a se relacionar no futuro.

Reconciliação

Até hoje não se tem indício do que efetivamente ocorreu e de quem teria sido o real culpado pelo atentado. O que se sabe de fato é que, em algum momento, o imperador teve certeza da inocência da amante, pois não se falou mais em exílio. A prova disso é o retorno das cartas entre os amantes em setembro. No dia 12 desse mês, a marquesa, "adornada e bonita", segundo o marquês de Gabriac, compareceu à sessão de gala no Teatro Imperial.

Como o relacionamento entre eles retornara em segredo, os cortesãos não sabiam o que fazer, pois achavam que a amante do imperador havia caído em desgraça. Cumprimentar a marquesa seria uma afronta a d. Pedro? E se não cumprimentassem, Domitila ficaria sentida? O monarca, ao perceber o espetáculo paralelo que havia sido criado, acabou com o clima acenando-lhe de seu camarote.

O barão de Mareschal, incomodado com tal gesto, aplicou pressão ao governo austríaco para que arranjassem logo uma noiva para o monarca, que começava a se queixar da falta de notícias de Viena.

As cartas trocadas entre os amantes comprovam que eles voltaram a se relacionar novamente na primeira quinzena de setembro, mas não do mesmo modo que antes. D. Pedro estava mais cuidadoso e tentando manter a discrição. Arranjos para não serem vistos juntos no teatro também se tornaram necessários, o que levava a acordos prévios:

> Como tu tens estado sem ires [...] ao teatro, e tendo nós muito apetite de assistirmos à comédia francesa, e podendo-o não ir eu hoje ao teatro e ir depois de amanhã parecer combinação entre nós, [...], assentei de ir esta noite ao teatro, um pouco para evitar todas as suspeitas e podermos viver sossegados. Eu bem conheço que muitos escrúpulos são maus; mas, neste nosso caso, e posição delicadíssima, convém muito uma perfeita fantasmagoria. Manda-me dizer o que te pareces, que é impossível que te não pareçam duas coisas: primeira, muito escrúpulo; segunda, muito bom pensamento, para gozarmos um do outro sem que os outros se divirtam à nossa custa.[12]

Quando havia alguém por perto, escrevia à marquesa como seu governante, assinando como "imperador", "seu amo e senhor". Sozinho, a conversa era outra:

> Minha querida filha e amiga do coração
>
> Ainda agora te respondi como imperador, agora te escrevo como teu filho, amigo e amante a mostrar-te que estou saudoso de ti, pois me lembro do ano passado, em que tive a ventura de estar contigo. Minha filha, já que não posso arrancar meu coração para te mandar, recebe esses dois cabelos do meu bigode, que arranquei agora mesmo para te mandar [...].[13]

Ao longo do século XIX, até joias, como o trancelim usado pelo tenente Morais que despertou ciúmes no imperador, eram feitas com fios de cabelo. Existe uma miniatura do imperador criança com uma moldura feita com o cabelo dele, que hoje está no Museu Imperial, em Petrópolis. D. Pedro II pediria em 1831 um pouquinho do cabelo do pai como recordação antes de d. Pedro I partir definitivamente do Brasil. Mas, efetivamente, o "Demonão" inovou ao dar à amante não apenas dois fios singelos de seu bigode, como afirma na carta citada. Guardado na Biblioteca Nacional, no Rio de Janeiro, encontra-se um álbum de autógrafos em que, em meio a muitas cartas de d. Pedro para Domitila, há algo muito menos prosaico. Embrulhados num papel, existem vários chumaços de um pelo escuro, grosso e encaracolado que, se não forem do peito do imperador apaixonado, são de alguma parte bastante íntima de seu corpo.

Cada um dá o que tem

Nem só de amores e intrigas vivia a marquesa de Santos. Em outubro, Domitila, "como brasileira, e brasileira paulista", dava uma prova pública de seu caráter cívico e benemerente ao doar dinheiro para a Guerra da Cisplatina:

> Senhor, como brasileira, e brasileira paulista, e por consequência mui amiga de minha pátria, da honra dela e da glória e da pessoa augusta de V.M.I., a quem devo toda a minha fortuna, vou perante ao trono de V.M.I. oferecer gratuitamente um conto de réis para a Guerra do Sul, e quarenta mil-réis mensais emprestados para o mesmo fim, sem prêmio algum, seguindo o generoso exemplo dado por V.M.I. O meu sexo não permite que eu ofereça também a minha pessoa, mas V.M.I. conte com tudo o mais que possuo em última necessidade de Estado.
>
> Deus no céu guarde e abençoe os dias de V.M.I. como eu e todos os brasileiros havemos mister — Sou de V.M.I., senhor, súdita mui fiel, mui grata e mui obrigada — Marquesa de Santos.[14]

No seu aniversário de 29 anos, em 1827, além dos pelos do bigode para Domitila, d. Pedro colocaria o Brasil, as cortes europeias, enfim, todos os que acreditaram no afastamento entre ele e a marquesa em estado de choque. Nessa data o monarca concedeu a João de Castro, irmão mais velho de Domitila, o título de visconde de Castro, que pertencera ao pai deles, e nobilitou os outros irmãos e diversos parentes com a Ordem do Cruzeiro, alguns como dignitários, outros como oficiais. Em conversa com o barão de Mareschal em dezembro, d. Pedro tentou justificar as nomeações dos parentes da marquesa como uma forma de indenizá-los por terem sido acusados injustamente na tentativa de assassinato da baronesa de Sorocaba. Mas essas mercês aos parentes de Domitila iriam custar caro ao imperador.

O EXÍLIO PAULISTA

O exílio e o purgatório têm muito em comum. Em ambos a essência é a espera, uma espera que parece infinita, ao mesmo tempo uma espera cheia de esperança.

Tomás Eloy Martínez

Em janeiro de 1828, d. Pedro mandou Francisco Gomes da Silva escrever aos marqueses de Barbacena e de Resende, que se encontravam na Europa. Eles deveriam mentir se questionados sobre as nomeações dos Castro do Canto e Melo e dos Toledo Ribas. Mas esses escrúpulos de nada adiantariam.

Antes mesmo do despacho seguinte do diplomata austríaco, d. Pedro recebia, pelo embaixador britânico Robert Gordon, as primeiras notícias referentes aos problemas para se conseguir uma noiva para ele. Jornais europeus começavam a publicar a respeito de seus amores com a marquesa de Santos. Comentava-se abertamente que a imperatriz teria sido morta pelos maus-tratos recebidos. Também se falava sobre as desgraças que d. Leopoldina haveria padecido nas mãos de um marido que as folhas europeias pintavam como um fauno devasso.

As filhas do rei da Baviera não quiseram aceitar o pedido de casamento de d. Pedro. A justificativa de uma foi que estaria de casamento contratado com outro príncipe, outra afirmou que já tinha o coração empenhado para outra pessoa. Na Itália, novo fracasso. As negociações com a princesa da Sardenha não deram certo e, em Nápoles, o rei das Duas Sicílias informava, antes que fosse oficialmente contatado, que sua filha não viveria longe da Europa. Barbacena mencionaria, numa carta ao imperador, que essa princesa se recusou a casar antes mesmo de ser pedida. A Áustria fazia jogo duplo: não iria avalizar a palavra de d. Pedro. Tanto Resende quanto Barbacena desconfiavam que o príncipe de Metternich estivesse por trás dos boatos a respeito dos maus-tratos à finada imperatriz e do "imperador assassino da mulher".

O exílio da marquesa

De setembro de 1827 até o retorno do marquês de Barbacena à corte, em maio de 1828, o relacionamento entre d. Pedro e Domitila continuou escondido para que ninguém percebesse que eles efetivamente estavam juntos outra vez, apesar de todas as honras concedidas aos familiares da marquesa. Em diversas cartas, continuaram a combinar quem iria quando ao teatro, para o outro não aparecer.

D. Pedro informava a hora em que Domitila deveria deixar a porta aberta à noite, para ele poder entrar sem ser visto. Após o retorno do marquês de Barbacena, ficou claro que não havia como continuar essa fantasia. O povo podia até desconfiar que, por não ver mais Domitila junto de d. Pedro, as coisas entre eles haviam esfriado, mas os diplomatas, com informantes contratados, eram mais difíceis de enganar. A presença da marquesa na corte, morando a poucos metros da porta do palácio, frustrava os esforços de qualquer embaixador brasileiro no exterior que tentasse estabelecer tratativas de casamento com alguma princesa europeia.

Decidido a fazer o que era exigido, d. Pedro escreveu para Domitila em 13 de maio e informou-a de que ela deveria deixar a corte:

> O marquês de Barbacena é chegado e sua vinda é motivada pela necessidade de me expor de viva voz os entraves que têm havido ao meu casamento em consequência de sua estada aqui na corte, de onde se torna indispensável sair por este mês até ao meado do futuro junho, o mais tardar. [...] Conheço o amor que a marquesa consagra à pátria e à minha família. Mas fique certa que esta é a minha derradeira resolução, bem como carta que lhe escrevo, a não me responder com aquela obediência e respeito que lhe cumpre como minha súdita e principalmente minha criada.[1]

No dia 23 de maio, o imperador partiu para a fazenda do irmão do marquês de Barbacena, o visconde de Gericinó, que ajudaria Domitila nos preparativos de sua viagem. D. Pedro retornou à corte no dia 25, livrando-se, estrategicamente, de duas comemorações: o casamento de Francisca, filha de Domitila, e o aniversário de Isabel Maria, realizados no dia 24.

Domitila, muito contrariada e irritada, tentando ganhar mais tempo, escreveu ao amante:

> V. Majestade sabe mui bem que, se eu vou fazer este passeio, é só para lhe fazer a vontade. Não que eu tal tenções tivera de sair daqui para parte alguma. Assim, senhor, não posso ir para o mês que vem, [e] sim nos princípios de julho. Não sou destas de saco às costas, já lhe faço esta vontade, e assim peço-lhe não me mortifique mais.[2]

Dá para imaginar alguém de "saco às costas", mudando-se com seus pertences dentro de uma trouxa amarrada num pedaço de madeira apoiada no ombro e pegando a estrada. Talvez Domitila possa ter fugido de Minas dessa maneira após os maus-tratos do marido, mas agora ela tinha ido longe demais para se deixar ser tocada para fora como uma qualquer, "só" porque o imperador do Brasil assim o exigia. Ela tinha o tempo dela, e tudo seria feito como ela quisesse.

D. Pedro não se fez de rogado com a amante afrontosa e cobrou que Domitila mantivesse a palavra empenhada anteriormente. Era necessário que ela saísse antes da partida do marquês de Barbacena, que levava d. Maria da Glória para ser criada em Viena pelo avô materno, o imperador da Áustria:

> Minha filha infalivelmente sai até dois do mês de julho, e por isso eu muito desejo que a marquesa saia pelo menos seis dias antes, o que vem a ser 26 de junho, porque muito convém que os que vão possam dizer "a marquesa já saiu", e não "está para sair". Todos acreditarão o que aconteceu e não o que está para ser, que pode não ser, e o negócio é grave e mui grave. Na sua primeira [carta] presta-se a tudo que eu lhe mandar, pede-me instruções, e agora que lhe escrevo diz-me que não pode antes de princípios de julho, tendo convido com o Gericinó até meado de junho. Sustente sempre aquela palavra que uma vez der e não faça rodeios, veja bem a quem a dá e qual é a magnitude do negócio que é dependente do cumprimento de sua palavra.[3]

Ao ler a resposta dela, o monarca talvez tenha lamentado apreciar uma das peculiaridades das paulistas, a altivez:

> Perdoe-me que lhe diga isto: eu não preciso de conselhos, não sou como V.M., as minhas respostas são todas nascidas do meu coração. Ao Gericinó eu sempre disse que sairia no princípio de julho, e se ele disse o contrário disto, mentiu. Eu torno de novo a fazer esta vontade, sairei até o fim deste mês que vem e Deus permita sejam todas as suas vontades feitas assim como eu as faço. Eu tive criação, sei conservar a minha palavra [...].[4]

Mas Domitila, na tentativa de amolecer o imperador, também sabia dosar seu temperamento com certo ar de desamparo, de mulher lançada à própria sorte:

> [...] eu ainda não tenho destino algum, daqui vou mesmo a cavalo. Guardo o préstimo de V.M. para outra coisa e também rogava-lhe que me mandasse dizer por quanto tempo quererá que eu esteja separada da minha casa, ora nisto pode ter coração. [...] Eu sairei. Não se mortifique com a minha jornada, eu tenho paciência para lhe aturar tudo e tomava já vê-lo de mulher [casado], porque só assim descansarei de sofrer tantos incômodos.[5]

Irredutível, d. Pedro continuou cobrando com urgência a partida da amante, conseguindo que ela saísse antes do final de junho. Domitila, porém, pretextando doença, hospedou-se na fazenda de Gericinó, próxima o suficiente da cidade para voltar o mais rápido possível ao menor sinal do imperial amante. Mas d. Pedro, longe de mandá-la retornar, admoestou-a que partisse logo para fora do Rio.

O retorno de Domitila a São Paulo

Domitila arrastou-se pelo Vale do Paraíba. Fez longas paradas em diversas cidades ao longo do caminho. Parecia não querer voltar à pacata São Paulo da infância, talvez por medo de não sair nunca mais de lá. As filhas haviam ficado no Rio de Janeiro, a casa e tudo o que lhe pertencia estavam em outro lugar, não naquela vila poeirenta, cheia de tropeiros grosseiros e sem a vida social e cultural a que se acostumara ao longo de cinco anos. Mas a falta de novos recados de d. Pedro deixava claro que só lhe restava o caminho de retorno às suas origens, e enfrentaria essa prova de cabeça erguida, como sempre.

Cartas expedidas a parentes e amigos, no meio do percurso, fizeram com que fosse recebida por eles quando de sua chegada aos arrabaldes paulistas. Ela entrou a galope na cidade de São Paulo no dia 15 de agosto.

O Mestrinho, apelido de Antônio Mariano de Azevedo Marques, em carta ao irmão José Xavier, registrou a chegada de Domitila a São Paulo:

> São Paulo, 21 de agosto de 1828
>
> A marquesa chegou na tarde de 15, com pouco acompanhamento, dizem que por querer vir a galope, e por isso ficaram atrás os do encontro.
>
> O Carmo e Santa Tereza repicaram ao passar ela por essas igrejas, dizem que por peditório do bispo, que foi esperá-la em casa e é quem a hospedou, dizem que bem mal, acerca dos arranjos, a ponto de não ter ela bolinhos para virem com o chá, vendo-se na necessidade de dar satisfação às visitas.
>
> Ela muito tratável, muito queixosa de suas patrícias pela pouca amizade que lhe têm mostrado. [...] Hoje grande baile no Xico de Castro em obséquio à irmã.[6]

Realmente, São Paulo não era a corte: onde já se viu não ter bolinhos para o chá? Domitila lançava moda mesmo exilada. Junto com ela, vieram da capital a filha Francisca e José de Castro, recém-casado com a sobrinha. O irmão Francisco, que havia se retirado para a Pauliceia anos antes, preparou um baile na mesma noite da chegada de Domitila para recebê-la.

No dia 7 de setembro, foi a vez de a marquesa, coberta de joias, dar um baile em homenagem ao "Grito do Ipiranga": já começava naquela década a construção da cidade de São Paulo como o grande cenário da Independência do Brasil. O Mestrinho assim contou a pompa e os mexericos ao irmão:

São Paulo, 12 de setembro de 1828

> No dia 7 grande baile dado pela marquesa; S. Exa. *éblouiu* [ofuscou] tudo pelo esplendor de seus encantos e pela riqueza com que apareceu adornada.
>
> Um rico mantéu (com cauda) próprio dos dias de corte igualava os rabos dos cônegos no dia de sexta-feira maior, e não dançou já por isso, já pelo enorme peso dos brilhantes, carga que mal podia sustentar.
>
> Apesar de tudo, faltou sua gente que podia ir porque já a tinham visitado, com o que muito se zangou. Nada porém igual ao cavacão que ela tem dado por Terezinha [Teresa Delfim Alvim, esposa do autor da carta] não visitá-la, não tendo perdido as esperanças até agora.

Domitila estava longe de ser uma unanimidade, mesmo agora sendo uma dama importante. O missivista Azevedo Marques explicou que nem ele nem outros desejavam ter contato com ela.

> Ela tem posto em jogo todos os meios de brandura, e tem chegado até às ameaças de prevenir a nossa visita sendo ela a primeira a fazê-la. Tanta brandura (estou certo) se mudará em furor desde que ela se desengane de que a não visitamos e eu conte com toda sorte de invectivas, mas paciência.
>
> Mui poucos têm sido os que fazem causa comum comigo: e só se fizeram notáveis o Vaz e Stockler, que sendo convidados e instados para irem ao baile do dia 7, foram inexoráveis — o primeiro sobretudo adquiriu renome eterno pois sendo louco por um baile teve coragem para resistir.[7]

Domitila, no dia do baile, teve certeza de que não pertencia mais àquele local. Era evitada. Boa parte dos convidados não compareceu. O próprio Mestrinho, precioso cronista dessa festa, não estava presente. Soube do vestido e das joias por outros que haviam ido.

Assim como ele havia proibido a esposa, Terezinha, parente de Domitila, de visitá-la, muitos paulistas fizeram o mesmo. Mas a marquesa, mesmo zangada, era insistente. Primeiro convidou gentilmente suas patrícias, depois ameaçou visitá-las antes que elas tomassem a iniciativa. Nada, porém, adiantava: uma parte dos paulistas estava contra ela. Num jantar dado à marquesa, ela desabafou que nem as freiras de Santa Teresa quiseram recebê-la.[8]

Intrigas

Seus compatriotas, não satisfeitos com o ostracismo que tentavam impor a Domitila, ainda falavam mal dela a d. Pedro. Na corte, o imperador recebeu a seguinte carta anônima vinda de São Paulo:

> Senhor
>
> [...] não posso ser indiferente à ingratidão e à infâmia. Senhor, a pessoa que V.M. tanto honrou, a qual teve a ventura de contar já três augustos filhos de monarca tão excelso, esqueceu-se de tudo, uma escandalosa prostituição: é vista em companhia de rapazes e estudantes em público, em particular, pela roça [...]. Senhor, perante meu soberano, não posso dizer tudo, mas digo somente que ela, se ela não está, esteve pejada.[9] Vossa Majestade por quem é para salvar a sua honra. Procura indagar o procedimento desta mulher ingrata, então saberá o que não convém dizer.[10]

Para completar os desgostos de Domitila, Maria Isabel, a filha de 1 ano e 2 meses, morreu de meningite no Rio de Janeiro, em 25 de outubro.

Uma tentativa de rebeldia

De início, d. Pedro enviava algumas cartas para ela, como uma de 31 de agosto de 1827 em resposta à carta escrita em Taubaté por Domitila. Nessa missiva, ele relembrou o aniversário deles juntos e deu notícias da duquesa de Goiás:

> Querida marquesa. Recebi a sua carta escrita de Taubaté, em que me diz que seguia para São Paulo no dia 11 deste. Eu muito hei de estimar que chegue de feliz saúde e que continue a passar bem, tendo sempre em sua lembrança o dia 29 deste mês em que começaram nossas desgraças e desgostos em consequência de nos juntarmos pela primeira vez, então contentes, hoje tão saudosos. Que remédio, paciência! Só tenho a queixar-me de mim e bem dizer o tempo feliz que vivi contigo. Ah, filha, que amor por ti existe dentro deste coração comprimido pela minha honra, está empenhada em sustentar a minha palavra. Eu bem sei que tu, posto que sintas, não deixarás de louvar meu caráter sempre firme, decisivo e leão. [...] A duquesa foi ao teatro, esteve muito galante e não dormiu, tem um coração mui sensível, pois chorou de dor do doido da Agnese,[11] que foi a comédia que se pôs em cena.[12]

A prosaica assinatura "Recebe um abraço e um beijo que te manda o teu amigo do coração, Pedro" demonstra que iam longe os anos do "Fogo-Foguinho", do "Demonão" e mesmo de "teu amo e senhor, o imperador". Quanto à lembrança do relacionamento, era algo que beirava o trágico.

Os dias passaram, viraram semanas, que se transformaram em meses, todos sem novos contatos de d. Pedro. Com a falta de notícias a respeito do que ela devia fazer de sua vida, Domitila acabou comprando uma propriedade[13] próxima ao Jardim da Luz, em São Paulo. Apesar disso, não desistiu da ideia de retornar ao Rio de Janeiro. Em dado momento, revoltou-se contra o exílio imposto e escreveu ao imperador:

> Creio ter cumprido com o meu degredo e, persuadida de que Vossa Majestade já não se lembra de mim, o que prova a falta de cartas suas, tomo a resolução de retirar-me daqui até o dia 23 deste mês e creio que não ofendo e nem pretendo incomodar a V.M. Eu o respeitarei sempre como meu soberano e meu amo e nada mais eu lhe sirvo não me intrometerei com sua vida pois isto em mim não é novo. Viverei em minha casa como qualquer outra pessoa. Espero isto como mais uma graça, além das muitas feitas a mim e a minha família.[14]

Depois dessa carta, Domitila não poderia mais se queixar de ter sido esquecida por d. Pedro. O imperador logo mandou correspondência para ela e sua mãe. A d. Escolástica pedia, basicamente, que colocasse juízo na cabeça da filha, lembrando-lhe que a marquesa devia tudo o que tinha a ele e por isso tinha de lhe obedecer. Além disso, teceu ameaças contra ela e a família:

> Uma pessoa que saiu do nada por meu respeito devia, por um reconhecimento eterno, fazer o que eu lhe tenho até pedido. [...] seu fim é inteiramente opor-se ao meu casamento [...], mas eu lhe declaro, mui expressamente, que, se a marquesa se apresentar no Rio sem ordem minha, eu suspendo-lhe as mesadas, a ela e a toda aquela pessoa de sua família que influi para este sucesso, bem como a demito de dama e privo de entrarem no paço seus parentes.[15]

Aflita com a ira e as ameaças do imperador, a mãe de Domitila respondeu:

> [...] por mim está prevenida, muito de antemão, para não dar um só passo sem positiva determinação de V.M.I. [...]. Sinto, meu senhor, e sinto n'alma, que uma produção de meu desgraçado ventre viesse ao mundo para dar motivos de inquietações a V. Majestade.[16]

O relacionamento da filha dela com o monarca não era uma questão de foro íntimo e nunca dissera respeito somente aos dois: era praticamente um negócio, no qual a moralidade da família fora deixada de lado para que todos se locupletassem. Os homens e as mulheres da família Castro e Toledo Ribas foram alçados a cargos e postos no governo, no Exército e/ou na corte, e todos seriam imolados em holocausto se Domitila desse um passo em falso.

O sucesso e o respeito dela junto a d. Pedro tinham garantido a posição social e financeira de muitos de seus familiares. Agora que tudo parecia instável, o momento era de calma, e d. Escolástica sabia disso. Assim, fez com que a filha tivesse o bom senso de não enfrentar o imperador. A marquesa de Santos, praticamente posta de joelhos pela mãe diante do trono, responderia a d. Pedro dias depois: "Estou resolvida a entregar-me a disposições de V.M.I. quaisquer. Sei que o seu magnânimo coração jamais deixará perecer quem por V.M. daria mil vidas se todas as possuísse".[17]

O Chalaça, secretário do imperador, mostraria essas cartas ao barão de Mareschal para provar a resolução de d. Pedro em levar uma nova vida. Enquanto isso, o "casto" imperador engravidava a modista francesa Clemence Saisset, que havia se instalado na rua do Ouvidor com o marido. O casal embarcou às pressas de volta à Europa, onde Pedro Saisset nasceria em agosto de 1829, longe dos bisbilhoteiros diplomatas estrangeiros sediados no Rio.

Planos frustrados

Quando o marquês de Barbacena chegou a Gibraltar, no início de setembro, ficou sabendo que d. Miguel, irmão de d. Pedro e noivo de d. Maria II, usurpara o trono de Portugal. O marquês mudou os planos para garantir a integridade de d. Maria da Glória. Em vez de entregá-la à comissão austríaca que a esperava em Gênova, partiu para a Inglaterra, deixando atônitos os cortesãos de Francisco I que aguardavam pela rainha.

Com a traição do irmão, também d. Pedro passou a ter cada vez mais certeza do apoio implícito da absolutista Áustria a d. Miguel na questão sucessória portuguesa. Assim, escreveu ao sogro dando a entender que os negócios portugueses eram agora mais importantes que os projetos de um segundo casamento. Enquanto isso, na Europa, Barbacena e Resende continuavam com o plano de achar uma nova esposa para o imperador, e, envergonhados, eram obrigados a ouvir perguntas como a do duque de Orléans: "E a marquesa?".

OS CEM DIAS DE DOMITILA

De repente, não mais que de repente
Fez-se de triste o que se fez amante
E de sozinho o que se fez contente.

Vinicius de Moraes, "Soneto de separação"

Aos olhos de d. Pedro, o barão de Mareschal e a Áustria falharam em cumprir suas promessas. Além de o irmão ter tomado a coroa portuguesa para si, nenhuma princesa inquirida pela corte austríaca havia aceitado casar-se com o imperador brasileiro. Mareschal teve certeza de que caíra em desgraça perante o monarca quando lhe apresentou dois retratos de duas novas princesas. D. Pedro desconversou e ainda escarneceu, dizendo que as pinturas deveriam ser falsas.

Orgulhoso como ele só, ao tomar conhecimento do "não" de uma filha do rei da Dinamarca, que já se somava a sete outras negativas, inclusive da princesa italiana que nem recebeu proposta, revoltou-se contra os austríacos, como se eles tivessem "inventado" a marquesa de Santos. Apesar das contínuas tentativas de Barbacena, Pedra Branca, Resende e outros diplomatas brasileiros na Europa, que tentavam correr por fora, e para fora, da influência do príncipe de Metternich ao buscar uma nova esposa para d. Pedro, as coisas pareciam fadadas ao fracasso. Segundo o próprio imperador explicaria ao barão de Mareschal, era muito humilhante arcar com as recusas das princesas; melhor fingir que nunca havia pensado em se casar novamente. Toda a Europa devia achar que não partira dele o projeto, já que ele próprio convidara a marquesa de Santos a voltar para a corte.

O retorno de Domitila

E Domitila deixou-se levar. No início de abril de 1829, mal recebeu o estafeta do imperador, expedido diretamente da corte trazendo a carta em que d. Pedro a mandava retornar, pôs-se em frenéticos preparativos e partiu no dia seguinte. Em 8 de abril, d. Pedro escrevia para d. Escolástica, que permanecera em São Paulo, talvez porque, como pessoa mais velha e experiente, esperava entender como ficaria a situação para ver o que fazia:

> Viscondessa. Agora acaba de chegar um soldado de São Paulo com nove dias, e diz que topara o Lima em Mogi, que chegava a um deste mês. Portanto, não contemos ter o gosto de ver a marquesa antes de sexta-feira Santa ou sábado de Aleluia, que será uma Aleluia completa.[1]

Passadas as festividades da Páscoa na corte, que naquele ano foi em 19 de abril, d. Pedro foi para a fazenda de Santa Cruz esperar Domitila. Impaciente, como de hábito, o imperador antecipou-se à chegada da marquesa, indo aguardá-la duas léguas adiante, em Itaguaí. Ficaram hospedados em Santa Cruz até quase o final do mês, matando as saudades e afogando as mágoas.

A volta em grande estilo

No início de maio, Domitila voltava em triunfo ao Rio, para desconsolo do barão de Mareschal, que, vendo a cidade e a corte indo em peso visitar a favorita, contava cair em desgraça junto a ela e ao imperador.

O diplomata francês conde de Pontois foi quem melhor resumiu a falsidade dos que acorriam ao palacete da favorita:

> A marquesa de Santos realmente retornou, como anunciei [...]. Uma multidão de cortesãos correu para sua casa, com uma mesquinharia e cinismo peculiar a este país, para receber de volta aquela de quem eles tinham, não muito tempo antes, comemorado a desgraça com tanta alegria, e que, desde então, sempre gostavam de insultar.[2]

Após o retorno da marquesa de Santos, o diplomata austríaco, em despacho a Metternich, informou que havia murmúrios a respeito de um casamento entre d. Pedro e Domitila, mesmo que Titília ainda fosse casada perante a Igreja. Segundo o barão de Mareschal, Felício não seria um problema difícil de resolver num país em que a vida de uma pessoa sem relevância não era um grande obstáculo, especialmente quando uma família grande e pouco recomendável pela sua moralidade tinha interesse nisso. Mareschal pintava os Castro como um misto de Bórgias e família Corleone. Ao mesmo tempo, alimentava a certeza, em Viena, de que d. Pedro não tinha mais interesse algum em se casar com uma princesa de sangue nobre.

O aniversário da duquesa de Goiás

No dia 19 de maio de 1829, foram despachados do palacete da marquesa em São Cristóvão diversos convites impressos para a nata da sociedade da corte.

Por sorte, um deles sobreviveu no arquivo de d. Pedro I. Nele se lê: "A marquesa de Santos convida *V. Exa. e sua senhora* para jantar em sua casa no dia 24 do corrente às quatro da tarde e a neste assistir a um baile; o que faz em obséquio ao aniversário da S.A. a sra. duquesa de Goiás. São Cristóvão, 19 de maio de 1829". A parte em itálico no texto é o trecho que era preenchido à mão, personalizando o convite a um convidado, seguido ou não de acompanhante.

O português João Loureiro, morador do Rio de Janeiro, em carta para o conselheiro Manoel José Maria da Costa e Sá, contou a respeito dessa festa:

> [...] aqui se passou o mês de maio todo falando-se unicamente em marquesa de Santos, que em triunfo voltou à corte a gozar todas as distinções, no dia 24, anos da duquesa de Goiás, convidou a corte, com algumas exceções, os diplomáticos, e outros em seu desagrado, para jantar, baile e ceia.[3]

Os convidados da marquesa começaram a chegar logo pela manhã. Segundo Loureiro,

> [...] as fidalgas brasileiras que foram às onze da manhã estiveram na sala com a mãe da marquesa, a viscondessa de Castro, até as três da tarde em que apareceu a marquesa de manto e plumas, dizendo que ia ao paço convidar o imperador para tomar uma chávena de chá à noite, e saiu da sua casa a seis cavalos e seis moços de estribeira [...].[4]

O imperador, em honra ao aniversário da filha, como era de praxe, deu um beija-mão na Sala dos Estrangeiros, no palácio de São Cristóvão, onde se perfilou junto às princesas d. Januária, d. Paula e d. Francisca, e à duquesa de Goiás.

A riquíssima carruagem de Domitila, ornada com seu brasão e com os criados vestidos de libré, entrou pelos portões da Quinta da Boa Vista. O imperador havia ordenado que o porteiro de sua Câmara Imperial, Joaquim Valentim de Faria de Souza Lobato — o mesmo que havia conduzido Domitila à tribuna das damas de honra na Semana Santa de 1825 —, abrisse a porta da carruagem para que ela descesse. Nesse momento, bandas marciais tocaram, os porta-bandeiras curvaram os

Domitila de Castro, a marquesa de Santos (1797-1867). Óleo sobre tela de pintor desconhecido, s/d. Acervo do Museu Histórico Nacional/Ibram/MinC/Rio de Janeiro. Foto de Jaime Acioli.

João de Castro do Canto e Melo, pai de Domitila e primeiro visconde de Castro (1740-1826). Pastel sobre papel, séc. XIX, primeiro quartel. CORTESIA DA CABRAL MONCADA LEILÕES/ PORTUGAL. FOTO DE VASCO CUNHA MONTEIRO, 2018.

Escolástica Bonifácia de Toledo Ribas, mãe de Domitila e primeira viscondessa de Castro (1765-1859). Óleo sobre tela de pintor desconhecido, s/d. ACERVO DO MUSEU HISTÓRICO NACIONAL/IBRAM/MINC/RIO DE JANEIRO. FOTO DE JAIME ACIOLI.

Retrato de d. Pedro I (1798-1834). Miniatura em guache sobre marfim durante o início da década de 1820. Foi realizada pelo pintor Simplício Rodrigues de Sá, que acrescentou, ao fundo, a vista da cidade de São Paulo, desenhada pelo pintor Arnaud Julien Pallière em 1822. ACERVO DO MUSEU IMPERIAL/IBRAM/MINC.

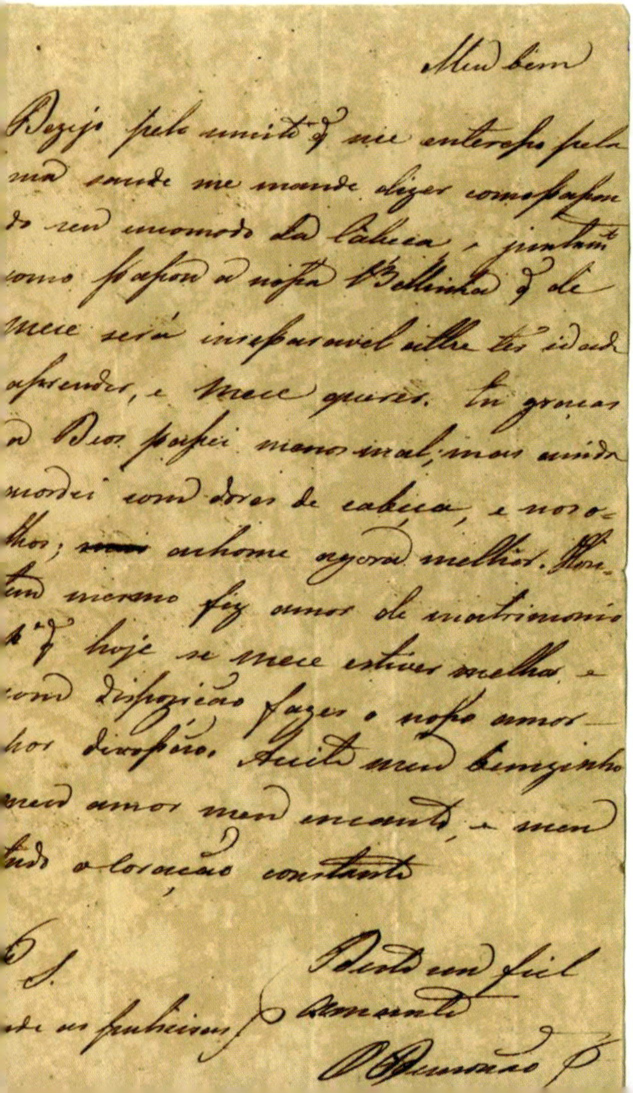

Carta de d. Pedro I para Domitila, que ele assina como "O Demonão". Nesta missiva, ele pergunta "como passou a nossa Belinha", a primeira filha deles, Isabel Maria, e mostra a diferenciação que faz entre o seu relacionamento com a esposa e com a amante: "Ontem mesmo fiz amor de matrimônio para que hoje, se mecê estiver melhor e com disposição, fazer o nosso amor por devoção." ACERVO DA HISPANIC SOCIETY OF AMERICA/NOVA YORK.

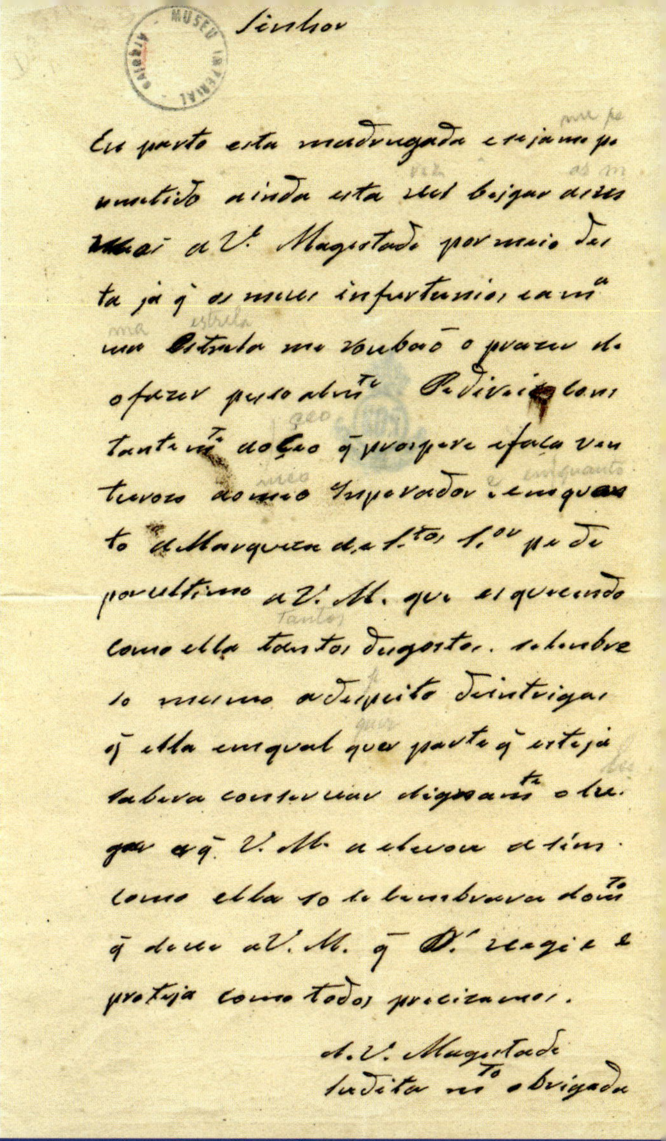

Senhor

Eu parto esta madrugada e não me fo
permitido ainda esta vez beijar as
mãos a V. Magestade por meio des
ta já q os meus infortunios e a m.ª
estrella me roubão o prazer de
o fazer pessoalm.te Peço ao Divino cons
tantem.te doçura q prospere e faça ven
turoso o meu Imperador e enquan
to a Marqueza de Santos só pode
por ultimo a V. M. que esquecendo
com ella tantos desgostos. se lembre
só mesmo a despeito de intrigas
q ella em qual quer parte q estejá
saberá conservar dignam.te o lu
gar a q V. M. a elevou e tão
como ella só se lembrava do m.to
q deve a V. M. q Deus reja e
proteja como todos precisamos.

de V. Magestade
Subdita m.to obrigada

Carta de despedida de Domitila para d. Pedro I, escrita na madrugada de 27 de agosto de 1829, antes de a marquesa deixar o Rio de Janeiro. Acervo do Museu Imperial/Ibram/MinC.

Pelos guardados por Domitila entre as cartas de d. Pedro I. Acervo da Fundação Biblioteca Nacional.

Maria Isabel, condessa de Iguaçu (1830-1896), última filha de Domitila e d. Pedro I. Óleo sobre tela de Ferdinand Krumholz, 1852. COLEÇÃO MUSEU NACIONAL DE BELAS ARTES/IBRAM. FOTO DE VICENTE DE MELO.

Detalhes da colcha em seda azul do enxoval da duquesa de Goiás, Isabel Maria, filha de d. Pedro I e Domitila. A primeira imagem exibe o monograma da duquesa; a segunda, o brasão de Portugal e do Brasil. Essa colcha fazia parte do enxoval que d. Pedro I mandou fazer para a filha quando de sua partida do Brasil para estudar em Paris. ACERVO DO MUSEU IMPERIAL/IBRAM/MINC.

Isabel Maria, primeira filha de Domitila e d. Pedro I e duquesa de Goiás, vestida de noiva. Miniatura, *circa* 1840. COLEÇÃO MIGUEL GERALDI. FOTO DE PAULO REZZUTTI.

Brigadeiro Rafael Tobias de Aguiar (1794-1857), segundo marido de Domitila. Óleo sobre tela atribuído a Ferdinand Krumholz, *circa* 1850. Acervo do Museu Histórico Nacional/Ibram/MinC/Rio de Janeiro. Foto de Jaime Acioli.

Ana Cândida de Oliva Gomes, sobrinha-neta de Domitila e sua nora, casada com Rafael Tobias de Aguiar e Castro. Óleo sobre tela de pintor desconhecido, *circa* 1870. Acervo do Museu Histórico Nacional/ Ibram/MinC/Rio de Janeiro. Foto de Jaime Acioli.

Rafael Tobias de Aguiar e Castro (1834-1891), filho mais velho de Domitila e do brigadeiro Rafael Tobias de Aguiar. Óleo sobre tela de pintor desconhecido, *circa* 1870. Acervo do Museu Histórico Nacional/Ibram/MinC/Rio de Janeiro. Foto de Jaime Acioli.

Pulseira de miçangas com busto de d. Pedro I cercado com as bandeiras do Brasil e ramos de café e tabaco. Pertenceu à marquesa de Santos. No fecho em metal dourado, aparecem, sob uma coroa, dois corações, um deles inscrito "VS" (Viscondessa de Santos), e o outro, "IPB" (Imperador Pedro do Brasil). No anverso do fecho, está inscrito "Exma. Snra. Viscondessa de Santos pelo felis (sic) dia 24 de maio natalício da Exma. Snra. D. Isabel Brasil". Acervo do Museu Histórico e Diplomático do Itamaraty/Ererio/MRE/Rio de Janeiro.

Sombrinha em seda chinesa com cabo em marfim trabalhado que pertenceu à marquesa de Santos. Séc. XIX. Acervo do Museu Histórico Nacional/Ibram/MinC/Rio de Janeiro. Foto de Paulo Scheuenstuhl.

Broche circular em metal dourado com moldura decorada com elos trançados. Contém um retrato colorido representando a marquesa de Santos. Acervo do Museu Histórico Nacional/Ibram/MinC/Rio de Janeiro. Foto de Paulo Rezzutti.

Colar com catorze ametistas em filigrana de ouro, com o busto de d. Pedro I esculpido em concha. Pertenceu à marquesa de Santos, s/d.
ACERVO DO MUSEU IMPERIAL/IBRAM/MINC.

Pendente em marfim pintado com o retrato de d. Pedro I criança, tendo no verso um chumaço de cabelos e, ao redor, suporte, argola e arremates em ouro. Pertenceu à marquesa de Santos, *circa* 1800. ACERVO DO MUSEU IMPERIAL/IBRAM/MINC.

Cartão de visita da marquesa de Santos. COLEÇÃO PAULO REZZUTTI.

Tinteiro Baccarat em cristal, com tampa em metal dourado gravada "M de S" sob coroa. Pertenceu à marquesa de Santos. COLEÇÃO PAULO REZZUTTI.

Cave licoreira Baccarat brasonada, em bronze banhado a ouro e cristal translúcido. Parte superior gravada com o monograma "M S" (marquesa de Santos) sob coroa. Composta de quatro garrafas e dezesseis copos para licor. Encomendada na Maison Baccarat. Pertenceu à marquesa de Santos. COLEÇÃO BEGAN ANTIGUIDADES.

Taças Baccarat modelo "diamants pierreries" que pertenceram à marquesa de Santos. Acervo do Museu Histórico Nacional/Ibram/MinC/Rio de Janeiro. Foto de Paulo Rezzutti.

Taça de cristal gravada com o monograma "M S" (marquesa de Santos) sob coroa. Acervo do Museu Imperial/Ibram/MinC.

Molheira em prata. Coleção Miguel Geraldi. Foto de Paulo Rezzutti.

Garfo de prata com o monograma "M S" (marquesa de Santos) sob uma coroa. Acervo do Museu Imperial/Ibram/MinC. Foto de Aline Maller.

Pegador em prata com monograma da marquesa de Santos. Coleção Miguel Geraldi. Foto de Paulo Rezzutti.

Prato em faiança inglesa Adams, segundo quartel do séc. XIX. Pertenceu ao serviço diário da marquesa. Coleção Paulo Rezzutti.

Conjunto de mesa e cadeiras em madeira marchetada com motivos em estilo renascentista em marfim. O conjunto, que pertenceu à marquesa de Santos, foi oferecido ao marechal Floriano Peixoto, que o doou ao Colégio Militar, de onde foi transferido para o Museu Histórico Nacional. Originalmente, incluía outras cadeiras, que eventualmente ainda surgem em leilões. Acervo do Museu Histórico Nacional/Ibram/MinC/Rio de Janeiro. Foto de Paulo Rezzutti.

Leito e espelho pertencentes à marquesa de Santos. A cama foi produzida para o rei Carlos X da França, mas acabou não sendo adquirida e foi posta à venda. Foi arrematada em Paris para o palacete de Domitila no Rio de Janeiro. Móveis em nogueira e bronze executados por Louis-Alexandre Bellangé, segundo quartel do século XIX. Acervo do Museu Paulista/USP/São Paulo. Fotos de Rômulo Fialdini/Tempo Composto.

Marquesa de Santos, início da década de 1860. Acervo da Fundação Biblioteca Nacional.

Fotopintura da marquesa de Santos feita sobre foto de Militão Augusto de Azevedo. Este retrato foi enviado pelo conde de Iguaçu à sua cunhada, a duquesa de Goiás, por volta de 1870, durante a troca de correspondência entre eles. Coleção Paulo Rezzutti.

Fachada da casa da marquesa de Santos, no Rio de Janeiro. Foto de Paulo Rezzutti.

Fachada dos fundos. Foto de Paulo Rezzutti.

Salão Flora, espaço que liga a parte social da casa à parte íntima, provavelmente onde funcionava o toucador de Domitila. A porta à esquerda dá para o salão dos Deuses, as duas ao centro dão acesso à alcova da marquesa. As janelas do salão Flora ficam na direção do palácio de São Cristóvão, de onde d. Pedro I observava o movimento da casa, se havia luz acesa até tarde ou se a janela estava aberta ou fechada, como menciona em suas cartas. Foto de Paulo Rezzutti.

Vestíbulo da casa. Foto de Paulo Rezzutti.

Detalhe do trabalho em madeira em formato de coração que decora as bandeiras da casa de Domitila no Rio de Janeiro. Foto de Paulo Rezzutti.

Túmulo da marquesa de Santos no cemitério da Consolação, em São Paulo. É comum vê-lo sempre com flores e bem cuidado. No local, além da placa pedindo para não acender velas, há algumas agradecendo graças alcançadas. FOTO DE PAULO REZZUTTI.

Rua Roberto Simonsen, antiga rua do Carmo. O pórtico ao centro é a entrada para o beco do Pinto, e o imóvel rosa à direita é o Solar da Marquesa de Santos, sede do Museu da Cidade de São Paulo. A residência foi adquirida por Domitila em 1834, após o retorno a sua cidade natal. FOTOMONTAGEM DIGITAL DE VICTOR HUGO MORI.

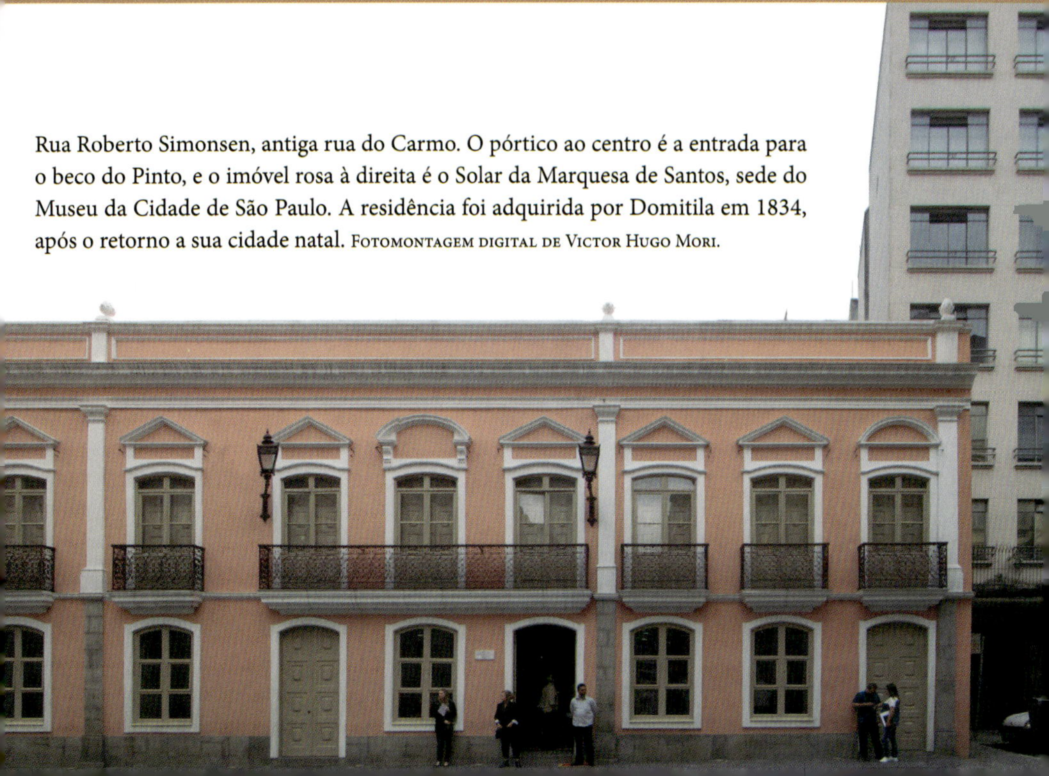

Fotografia da duquesa de Goiás no final da vida. Coleção Miguel Geraldi.

A marquesa de Santos, peça de Viriato Correia, 1938. Domitila é interpretada pela atriz Dulcina de Moraes, e d. Pedro I, pelo ator Odilon Azevedo. FUNARTE/CENTRO DE DOCUMENTAÇÃO E PESQUISA.

Cena do filme argentino *Embrujo*, de Henri Susini, 1941. De pé, Alicia Barrié, como Domitila, e, sentado, George Rigaud, como d. Pedro I. IMDB.

O imperador galante, peça de Raimundo Magalhães Jr., de 1954. Dulcina de Morais e Odilon Azevedo novamente interpretam Domitila e d. Pedro I. FUNARTE/CENTRO DE DOCUMENTAÇÃO E PESQUISA.

Propaganda da boneca Susi em comemoração ao Sesquicentenário da Independência, em 1972. Na ocasião, foram lançadas a Susi d. Pedro I, a Susi Imperatriz Leopoldina e a Susi Dama da Corte, que foi logo apelidada de marquesa de Santos. BRINQUEDOS ESTRELA S/A.

Foto tirada durante a visita de Daniele Fernanda Maffei e Sandra Alves ao Solar da Marquesa de Santos, em 2013, na qual aparecem duas pessoas, com roupas de época, refletidas no vidro do armário, sendo que não havia mais ninguém no ambiente além das visitantes. FOTO DE DANIELE FERNANDA MAFFEI.

pendões imperiais em direção a ela e a guarda prestou-lhe as continências devidas, como se fosse ela a imperatriz do Brasil.

Belamente vestida, Domitila tinha o colo enfeitado por uma grossa cadeia de ouro. Em cada elo, lia-se "Pedro I". Pendente do colar, próximo aos seios, trazia emoldurado em brilhantes o retrato do imperador.

O camarista da semana conduziu-a pelos corredores do palácio. O porteiro da câmara ia adiante, cortando a multidão que se abria à passagem do cortejo. O imperador esperava-a com sua farda de gala coberta de insígnias. A marquesa, após uma mesura, beijou a mão de seu soberano, das princesas e deu um beijo no rosto da filha. Conversou um pouco com o imperador e partiu para o seu palacete, onde o aguardou para a recepção seguida de um baile.

Domitila logo retornou "dizendo que o imperador viria, foram jantar, sentaram-se somente senhoras, e serviram nas cabeceiras os marqueses de S. João da Palma, e Cantagalo."[5]

O banquete para sessenta pessoas foi servido em rica baixela de prata presenteada por d. Pedro.

> [...] À noite, às oito horas, chegou o imperador, e foi recebido pelos homens à porta da rua e pelas senhoras no patamar da escada onde deu a mão a beijar à companhia toda, depois entraram para as salas e o imperador disse em alta voz "*sans façon, en liberté*" e seguiu-se o baile em que marcou o imperador com a marquesa de Santos, seguia-se Francisco Gomes, os filhos de José Pereira de Sousa, hoje camaristas, o quarto par era o Lacombe, mestre de dança etc., etc., etc. [...] A marquesa gastou neste dia dezesseis contos de réis, e com estas e outras bagatelas e ninharias se tem entretido os grandes do império: é a isto que cá se chama política.[6]

Mas nem tudo era festa: para lembrar o problema da sucessão portuguesa, foi passada uma subscrição para se doar dinheiro aos 148 perseguidos políticos e refugiados portugueses que haviam chegado duas semanas antes ao Rio de Janeiro, fugidos do Absolutismo de d. Miguel.

Novamente casado

Seis dias depois, em Cantuária, na Inglaterra, Barbacena e o representante da duquesa Augusta de Leuchtenberg, Planat de La Faye, assinavam um tratado de casamento. De um lado, Amélia de Leuchtenberg, princesa bávara, sobrinha do rei da Baviera e neta da imperatriz Josefina, primeira esposa de Napoleão; do outro, d. Pedro I.

O imperador havia instruído Barbacena a obter uma princesa que, por nascimento, formosura, virtudes e instrução, pudesse fazer a felicidade do monarca e do Brasil. Porém, se houvesse dificuldades para reunir as quatro condições, poderiam ser diminuídas a primeira e a quarta, desde que a segunda e a terceira fossem constantes.

É curiosa uma das exigências de que d. Pedro não abriu mão, além da beleza: a virtude. Domitila podia ser virtuosa no sentido da prática da caridade; afinal, além da doação e do empréstimo, sem cobrança de juros, para a Guerra da Cisplatina, e da doação de 30 mil francos para os refugiados portugueses, ela também agiu na recuperação da igreja de São Cristóvão. Mas as virtudes cristãs que Pedro exigia diziam respeito a mais do que fazer o bem e praticar a caridade. O termo também tinha um significado moral. O monarca devia ter compreendido que precisava novamente de um modelo que dignificasse a Coroa junto ao povo, como Leopoldina fizera até a morte.

O príncipe de Metternich, logrado por achar que realmente d. Pedro havia deixado de procurar uma noiva, cumprimentaria o imperador sarcasticamente pelo novo casamento, afirmando que, se soubesse que qualquer princesa servia, ele teria conseguido uma esposa para ele havia mais tempo.

D. Amélia

D. Amélia reunia três das quatro qualidades pedidas: era bonita, virtuosa e culta. Porém o nascimento deixava um pouco a desejar. Essa questão podia ser um grande problema, afinal, os Leuchtenberg não eram benquistos pelo atual rei da Baviera. Enquanto Napoleão esteve no auge, foi interessante tecer uma aliança matrimonial entre o príncipe Eugênio, enteado do Corso, e uma princesa bávara; porém, com a queda do imperador francês, isso se tornou um incômodo, principalmente para Luís I, invejoso das glórias militares de seu cunhado, o príncipe Eugênio de Beauharnais.

Quando Eugênio perdeu o posto de vice-rei da Itália, após o final da era napoleônica, a família refugiou-se na Baviera, onde comprou terras que lhe davam direito a titulações na alta nobreza. Contudo, exceto pela duquesa Augusta, filha de rei e irmã de rei, o marido e os filhos não gozavam de uma posição nobre vantajosa. Com a morte de Eugênio, coube a Augusta a responsabilidade de terminar de educar e casar a prole. Apesar da fama de d. Pedro na Europa, para os Leuchtenberg ele era um ótimo partido. A duquesa não só casaria muito bem uma das filhas, como também d. Pedro concederia ao seu filho mais velho o título de duque e o tratamento de alteza imperial.

Hoje, distantes que estamos daquele tipo de sociedade, parece suficiente sabermos que um príncipe está acima de um duque, que está acima de um marquês, e assim por diante, mas na época não era bem assim. O nascimento, não somente o título de nobreza, determinava a precedência de um nobre perante o mundo e o tratamento a que fazia jus. Para termos uma ideia de como essa questão era importante, devido ao casamento com d. Pedro, Amélia passou a ser uma majestade imperial, enquanto o tio, rei da Baviera, tinha o tratamento de majestade real. Como isso o obrigaria a fazer uma mesura à sobrinha, ele simplesmente não foi à despedida dela.

Em meados de junho, d. Pedro recebia as primeiras notícias referentes aos arranjos de seu casamento. Mas, sem que as coisas ainda estivessem certas, só começou a preparar Domitila para o fim do relacionamento no começo de julho. Nesse mês, o imperador recebeu um retrato em miniatura da linda noiva de 17 anos, um ano mais velha que Francisca, a primeira filha da marquesa. D. Pedro, depois disso, parou de frequentar a casa da amante e mudou-se para sua propriedade em Botafogo, afastando-se o máximo possível da tentação.

Em 24 de julho de 1829, chegava ao Rio de Janeiro o capitão Paulo Barbosa com o contrato de casamento assinado pelo marquês de Barbacena em 30 de maio. O ministro Clemente Pereira foi enviado para informar oficialmente a Domitila que o casamento do imperador havia sido contratado e que ela deveria deixar o Brasil.

Uma nova gravidez

As coisas, contudo, não seriam tão simples assim. No meio de toda a pressão de receber a nova esposa e ter que tirar Domitila da corte com urgência, d. Pedro recebeu da marquesa a notícia de que ela estava grávida de dois meses. Segundo um relato familiar, o imperador teria tido um rompante de ira e partido para cima da amante com intenção de matá-la. Dizia que o filho não era dele.

José de Castro, presente no momento da cena, teria evitado que uma desgraça acontecesse. Pôs-se entre d. Pedro e a marquesa, barrando o caminho do imperador. O irmão de Domitila afirmou ao monarca que, se o filho ou filha que a irmã esperava não fosse do imperador, José lhe daria a própria cabeça numa bandeja.

Essa versão entra em conflito com as tantas cartas que d. Pedro enviava pedindo notícias sobre a saúde dos filhos, ou mesmo com as inúmeras subidas à serra para a fazenda Padre Correia atrás dos bons ares para a filha mais doente, d. Paula.

Na mesma época da saída da amante da corte, ele mandava o filho que teve com a baronesa de Sorocaba estudar em Londres e recomendava ao marquês de Barbacena: "Peço que o mande aprender a nossa língua, pois não quero que depois de grande me apareça dizendo: minha cavalo, minha pai".[7]

Porém, o desespero do imperador com a chegada de d. Amélia pode ter sido grande a ponto de fazê-lo perder a cabeça com a gravidez de

Domitila, ainda mais num momento delicado como aquele. Afinal, ele havia se mostrado a todas as casas reais europeias como um novo homem, um ser arrependido das "faltas passadas", e, às vésperas da chegada da nova esposa, a amante surgia grávida novamente. Ele tinha uma imagem, mesmo que fictícia, a zelar. Na prática, a única coisa que ele aprendeu depois do casamento com d. Amélia foi ser muito mais discreto do que havia sido anteriormente nos seus casos amorosos.

A rebeldia de Domitila

Além do desespero em saber que novamente iria ser pai, o imperador do Brasil veria frustradas as suas expectativas de a marquesa cumprir suas vontades. Como disse Francisco Gomes da Silva em carta ao marquês de Barbacena: "A excelentíssima arrumou os pés às paredes".[8] Com a metáfora do Chalaça, é possível imaginarmos Domitila com as mãos e os pés abertos aferrados aos batentes da porta de seu palacete em São Cristóvão, recusando-se a sair.

Dessa vez, Domitila brigaria ainda mais para não sair. D. Pedro enviou para conversar com a marquesa o tio dela, Manuel Alves, o cunhado Oliva, o irmão José de Castro, além de outros, mas nada a demovia. Ela não deixaria o Brasil. Negava-se, dizendo não ser escravizada, e sim livre, e que a Constituição protegia os seus direitos. Que d. Pedro os cassasse!

Enquanto Domitila se entrincheirava em seu palacete, Chalaça pedia para que se atrasasse a partida da corveta que levaria o contrato de casamento assinado de volta à Europa, torcendo para também enviar a notícia da capitulação da ex-favorita. Mas isso não ocorreu. D. Pedro deu um ultimato: se até o dia 27 ela não enviasse uma resposta definitiva, ele retiraria dela todos os benefícios que recebia das repartições da Casa Imperial e lhe deixaria unicamente a pensão de um conto de réis mensais que tinha por decreto.

Em meio à tempestade, Francisca e José de Castro, a filha e o irmão/genro de Domitila, retiraram-se de uma das chácaras da marquesa em que moravam, próxima do palacete. Domitila, em vez de dar a resposta que d. Pedro exigia, mandou um de seus escravizados perguntar da saúde da duquesa de Goiás, que continuava morando com o pai no palácio desde que ele a retirara da mãe em 1827. D. Pedro mandou responder que ela estava bem, como ficaria sempre, e que não era mais preciso mandar saber. Além disso, o imperador enviou de volta à marquesa todos os presentes que ela lhe dera e ordenou a todas as repartições para que não dessem mais coisa alguma a Domitila. Os escravizados e criados que eram do paço foram-lhe retirados. Seus cavalos, tratados nos estábulos de São Cristóvão e de Santa Cruz, foram-lhe entregues, e o imperador deu ordem para que ela e a mãe devolvessem as nomeações de damas do paço. Todos os criados do palácio tiveram ordens de não a visitar. Se o fizessem, seriam demitidos.

Em 30 de julho, d. Pedro despachou o contrato de casamento assinado por ele para a Europa. Para a infelicidade do marquês de Barbacena, a notícia da saída da marquesa da corte não seguiu junto. Do contrário, poderia calar a imprensa britânica, que, no começo do mês, noticiara o casamento de d. Pedro com Domitila.

Do dia 8 ao dia 11 de agosto, d. Pedro serviu-se do cunhado de Domitila, o coronel Oliva, para negociar a partida da marquesa. Um arranjo foi feito: em vez do pagamento pelas propriedades, ela concordava em trocá-las por outras, na região central da cidade. Achando que assim estaria tudo arranjado, o imperador percebeu só no dia 12 que ela visava, com isso, permanecer no Rio de Janeiro.

Enfurecido com a tentativa de ludibriá-lo, d. Pedro enviou no mesmo dia seu ajudante de ordens, o marechal Moraes, ao palacete. A missão deste era advertir a marquesa de que, se ela não saísse do Rio de Janeiro em uma semana, o imperador prometia passar um decreto anulando a pensão de um conto de réis que ela recebia e faria o procurador da Coroa tomar-lhe as propriedades.

Domitila finalmente, depois de muito negociar, capitulou. Vendeu seus terrenos, casas, chácaras, senzalas e demais construções em São Cristóvão para o imperador por 240 contos de réis, em escritura lavrada a

13 de agosto. A compra, segundo a escritura, seria paga com 240 apólices da Caixa de Amortização, no valor nominal de um conto de réis e 665 mil-réis. Anos depois, em 1831, Domitila se queixaria de ter recebido só oitenta contos em apólices e de ainda aguardar o restante. Além das chácaras, d. Pedro pagou a ela dois contos de réis pelo camarote que lhe dera no teatro.

D. Pedro também adquiriu a casa e a respectiva chácara pertencentes a Francisca e José de Castro no Engenho Velho, próximo da chácara da Joana. Carlos Maria de Oliva, recém-chegado do Recife, foi transferido para São Paulo, e José de Castro seguiu também para a cidade, com o ministro Clemente Pereira informando ao governo daquela província a licença do irmão de Domitila com vencimentos a serem pagos lá.

A marquesa partiu com toda a família no dia 27 de agosto.[9] Antes de embarcar, Domitila escreveu uma última carta a d. Pedro:

> Senhor,
>
> Eu parto esta madrugada e seja-me permitido ainda esta vez beijar as mãos de V. Majestade por meio desta, já que os meus infortúnios, e a minha má estrela, me roubaram o prazer de o fazer pessoalmente. Pedirei constantemente ao céu que prospere e faça venturoso o meu imperador enquanto a marquesa de Santos, senhor, pede por último a V.M. que, esquecendo com ela tantos desgostos, se lembre só mesmo, a despeito das intrigas, que ela em qualquer parte que esteja saberá conservar dignamente o lugar a que V.M. a elevou assim como ela só se lembrará do muito que deve a V.M. Que Deus vigie e proteja como todos precisamos.
>
> De V. Majestade Súdita muito obrigada
> Marquesa de Santos[10]

Um de seus sobrinhos ficou no Rio por mais algum tempo, resolvendo o envio da mobília e dos demais bens da família para São Paulo, incluindo 52 escravizados que pertenciam a Domitila. Em 29 de agosto, seguiu do Rio de Janeiro para Santos o veleiro *União Feliz*, uma das inúmeras ironias do destino. Ele transportava os móveis que recheavam as propriedades da marquesa na corte.[11]

Numa época em que não havia empresas de mudanças, o comum, quando as pessoas se moviam de uma cidade para outra distante, era leiloar a maior parte de seus objetos e só carregar consigo algumas peças de sua predileção. Mas Domitila não fez isso: ela levou para São Paulo o recheio de seu palacete. Esse ato demonstra claramente, como lembra Eudes Campos,[12] o valor e a qualidade dos móveis, cristais e porcelanas, que incluíam peças feitas por mestres europeus e que pertenceram a uma das casas mais nobres da corte do Primeiro Reinado.

Além do deslocamento marítimo, que obrigou Domitila a fretar uma escuna, havia a questão da subida dos bens pela serra do Mar. Essa última parte do transporte foi feita por cerca de sessenta bestas carregadas. Nada mal para quem, seis anos antes, havia chegado discretamente ao Rio de Janeiro. Mas houve algo que ficou abandonado no palacete agora vazio da favorita. Numa das paredes, triste e solitário, restou um retrato, um óleo de d. Pedro montado a cavalo,[13] que Domitila, aparentemente, fizera questão de deixar para trás, junto com o imperial amante.

MARQUESA DE SANTOS OU DE POMPADOUR?

Motor de escândalos, Domitila teria sido a grande eminência parda do Primeiro Reinado. Os embaixadores e viajantes estrangeiros não pouparam críticas à amante do imperador. Sua influência junto ao monarca teria sido grande o suficiente para poder nomear ministros e até mesmo influenciar na escolha de quem ocuparia qual bispado. A própria imperatriz, em carta a seu secretário, fez referências a "mulheres infames como se fossem Pompadour e Maintenon [...] que governam tudo torpemente".

Marquesa de Pompadour

Jeanne-Antoinette Poisson, a marquesa de Pompadour, foi amante oficial do rei da França. Convivia publicamente com o monarca no mesmo palácio e tomava a função de secretária executiva. Chegou a presidir audiências e tratar de negócios de Estado em nome de Luís XV.

De fato, a figura da nobre francesa nos vem à mente quando nos deparamos com certos comentários feitos por historiadores e curiosos. Eles parecem se servir de trechos de relatórios dos diplomatas e dos livros dos viajantes para traçar o perfil de Domitila segundo conceitos previamente estabelecidos.

De acordo com o cônsul-geral da Grã-Bretanha no Brasil, Henry Chamberlain, Domitila imiscuía-se na política do país e dominava a vontade do soberano. Entretanto, a parte em que ele troca o nome e a data de nascimento da duquesa de Goiás nunca é mencionada, nem o posto e a família que inventou para o primeiro marido de Domitila. Certamente esses erros não excluem possíveis acertos, mas lançam dúvidas sobre a precisão das informações. O cônsul da Suécia, Lourenço Wetsin, também dava notícias de que a paixão fazia d. Pedro fechar os olhos para a transgressão da moral e dos bons costumes por parte da amante. Segundo ele, Domitila parecia não se importar em enriquecer utilizando-se de sua influência junto ao monarca.

O diplomata norte-americano Condy Raguet foi um dos maiores críticos de Domitila. Dizia ser ela responsável pela intervenção direta nestes casos:

- A queda dos Andrada (também mencionada em despacho por Mareschal).
- O sucesso pela assinatura do tratado de reconhecimento entre Portugal e Brasil.
- O decreto em que reintegrava o tenente-general Luís do Rego Barreto, que chegou ao Brasil, vindo de Portugal, em desgraça.
- A nomeação de um parente do visconde do Rio Seco e a graça recebida por esse nobre de poder transferir para um filho em Portugal seu título nobiliárquico brasileiro.

Segundo Raguet, Domitila teria embolsado 4 mil libras esterlinas pelas negociatas em favor de Luís do Rego e no caso Rio Seco. O barão de Mareschal igualmente comenta que "em três semanas Luís do Rego e Rio Seco passaram da desgraça às mais altas honrarias. Eu ignoro a que preço tal apoio foi concedido". Poucos dias depois, ele corrige a informação: chega ao mesmo valor, mas diverge na moeda. Enquanto Condy Raguet fala em 4 mil libras, Mareschal fala em quatro contos de réis "dados a madame Santos". Mais tarde, em outros despachos, o austríaco informa ter ouvido de fonte confiável que o conde dos Arcos, membro da regência portuguesa e antigo tutor político de d. Pedro I, seria o real interventor junto ao imperador nos dois casos.

Nesse ponto, realmente Domitila parece estar envolvida de alguma forma. O historiador Alberto Rangel, seu primeiro biógrafo, descobriu uma carta do visconde do Rio Seco para a marquesa, na qual ele pede a reintegração da patente e o governo da província do Minho, em Portugal, para um dos filhos, e que seu outro filho, o barão do Rio Seco, pudesse, após a morte do pai, herdar o título de visconde, ao qual não tinha direito por não possuir as "honras de grandeza".

O barão de Mareschal informou num despacho de 24 de outubro de 1825:

> O imperador, que é muito parcimonioso, cobre-a de presentes e mandou construir-lhe uma casa muito perto da Quinta de São Cristóvão. Ele consulta-a sobre os negócios públicos [...] não hesita em confessar que segue a opinião de sua amásia. Se são exatas informações que colhi (tenho razões para crer que sejam), a esta mulher não falta bom senso e tem aconselhado fortemente S.A.R. a ligar-se aos soberanos da Europa que são seus aliados naturais.[1]

Em 1826, um ano mais tarde, o barão parecia ter mudado de opinião. Afirmaria que todas as graças, ofícios públicos, empregos que vagavam eram dados a parentes ou a amigos da favorita, "e como S.M. não é muito generoso, e é preciso que todo mundo viva, a casa de sua amante transformou-se em verdadeira agência de negócios onde tudo tem seu preço".[2]

Os despachos de Mareschal refletem as notícias e opiniões que chegavam até ele. Em nenhum momento o embaixador cita alguma documentação provando o que afirmava.

Édouard Pontois, representante da França, referia-se em 1827 à fatal influência que Domitila teria sobre o imperador e lamentava que os negócios públicos fossem conduzidos pela intriga da marquesa, juntamente com os portugueses, cujo partido ela tomaria. Seu colega de embaixada, o conde de Gestas, informara o contrário um ano antes. Em maio de 1826, despachava para Paris a informação de que Domitila tinha feito muito para fortalecer o imperador em seus sentimentos de preferência pelos brasileiros.

O espanhol José Delavat y Rincón parecia um dos mais equilibrados. No seu informe de junho de 1826, comunicou a Madri que Domitila, no máximo, tinha influência sobre o imperador na nomeação dos parentes e das pessoas próximas a ela.

Os viajantes estrangeiros no Brasil também falaram sobre a marquesa. O pintor Debret, por exemplo, afirmou que d. Pedro, por não ter dinheiro para sustentar a amante, havia criado para ela uma renda "baseada na autorização secreta de retirar uma retribuição voluntária de cada uma das promoções realizadas pelo governo".[3] Assim, Domitila teria se visto rodeada de uma corte de peticionários que lhe davam dinheiro para conseguir suas nomeações.

Outro que menciona as propinas que ela ganharia é o alemão Schlichthorst, que afirmou ter visto com os próprios olhos a favorita receber dinheiro em troca da liberação de uma carga estrangeira no porto.

> Na Alfândega o capitão dum navio francês me pediu para acompanhá-lo à casa da condessa [viscondessa] de Santos, a fim de conseguir sua intervenção num processo dependente do Tribunal de Presas [marítimas]. Não me era desconhecido esse caminho para obter decisões da justiça, embora nunca tivesse tido a honra de me aproximar da todo-poderosa senhora em assunto tão delicado. [...] Desembarcamos perto do palácio da condessa [viscondessa], que nos recebeu sem demora.
>
> D. Domitila almoçava em trajes os mais caseiros, servida por seu mordomo e algumas camareiras. Expus-lhe minuciosamente

o negócio do meu cliente e ela mandou que esperássemos na antessala a solução que seu mordomo nos comunicaria. A resposta não tardou: Sua Excelência dispunha-se a tomar a peito a causa do capitão mediante a soma de um conto de réis, sem, todavia, garantir êxito certo. Devia perguntar-lhe se aceitava. O francês aceitou, sem pestanejar, não achando exagerada a quantia, visto como estava em risco de perder seu navio e a carga. Deixamos o palácio, tendo prometido trazer o dinheiro na manhã seguinte. [...]

O capitão, acusado de violar o bloqueio, estava em posição das mais críticas, segundo o próprio conde de Gestas não lhe ocultou. Foi esse cônsul-geral e encarregado de Negócios da França na Corte do Rio de Janeiro quem lhe aconselhou que procurasse a condessa [viscondessa] de Santos, que, como favorita do imperador, gozava junto a este da maior influência. O Brasil é o país mais constitucional do mundo, porém em nenhum outro a justiça de alcova tem maior força.

Ao romper do dia, voltamos a S. Cristóvão. O capitão levava o conto de réis na carteira, em papel-moeda, e mais uma caixa de champanhe, como presente espontâneo. A condessa [viscondessa] recebeu o dinheiro pessoalmente, sem passar recibo, e agradeceu o champanhe com aquela condescendente amabilidade que encanta todos os que dela se aproximam.

Na despedida, tirou a luva e deu a mão a beijar, o que é considerado sinal de extraordinária consideração.

Julgava tudo terminado, quando se deu um fato que me agradou mais do que tudo. O mordomo me chamou ao sair do palácio e me levou até seu quarto, onde me deu cinquenta mil-réis, declarando-me que era praxe da casa pagar 5% aos intermediários de qualquer transação. Respondi-lhe que, com as melhores disposições, me recomendava a sua amizade e às boas graças de sua ama. Ele acrescentou que sua excelência sempre teria prazer em me ver com semelhantes negócios.[4]

Infelizmente, não existem provas materiais a respeito dessa negociata. Além disso, é válido o alerta dado pelo historiador militar Francisco de Paula Cidade: "É, porém, uma necessidade que os livros dos mercenários alemães sejam anotados, não só porque foram escritos cheios de rancor, como porque os seus autores raramente dispuseram de documentos oficiais para compulsar".[5] Isso quando o livro era sério: muitos imigrantes voltaram do Brasil para a Europa e escreveram obras esperando que as histórias vendessem. Para isso, muitas vezes, carregaram nas tintas.

Madame de Maintenon

Quanto à outra marquesa a que d. Leopoldina se refere, Françoise d'Aubigné, madame de Maintenon, era uma favorita do rei Luís XIV; com a morte da rainha, Maintenon acabou se casando com o monarca em segredo. Além de influir nos negócios da França, ela teria nomeado e demitido bispos, atividade também atribuída a Domitila.

No Brasil, a prerrogativa de indicar os ocupantes de todos os cargos eclesiásticos, naquela época, pertencia ao imperador. Domitila teria influenciado tanto na nomeação de d. Manuel Joaquim Gonçalves de Andrade como bispo de São Paulo quanto na de d. Romualdo Antônio de Seixas ao arcebispado da Bahia.

Um artigo anônimo publicado na época da nomeação de d. Romualdo dizia com mordacidade: "O exm. e revm. sr. d. Romualdo Antônio de Seixas, por mercê de Deus, da Santa Sé Apostólica e da marquesa de Santos, arcebispo da Bahia, metropolitano do Brasil". O texto também informava ter o religioso dado dinheiro para a amante em troca do novo posto.[6] D. Romualdo defendeu-se na autobiografia afirmando que seu contato com Domitila era apenas superficial, conheciam-se em sociedade. Não teria intimidade suficiente para se utilizar da influência da amante imperial para sua ascensão.

Quanto a d. Manuel, ele era sobrinho do quinto bispo de São Paulo, d. Mateus de Abreu Pereira. Já em 16 de agosto de 1797, quando Domitila nasceu, d. Manuel ocupava o posto de vigário-geral e capitular. Ao ser nomeado bispo, era arcediago de São Paulo, posto administrativo que se situa entre o de pároco e o de bispo. Além de proeminente figura da Igreja em São Paulo, foi político. Era um dos que compunham a guarda avançada para saudar d. Pedro quando de sua chegada a São Paulo em agosto de 1822. Ocupou a presidência da província em três ocasiões.

O bispado de São Paulo teria sido prometido anteriormente a frei Francisco de Santa Thereza de Jesus Sampaio, a quem d. Pedro prestigiava nos dias anteriores à Independência. Era amigo de José Bonifácio, o qual, ao tomar conhecimento, no exílio, da nomeação de d. Manuel, escreveu para o conselheiro Drummond: "O que mais me deu no goto foi o despacho bispal do arcediago de São Paulo, antigo amigo da nova marquesa".

Será que Domitila teve mesmo algo a ver com essa nomeação? Novamente não existem provas, apenas comentários. Mas não é tarde para relembrar o que Maria Benedita, a baronesa de Sorocaba, confessou a Juan Valera "sobre suas aventuras [...] com o bispo de São Paulo, de quem tem filhos naquela cidade".[7] A irmã de Domitila foi a única pessoa da família imediata da marquesa a ser poupada no furacão que varreu os Canto e Melo e os Toledo Ribas da corte, com a vinda da nova esposa de d. Pedro. Maria Benedita viveu até 1857 no Rio de Janeiro, onde criou e casou os filhos. Teria ela, em alguma ida de d. Pedro à Glória, pedido ao imperador que interviesse a favor do antigo amante? Não é improvável.

D. Leopoldina, assim como o Patriarca da Independência, também era amiga de frei Sampaio e não teria gostado da provável influência de Domitila na escolha do cargo, daí o comentário dela a respeito de Maintenon.

Propinas e benesses

A troca de cargos e favores por parte da monarquia no Brasil havia se fortalecido na época de d. João. A Quinta da Boa Vista, por exemplo, foi doada ao monarca pelo seu antigo proprietário, Elias Antônio Lopes, que recebeu o cargo de arrecadador de impostos do Reino em várias localidades, conseguindo assim quadruplicar o valor da sua doação. Outros comerciantes enveredaram pelo mesmo caminho: em troca de títulos e postos de fortuna, não deixavam de contribuir de alguma forma.

A própria imperatriz Leopoldina, com dificuldades de equilibrar suas finanças, viu-se obrigada a trocar favores por dinheiro, a fim de conseguir pagar as suas contas.

Quando ela veio ao Brasil para se casar com d. Pedro, deveria receber uma mesada, que quase nunca era paga, e, quando era, o marido ficava com tudo ou boa parte. As coisas não melhoraram muito com a Independência. D. Pedro, talvez por não achar que a mulher devesse ter dinheiro, simplesmente dava-lhe um conto e seiscentos mil-réis por mês e, para completar, ainda mandava cortar o custo de sua cozinha. Leopoldina não se adaptou à comida portuguesa, que achava gordurosa para o seu paladar, e sofria de hemorroidas, por isso tinha um cozinheiro próprio. Enquanto isso Domitila recebia, por mês, um conto de réis.[8] Os gastos das duas eram desiguais: Leopoldina tinha, com a sua mesada, que gastar com a manutenção de seu vestuário, pois se esperava que uma imperatriz se vestisse de modo condizente com sua posição, desse esmolas, pagasse pensões de alguns ex-funcionários etc. Por sua vez, Domitila recebia de d. Pedro joias, comida da mesa do paço e até cuidados para seus cavalos, enquanto Leopoldina tinha de pedir ao seu secretário Flach que arrumasse comida para os dela. Como comparação, o secretário do imperador, Francisco Gomes, o oficial mais graduado das secretarias, recebia 10% desse valor por mês: cem mil-réis.

Se por um lado a imperatriz realmente precisava de dinheiro, por outro, acostumada com a antiga vida que levava em Viena, não sabia determinar prioridades nos gastos. Um exemplo disso é o fato de ter mandado seu secretário ao porto para ver um navio que estava aportando. Os marinheiros trouxeram uma lhama do Peru, e ela achava que deveria comprar o animal para puxar a pequena carruagem de d. Maria da Glória. Por outro lado, *noblesse oblige*, também gastava o dinheiro que não tinha em doações para os pobres, órfãos e necessitados em geral.

Temos que lembrar que nessa época não havia uma política pública para subvencionar asilos, orfanatos e hospitais. Esperava-se que a imperatriz cumprisse com essas doações, como de fato o fez. Não somente os desvalidos brasileiros contavam com a proteção de d. Leopoldina; Schlichthorst, por exemplo, o mercenário alemão que teria presenciado o tráfico de influência de Domitila, conseguiu falar com a imperatriz sobre o sufoco financeiro em que se encontrava e lhe entregou um soneto que compusera em sua homenagem. D. Leopoldina mandou que o seu camarista desse ao militar duzentos mil-réis, mas o camarista só entregou 150, em troca dos quais Schlichthorst teve de lhe dar um recibo de duzentos mil-réis.

Tentando cumprir com as funções que eram esperadas de uma imperatriz, e não educada para contar centavos — afinal, os Habsburgo sempre foram riquíssimos —, d. Leopoldina passou a pedir empréstimos a nobres e negociantes, chegando a criar dívidas novas para saldar as antigas. Essa verdadeira bola de neve só foi resolvida depois de sua morte, pela assembleia, que determinou uma verba para pagar as contas que ela deixara.

D. Leopoldina era obrigada a se arranjar como podia, as questões de dinheiro com d. Pedro eram sempre complicadas e ela tinha pavor que ele descobrisse suas dívidas. Em julho de 1826, a imperatriz escreveu ao seu secretário, pedindo auxílio para esconder do marido mais um empréstimo, como prova a seguinte carta:

> Caríssimo Flach! Por amor de Deus tenha a bondade de me arranjar os três contos. Quanto ao homem pequeno não recebi uma resposta má do imperador; no entanto, ao que me parece, o meu esposo quer que ele lhe peça pessoalmente, mas diga-lhe que não mencione nunca o dinheiro. [...] Leopoldina. 22 de julho de 1826.[9]

O ex-marido e o ex-sogro solicitando favores a Domitila

Se até a imperatriz se valia do posto que ocupava para aliviar a penúria financeira em que d. Pedro a confinou, com a marquesa não deve ter sido diferente. Afinal, ela dormia com o homem que governava o país — e se os boatos fossem verdadeiros, conseguiria o que quisesse dele. É o que dão a entender as duas cartas que ela recebeu de pessoas ligadas ao seu passado e que tanto a haviam atormentado: o ex-marido e o ex-sogro.

Longe ia a época em que Felício maltratava a esposa. Em 3 de setembro de 1826, pouco antes de ela receber o título de marquesa, ele lhe escreveu pedindo ajuda, aparentemente pela segunda vez:

> Ilma. e exma. senhora.
>
> Passa-se o tempo da mocidade, seguindo-se o impulso muitas vezes do erro, sem alguma reflexão. Eis que chega com o andar dos anos, com os trabalhos, com as penúrias, esse dom precioso da reflexão no Ita amen [sic], e é quando eles começam a olhar com arrependimento para muitos passos dados, na carreira da vida! Tal me acontece a mim; e para mais agravar a minha aflição, vejo-me por ora carecido e sem parentes, ou benfeitorias; em meio das mais oprimidas combinações, atino para o socorro do mal, o ir valer-me de uma alma verdadeiramente benfazeja; e é por isso que segunda vez vou por esta curvar-me aos pés de V. Exa., para valer como desgraçado que se não tem mérito para isso, ao menos existe o sentimento de caridade no coração de V. Exa., para ser indulgente. Amanhã vou prostrar-me aos pés de S. Majestade Imperial e apresentar-lhe um requerimento a pedir a revogação e a passagem do meu despacho para ser sargento-mor do mesmo Batalhão do Pilar, e em cujo descrito estou, e situado com a minha agricultura e meus escravos, e aonde para esse canto irei vivendo com sossego. Portanto ouso pedir a V. Exa., que podendo, me valha nesta pretensão,

para eu ser feliz, como espero. Se as almas levam desta para melhor vida algumas lembranças, a minha levará as mais puras memórias de gratidão à ilma. exma. sra. viscondessa de Santos, de quem sou com o maior respeito súdito reverente, criado obrigadíssimo. Felício Pinto Coelho de Mendonça.[10]

E Felício conseguiu o que queria. Ao falecer, em 1833, tinha a patente de sargento-mor.

A carta do pai de Felício é igualmente curiosa: ele tentou envolver Domitila numa negociata. Pretendia vender as minas que a família ainda possuía em Minas Gerais aos ingleses, e para isso tentava se aproximar deles por intermédio da influência da ex-nora: "De novo torno a falar [...] na venda das nossas lavras aos ingleses, o que V. Exa. pode bem promover". "De novo" significa que não era a primeira vez que o sogro a importunava com tal negócio. Ele advertia que não pretendia se desfazer das lavras por menos de um milhão e tentava Domitila: "V. Exa. proteja este negócio, e eu por esta me obrigo a fazer boa a parte de V. Exa.; como se fossem vendidas pelos dois milhões".[11]

Antônio Gonçalves Gomide, ex-cunhado de Domitila, a marquesa e o marquês de Queluz teriam unido forças para conseguir de d. Pedro a autorização para que os ingleses pudessem comprar e operar a mina, porém a própria família, por falta de consenso entre os herdeiros, acabou desistindo da ideia, só retornando a ela anos depois.

Nem tudo era sem limite

Quanto aos favores que efetivamente a marquesa recebeu, um deles foi, sem dúvida, o divórcio junto à Igreja. É inegável que o tempo de tramitação foi abreviado por pressão do imperador, motivado principalmente pelo direito que Felício teria sobre a criança que Domitila esperava. Mas isso não impediu que ela tivesse de protocolar a documentação, nomear procuradores e realizar toda a burocracia necessária.

Ser parente da marquesa não parece ter sido suficiente para que os benefícios fossem dados automaticamente, sem passar pelo trâmite legal. Francisco de Castro, por exemplo, companheiro de d. Pedro na viagem da Independência e amigo pessoal do imperador, requeria por petição protocolada, a 27 de julho de 1827, o oficialato da Ordem do Cruzeiro, que receberia em outubro do mesmo ano. Já o cunhado de Domitila, o barão de Sorocaba, que criava o filho do imperador como dele, teve o seu pedido de elevação do título de barão às "honras de grandeza" indeferido por d. Pedro em 1826, quando o relacionamento entre a marquesa e o imperador estava no auge.

Os irmãos Castro nunca pensaram em usar a irmã para arrumar um trabalho mais sossegado no Exército; ao contrário, a folha de serviços deles é extensa. João, o segundo visconde de Castro, irmão mais velho da marquesa, foi um dos heróis da resistência de Porto Alegre. Responsável pela bateria de defesa da cidade, conseguiu ajudá-la a se manter fiel ao governo imperial durante a Guerra dos Farrapos.

Nem tudo em que Domitila se envolvia significava vitória. Ao receber o título de marquesa de Santos, ela passou à categoria de "grande" do Império. Por conta disso, no seu diploma de titulação lê-se: "E com o dito título haverá o assentamento que lhe tocar, passando-se-lhe alvará pelo Conselho da Fazenda, na forma costumada". A marquesa não perdeu tempo. Deu entrada no Conselho da Fazenda com um requerimento pedindo o que o diploma prometia, ou seja, uma pensão.

Segundo o direito nobiliárquico português, que foi em parte, inclusive nas fórmulas, copiado pelo Brasil Império, o nobre teria direito a uma pensão do monarca. Mas no Brasil não existia legislação para isso, e assim o pedido de Domitila foi indeferido, até que "houvesse ulteriores disposições",[12] o que nunca aconteceu, pois a assembleia não ratificou nenhuma lei complementar visando pagar pensões aos nobilitados.

Se a lei fosse votada, Domitila não seria a única agraciada. O marquês de Barbacena, por exemplo, que negociava o reconhecimento de d. Maria da Glória como rainha de Portugal e o segundo casamento do imperador, seria um dos contemplados. Fazer lobby para que essa lei fosse criada não seria difícil. Entretanto, ela nunca foi, e a mulher a quem julgavam capaz de derrubar ministros e nomeá-los a seu bel-prazer, por uma quantia justa, teve o seu processo indeferido pelo procurador da Coroa.

E o que o próprio d. Pedro achava dessa onda de favores à favorita?

Numa carta, infelizmente sem data para que se possa verificar de quem eram as promoções, Domitila responde a um bilhete de d. Pedro: "Vossa Majestade manda; farei tudo que me ordena. Mande vir tinta e areia para hoje se assinarem as patentes".[13]

Se, por um lado, a confirmação de alguns favores existe, por outro, d. Pedro aparentava ter noção de até onde deveria ir: "Sinto infinito quando não posso fazer o que mecê pede; mas é o que acontece a quem como eu deseja manter a justiça e a disciplina militar, que muitas vezes tem de dar golpes em sua alma e faltar a quem ama quando lhe pede qualquer coisa".[14]

Enquanto José Bonifácio esbravejava na França, chamando d. Escolástica de bruxa, aqui parece que os feitiços dela não surtiam muito efeito no imperador. Numa carta datada de outubro de 1827 e guardada na Biblioteca Nacional, no Rio de Janeiro,[15] d. Pedro chama a mãe da marquesa, simpaticamente, de "minha querida viscondessa e minha velha", para logo depois se desculpar: "Não posso ter o gosto de lhe fazer o que me pede, e bem sinto assim praticar".

D. Escolástica pedia uma colocação para um afilhado, mas d. Pedro informava que não podia fazer o que ela requeria, pois já havia ajudado essa pessoa antes e agora não poderia preterir criados mais antigos ao seu serviço para aquele cargo, ou seja, o imperador não podia, ou não queria, favorecer o afilhado de d. Escolástica. Em outra parte da carta, o monarca diz "Sinto muito que se admirasse que a marquesa me não quisesse mandar pedir: é bom que lhe diga a marquesa [...] é consequente, e, portanto, se ela praticasse o contrário, então é que deveria ser estranhada".

Embora d. Pedro dê a entender à mãe da marquesa que Domitila era consciente do que podia ou não pedir a ele, as diversas negativas de favores à sua amante entram em contradição com essa resposta a d. Escolástica. A verdade parece ser uma só: o imperador favorecia a marquesa e seus protegidos quando e no que lhe conviesse. Assim, fazendo o que podia e quando queria, estava longe de ser o homem dominado pela amante que os Andrada diziam ser. Nesse caso, ainda completa a carta afirmando que serviria a viscondessa de Castro "em outra coisa que não sofra prejuízo de terceiros".

Mesmo sem sofrer "prejuízo de terceiros", somente em 13 de maio de 1833 d. Escolástica conseguiu receber o meio soldo de viúva do finado coronel João de Castro que havia pleiteado em 1826, bem antes do rompimento de d. Pedro e Domitila.

A marquesa era chamada carinhosamente por d. Pedro de "filha", e ele incentivava que ela o chamasse de "filho", porém, nas raras cartas dela para ele que sobreviveram, o tratamento usado, geralmente, é "Vossa Majestade", ou "Senhor". Alguém que tratasse com tanta intimidade os negócios de Estado e fizesse do amante um fantoche dificilmente demonstraria tamanho respeito em cartas íntimas.

Os bilhetes e as cartas trocadas entre os amantes eram enviados lacrados, como provam as marcas antigas de cera. Não se esperava que algum mensageiro fosse violar a correspondência sem punição. Domitila não foi cortês e reverente devido ao risco de alguém as ler. Aliás, ninguém as deveria ter lido, se a marquesa houvesse feito o que d. Pedro mandara: queimar as missivas.

PARTE III

SÃO PAULO (1829-1867)

RECOMEÇO

O que não provoca a minha morte
Faz com que eu fique mais forte.

Nietzsche, *Crepúsculo dos ídolos*

Em outubro de 1829, Domitila e a família regressavam definitivamente a São Paulo. Apesar de ter adquirido uma propriedade na visita de 1828, ela se hospedou na chácara de Francisco Inácio de Souza Queirós. Ele era um dos inimigos dos Andrada, responsável pela revolta de 1822 movida contra eles, conhecida como Bernarda de Francisco Inácio. Entre as acusações contra Domitila feitas pelos Andrada, estava a de que ela havia recebido dinheiro de Souza Queirós para acabar com o inquérito contra a insurreição. Em 1829, Francisco Inácio estava doente, com câncer, tentando tratamento em Portugal, onde morreria tempos depois.

Diferentemente do que estava acostumada — morar na corte, ao lado do paço e a alguns quilômetros das secretarias, que se encontravam instaladas no centro do Rio de Janeiro —, agora Domitila era só mais uma peticionária tentando fazer valer seus direitos. A pensão que deveria receber por decreto não chegava devido à falta de bancos em São Paulo onde se pudesse sacar dinheiro contra a Casa Imperial. O dinheiro prometido pelo imperador da compra de suas propriedades não havia sido integralmente pago. Suas cartas, antes respondidas com diligência pelos funcionários do paço, eram agora, na maioria das vezes, ignoradas.

D. Pedro não lhe respondia; quando muito, o secretário dele, Francisco Gomes, mandava informar que a bolsa do imperador estava vazia, mas que logo se daria um jeito de pagá-la. Outros aproveitavam a queda de Domitila para se vingar.

A vingança do "barbeiro"

Uma das pessoas que se voltaram contra a marquesa foi o "barbeiro Plácido", como Maria Graham gostava de chamar Plácido Pereira de Abreu, também seu desafeto no palácio. Uma parte do que era devido à marquesa foi deixada à disposição para ela sacar na corte. Por não existirem as facilidades bancárias de hoje naquela época, não havia como ela receber o valor em São Paulo sem perder dinheiro com a transação, portanto, achou que poderia contar com Plácido como seu procurador, afinal era um velho conhecido seu, do círculo íntimo do imperador, além de tesoureiro da Casa Imperial. Ledo engano: no início de 1830, em resposta a uma carta enviada, ela recebia dele palavras desaforadas. O tesoureiro acusava a marquesa de ter falado contra sua honra e por isso se declarava seu inimigo. Afirmava que tinha sido seu amigo não por ela mesma, "mas por aquele contato que me apresentava a V. Exa., como um pertence, em tais tempos do meu soberano e benfeitor e amo". Ou seja: enquanto ela foi "propriedade" do imperador, Plácido respeitava-a; agora que ela caíra em desgraça, ele não precisava mais fingir que a suportava.

O grande ódio do servidor se devia ao fato de Domitila ter contado a d. Pedro que Plácido lhe confessara desejos libidinosos. Agora, ele dizia que ela inventara isso e cobria-a de pragas: "Não receia que um Deus a cubra de lepra e de crostas e de chagas asquerosas que pelo mau é dito [...]". Ainda, tardiamente, denunciava Plácido o dano que Domitila causara ao imperador:

> Quanto perigo corria um jovem soberano, com tal malvado gênio ao seu lado e que de boa-fé lhe dava o crédito que não merecia e agora conheço quanto é terrível num estado uma mulher como V. Exa. Quem o tivera sabido antes! Eu bem sei que a marcha das mulheres como V. Exa. é afetarem os seus amantes, que os seus amigos as desejam, para mais lhe assegurarem da fidelidade que nunca lhe tiveram [...]. Pode V. Exa. viver na persuasão que eu só a verei como maior inimigo do mundo e como a mais perjura e caluniosa pessoa que habita a terra e que, sendo eu só um criado de meu amo e senhor, me julgo tão divergente de V. Exa. para com ele quanto difere a minha fidelidade de sua traição e calúnia e ambição.[1]

Maria Isabel, a última filha de d. Pedro e Domitila

Um mês depois da afronta de Plácido, Domitila deu à luz, em São Paulo, a sua última filha com d. Pedro I. Em 28 de fevereiro de 1830, nascia Maria Isabel de Alcântara Brasileira.

A marquesa, mesmo após ter sido banida definitivamente para São Paulo e ter descoberto diversos inimigos, parecia não ter perdido a alegria e a vontade de se divertir. Entusiasta dos primeiros carnavais, Domitila brincava no "entrudo", como se chamava a festa importada de Portugal ainda no período do Brasil Colônia. O nome vinha de "entrada", por ser a comemoração que antecedia o início da Quaresma. Nessa época, no Brasil, comemorava-se atirando bolas de cera, com água dentro, nas pessoas. Essas bolas eram chamadas de laranjas ou limões de cheiro, dependendo da cor da cera utilizada. Se o exterior era diferenciado, o interior também. Enquanto os nobres e burgueses comemoravam o entrudo nas suas residências jogando laranjinhas e limõezinhos com água perfumada, para o povo, nas ruas, elas eram recheadas de farinha, nos melhores casos, e, nos piores, de ovos, urina, fezes etc.

Domitila, mesmo grávida, no nono mês, não perdeu a festa. No dia 2 de fevereiro, foi atingida por uma laranjinha de cheiro bem na barriga. Segundo a própria Maria Isabel conta em carta a uma amiga:

> Estando ela por infelicidade dela e minha com uma imagem da Senhora da Conceição que ela sempre trazia ao pescoço estar ela pendente, e justamente caiu a laranjinha sobre ela, e eu, que estava de frente, fui que levei a Conceição na testa. Desde esse dia até o dia 28 eu levei de convulsões no ventre de minha mãe. Nasci com a testa metida para dentro com a imagem perfeita. Foi preciso eu ficar ano e meio presa no quarto e tudo calafetado para eu não apanhar ar, para assim eu ficar perfeita da testa.[2]

A bebê, com a imagem de Nossa Senhora na fronte, herdou a epilepsia de d. Pedro I.

Apesar das cartas que continuava a mandar, cobrando o que lhe era devido e querendo saber como proceder em relação à menina — se batizava em seu nome ou se d. Pedro iria reconhecê-la, como fizera em relação aos outros filhos —, Domitila não obtinha resposta alguma. O imperador não tinha qualquer pretensão de assumir essa paternidade e muito menos de fazê-la pública, como procedera com a duquesa de Goiás. A bebê não seria a causa de um novo escândalo e, por isso, seria ignorada.

O imperador estava apaixonado pela nova esposa, a jovem imperatriz d. Amélia. Até criou uma condecoração em homenagem a ela: a Ordem da Rosa, cujo mote, "Amor e Fidelidade", era inspirado na divisa do príncipe Eugênio, pai dela, "Honra e Fidelidade". A inicial dos dois entrelaçadas, a data do casamento deles e seus nomes, "Pedro e Amélia", materializavam a reforma moral de d. Pedro. Para poupar a nova esposa dos desgostos que fez a primeira passar, o imperador parecia disposto a esquecer completamente seu passado a todo custo, inclusive barrando a entrada de velhos amigos no palácio, como fez com Francisco de Castro.

Em abril, d. Pedro escreveu uma carta ao mordomo-mor do paço, o marquês de São João da Palma, em que falava a respeito de Francisco na corte:

> O amor que devo, e realmente tenho, levando quase a adoração, pela imperatriz obriga-me ordenar-lhe que fazendo procurar em casa o moço da câmara Francisco de Castro do Canto e Melo lhe intime em meu nome que não compareça no paço em ocasião alguma, estranhando-lhe muito o ter aparecido no imperial palácio da Boa Vista sem consultá-lo primeiro, atentas às circunstâncias que ele não ignora.[3]

Em julho, Domitila enviou uma carta a um parente. Antônio Marcondes Ribas era casado com uma prima afastada da marquesa, mas foi um dos poucos que, no Rio de Janeiro, mantiveram a amizade com a exilada. Continuava a desabafar que ainda não recebera o que haviam lhe prometido e que nem notícias da pequena duquesa de Goiás, enviada para estudar em Paris, lhe eram dadas. A marquesa ainda ameaçava: "Veja se pode obter alguma resposta, pois senão eu farei todo o possível de ir até lá mostrar o papel que tenho em minha mão de todas as promessas do imperador".[4]

O assassinato de Líbero Badaró

O projeto de Domitila fazer um escândalo na corte não vingou, até por conta do momento político.

A São Paulo para a qual ela voltava não era a que ela estava acostumada. A cidade, que já tinha jornal desde 1823, inaugurava, em 1830, os primeiros lampiões de rua. E a Academia de Direito, implantada no semivazio convento São Francisco pela lei de 11 de agosto de 1827, estava mudando um pouco os ares da cidade.

Professores portugueses e de outras nacionalidades vindos ao Brasil, geralmente fugidos de suas pátrias por terem ideias liberais, encontravam abrigo à sombra do velho convento e acabavam por se tornar mestres. Foi o que aconteceu com o lisboeta João Maria de Avelar Brotero, que havia sido perseguido em Portugal pelo irmão de d. Pedro, d. Miguel, durante a Abrilada. Brotero foi o primeiro lente da Academia de São Paulo e diversas vezes assumiu como diretor interino. Outro professor dos primórdios da Faculdade de Direito foi o médico italiano Líbero Badaró, lente de matemática e geometria no Curso Anexo da Academia de Direito de São Paulo — curso preparatório que os estudantes frequentavam para o ingresso na faculdade.

Líbero Badaró era protegido do deputado José da Costa Carvalho, futuro marquês de Monte Alegre, que lhe franqueara sua tipografia, a primeira de São Paulo, na qual o italiano editava o jornal *Observador Constitucional*. Badaró não poupava ninguém do governo, principalmente d. Pedro I. Alguns de seus desafetos eram os antigos amigos de Domitila, como o bispo d. Manuel Joaquim de Andrade, que em 1830 ocupava interinamente o cargo de presidente da província de São Paulo.

A revolução que ocorreu na França em julho de 1830 e depôs o rei Carlos X fez com que os ventos do Liberalismo chegassem ao Brasil em setembro. Os liberais brasileiros queriam mais do que d. Pedro I estava disposto a oferecer, e o descontentamento era crescente.

No Rio de Janeiro e em outras capitais de províncias, os habitantes iluminaram suas casas para comemorar a queda do tirano anticonstitucional francês. Em São Paulo, os estudantes da academia tomaram a frente das comemorações, cantando e dançando madrugada adentro, com banda de música e tochas. Quem não gostou muito foram as autoridades constituídas. O ouvidor da comarca[5] Cândido Ladislau Japiaçu processou alguns dos estudantes, defendidos por Badaró em seu jornal, que chamava o ouvidor de Caligulazinho. Líbero Badaró acabou sendo assassinado por suas opiniões políticas contra a classe dirigente da época. Às dez da noite do dia 20 de novembro, foi alvejado perto de sua residência, na rua Nova de São José.[6] Dias depois faleceria, pronunciando a famosa frase: "Morre um liberal, mas não morre a liberdade".

O comandante de armas de São Paulo em 1830 era o cunhado de Domitila, o coronel Carlos Maria de Oliva. Ele determinou a prisão dos assassinos do médico e encarcerou o ouvidor Japiaçu, mais para salvá-lo da multidão de populares e estudantes, que o apontavam como mandante do crime. Com dificuldade, conseguiu despachar o ouvidor para a corte, onde seria julgado. Japiaçu partiu de Santos para o Rio de Janeiro numa canoa, tendo por companhia, além dos familiares, os pais do poeta Álvares de Azevedo, amigos de Domitila. Apesar dos acadêmicos, que enchiam São Paulo na época das aulas, a cidade continuava tendo uma população fixa pequena, em que todos se conheciam.

Abdicação

A impopularidade de algumas medidas tomadas por d. Pedro, a aparente incompatibilidade dele com o sistema constitucional — desde a demissão do ministério do marquês de Barbacena — e até mesmo o assassinato de Líbero Badaró marcaram os últimos tempos do primeiro imperador brasileiro no poder. Ele abdicou em 7 de abril de 1831, partindo com a imperatriz d. Amélia para a Europa, onde iria dar combate ao irmão para devolver o trono português a d. Maria da Glória.

Ainda sem receber o que d. Pedro lhe prometera, com a partida deste do Brasil, Domitila pediu intervenção do regente Francisco de Lima e Silva, pai do futuro duque de Caxias. Ela alegava que, dos 240 contos pelos quais vendera suas propriedades ao imperador, só recebera 80. Não foi localizada, até o momento, a documentação de como terminou essa pendenga, porém, no inventário que ela realizou em 1834, constavam 240 contos de réis em apólices referentes à venda das suas propriedades no Rio de Janeiro.

Após a partida de d. Pedro, Domitila decidiu batizar Maria Isabel, no dia em que fazia cinco anos que d. Pedro nobilitara Isabel Maria como duquesa de Goiás. Em 24 de maio de 1831, na casa da viscondessa de Castro, o bispo d. Manuel Joaquim realizou a cerimônia. No ato de batismo, consta que ela teria sido exposta, abandonada, na casa da viscondessa de Castro, ou seja, de pai e mãe desconhecidos. Domitila tomou a decisão de registrá-la assim na esperança de que d. Pedro ainda se dignasse a reconhecer a filha, o que nunca seria feito oficialmente por ele e causaria profundos problemas na menina.

Finalmente, após um ano de espera e com d. Pedro no exílio, Domitila recebeu uma carta do marquês de Resende, datada de julho de 1831. Em nome do ex-imperador, o marquês informava que d. Pedro não iria se descuidar da educação da criança que ela tivera em São Paulo:

> [...] fique, pela presente, na inteligência [em que por ventura nunca deixara de estar] de que S.M.I. [Sua Majestade Imperial] decidido [como sempre esteve] a felicitar a senhora d. Maria Isabel e não descuidará de chamá-la, a fim de mandá-la educar com aquele cuidado e decência, que exija a sua categoria, bem como, há pouco, acabou de fazer com a sua irmã, a sra. duquesa de Goiás [...].[7]

Domitila respondeu acusando o recebimento da carta e dizendo que iria acompanhar a filha a Paris quando d. Pedro assim determinasse.[8] Dessa forma, deixava bem claro que, se já havia perdido uma das filhas, não iria também perder a segunda de suas vistas. Se d. Pedro deixara de receber o velho amigo Francisco de Castro por muito amar a nova imperatriz, o que deve ter pensado com a marquesa convidando a si própria para acompanhar a filha? O projeto não logrou, e o contato esfriou novamente.

Perdas e ganhos

Aos 35 anos, a marquesa já era avó. Nascia a 15 de fevereiro de 1832 uma menina, que recebeu o nome de Escolástica Pinto Coelho de Mendonça e Castro, filha do "mano José" e de Francisca. O primeiro nome era uma homenagem à bisavó, a viscondessa de Castro, e teria o apelido de Loloca da Marquesa. Um ano depois, a bebê ficaria órfã de mãe. "Chiquinha" morreu tuberculosa, em 16 de agosto de 1833. O pai, Felício, o primeiro marido de Domitila, acompanharia a filha ao túmulo em 5 de novembro do mesmo ano, aos 44 anos. Domitila herdou-lhe os bens, aumentando sua fortuna. O fato de não ter feito a partilha dos recursos do primeiro marido, dando aos filhos a parte que lhes cabia da herança paterna, causaria diversos problemas após sua morte.

Entre nascimentos e mortes, a marquesa entrava em 1834 grávida novamente, e dessa vez não de um imperador, mas, sim, de um rei.

O "REIZINHO DE SÃO PAULO"

Amor: duas solidões protegendo-se uma à outra.

Rainer Maria Rilke, *Cartas a um jovem poeta*

Apesar da fama da mulher paulista, fruto de gerações de esposas e filhas que tiveram que cuidar de si mesmas durante as ausências prolongadas dos homens, Domitila, com seu relacionamento com d. Pedro, havia extrapolado.

Sua notoriedade como a "moça do imperador" dividia as opiniões. Uns odiavam-na, falavam contra a sua moral, desdenhavam-na. Mesmo sem ter nenhum contato com o imperador caído, Domitila era a representação viva do apogeu dele. Sem d. Pedro por perto e com o Brasil mergulhado no período turbulento das regências, o que os jornais antes falavam nas entrelinhas agora não censuravam. O *Jornal do Commercio*, do Recife, propunha que o nome do navio *Duquesa de Goiás* fosse mudado para *Pernambuco*.

Diversos jornais cariocas falavam mal da conduta escandalosa do ex-imperador com Domitila. O periódico *Sete de Abril* foi o que mais usou a imagem da marquesa para escarnecer o Primeiro Reinado. Em 2 de fevereiro de 1833, por exemplo, pediu a queda do governo porque a duquesa de Goiás e a marquesa de Santos não foram convidadas para o enterro da princesa d. Paula Mariana. O jornal insinuava, ironicamente, que essa falta de etiqueta já havia ocorrido quando do falecimento de d. Leopoldina, causando a queda do ministério no início de 1827. Em 28 de maio, o mesmo jornal, em ataque a um discurso elogioso ao ex-imperador na câmara, perguntava ao deputado que o pronunciara por que não mencionou o decreto que fez: "Primeira dama, a marquesa de Santos, em desfeita a tantas senhoras honradas [...] os motivos desta promoção cobrem de rubor as faces de quem os conhece". O artigo terminava com a insinuação do envolvimento de Domitila na morte de d. Leopoldina, ocorrida sete anos antes: "[...] célebre marquesa, de quem muitas coisas se disseram na morte da imperatriz, que pareceram confirmadas pelo baronato de Inhomirim".[1]

Rafael Tobias de Aguiar

Em São Paulo, as coisas estavam equilibradas para Domitila. Apesar da divisão das comadres e dos políticos entre marquesistas e antimarquesistas — o que perdura até hoje —, os primeiros eram mais bem-postos. O bispo de São Paulo, d. Mateus, tinha sido eleito vice-presidente da província; Carlos Maria de Oliva, marido de Ana Cândida, era o comandante de armas de São Paulo. Outro marquesista era o coronel Bernardo José Pinto Gavião Peixoto, político e militar que ocuparia a presidência da província e chegaria ao posto de brigadeiro. Foi um dos mais notórios paulistas a cortejar Domitila após o seu retorno definitivo para São Paulo.

Do lado oposto, um dos antimarquesistas mais empedernidos era o coronel Rafael Tobias de Aguiar. Rico sorocabano, político influente em toda a província de São Paulo, era filho, neto e bisneto de comerciantes de gado e de muares. Devido à sua fortuna, tinha o apelido de Reizinho de São Paulo.

Na época do Fico, em 1821, ele foi um dos paulistas que patrocinaram o envio de tropas fiéis a d. Pedro. Ele armou, à própria custa, mais de cem homens e marchou com eles para a corte. Chegou a contribuir com doze contos de réis para a causa da Independência. Por ser o único filho homem, não seguiu o destino dos varões ricos de São Paulo, que era estudar em Coimbra, o que para ele pareceu uma falha perante outros paulistas da elite. Tobias acabou estudando na capital paulista, tendo como um de seus professores Martim Francisco Ribeiro de Andrada, irmão de José Bonifácio. Foi seu colega de classe o futuro padre e político Diogo Antônio Feijó, que, em 1831, assumiria a pasta de ministro da Justiça do Império, enquanto Tobias de Aguiar seria escolhido pelo governo regencial para ser o sexto presidente da província de São Paulo, primeiro paulista a assumir esse cargo.

Tobias era tão rico, que por diversas vezes fez empréstimos pessoais para cobrir o cofre do estado, sem cobrar juros. Chegou a adiantar o pagamento dos funcionários com dinheiro próprio quando o Tesouro esteve vazio, e entregou a presidência da província com a contabilidade sanada e os cofres cheios para a administração seguinte. Como não precisava do salário de presidente para viver, durante a sua administração não recebia o ordenado, investia o valor em obras públicas, escolas e instituições de beneficência. Na sua primeira administração,[2] criou o Gabinete Topográfico, dando a direção ao engenheiro militar Daniel Pedro Müller. Essa instituição seria o embrião da futura Escola Politécnica de São Paulo. Assim como Costa Carvalho havia protegido Líbero Badaró, o mesmo fez Tobias de Aguiar com o alemão Júlio Frank, que havia se radicado em Sorocaba. Júlio foi trazido para São Paulo e tornou-se professor do Curso Anexo da Academia de Direito, onde fundou a Bucha, uma sociedade secreta estudantil. Um dos primeiros decretos de Tobias de Aguiar como presidente da província tornou-se famoso. Em 15 de dezembro de 1831, ele criou a Força Pública de São Paulo, embrião da Polícia Militar, que o tem por patrono e fundador. A Rota, força de elite da PM de São Paulo, é sigla de Rondas Ostensivas Tobias de Aguiar, tendo como brasão da corporação o brasão pessoal do sorocabano. Outra homenagem feita a Tobias que perdura até hoje é o nome de uma pelagem específica de cavalo, tobiana, que teria sido desenvolvida por ele.

Domitila e Tobias

A tradição paulista conta que a antipatia de Tobias por Domitila era tanta, que, quando ela retornou a São Paulo, ele dera o nome dela a uma escravizada que tinha o hábito de fugir.

Porém, entre meados de 1832 e início de 1833, a prevenção dele contra a marquesa abrandou. Talvez um contato mais próximo com ela tenha desfeito a imagem construída a partir do que os outros falavam a respeito dela. Não sabemos como teve início o romance entre eles, mas ambos os nomes aparecem juntos, como padrinhos de uma menina, em janeiro de 1833. No mês seguinte, Tobias passou a atuar como administrador dos bens da marquesa. O primeiro filho do casal, Rafael Tobias de Aguiar e Castro, nasceu em setembro de 1834. Com a morte de Felício, em 1833, Domitila ficara livre perante a Igreja, que controlava o registro civil na época, para se casar novamente. Entretanto, a marquesa e Tobias passariam anos amancebados, tendo diversos filhos, com a sociedade paulistana fazendo vista grossa. Ao todo, entre 1834 e meados da década de 1840, Domitila daria seis filhos a ele: João, Rafael, Antônio, Brasílico, Gertrudes e Heitor.

O Solar da Marquesa de Santos

No mesmo ano do nascimento do primeiro filho, em escritura datada de 31 de maio de 1834, Domitila adquiriu, por onze contos e quatrocentos mil-réis, de Maria da Anunciação Lara Gavião, mãe do seu antigo *affair*, Bernardo José Pinto Gavião Peixoto, uma "morada de casas" na rua do Carmo, atual rua Roberto Simonsen, no centro de São Paulo. Os fundos dessas casas aparecem no quadro do pintor francês Arnaud Pallière, que retrata a cidade de São Paulo em 1822.

Os imóveis tinham servido anteriormente de residência dos capitães--mores da capitania de São Paulo. A frente dava para a rua do Carmo, a lateral direita, para o atual beco do Pinto, a lateral esquerda fazia divisa com a propriedade do cirurgião-mor Manuel José Chaves e os fundos desciam pela encosta do morro até o rio Tamanduateí.

Posteriormente, a marquesa se ocuparia em mover processos contra a câmara municipal pela derrubada de um muro que dividia a sua propriedade do famoso beco do Colégio, conhecido hoje como beco do Pinto. O antigo proprietário havia invadido a área do beco com um muro, que foi derrubado a mando da câmara. Domitila processou a municipalidade, até que, em 1838, a câmara concordou em reconstruí-lo no local correto. O problema era um pouco mais extenso do que apenas um muro. O beco é um dos caminhos primordiais da Pauliceia. Por eles, os jesuítas e indígenas subiam da margem do Tamanduateí até o Pátio do Colégio. Na época de Domitila, os escravizados que jogavam o lixo na Várzea do Carmo desciam por esse caminho, porém alguns acabavam abandonando seus monturos nos terrenos da marquesa.

Depois da reforma levada a cabo por Domitila, as casas adquiridas foram unidas e o imóvel transformou-se numa grande e aristocrática residência que entraria para a história paulistana como o Solar da Marquesa de Santos.

O vasto casarão localizava-se na área mais nobre da cidade na época, ao lado do palácio do Governo de São Paulo, o centro do poder da província, onde Rafael Tobias de Aguiar despachava. A rua era uma das portas de entrada da cidade. Do outro lado, à direita e quase em frente, ficava o teatro onde d. Pedro I comemorou a Independência com os paulistas, em 1822, e, à esquerda, o Recolhimento de Santa Teresa, cujas freiras não a tinham recebido em 1828. Também ficava bem próxima da antiga catedral da Sé de São Paulo e da residência do bispo.

Porém, por mais bem localizado que o imóvel fosse, São Paulo não tinha nada que se equiparasse à sede da corte. Continuava sendo a mesma cidade caipira que vira Domitila nascer. Sua nova residência, apesar de ser recheada com os móveis que trouxe do Rio de Janeiro, inclusive a cama trazida para ela especialmente de Paris, estava bem distante da pompa e beleza do seu antigo palacete carioca.

Tobias possuía uma das maiores residências de São Paulo, localizada em meio a uma chácara, do outro lado do Vale do Anhangabaú, na freguesia de Santa Ifigênia. Durante todo o relacionamento com Domitila, ele manteve essa residência. O local chegou a servir de habitação para José de Castro e sua mãe, d. Escolástica.

A morte de d. Pedro I

No início do período regencial, houve um projeto de alguns políticos brasileiros de trazer d. Pedro I de volta, após ele derrotar o irmão e colocar d. Maria II no trono de Portugal. Queriam que o ex-imperador assumisse a regência do Brasil em nome do filho, d. Pedro II. A proposta era encabeçada pelo Partido Caramuru, em que despontavam os irmãos Andrada.

Na Europa, acompanhando o desenrolar dos acontecimentos e servindo de agente duplo, estava o genro da baronesa de Sorocaba, José Buschental. Esse personagem, digno de opereta, foi um agente financeiro e um grande espertalhão.

Atento a oportunidades para fazer fortunas, tentou casar d. Pedro II com uma infanta espanhola — à revelia da legação brasileira em Madri — e causou asco no barão de Mauá, que se viu em maus lençóis com um golpe praticado pelo genro de Maria Benedita contra um de seus bancos na Argentina.

Com uma das mãos, Buschental entregava as cartas dos caramurus para o secretário particular de d. Pedro, Francisco Gomes da Silva, o Chalaça, na Europa, e com a outra escrevia o que estava acontecendo para um dos regentes do Império, José da Costa Carvalho, futuro marquês de Monte Alegre. O antigo juiz de fora de São Paulo, que participara da Bernarda de Francisco Inácio em 1822, era, nessa época, amigo de Rafael Tobias de Aguiar, e os dois trocavam correspondência. Ciente da tentativa dos caramurus em trazer d. Pedro de volta ao Brasil, Tobias escreveu: "Pior será se vier esse diabo, o duque de Bragança [d. Pedro I], pois ainda que não vença, como estou certo, há de nos dar muito que fazer, muito particularmente porque os 'chumbos' [os portugueses] são muito asnos".[3]

A antipatia nutrida por Tobias contra o ex-monarca não era extensiva à filha dele com a marquesa, Maria Isabel, apesar de algumas rusgas futuras próprias da adolescência. Ela recordaria, com carinho, daquele a quem chamava de "compadre", por ter sido madrinha de uma das filhas dele com Domitila.

D. Gertrudes, mãe de Tobias de Aguiar, gostava da menina e defendia-a da marquesa. Quando Maria Isabel não sabia a lição, Domitila trancava-a no quarto de castigo, para logo depois ser obrigada pela sogra a tirar a filha e levá-la para junto da cadeira de rodas da senhora.[4]

A doença herdada do pai levou Maria Isabel, em sete anos, a sofrer três convulsões, sendo a última a mais grave, a ponto de o médico, dr. Ellis, achar que ela não se recuperaria mais. Além da doença, o fato de ela não ter sido reconhecida pelo pai levou a garota a ser muito mimada.

Os temores de Tobias de Aguiar e Costa Carvalho acabaram não se concretizando: d. Pedro não retornaria ao Brasil vivo. Em 1834, no mesmo ano em que nascia o primeiro filho de Domitila e Tobias, o ex-imperador falecia tuberculoso no palácio de Queluz, em Portugal, a 24 de setembro. Legou o coração — que amara democraticamente tantas brasileiras, mas uma em particular — à cidade do Porto, onde enfrentou o célebre cerco contra d. Miguel. O coração saiu da igreja da Lapa, onde fica guardado, e foi trazido para o Brasil em 2022, durante as comemorações do Bicentenário da Independência, sendo depois devolvido a Portugal.

Mas nem morto d. Pedro deixou a aventura de lado, tampouco a dualidade de ser português e brasileiro. Seu corpo, depois de descansar por 138 anos no Panteão Real da Dinastia de Bragança, situado no mosteiro da igreja de São Vicente de Fora, em Lisboa, foi trasladado para o Brasil durante as comemorações dos 150 anos da Independência, em 1972. Após embarcar e desembarcar de aviões da Força Aérea Brasileira, ser transportado por veículos de guerra em desfiles pelas grandes capitais, onde o caixão foi velado nas catedrais de norte a sul do país, acabou depositado na Cripta Imperial sob o Monumento da Independência, em

São Paulo, de onde saiu, quarenta anos depois, na madrugada de 19 para 20 de março de 2012, para uma tomografia no Instituto de Radiologia da USP, durante os trabalhos realizados pela arqueóloga Valdirene do Carmo Ambiel.

A Cripta Imperial, onde repousam os restos mortais de d. Pedro, d. Leopoldina e d. Amélia, faz parte de uma série de casas e sítios históricos que compõem o Museu da Cidade de São Paulo, cuja sede é o Solar da Marquesa de Santos, adquirido por Domitila em 1834.

O testamento de d. Pedro e a última filha com Domitila

Em seu testamento, d. Pedro não se esqueceu dos filhos tidos fora do casamento. A duquesa de Goiás recebeu a parte da herança que lhe cabia, além de ser posta sob os cuidados de d. Amélia. Rodrigo Delfim Pereira, filho do imperador com a irmã de Domitila, também foi contemplado, assim como o filho de d. Pedro com madame Saisset, recebendo cada um o valor de onze contos e setecentos mil-réis. Essa mesma quantia deveria ser paga, segundo anotação na partilha, a um "anônimo",[5] a quem a "senhora d. Amélia", por determinação de d. Pedro, deveria "dar aquela aplicação que verbalmente lhe fiz constar".[6] Esse "anônimo" era Maria Isabel, a última filha de d. Pedro com a marquesa de Santos, a quem d. Amélia, futuramente, faria chegar o dinheiro que lhe cabia pela morte do pai.

No mesmo testamento, d. Pedro refere-se à irmã da duquesa de Goiás, pedindo para que d. Amélia tomasse a menina sob sua proteção e a fizesse educar na Europa, o que efetivamente ela tentou cumprir, mas a marquesa não permitiu.

O que Domitila pensou e sentiu quando soube da morte do ex-amante os paulistas da época devem ter tentado perceber pelas atitudes e expressões dela, sem sucesso, pois não sobreviveu nenhum registro.

Domitila e a guarda de Maria Isabel

No início de 1840, a marquesa recebeu um contato da casa bancária Samuel Phillips, procuradores da viúva de d. Pedro I, d. Amélia, duquesa de Bragança:

> Rio de Janeiro, 15 de fevereiro de 1840,
>
> Ilma. exma. sra.
>
> Tendo tido a honra de procurar a V. Exa. durante a sua residência nesta corte para lhe fazer constar as ordens que tínhamos recebido de S.M.I. a senhora duquesa de Bragança, de quem somos procuradores, para intervirmos no transporte da menina, a senhora d. Maria Isabel para Londres, a fim de lhe dar a conveniente educação, como foi recomendado por S.M.I. o senhor d. Pedro I no seu testamento, e tendo V. Exa., nessa entrevista, declarado que o estado de saúde da menina não permitia por então empreender semelhante viagem, parece que deixar lugar ainda a esperar de V. Exa. uma resposta mais distintiva, a qual vamos agora rogar a V. Exa. que nos faça a honra de transmitir para podermos dar a devida solução a este objeto.
>
> Somos com toda a consideração Ilma. exma. sra. marquesa de Santos
>
> De V. Exa.
> Muito atentos [...] e criados
>
> Samuel Phillips & Co.[7]

A resposta de Domitila demonstrou que garantiria que Maria Isabel ficaria consigo:

Ilmos. srs. Samuel Phillips e Comp.
S. Paulo, 18 de março de 1840,

Tenho presente a de v. sa. de 15 de fevereiro pp. [próximo passado] em que me pergunta minha solução acerca de enviar a minha filha d. Maria Isabel para a Europa a fim de ser educada como determinou S.M.I. o senhor d. Pedro, duque de Bragança, e a que se propõem S.M.I. a senhora duquesa de Bragança, encarregando a v. sa. como seu procurador. Devo responder que tendo muito a peito a educação desta minha filha, e tanto que fui para essa corte só com intento de dar-lhe a melhor, que fosse possível, deixei-a num colégio que se acha em Botafogo, que me indicaram como o melhor, e assim de boa vontade consentiria que fosse para a Europa a preencher as vistas desse pai; porém o seu estado débil não permite empreender uma semelhante viagem sem os cuidados de quem dela cure como uma mãe, e assim só com o tempo, e quando tenha adquirido maior robustez, é que poderei consentir nisso, ficando-me entretanto a satisfação de empregar a seu respeito todo o desvelo de uma mãe, como me cumpre.

Desejarei ter ocasião de mostrar que sou [...]
De vossa senhora.

Att. vossa criada Marquesa de Santos[8]

E Domitila dizia a verdade: Maria Isabel continuava adoentada e a mãe estava tentando prover a melhor educação que podia para a filha.

Em julho de 1839, a marquesa seguiu com a menina para o Rio de Janeiro, onde mantivera, durante os anos de afastamento, um endereço na rua da Lapa.[9] Por conselho médico, mudava a filha de "ares". Junto à marquesa, no navio, segundo a lista de passageiros, viajaram também o filho mais velho, Felício, Rafael Tobias de Aguiar e Castro, de 5 anos, bem como o companheiro dela, o brigadeiro Rafael Tobias de Aguiar, e, com o passado deixado para trás, a irmã da marquesa, a baronesa de Sorocaba. Doze escravizados acompanhavam a família.

A viagem para a corte foi infernal. O vapor foi apanhado por uma forte tempestade, obrigando-os a parar durante três dias em São Sebastião. As opiniões desencontradas, com uns dizendo que o navio fazia água e outros que havia batido nas pedras, desesperaram mãe e filha. Domitila, agarrada à menina de 9 anos, chorava, rezava e dizia: "Tu és muito infeliz, minha filha. Se na primeira viagem que fazes sofres tanto, o que será da tua vida daqui por diante?".[10] Apesar do pesadelo, chegaram sãs e salvas ao Rio.

Em agosto, Maria Isabel foi matriculada no Colégio de Instrução e Educação de Meninas, dirigido por mrs. e mr. Hitchings, escola exclusiva para meninas da elite carioca. As matérias que compunham o plano de estudos do colégio eram bastante vastas. Incluíam, além da língua portuguesa, o ensino das línguas inglesa, francesa e alemã. Desenho, música, dança e canto também faziam parte, além de astronomia, botânica, histórias antiga e moderna, história natural, geografia e física elementar, bem como o uso de globos. Além disso, o que era naturalmente esperado de instruções para moças da época também era ensinado, como costura, bordado etc.

Junto com Maria Isabel, foi deixada no local como pensionista a escravizada Vicência, "mãe preta" dela. Domitila preferiu isso pois confiava em Vicência, que sabia cuidar da saúde da menina, principalmente quando tinha ataques epiléticos. No colégio, Maria Isabel foi igualmente mimada por miss Potter, a ponto de sua mestra ser a interlocutora das crianças com a diretora da escola. Quando queriam algo, as alunas a enviavam como embaixadora e sempre recebiam um "sim" às suas pretensões. Como Domitila retornou para São Paulo, a menina passava as férias no Rio de Janeiro na casa de sua prima, sobrinha da marquesa, Carlota Maria de Oliva Maia, casada com o dr. Luís Ferreira da Silva Maia.

D. Amélia tentaria uma vez mais, por intermédio de d. Leonarda Velho da Silva, esposa do mordomo do paço, José Maria Velho da Silva, fazer com que Domitila lhe entregasse Maria Isabel, como tinha sido a vontade de d. Pedro. Uma vez mais, porém, a duquesa de Bragança receberia uma negativa.

Em 20 de abril de 1841, Domitila perdeu mais uma filha. Faleceu a única menina que teve com Tobias, Gertrudes, que havia recebido esse nome em homenagem à mãe dele. A criança foi enterrada com toda a pompa no jazigo da Ordem Terceira de São Francisco pelo vigário de Santa Ifigênia e numerosos sacerdotes.

TEMPO DE REVOLUÇÃO

Não insistas que te deixe e me obrigue a não te seguir, porque aonde fores, irei eu, e onde pousares, ali pousarei eu [...] Faça--me o Senhor o que bem lhe aprouver, se outra coisa que não seja a morte me separar de ti.

Rute 1:16-17

Após um período de cinco anos fora do governo da província, Rafael Tobias de Aguiar tomou novamente posse como presidente em 1840. Por essa época, uma nova estrada, mais larga e que permitia maior tráfego entre o porto de Santos e o planalto paulista, entrava em funcionamento, sendo conhecida como Estrada da Maioridade.

O nome era uma homenagem a d. Pedro II e ao golpe político que antecipou a maioridade do jovem monarca, permitindo-lhe reinar em vez de ser representado pelos regentes. Os liberais, assim como outros grupos, acreditavam que a figura do governante de fato, mesmo que jovem e inexperiente, teria o poder de estabilizar a nação e acabar com as revoltas nas províncias, como a Cabanagem, a Sabinada, a Farroupilha, entre outras.

Em 23 de julho de 1840, o Senado, indo contra a Constituição, graças ao levante popular coordenado pelos liberais e pelo povo do Rio de Janeiro, declarou d. Pedro II maior e apto a assumir o trono, acabando com a regência do conservador Araújo Lima. Durante o governo dos liberais na década de 1830, foi criado o Ato Adicional de 1834, que reformou a Constituição para descentralizar o poder para as províncias, atribuindo a estas mais autonomia, acabando com o Conselho de Estado e introduzindo o Código de Processos, que dava mais autoridade ao poder local.

Os conservadores, quando subiram ao poder, aprovaram em 12 de maio de 1840 um ato que reinterpretava essa lei, tirando parte das conquistas políticas das províncias, e ainda recriaram o Conselho de Estado. Com o golpe dado pelos liberais, os conservadores deixavam o poder nas mãos de quem de direito. Mas d. Pedro manteve o que já havia sido aprovado: as assembleias provinciais teriam que acatar as decisões do poder central, e o Conselho de Estado, dominado pelos conservadores, permaneceria.

Eleições do Cacete

Para conseguir dominar a Câmara dos Deputados, os liberais não tiveram escrúpulos, tanto que as eleições de 1840 entraram para a história como "Eleições do Cacete". Agrupamentos de partidários conservadores eram dissolvidos na base da pancada pelos liberais. Houve roubo de urnas, falsificação de votos e até assassinatos, e os liberais conseguiram, dessa forma, compor a maioria na câmara. Com a queda do Gabinete da Maioridade, os conservadores formaram um novo governo.

A Câmara dos Deputados, que deveria se reunir em 3 de maio de 1841, era majoritariamente liberal e hostil ao novo gabinete conservador. Porém, Cândido José de Araújo Viana, futuro marquês de Sapucaí, fez uma exposição no Conselho de Ministros a respeito das fraudes eleitorais de 1840. Como consequência, o inexperiente d. Pedro II, exercendo suas prerrogativas dadas pelo Poder Moderador, dissolveu a câmara dois dias antes da sua abertura.

Os liberais, que fizeram todo o movimento para colocar d. Pedro II no comando pleno do país, antecipando sua maioridade, viam-se agora apeados do poder pelo próprio imperador menino. Tentando reverter a decisão do monarca, os liberais paulistas enviaram à corte uma comissão para conversar com ele, mas o imperador recusou-se a recebê-la. Os liberais acabaram se revoltando em São Paulo e Minas Gerais, pondo-se contra o governo central.

Revolução Liberal de 1842

Claro que, como principal político liberal de São Paulo, Rafael Tobias de Aguiar encontrava-se no olho do furacão. Apesar de a assembleia paulista tentar a todo custo mantê-lo como presidente da província, o agora conservador José da Costa Carvalho foi nomeado pelo governo central para o cargo. Os ânimos acirraram-se, falava-se em sublevação contra a nova autoridade, e uma espécie de acordo foi costurado com Tobias de Aguiar, de um lado, e os conservadores Costa Carvalho e o dr. Pires da Mota, seu vice, de outro. Porém, assim que as coisas começaram a se tranquilizar, o novo presidente da província pôs-se a demitir membros do governo e de postos-chave de São Paulo e a nomear gente sua. Logo partiu para o Rio de Janeiro a fim de obter autorização para a dissolução da assembleia paulista, onde Tobias agora era deputado.

Em maio de 1842, a revolta estourou na cidade de São Paulo. Francisco de Castro, irmão mais novo de Domitila, que vinte anos antes havia acompanhado o então príncipe regente d. Pedro em sua viagem do Rio para São Paulo, ficou encarregado de tomar o quartel da cidade, porém o plano fracassou e ele acabou sendo preso. Foi expedida ordem de prisão contra Rafael Tobias de Aguiar. O delegado revistou o Solar da Marquesa, na rua do Carmo, e nada do sorocabano. A chácara de Tobias em Santa Ifigênia também foi revistada, mas lá só encontraram o outro irmão de Domitila, o brigadeiro José de Castro, sua mãe, a viscondessa de Castro, e outros parentes e amigos. Tobias estava escondido na casa de um amigo na rua da Imperatriz, atual rua XV de Novembro, no centro de São Paulo.

Juntamente com o filho mais velho de Domitila, Felício, Tobias conseguiu fugir da capital e foi se hospedar em Itu, na casa do cunhado, Antônio Paes de Barros, futuro barão de Piracicaba. Enquanto isso, Sorocaba levantou-se em armas. Instado pelo amigo Francisco Manuel Campolim, Tobias dirigiu-se à sua cidade natal, onde chegou em 16 de maio de 1842. No dia seguinte, a câmara local decidiu nomeá-lo presidente da província, em oposição a Costa Carvalho, a quem chamaram de procônsul e ditador.

Junto de Sorocaba, também se rebelaram Porto Feliz, Itu, Pindamonhangaba, São Roque, Silveiras, Taubaté e Lorena. Os liberais paulistas formaram uma tropa com cerca de 1.500 homens, que iriam dar combate às tropas legalistas do Império. Ao menos era essa a ideia. Mas Tobias, apesar de ter se colocado à frente do movimento, não devia estar feliz com o que via. O exército estava mal fardado, grande parte dos homens não tinha treinamento militar e o armamento não era dos melhores.

Do lado da legalidade, estava Luís Alves de Lima e Silva, futuro duque de Caxias, comandando o 12º Batalhão, com setecentos soldados bem armados e bem treinados.

Domitila em meio à revolução

Com a batalha aproximando-se, Tobias enviou o enteado, Felício, de volta a São Paulo para levar Domitila a Sorocaba.

Maria Isabel havia sido retirada do colégio de Botafogo pela mãe, após três anos interna, e acabava de chegar a São Paulo quando a família se preparava para partir rumo a Sorocaba. A viagem foi um pesadelo. Felício errou o caminho, e Domitila viu-se aflita com a noite caindo, tendo que cuidar de cinco crianças em meio à movimentação de dois exércitos. Depois de vagarem a esmo por horas, finalmente a marquesa conseguiu, perguntando nas fazendas, descobrir onde estavam. Na primeira noite, pousaram em São Roque. No dia seguinte, chegavam sãos e salvos a Sorocaba, onde ficaram hospedados na casa de d. Gertrudes, mãe de Aguiar.

O segundo casamento de Domitila

Após diversas escaramuças, o exército de Tobias, em frangalhos, voltou a Sorocaba, onde os esposos se reencontraram. Conforme Maria Isabel relembraria em suas memórias, na madrugada de 14 de junho, às vésperas da entrada do exército de Caxias na cidade, a casa da avó postiça fervilhava. O oratório da casa foi preparado, e ela viu quando a mãe e Tobias saíram do quarto e foram até o altar. A marquesa estava vestida com grande luxo, e Aguiar envergava casaca. Diante da garota estupefata, realizava-se o casamento de Domitila com o segundo marido. Maria Isabel achava que a mãe já era casada com Tobias. Após a cerimônia, Domitila aproximou-se da filha e cobriu-a de beijos, dizendo que havia se casado para que Maria Isabel nunca se envergonhasse da mãe.[1]

Na realidade, diante do futuro incerto que se avizinhava, essa medida era a mais sensata. Todos os filhos de Domitila e Tobias foram registrados somente com o nome do pai, sendo a mãe incógnita. Se algo ocorresse a ele, a marquesa poderia ver-se numa situação jurídica irregular em relação aos próprios filhos. Os bens em comum também seriam difíceis de gerir sem o amparo jurídico que o casamento proporcionava.

Domitila, aparentemente, relutou em oficializar seu relacionamento com Tobias. Ele possuía, desde 1841, uma dispensa dada pelo bispo de São Paulo para que pudessem se casar em qualquer cidade da província. Mas tal documento só foi utilizado num momento crítico, com as tropas imperiais às portas de Sorocaba, e, mesmo assim, a união se realizou, conforme a própria Domitila cita em seu testamento, "não pelo costume e leis do Império, mas por pacto exclusivo da comunhão de bens", ou seja, o que cada um possuía pertencia à própria pessoa. Apesar de Tobias gerir os bens de Domitila, estes ainda continuavam sendo dela. Depois de tomar o gosto pela liberdade que o dinheiro proporcionava, a marquesa não sacrificaria isso por nada.

Domitila e Caxias

Tobias de Aguiar e Felício partiram de Sorocaba, rompendo o cerco de Caxias e seguindo na direção sul. A marquesa, os filhos e a sogra refugiaram-se no convento de Santa Clara, em Sorocaba, cuja abadessa era prima de Tobias. Passados alguns dias, receberam a notícia de que as tropas de Caxias revistariam o local, pois havia suspeita de que Tobias de Aguiar estivesse escondido ali. Em meio ao nervosismo que se seguiu entre as mulheres no convento, Domitila destacou-se pelo sangue-frio. Conhecia Luís Alves de Lima e Silva desde a época do seu apogeu, na corte do Primeiro Reinado, e achava que ele não seria capaz de invadir e pilhar o convento como diziam. Contudo, pelo sim, pelo não, resolveram enterrar no pátio da instituição as caixas com ouro e prata, tanto das religiosas quanto da mãe de Tobias.

O chão do pátio era de terra compactada, difícil de cavar. Vendo a dificuldade enfrentada pelas clarissas, a marquesa encarregou-se de abrir uma vala para enterrar o tesouro. Segundo Maria Isabel:

> [...] de repente vi mamãe pegar no machado. Quando mamãe o deixou cair, vimos faíscas de fogo e pedaços de terra saltar [...]. Batíamos palmas nas janelas e dávamos bravos a mamãe. Eu não pude me conter, gritei: Logo vi que havia de ser mamãe quem devia de abrir os buracos, todas as que lá estão são umas moleironas, nenhuma tem força como mamãe, viva mamãe.[2]

Logo após enterrarem as caixas, a porteira do convento chegou avisando que o secretário de Caxias queria falar com a abadessa. Mais morta que viva, lá foi a prima de Tobias recebê-lo. Voltou pouco depois para lhe apresentar d. Gertrudes. O secretário, muito educado, pediu desculpas pela inconveniência, mas teria de revistar o convento. Quando a abadessa lhe apresentou Domitila, ele, constrangido e respeitoso, deu três passos para trás, desdobrando-se em desculpas e dizendo que, se o barão de Caxias soubesse que a marquesa estava lá, com toda a família, nunca teria dado a ordem para revistar o local, uma vez que sabia que Tobias não se refugiaria junto com todos os seus entes queridos.

Domitila disse a ele para cumprir as ordens que havia recebido de Lima e Silva. Após vistoriar todo o prédio, o secretário deixou dois soldados de guarda para proteger o convento de possíveis saques. A família de Tobias continuou ali por mais alguns dias, enquanto Caxias mandava dar buscas nas casas e fazendas que Aguiar, familiares e amigos possuíam na região. Por fim, acabou fornecendo uma escolta para acompanhar Domitila e os filhos de volta a São Paulo. Frustrado por não ter conseguido prender um dos líderes da revolta, Caxias comentaria por carta a Costa Carvalho: "Estimei que a marquesa se vá conservando fresca, e ainda mais que lhe apareça perto o seu noivo o Tobias, que bem podia ter vindo fazer companhia ao Galvão e aos outros que já lá vão para as delícias da corte".[3]

A prisão de Tobias

Enquanto Caxias elogiava a aparência de Domitila, que completaria 45 anos em dezembro, Felício e Tobias fugiam em direção ao Sul. Buscando abrigo em fazendas de amigos e correligionários, dormindo pelos campos, procuraram chegar até o Uruguai. Mas seus planos foram frustrados. Caxias conseguiu capturá-los em Passo Fundo, em dezembro de 1842, e despachou-os para o Rio de Janeiro.

Tobias reclamaria do tratamento dispensado enquanto esteve prisioneiro do barão de Caxias. Todas as suas cartas eram censuradas, e seu escravizado não podia sair para comprar o que os prisioneiros precisavam. Mas as coisas ainda piorariam. Em janeiro, Tobias foi trancafiado na fortaleza da Laje. O forte, instalado numa ilha rochosa em plena baía de Guanabara, no Rio de Janeiro, era de acesso difícil, e atracar no local era impossível durante os períodos de ressaca.

Após alguns dias de prisão, Tobias solicitou a visita de um médico, pois não se sentia bem. Foi diagnosticada uma forte crise de gastrite, e o governo foi alertado pelo relatório do doutor de que aquele local extremamente úmido poderia fragilizar ainda mais o já abatido ex-presidente de São Paulo.

Domitila de volta à corte

Domitila, ao saber da prisão do marido, partiu com os filhos para o Rio de Janeiro. Lá, ao se inteirar das condições físicas de Tobias, solicitou que a deixassem morar junto do marido na fortaleza. O governo primeiramente permitiu, porém, depois, voltou atrás. A marquesa resolveu, por intermédio de um procurador, pedir o favor diretamente ao imperador d. Pedro II:

> Senhor, com toda a submissão e respeito comparece perante Vossa Majestade Imperial a marquesa de Santos implorando a graça de poder residir na prisão em que está ou estiver preso seu marido Rafael Tobias de Aguiar, como até há pouco lhe tinha sido facultado e ao depois lhe foi proibido.
>
> O marido da suplicante senhora acha-se gravemente enfermo, dependendo portanto dos cuidados e zelo da suplicante: não é preferível que seja das paternais e retas instruções de V.M.I. ficar ele, embora indicado de crimes, fato dos [...] que prescreve a humanidade e que ela, como sua esposa, tem dever restrito de prestar-lhe. Espera pois a suplicante e procurador a V.M.I. seja servido deferir à suplicante como requer, facultando-lhe o residir onde estiver preso seu marido.
>
> Rio de Janeiro, 23 de janeiro de 1843.
> Como procurador
>
> Francisco de Santa Bárbara Garcia[4]

Tobias de Aguiar acabou sendo transferido para a fortaleza de Villegagnon, a 15 de fevereiro de 1843. Mais próximo da terra, tinha mais facilidade em receber alimentos frescos e atendimento médico. Por decisão do imperador, juntaram-se ao prisioneiro a marquesa de Santos, um filho menor do casal, quatro escravizados, João Carlos, sobrinho de Domitila, Felício e um amigo de Tobias chamado João Câncio.

Retorno a São Paulo e à política

Apesar da vitória militar contra os liberais revoltosos, o gabinete conservador não conseguiu se manter e um novo tomou posse em fevereiro. Em março de 1844, o imperador anunciava a anistia a todos os prisioneiros que participaram da Revolta Liberal. Tobias não se demorou mais do que o necessário no Rio de Janeiro e partiu logo para São Paulo com a mulher, os filhos e diversos amigos. Foi recebido com triunfo. Uma grande multidão formada por indivíduos de diversas classes sociais esperava-o a uma légua da cidade. Pela festa que os paulistas lhe fizeram, parecia que ele havia sido o grande vencedor da revolta. Anos depois, comentaria que a recepção que teve apagou os dissabores vividos desde que saíra de Sorocaba. O povo afluiu ao Solar da Marquesa de Santos, onde um grande banquete de boas-vindas fora preparado. Houve discursos e brindes a granel.

Tobias acabou sendo eleito deputado por São Paulo para a sexta e sétima legislaturas, 1845-1848.

Além de deputado, ele se candidatou também a uma vaga no Senado do Império, que, na época, era vitalícia. Obteve 514 votos, contra 423 de Francisco Antônio de Souza Queiroz e 350 de Manuel Francisco de Lima e Silva. Porém, ao ser apresentada a lista tríplice ao imperador, ele preteriu Aguiar, escolhendo Souza Queiroz.

Em 1846, Aguiar ciceroneou d. Pedro II em sua primeira visita à província de São Paulo. Em dia 7 de abril, dia da comemoração da abdicação de d. Pedro I, receberia do imperador a Ordem da Rosa. Domitila deve ter recebido com gosto amargo essa nova condecoração do marido, que lhe trazia à lembrança a imperatriz Amélia. Onde ela se manteve durante a visita de d. Pedro II e se foi a ele apresentada infelizmente não existe registro algum.

Em agosto, Tobias de Aguiar foi reformado no posto de brigadeiro. De rei de São Paulo, passou a ser conhecido como Brigador Tebas. Se brigador dispensa explicação, Tebas não. Foi um construtor escravizado que ergueu chafarizes, igrejas e diversas outras obras na cidade de São Paulo, ou seja, alguém que realizava, que fazia as coisas acontecerem, como Tobias.

Maria Isabel, condessa de Iguaçu

De 1845 a 1848, Domitila voltou a ter residência na corte. Ela e Tobias estabeleceram-se inicialmente num casarão na rua do Carmo, nº 28, atrás da capela imperial, onde anos antes fora afrontada pelas damas do paço. A residência era próxima da Câmara de Deputados do Império, que funcionava num prédio onde posteriormente foi construído o palácio Tiradentes, no centro da cidade. Depois, o casal se mudaria para a freguesia de Nossa Senhora da Glória, próximo do atual largo do Machado.

Por essa época, a marquesa passou a procurar um marido para Maria Isabel. Como se tratava de uma filha do primeiro imperador do Brasil, a mãe estipulou algumas condições para um futuro pretendente. Ele deveria ser uma pessoa bem-nascida, ser um titular do Império e gozar de estreita amizade com o imperador, sendo a última condição indispensável. Isso porque Domitila queria que Maria Isabel tivesse livre acesso ao paço imperial e contato com o seu meio-irmão, o imperador d. Pedro II — o qual, ainda, deveria aprovar a união.[5]

O casamento de Maria Isabel acabou se tornando algo tão complicado quanto o do pai anos antes. Se por um lado havia vários jovens interessados pela moça, por sua beleza e encantos, por outro, muitas famílias não se entusiasmavam em ter uma filha não reconhecida do primeiro imperador como parente.

Isso até surgir um viúvo, natural da Bahia, chamado Pedro Caldeira Brant. Ele nascera em 20 de junho de 1814 e era, portanto, dezesseis anos mais velho que Maria Isabel. Ele era filho de um velho conhecido de Domitila, Felisberto Caldeira Brant, o marquês de Barbacena. Pedro era gentil-homem da Imperial Câmara e grande do Império, possuía a Imperial Ordem de Cristo e mais tarde receberia a de São Estanislau, da Rússia. Era assíduo frequentador do palácio de São Cristóvão desde muito jovem e, por seus serviços prestados à corte, tinha contato estreito com d. Pedro II. Entre os dois únicos títulos concedidos pelo imperador em seu primeiro ano de reinado, em 1840, estava o de conde de Iguaçu para Pedro Caldeira Brant.

Maria Isabel, por essa época, já tinha 18 anos de idade, era bem-educada, linda, alta, esbelta, com uma voz belíssima, mas bastante voluntariosa e estava tendo vários atritos com o padrasto, Rafael Tobias de Aguiar.[6] Querendo ter a sua própria casa e a sua liberdade, acabou concordando com o casamento com o conde de Iguaçu, que foi realizado no Rio de Janeiro, em 2 de setembro de 1848. Segundo o extrato do casamento:

> Aos 2 de setembro de 1848, nesta Freguesia da Glória, no Oratório da casa de residência do coronel comendador Rafael Tobias de Aguiar, o reverendo cônego Geraldo Leite Bastos [...] assistiu ao santo sacramento do matrimônio que, com palavras de presente, contraíram o Excelentíssimo conde de Iguaçu, viúvo, e a Excelentíssima d. Maria Isabel d'Alcântara Bragança, filha da Excelentíssima marquesa de Santos [...] sendo testemunhas o visconde de Santo Amaro[7] e o comendador coronel Rafael Tobias de Aguiar.[8]

O sonho de Domitila, de início, deu certo. A filha foi recebida na corte pelo meio-irmão, d. Pedro II, e pela imperatriz Teresa Cristina, que deram boas-vindas à nova condessa consorte de Iguaçu, independentemente de sua história.[9]

Domitila e a política

Quem visse a esposa de Rafael Tobias de Aguiar e não a conhecesse direito podia pensar que ela havia se aquietado ao se transformar em primeira-dama de São Paulo, dona de casa e mãe extremosa dos filhos do brigadeiro. Mas Domitila nunca abandonou a política. Ela havia se batido contra os Andrada, ou melhor, eles contra ela, no Primeiro Reinado. Em 1842, porém, juntou-se a Antônio Carlos e Martim Francisco contra o gabinete conservador. O padre Feijó, que estava ao lado do amigo Tobias de Aguiar em Sorocaba e serviu de testemunha no casamento entre Domitila e o brigadeiro, era o mesmo que a havia ameaçado de morte se ela subisse ao trono como imperatriz do Brasil após a morte de d. Leopoldina.

Domitila não iria perder a chance de dar uma utilidade a um genro que possuía acesso direto ao imperador do Brasil. Em carta do final da década de 1840, ela informava ao conde de Iguaçu sobre questões referentes à política paulista. O desejo era claro: que essas informações chegassem a d. Pedro II.

> [...] não posso deixar agora de lhe falar em política, pois o governo ao que me parece é todo fazer mal ao imperador [...] gasta-se todo o dinheiro dos cofres [públicos] para se fazer desordens — não sendo nada, nada a favor do imperador [...] já houveram duas mortes em Caçapava e não tem havido em Mogi porque [...] José Bonifácio [o moço], e João e o padre Mamede muito fizeram para não correr sangue. O presidente [da província] mandou o bobo do Pinto e mandou o diabo do genro [a] um diabo revolucionário que já quis matar o lente em Pernambuco. Este homem do Maranhão veio receber ordem do presidente para se pôr à testa de soldados para fazer o que bem lhe parecer. Eu [...] muito e muito estimo o imperador e tenho tantos motivos para isso e assim sinto muito ele não ver as tramas que os malvados estão armando, não aqui porque

> graças a Deus que só desejam o bem do Brasil e o imperador à testa [...]. Mas quando haja alguma coisa sobre o imperador lhe hei de mandar contar.[10]

Enquanto a nova condessa brilhava na corte, tinha aulas de canto e começava a dar os primeiros netos a Domitila, a marquesa cuidava do marido.

Viúva pela segunda vez

Em 1855, sofrendo de reumatismo e problemas renais, Tobias, juntamente com a mulher, foi para Águas Virtuosas, atual Lambari, em Minas Gerais, em busca de tratamento. Nesse local, ele fez o seu testamento, em 24 de outubro de 1855. Tobias, mais uma vez, foi eleito para a Câmara do Império e partiu em 1857 para a corte com a marquesa. Uma nova vaga para o Senado surgiu, mas, novamente, d. Pedro II não o escolheu entre os paulistas mais votados. Até 9 de julho, Tobias participou das sessões da câmara. No dia 20 desse mês, ele oficiou ao presidente, o visconde de Baependi, que não podia comparecer por motivo de saúde. No entanto, em 14 de agosto, a assinatura dele ainda aparece num projeto mandado ao governo para a importação de cavalos das melhores raças da França e da Inglaterra.

Em fins de setembro de 1857, Tobias e Domitila, seguidos da família, retornaram a São Paulo a bordo do navio costeiro *Piratininga*. Mas, ao chegarem a Santos, Tobias teve que ficar hospedado na casa de um amigo entre os dias 4 e 5, pois estava com a saúde debilitada. Sua condição era péssima: os rins falhavam, estava inchado. Queria subir a serra, mas os filhos e a mulher eram unânimes: voltariam para o Rio de Janeiro, onde a medicina era melhor.

Tobias foi reembarcado às pressas e aos gritos, provocados pelas fortes cólicas renais. Em 7 de outubro, o vapor *Piratininga* chegava novamente à baía de Guanabara. Agora o brigadeiro agonizava. Sem um sacerdote a bordo, Domitila puxou as orações em voz alta, recomendando a Deus a vida do marido que partia. Era acompanhada pelos filhos. Segundo narra Martim Francisco III na oração fúnebre que pronunciaria dias depois em São Paulo, o brigadeiro reavivou-se uma vez mais e disse suas últimas palavras: "Meus filhos, continuem por mim a servir ao Partido Liberal e a não poupar sacrifícios por São Paulo".

Nos estertores da dor, despediu-se da mulher, exigindo ser enterrado em São Paulo. Morreu a bordo, próximo da fortaleza da Laje, onde estivera preso anos antes.

Domitila, já em terra, mandou embalsamar o cadáver do marido. A notícia chegou a São Paulo no dia 11 de outubro, e a cidade cobriu-se de luto. O *Correio Paulistano*, com uma tarja preta, anunciava a partida do "Rei de São Paulo", com a primeira página inteira dedicada ao seu ilustre ex-presidente. No Rio de Janeiro, a marquesa mandou rezar a missa de sétimo dia na igreja da Ordem Terceira do Carmo, ao lado da capela imperial. Em São Paulo, a missa ocorreu na igreja da mesma ordem e foi tão concorrida, que muitas pessoas acabaram ficando de fora, por falta de espaço.

O corpo de Tobias chegou no dia 20 a São Paulo, sendo depositado na capela particular da igreja da Misericórdia. O local foi forrado e atapetado de preto para receber o ataúde com os restos mortais do brigadeiro, além de feericamente iluminado com tochas e velas. O povo afluiu para lá continuamente, e a igreja não ficou sem guarda. Cada dia, alguém rezava ou mandava rezar missa em intenção à alma do falecido. No dia 24, a marquesa emitiu seiscentos convites para os funerais, a ocorrer em 25 de outubro. Após mais uma missa, um piquete de cavalaria postou-se diante da igreja, e a muito custo, avançando em meio à multidão que se espremia na rua Direita, chegou o carro fúnebre, puxado por quatro bestas negras com penachos da mesma cor.

Como de praxe, os enterros eram feitos no final da tarde para avançarem pela noite. Assim, a iluminação acabava transformando o rito num espetáculo mais solene, além de demonstrar o poder aquisitivo da família, que distribuía velas e alugava tochas. Às cinco da tarde, toques de clarins anunciaram a saída do corpo de Tobias da igreja. A tropa perfilou--se em continência, enquanto o caixão, revestido de veludo negro forrado de púrpura e com uma cruz de ouro em cima, era conduzido pelos filhos e por amigos até o carro fúnebre. O coche levando Tobias para a igreja da Ordem Terceira de São Francisco partiu lentamente, seguido pelo que levava Domitila e, atrás, a escolta da cavalaria. Após a grande missa de corpo presente, no dia seguinte ainda houve outra, com discursos e salvas de tiros da artilharia. O corpo de Tobias de Aguiar foi depositado na cripta da Ordem Terceira de São Francisco, ao lado da Academia de Direito. Mostrando-se um homem prevenido, Rafael Tobias de Aguiar pagou diversas cotas ao Montepio Geral de Economia dos Servidores do Estado (Mongeral), um marco da previdência complementar no Brasil, fundado em 1835. Assim, quando faleceu, Tobias deixou para Domitila uma pensão vitalícia de setecentos mil-réis anuais, que começaram a ser pagos em 1858. Essa pensão favorecia também os filhos mais jovens do casal, Antônio e Brasílico de Aguiar.[11]

ESTUDANTADAS

A moça que eu namoro,
E que me quer muito bem,
Tem um sorriso que encanta,
Quinhentos contos também...

Trovas acadêmicas

Tobias havia nomeado em seu testamento sua mulher, a marquesa, como tutora dos filhos: "Para fazer que concluam seus estudos, e assim obtenham os frutos de nossos desvelos".[1]

Dos quatro filhos homens que Domitila teve com Tobias, três formaram-se na Academia de Direito: Rafael em novembro de 1857, João em 1858 e Antônio em 1861. Mas a ligação entre Domitila e a faculdade não ficou restrita apenas a cumprir as determinações do marido.

Desde a criação da Academia, o povo associou a imagem da marquesa de Santos à escola que deu vida nova à pacata São Paulo em 1828. Até os dias atuais, ainda encontra eco a lenda de que Domitila teria sido a responsável por trazer a Faculdade de Direito para São Paulo. Mas a realidade é outra. Segundo uma carta encontrada na Torre do Tombo, em Lisboa, a intenção de estabelecer uma faculdade em São Paulo foi ideia vinda com a chegada da corte ao Rio de Janeiro. Em fevereiro de 1809, um comerciante português instalado no Rio de Janeiro escreveu para um parente em Portugal: "Fala-se em, brevemente, se fundar uma Universidade Brasílica na cidade de São Paulo".[2]

Se São Paulo deve a alguém a vinda da Academia de Direito é aos Andrada e a José Feliciano Fernandes Pinheiro, visconde de São Leopoldo. José Bonifácio, em 1821, num memorial dirigido aos deputados paulistas que iriam para as Cortes de Lisboa, propunha a criação de um curso jurídico na capital paulista. José Feliciano, um desses deputados, defendeu perante a assembleia portuguesa as ideias do Patriarca. Martim Francisco e Antônio Carlos, como deputados da Assembleia Constituinte de 1823, trabalharam para que São Paulo fosse a cidade escolhida para a implantação da Academia. Seis anos depois, como ministro da Justiça do Brasil independente, o visconde de São Leopoldo iria concretizar esse projeto, fazendo com que a elite administrativa e política brasileira pudesse completar os estudos no Brasil, em vez de na tradicional Universidade de Coimbra, em Portugal, ou em alguma outra instituição estrangeira.

Em 11 de agosto de 1827, o imperador assinou o decreto que criava duas escolas de Direito no Brasil, uma em São Paulo e outra em Olinda. A paulista foi a primeira a entrar em funcionamento. Inaugurada em 1º de março de 1828, formou os primeiros seis alunos em 1831. A segunda turma foi formada por 33 alunos vindos de diversas partes do país.

O local escolhido para a faculdade foi o velho mosteiro de São Francisco, local amplo que havia se tornado grande para tão poucos frades que ainda viviam lá. O prédio foi dividido, e as desavenças entre os religiosos e a faculdade tiveram início. Entre as reclamações dos professores e dos alunos estava a quantidade de badaladas que eram obrigados a ouvir, interrompendo as aulas. Isso continuou até os estudantes roubarem o badalo do sino do mosteiro.

Domitila e os estudantes

Se efetivamente não foi a marquesa de Santos quem trouxe a Academia de Direito para São Paulo, isso não quer dizer que ela não teve nenhuma relação com a instituição. Ainda quando Tobias era vivo, Domitila não perdia a oportunidade de festejar em seu solar, na rua do Carmo, duas datas: o 7 de setembro e o 11 de agosto. Se a primeira data é considerada a de nossa independência política, a segunda representava a nossa independência intelectual. A marquesa era uma das personalidades mais conhecidas de São Paulo em nível nacional, se não a mais conhecida paulista da sua época. A fama devia-se tanto ao seu rumoroso caso com d. Pedro I quanto a seu casamento com o presidente da província e também à rede de sociabilidade que ela teceu ao longo de anos indo e voltando da corte e frequentando os mais nobres salões. Muitas famílias acabaram por confiar-lhe, de certa maneira, a segurança dos filhos.

Muitos desses jovens, sem família por perto, acabaram tendo em Domitila um apoio quando adoeciam ou necessitavam de algum auxílio material.

Um exemplo disso foi o estudante mineiro Afonso Celso de Assis Figueiredo, futuro visconde de Ouro Preto, que se mudou para São Paulo aos 17 anos para estudar na Faculdade de Direito, de 1854 a 1858. Ele acabou contraindo tifo e, sem dinheiro, foi amparado pela matriarca, que levava-lhe remédio e comida ao seu quarto de pensão. Depois de formado, Afonso ingressou na política, foi ministro, abolicionista e o último presidente do Conselho de Ministros do Império. Outro que, em suas memórias de estudante em São Paulo, se recordava de ter sido cuidado por Domitila foi o dr. Pires de Almeida. Depois de atacado por um bando de vadios e abandonado semimorto, foi recolhido da rua pela marquesa, que tratou dele pessoalmente.

A Bucha e a Maçonaria

A influência tanto de Domitila quanto de Rafael Tobias de Aguiar na criação política liberal desses jovens estudantes foi marcante. O professor Júlio Frank,[3] protegido de Tobias, foi um dos elementos liberais que influenciaram uma geração de formados da São Francisco. Estudante alemão fugido para o Brasil, Frank acabou na colônia alemã da Fábrica de Ferro Ipanema. De lá, seguiu para Sorocaba, onde passou a ensinar latim, história e outras matérias para os jovens que pretendiam estudar na Academia. Tobias, durante a sua primeira gestão como presidente da província, levou-o para São Paulo, onde foi contratado para dar aula no Curso Anexo da Academia. Lá, inculcou nos alunos o Liberalismo político e criou uma sociedade secreta chamada Burschenschaft,[4] apelidada de Bucha, Bucha Paulista, ou B.P., que visava, inicialmente, dar suporte aos estudantes mais carentes, mas que, com o passar do tempo, acabaria por se tornar uma poderosa arma política.

Não era a primeira vez que Domitila e o marido se envolviam com sociedades secretas e políticas. Tanto Tobias quanto o cunhado, Francisco de Castro, pertenciam à Sociedade dos Patriarcas Invisíveis, organização nacional que visava defender a Independência e a Constituição e era contrária às arbitrariedades do governo. Seu presidente era o senador José Martiniano Pereira de Alencar, pai do futuro escritor José de Alencar. Foi do seio dessa sociedade que partiram o Golpe da Maioridade e a Revolução Liberal de 1842.

Outra sociedade da qual Domitila teria feito parte, segundo o dr. Pires de Almeida, foi a Maçonaria. A marquesa teria participado da Loja Sete de Setembro, uma "loja de adoção".[5] O estudante que devia a vida a Domitila lembrava-se de tê-la visto presidir a uma sessão magna, assessorada pelos vigilantes Clemente Falcão Filho e João Teodoro Xavier, ambos professores da Academia de Direito. O venerável[6] era o padre Manuel Joaquim do Amaral Gurgel, futuro diretor da faculdade.

Álvares de Azevedo e a família de Domitila

Um dos estudantes da São Francisco a deixar impressões mais íntimas a respeito da marquesa de Santos e sua família foi o poeta Álvares de Azevedo. De família paulista estabelecida no Rio de Janeiro havia alguns anos e com parentes em São Paulo, Álvares frequentava os salões de Domitila antes mesmo de entrar para a Academia de Direito. A marquesa conhecia a mãe do poeta desde que era criança. Sempre que podia, Domitila convidava-o para almoços e festas no seu solar. Em 5 de setembro de 1844, ele escreveu para a mãe: "Ontem a marquesa de Santos me mandou convidar para ir jantar em sua casa por ser o dia de anos do Tobias e por casar-se uma afilhada (que todos dizem ser filha) [...]. O Tobias fez-lhe sua saúde, e a marquesa correspondeu a ela".[7] Eles tinham motivo de sobra para comemorar, afinal Tobias havia sido libertado da prisão no Rio de Janeiro e anistiado fazia menos de seis meses.

Quatro anos depois, lá estava o poeta assistindo à procissão de Sábado de Aleluia na casa de Domitila: "Aqui houve procissão do triunfo no sábado — eu estive presente — de casa da marquesa — que entre parênteses digo — manda-lhe muitas lembranças".[8]

Mas não era apenas em datas felizes que Álvares de Azevedo estava presente com a família. Em 19 de julho de 1849, ele descreveu uma tragédia familiar ocorrida com uma neta de Domitila, a primeira filha de Maria Isabel e do conde de Iguaçu:

> O baile que tinha de haver no dia 23 pelo batizado da neta da marquesa, da nobre descendente da casa de Bragança, a senhora d. Maria Isabel de Alcântara, transformou-se num enterro. Morreu a linda criancinha de um ataque de convulsões na madrugada da segunda-feira, e nessa noite enterrou-se, com a maior pompa possível em S. Paulo.
>
> Era de ver como estava bonito o anjinho com sua coroa de flores na testa branca como jaspe, com suas mãozinhas postas no peito apertando friazinhas uma palma [...] alvas como as roupas cândidas bordadas a ouro que vestia. Dos lados do caixão de cetins bordados de ouro, viam-se as dobras da capa de veludo azul bordada também a fio de ouro. A criança era o retrato mais perfeito possível da mãe — é aquela testa erguida, aquele nariz arrebitado um pouco etc. O conde está inconsolável, segundo dizem. Apesar da chuva houve muita gente. Para torná-lo mais solene, fizeram ir ter o enterro do Acú ao Carmo — isto é, de um dos extremos da cidade ao outro. Houve bandas de música etc.[9]

Álvares, que com 4 anos de idade perdera um irmãozinho, ficou sensibilizado com a cena da netinha da marquesa no caixão. Entre seus poemas encontra-se um chamado "Anjinho", infelizmente sem data, mas que pode ter sido criado devido a esse trágico acontecimento na vida de Domitila:

Não chorem! que não morreu!
Era um anjinho do céu
Que um outro anjinho chamou!
Era uma luz peregrina,
Era uma estrela divina
Que ao firmamento voou!

Pobre criança! dormia:
A beleza reluzia
No carmim da face dela!
Tinha uns olhos que choravam,
Tinha uns risos que encantavam!
Ai meu Deus! era tão bela!

[...]

Não chorem! lembro-me ainda
Como a criança era linda
No frio da facezinha!
Com seus lábios azulados,
Com os seus olhos vidrados
Como de morta andorinha!

Pobrezinho! o que sofreu!
Como convulso tremeu
Na febre dessa agonia!
Nem gemia o anjo lindo,
Só os olhos expandindo
Olhar alguém parecia![10]

A marquesa e a família tirariam o luto para comemorar o 11 de agosto, dois meses depois, e, novamente, Álvares de Azevedo foi o cronista do evento:

> No dia 11 aqui houve o baile Acadêmico [...]. A condessa de Iguaçu e a Belisária eram as rainhas do baile [...]. A Bela [Maria Isabel, filha da marquesa] tinha um vestido cinzento que lhe fez uma cinturinha de sílfide — No colo numa volta só lhe corria um colar de finíssimas, digo, grossíssimas pérolas. Nem havia dizer se as pérolas aí eram o enfeite ou o enfeitado. Na cabeça prendendo as tranças tinha um pequenito boné à grega cujo fundo era de rede de prata e as franjas também de prata — No colo, na cintura, no buquê, exalavam-lhe perfumosos ramos de violetas — não sei se é porque eu gosto muito de flores, — achei muito imã nessa realidade risonha que aí corria valsando, dançando, passeando, — incansável e incensada sempre. [...] Por falar em sobrecarregada de pedrarias — lá estava a senhora marquesa com todo o seu luxo de brilhantes — para mamãe que lhe conhece de criança — as joias não seria nova a descrição que eu lhe fizesse delas.[11]

A condessa de Iguaçu havia prometido um ramo de flores caso Álvares brilhasse no seu discurso pelo aniversário da Academia de Direito e uma repreensão em caso contrário. "Bem vê, mamãe, que era esse um negócio sempre lucrativo, não só porque ninguém quereria ir dizer-lhe que eu não tinha feito mau discurso, mas até porque de uma moça até uma repreensão é prêmio."[12]

Os parentes e a Academia

Além dos bailes e aniversários havia também os casamentos, como o da neta de Domitila, Escolástica Pinto de Castro, apelidada de Loloca da Marquesa. Escolástica era filha de Francisca de Castro, filha da marquesa falecida em 1833, e de José de Castro, irmão de Domitila. Com ambos os pais falecidos, a menina passou a morar com a avó/tia. Frequentando com ela os bailes dados aos acadêmicos, acabou se casando em 1853 com o bacharel José Soares Teixeira de Gouveia, natural do Rio de Janeiro, para onde se mudou.

As formaturas dos filhos eram motivo de regozijo para Domitila, que, cumprindo a promessa que fizera a Tobias, os fizera estudar. Nessas ocasiões, a marquesa exibia toda a sua pompa, e seu prestígio social e político. No banquete que deu por ocasião da formatura de João Tobias de Aguiar e Castro, em 23 de novembro de 1858, a marquesa estreou o faqueiro com o seu monograma, "M. S.", encimado por uma coroa, e o serviço de porcelanas que haviam sido encomendados no exterior. Todos os bacharelandos junto com o filho foram convidados, como Afonso Celso e Tavares Bastos. O presidente da província, Joaquim Fernandes Torres, também estava presente no solar, além da nata do funcionalismo militar e civil.

Porém, mesmo viúva e benemerente, Domitila estava longe de ser uma unanimidade entre os paulistanos. Existiam ainda aqueles que a evitavam socialmente. Maria da Glória Quartim de Moraes lembrava-se de que a mãe dela se recusou a ir a uma festa promovida pela marquesa: "Na festa de formatura de seu filho, Antônio Francisco, assisti a vários e reiterados recados para mamãe ir ao baile. Afinal, eu fui com papai e, como era admiradora de seus [da marquesa] gestos e graças, fitava-a enlevada. Quantos beatos lhe seriam inferiores!".[13]

Domitila e as estudantadas

Os estudantes de Direito que vinham de outras províncias do Império tinham contato com a lendária marquesa de Santos antes de chegar a São Paulo. Um dos primeiros trotes da faculdade, na década de 1860, consistia em os veteranos pegarem os "bichos" ainda no vapor que ligava o Rio de Janeiro a Santos. Na entrada do porto, diante de um rochedo de explícita forma fálica, demolido anos depois para ampliação do porto, os novatos tinham que pronunciar o "juramento às armas da marquesa":

Juro e prometo,
Por esta zorra,
Que hei de ser burro
Até que morra.[14]

Nem todos os estudantes, porém, nutriam respeito pela velha dama, como foi o caso de Pontes Visgueiro, que apedrejou os vidros do solar de Domitila por não ter sido convidado para um baile dado por ela.

Também é famosa a história de uma peça de teatro chamada *O voto livre*, escrita por Pedro Taques de Almeida Alvim e levada à cena no teatro São José. O texto tratava das mazelas do nosso sistema eleitoral da época. O disse me disse às vésperas da estreia apontava que uma das cenas representaria a marquesa de Santos levando à urna o voto de um morto que, coberto numa rede, fazia passar por enfermo. No dia da estreia, lá estava Domitila no teatro, altiva, pronta para o que desse e viesse. No final, tudo não passara de boato, e a montagem não tinha cena alguma semelhante à do rumor. Porém, como a peça contava determinados fatos de modo distorcido, Domitila protestou, levando os estudantes na plateia a tomar posição junto a ela e vaiar.

De outra feita, Domitila não deu tanta sorte. Quando entrou no teatro, a plateia levantou-se em apupos, por conta de entreveros entre o Partido Conservador e o Liberal. A peça passava-se na antiga Roma, e um estudante fantasiado de centurião romano, tomando ares de protetor galante, brandiu a espada de lata, tomou um dos braços da marquesa e a conduziu para fora da sala, dizendo: "Retire-se, excelentíssima sra. marquesa, o lugar de Vossa Excelência não é aqui, onde há canalha que ousa apupar uma senhora!".[15]

Mas, sem dúvida, o caso mais pitoresco é o que narra Almeida Nogueira,[16] baseado nas tradições acadêmicas da São Francisco.

Albino dos Santos Pereira, filho de um funcionário do paço da época em que Domitila frequentava São Cristóvão, era conhecido como um grande pregador de peças. Como estudou na Academia de Direito entre 1855 e 1859, depreende-se que o acontecimento narrado por Nogueira tenha ocorrido nesse período. Ciente de que a marquesa de Santos havia mandado reformar a sua carruagem nas oficinas da Casa Sydow, na rua São Bento, Albino foi dar uma olhada no que haviam feito com o carro. Estava como novo, a pintura refeita e as ferragens brilhavam. O estudante correu ao palacete de Domitila e pediu para falar com ela:

> — Sra. marquesa, venho da Casa Sydow. Ele declara que a sua caleça não pode, por melhor que seja reformada, ficar coisa decente; lembrei-me, por isso, de vir oferecer a V. Exa. uma carruagem que comprei, completamente nova, e de que me vejo obrigado a dispor, por apertos financeiros. Cedo-a muito barato; uma verdadeira ocasião...
>
> — Quanto quer por ela?
>
> — Um conto e quinhentos... apenas.

Domitila teria incumbido o filho Brasílico de examinar a carruagem que lhe era oferecida. Confundido devido à excelência do trabalho executado, ele realmente pensou se tratar de um veículo novo, e a marquesa pagou o que Albino pediu. No dia seguinte, quando descobriram que haviam adquirido a própria carruagem, Brasílico partiu no encalço do estudante, que já havia deixado São Paulo no dia anterior em direção a Santos, onde tomaria o primeiro vapor para o Rio de Janeiro.

Albino, imaginando que poderia ser perseguido pela arte aprontada, preparou-se para qualquer eventualidade. Vestiu-se com roupas esfarrapadas. Quando Brasílico o alcançou, encontrou-o todo desalinhado, com fisionomia consternada e olhos lacrimosos.

> — Nada me diga, você está cheio de razão, mas completamente vingado! Uma ação má não demora a ser castigada.

> Fui assaltado e espancado em caminho por dois malfeitores. Roubaram-me tudo, inclusive a montaria, e eu tive de descer a serra a pé.

Compadecido, Brasílico perdoou-o e ainda lhe emprestou dinheiro para que pudesse viajar até a corte.

Mas não eram apenas os estudantes que pregavam peças na marquesa. Domitila continuou, ao longo da vida, gostando de festas e divertindo-se tanto no 1º de abril quanto na celebração do Carnaval. A preparação de ambas as comemorações começava muito antes das respectivas datas. No dia universal dos tolos, era bem capaz de aparecer alguma iguaria diferente na mesa da marquesa, como um pastel recheado de algodão ou uma marmelada que na realidade era feita de sabão. Os desavisados que passassem pela rua do Carmo diante do vetusto casarão da marquesa, em pleno Carnaval, podiam ser surpreendidos com um banho causado por alguma laranjinha ou algum limãozinho de cheiro atirado do alto da sacada pela dona do imóvel.

CREPÚSCULO

E tu, divina morte, para onde tudo volta e se apaga,
Acolhe teus filhos em teu seio estrelado,
Liberta-nos do tempo, do número e do espaço
E dá-nos o repouso que a vida tirou.

Leconte de Lisle, "Dies Irae", 1852

Às vésperas do nascimento de uma nova década, morria, aos 94 anos, a mãe de Domitila, a viscondessa de Castro, em 31 de maio de 1859. Foi a primeira da família a ocupar uma das três sepulturas compradas por Domitila no Cemitério da Consolação, inaugurado no ano anterior.

Na verdade, a marquesa tentou comprar as sepulturas, mas a câmara fez questão de devolver o valor, pois, além do dinheiro para pagá-las, Domitila doou uma quantia muito maior: dois contos de réis para a construção da capela.[1] Além disso, em testamento, a marquesa daria mais quatro contos de réis à Consolação, o suficiente para a municipalidade comprar,[2] na Europa, uma imagem de Nossa Senhora das Dores e outra de São João Evangelista, dourar o oratório da capela e a respectiva banqueta e encomendar um catafalco e duas credências envernizadas, com tampas de mármore, bem como um armário grande para guardar os paramentos de celebração de missas.[3]

Mudanças no cenário

São Paulo modernizava-se. Fora abolido o costume de enterrar os mortos no chão de terra batida, dentro das igrejas, onde os fiéis assistiam à missa, prática que disseminava mau cheiro e doenças. Mesmo assim, em diversos locais, houve protestos: a população pouco esclarecida achava que ser sepultada fora da igreja podia afastá-la do paraíso. Domitila, ao adquirir lotes no cemitério e ajudar com a construção da capela, contribuiu para popularizar a ideia de que não havia problema em ser enterrado fora dos templos.

São Paulo estava cada ano mais distante da vila de tropeiros que vira Domitila nascer.

O francês Anatole Louis Garraux abriu, em 1860, a sua livraria, que ficaria famosa com o passar dos anos. Recebia livros novos vindos da Europa antes que chegassem ao Rio de Janeiro. Em 1862, o polivalente Militão Augusto de Azevedo mudou-se para São Paulo, onde trabalhou com fotografia e registrou a cidade e a sociedade local. Domitila deixou-se fotografar algumas vezes por ele.

A Estrada da Maioridade, inaugurada no segundo governo de Rafael Tobias de Aguiar, por onde transitavam diligências ligando São Paulo a Santos, logo ficaria obsoleta. Em 1860, tinham início as obras da estrada de ferro que ligaria Santos a Jundiaí, passando por São Paulo. Ela escoaria a produção cafeeira com mais agilidade, trazendo igualmente mais rápido as últimas novidades europeias. O visionário que investiu sua fortuna na façanha, o barão de Mauá, chegou a possuir o antigo palacete que d. Pedro I havia mandado erguer para Domitila em São Cristóvão, onde morou por alguns anos.

Cinco anos depois, no dia da viagem inaugural da estrada de ferro, o primeiro desastre: o trem que transportava o presidente da província e grandes nomes paulistas e do Império descarrilou perto da ponte do Tamanduateí. Domitila, da varanda de sua residência no palacete do Carmo, tinha visão para essa ponte e pode ter escutado o barulho produzido pelo acidente. A festa preparada no Jardim da Luz, um grande banquete à espera dos ilustres passageiros, foi esquecida no atropelo para salvar os acidentados. No dia seguinte, os cristais, a porcelana e a comida foram encontrados do mesmo modo como haviam sido abandonados no dia anterior.

Se Domitila viu muitas mudanças ao longo de sua vida, algumas coisas continuavam as mesmas. Em 1862, aos 64 anos, Domitila recebeu de volta, das mãos do conde de Iguaçu, a filha Maria Isabel. Espancada, roubada e traída pelo esposo, a filha da marquesa com o imperador foi obrigada a pedir dinheiro para se sustentar. No final da vida, a marquesa viu repetir com a condessa de Iguaçu o que ocorreu com ela no seu primeiro casamento, porém com uma diferença: Maria Isabel também havia traído o marido e tido uma filha com outro homem quando ainda estava com o conde.

Guerra do Paraguai

Além dos conflitos sociais próprios dos abusos de uma sociedade patriarcal violenta, Domitila vivenciou também os conflitos bélicos desde a adolescência, com o pai e os irmãos indo para as guerras. Agora, como antes, tropas paulistas batiam-se na fronteira sul do Império em 1864. Era a Guerra do Paraguai. Assim como na Guerra da Cisplatina, a marquesa contribuiu para a causa, segundo noticiou o jornal *Correio Paulistano* de 26 de fevereiro de 1865:

> A exma. senhora marquesa de Santos praticou ontem um ato que atraiu a admiração e o louvor geral, mandando distribuir, no Ipiranga, por todos os praças das forças que marcharam, uma quantia avultada de dinheiro que dividiu, veio a caber 5$000rs. a cada homem. [...] Adornada com a faixa da ordem de Santa Isabel de Portugal, apresentou-se a sra. marquesa a distribuir em pessoa (a princípio) a sua dádiva e a abraçar chorando a oficialidade. Mas S. Ex. animando aos soldados e

> perguntando-lhe se iam contentes, obtinha de todos a resposta do bom e verdadeiro militar, a que S. Ex. retrucava dizendo que suas lágrimas eram de satisfação. [...] O valor do donativo de S. Ex. calculado pelos números de praças deve andar em 3.600$000, se não mais. [...] Abalou profundamente o coração a quantos presenciaram o feito, que deixamos registrado para apreciação e aplauso dos leitores.

Não foi apenas ofertando dinheiro que Domitila tentou ajudar a causa brasileira. Ela cedeu a fazenda do Anastácio, que havia comprado junto com Tobias e que ficava próxima ao rio Tietê, para hospedar o 7º Batalhão dos Voluntários da Pátria, a caminho de Mato Grosso. O ato valeu-lhe um elogio do major comandante Bento Machado Gomes, que oficiou ao vice-presidente de São Paulo, em agosto de 1865: "É dever meu comunicar a V. Ex. que o tratamento a mim, aos oficiais e praças sob o meu comando proporcionado pela exma. sra. marquesa de Santos enquanto hospedados na sua fazenda foi além de todo o elogio e digno da mais sincera gratidão".

Nessa mesma fazenda do Anastácio, em novembro de 1864, Domitila presidiu um serviço de busca e salvação em pleno rio Tietê. A família do conselheiro Albino José Barbosa de Oliveira estava em viagem para Campinas quando a liteira em que as filhas pequenas viajavam virou, durante a travessia da ponte, e tombou no rio. A marquesa, que se encontrava na fazenda, junto com a sua escravaria, presidiu a operação de salvamento e hospedou a família. Todos se salvaram.

Dama benemerente e única mulher capitalista de São Paulo

Esse tipo de generosidade por parte de Domitila já era bem conhecido em São Paulo. O *Novo Farol Paulistano* noticiou, em 1832,[4] a doação por parte dela de cem mil-réis à subscrição para construir o novo hospital da Santa Casa de Misericórdia. Em janeiro de 1856,[5] Domitila doou cinquenta mil-réis para que fosse criada uma enfermaria para os pobres; oito anos depois, em setembro de 1864, o nome dela aparece na subscrição feita em São Paulo para combater a fome em Cabo Verde, na África.[6] Finalmente, em 1866, ela doou uma casa no largo da Consolação para que uma enfermaria para os necessitados atingidos pela epidemia de cólera fosse instalada.[7]

A marquesa de Santos era uma das pessoas mais ricas da província de São Paulo. Além da fortuna e dos bens que possuía, e que foram sendo aumentados com o passar do tempo, a morte de Tobias veio acrescentar-lhe mais patrimônio e dinheiro. Em 1858, o nome da marquesa de Santos constava entre os quinze capitalistas, pessoas que emprestavam dinheiro a juros, listados no *Almanak* da província de São Paulo,[8] sendo ela a única mulher a fazer parte do seleto número de milionários locais.

O dinheiro da marquesa não provinha apenas de suas fazendas. Ela colocou para ganho os 52 escravizados que trouxera do Rio de Janeiro em 1829 e outros que adquiriu ao longo da vida. Alugava-os para trabalhar em obras do governo e para particulares. Os mais jovens trabalhavam como jornaleiros; além disso, empregava as mulheres na venda de produtos pelas ruas da cidade. Muitos desses escravizados chegaram a atuar como enfermeiros seus na ajuda a pessoas pobres e estudantes doentes e sem recursos.

O inventário de Rafael Tobias de Aguiar

Mas, se dinheiro existia, não era para ser esbanjado com qualquer um além da família e da caridade. Que o diga Luís Pereira Machado, testamenteiro nomeado por Rafael Tobias de Aguiar no próprio testamento.

Em 1860, perto de completar três anos da morte do brigadeiro, Luís Pereira entrou com um embargo contra o inventário alegando diversas discordâncias, entre elas:

a) As partilhas foram feitas de maneira desordenada.

b) A marquesa de Santos não podia ter sido considerada "cabeça de casal", como constava nos autos do inventário do marido, "quando é certo que nenhum direito e posse tinha sobre os bens da herança pela separação de bens resultante do contrato antenupcial".

c) A marquesa foi ao mesmo tempo inventariante, curadora dos filhos órfãos e credora da herança, defendendo direitos e interesses contrários.

d) E, principalmente, Domitila havia antecipado a parte que caberia ao filho mais velho, Rafael Tobias de Aguiar e Castro. O brigadeiro havia proibido, no seu testamento, que dessem a parte da herança que cabia ao filho se ele teimasse em se casar com Ana Cândida de Oliva Gomes. Ela era sobrinha-neta e afilhada de Domitila, neta de sua irmã Ana Cândida e de Carlos Maria de Oliva. Infelizmente, no seu testamento, o brigadeiro não registrou os motivos pelos quais considerava inconveniente esse matrimônio.

A análise cuidadosa desse embargo leva ao real motivo pelo qual ele foi feito: Luís Pereira ficou descontente com a parte que lhe coube como testamenteiro de Tobias, sendo gratificado com "a quarta parte da terça" pelos serviços prestados. Se fosse pago o que o inventário havia apurado, ele receberia bem menos da metade do que era justo, uma vez que acusava Domitila de não ter incluído o valor do gado das fazendas e avaliado todos os outros bens por menos do que realmente valiam.

No ano seguinte, o barão de Ramalho,[9] advogado de Domitila, que redigiu seu testamento em 1862, tentou derrubar o embargo ao inventário, sem sucesso. Em 1863, as partes finalmente se acertaram. A viúva e os filhos do brigadeiro resolveram pagar pelo prejuízo que o testamenteiro afirmava ter tido com a má avaliação dos bens, e este, satisfeito, retirou o embargo, e todos viveram felizes para sempre, ou quase.

Marquesistas e antimarquesistas

Apesar de rica e respeitada por grande parte do povo, dos políticos e da sociedade em geral, a fama da marquesa ainda lhe era pesada.

A cafeicultora Veridiana Valéria da Silva Prado era outra matrona que ficaria famosa na Pauliceia pela fortuna, pelas opiniões políticas e por ter ideias avançadas. Quando criança, era enviada pelo pai, Antônio da Silva Prado, para apresentar os respeitos a Domitila, que a chamava de "menina mesureira". Mas um dia a menina cresceu e, em 1861, deu um grande banquete de formatura ao seu primogênito, Antônio da Silva Prado, homônimo do pai. Um parente de d. Veridiana conta que, segundo a tradição oral da família, Domitila, talvez na esperança de ser convidada, passou pelo sobrado na rua da Consolação onde moravam os Prado. Entrou, viu os preparativos e exclamou: "Está tudo tão bom, faz-me recordar os tempos do Primeiro Império!".[10] Mas, apesar de Veridiana manter bom relacionamento com Domitila, não a aceitava socialmente, e a marquesa não recebeu um convite.

Se alguns ainda antipatizavam com Domitila, o mesmo não ocorreu com a esposa do cônsul britânico em Santos, Isabel Burton. Quando o consulado foi transferido para São Paulo, as duas tornaram-se vizinhas, entre 1865 e 1867. Nas memórias que publicou em 1893 a respeito do marido, sir Richard Burton, Isabel lembrou-se de Domitila, a quem visitou várias vezes. Isabel considerou-a uma grande dama, muito interessante e cheia de histórias para contar sobre a corte e sobre a família imperial. Segundo ela, a idosa marquesa, que a recebeu certa vez fumando um cachimbo, sentada no chão da cozinha, "possuía belos olhos negros, cheios de compaixão, inteligência e sabedoria".[11]

Domitila, segundo lembranças antigas de seus familiares, recolhidas pelo seu primeiro biógrafo, Alberto Rangel, fumava escondida. As cigarrilhas de palha e o cachimbo eram queimados por Domitila a portas fechadas e, eventualmente, diante da cunhada Lina Pereira da Silva, esposa do seu irmão mais novo, Francisco de Castro, e de outras parentes e amigas íntimas. Não admitia, sob hipótese alguma, referência a esse vício, que tentava esconder sem muito sucesso. Outro vício, o da bebida, não possuía: era abstêmia.

Além de Isabel Burton, outra pessoa que se recordaria anos depois da marquesa foi o seu genro, o conde de Iguaçu. Em carta para a duquesa de Goiás em 1869, ele a descreveu como uma dama "dotada de grande beleza, nobre estatura, modos muito amáveis e um caráter muito enérgico".[12]

Um momento ainda

Em 1865, Domitila deu um de seus últimos grandes bailes. Segundo os cronistas, por cima do vestido de cauda azul-ferrete que ela usava, caía um grande manto de veludo negro bordado a ouro que lhe deixava uma impressão majestosa. Havia os que, naquela noite, ainda notavam nela os últimos vestígios da beleza de sua juventude. Pode ser que tais vestígios, na verdade, fizessem parte de sua fama — que já se tornava lendária —, mas o espírito continuava tão vivo quanto o daquela jovem que, décadas antes, havia feito o Brasil e a Europa conhecer o seu nome. A sequidão com que foi cumprimentada por José Caetano de Andrade Pinto, filho de um antigo conhecido dela da corte, foi repreendida com um comentário cortante em voz alta: "Soberbo como o pai!".

Se Domitila não suportava desaforos quando jovem, chegando a afrontar até d. Pedro I, com a idade avançada os falsos pruridos, se algum dia os teve, deixaram completamente de existir. Respeitava as pessoas e gostava de ser respeitada. O conselheiro Brotero, lente da Academia de Direito, ao lhe dirigir uma piada de gosto duvidoso, foi surpreendido por uma resposta de pronto da marquesa, que o deixou encabulado.

Ela presidia suas festas vendo passar o melhor da sociedade paulista e do Império pelos seus salões sentada numa grande cadeira, de espaldar alto, apelidada de "trono da marquesa". De acordo com relatos, certa vez, analisando as damas presentes numa festa, teria deixado escapar um pensamento irônico: "São Paulo está cheia de mulheres bonitas, solteiras, casadas e viúvas. Todas muito honestas. Mas a roda dos enjeitados não cessa de receber crianças. E a mãe de todas elas é sempre a marquesa de Santos. Aceito com satisfação essa maternidade".[13]

O desabafo de Domitila não era sem razão. Em 1832, Tobias de Aguiar teve um filho sem ser casado. Era um menino, batizado de João Evangelista de Oliveira, e foi dado para ser criado pela irmã do brigadeiro, d. Ana Aires de Aguiar. Domitila sempre tratou esse filho do marido com consideração, o que levantou suspeitas de que ele fosse dela, não do respeitável presidente da província de São Paulo.

Também a Domitila foram imputados diversos outros "filhos", como José Pereira Jorge, agregado à casa da marquesa, dr. José Manoel Portugal, d. Domitila de Souza Coelho e d. Maria Francisca.[14]

Sem se importar muito com o que os outros diziam sobre ela, Domitila continuava procurando se divertir sempre que podia. Suas festas marcaram época e até mesmo no Rio de Janeiro elas eram registradas, como foi o caso da festa a fantasia que ela realizou no Carnaval de 1860 e que foi notícia no *Diário Mercantil* na corte.[15]

Corridas de cavalo

Não era só com os bailes que Domitila se divertia no final da vida. Adorava corridas de cavalo, e mais: a ela era confiado o dinheiro das apostas. Nos campos da Luz, da Penha e da Mooca, juntavam-se pessoas da sociedade, estudantes e professores, fazendeiros e tropeiros, além da marquesa de Santos, para assistir aos páreos. Ela ia na própria carruagem, puxada por uma parelha de muares conduzida pelo cocheiro, que montava um dos animais. Atrás ia o lacaio negro, de libré verde e botas amarelas.

As raias eram traçadas no momento da corrida, tudo meio improvisado. Não havia arquibancadas. Quem quisesse se sentar que levasse a própria cadeira ou se alojasse em alguma carruagem.

Domitila, antes dos páreos, passava arrecadando o dinheiro das apostas e os papéis com o nome dos apostadores, o valor e o palpite. O dinheiro era depositado em sua bolsa de veludo azul bordada a ouro. Era ela a grande juíza, ninguém a contestava.

Os filhos acabaram sendo influenciados por sua paixão e foram grandes criadores de cavalos. O entusiasmo pelos cavalos chegou até a neta, Maria Domitila de Aguiar e Castro,[16] proprietária de Corisco, cavalo que venceu o terceiro páreo nas provas inaugurais do Jockey Club de São Paulo,[17] em 29 de outubro de 1876.

Ainda e sempre a política

Mesmo viúva, Domitila continuava tendo prazer com a política. A marquesa, assim como havia ajudado o marido, colaborou para a eleição do filho Rafael Tobias de Aguiar e Castro, que conquistou, em 1860, uma vaga como deputado da província.[18]

Nos jornais da época, principalmente os do Partido Conservador, aparecem menções à marquesa e ao seu envolvimento com a política, como nesta nota no *Constitucional*, de 15 de fevereiro de 1863:

> Esquecia-nos dizer que o sr. Carrão, depois de um ano de espera, nomeou para o lugar vago de secretário da assembleia um mocinho da casa da sra. marquesa de Santos. Que dizem a isto, srs. liberais pobres e necessitados, candidatos a esse lugar? Venceu a aristocracia, triunfou a riqueza, ficaram logrados os pobres diabos! O liberalismo de São Paulo não dá a gente do povo os empregos de que dispõe. E como dar, se eles são poucos para os filhos e netos dos grandes ricaços da terra! E ainda ousam falar em povo!

Domitila, do mesmo modo que não era poupada, também não poupava os adversários do marido, muito menos dos filhos. Certa vez, o Partido Conservador ganhou as eleições em São Paulo. Ela não teve dúvida: contratou a única banda da cidade e escondeu-a em sua casa. A festa dos opositores políticos foi bem silenciosa.

Ordem do Carmo

Se o lado político sempre existiu, Domitila não descuidou da parte religiosa. Seu solar na rua do Carmo ficava bem próximo ao recolhimento de Santa Teresa, pertencente à Ordem do Carmo. Lá havia diversas mulheres que precisavam de ajuda. Muitas vezes, não era a devoção que as fazia entrar para o recolhimento: algumas eram ex-prostitutas pobres, outras, mulheres deixadas ali pelos próprios maridos que queriam simplesmente se livrar delas. Segundo Pedro Taques de Almeida Paes Leme, as mulheres eram enviadas para Santa Teresa para chorarem seus pecados e assegurarem sua salvação.[19]

Cada vez que prestava auxílio a essas mulheres, Domitila podia ver estampado em suas faces e em suas dores o destino que acabou não sendo nem o dela nem o da filha, a condessa de Iguaçu, expulsa de casa pelo marido. A marquesa acabou entrando para a Ordem Terceira do Carmo,[20] onde se tornou irmã professa. Ela era praticante do ideal carmelita e era bastante comum vê-la, mesmo perto do final da vida, sair de casa bem cedo. Com os cabelos presos em bandós, vestida de veludo, coberta com mantilha, enfrentava, com o seu andar agora lento, a bruma matinal de São Paulo. Seguia acompanhada por uma escravizada, que trazia no seu balaio os remédios para o corpo e para a alma dos necessitados que recebiam a visita da velha senhora.[21]

Últimos dias

Ainda em maio de 1867, Domitila foi madrinha de casamento do pianista e compositor Emílio Eutiquiano Correia do Lago e de d. Rafaela de Souza Coelho, que o povo dizia ser neta postiça dela. O casal de afilhados pobres teve nela mais que uma madrinha, teve uma protetora. Emílio chegou a dar aulas de piano para os netos da marquesa.

No final da década de 1860, os transeuntes que passavam pela rua do Carmo podiam observar Titília sentada diante de uma das janelas-balcão do seu palacete, no centro da cidade. Ali, após o seu jantar, que era feito às duas da tarde, passava horas e horas observando o marasmo da rua.[22] Às vezes, ficava na varanda dos fundos, de onde via o quintal da propriedade descer em direção à Várzea do Carmo.

Assim como a cidade, o local não era o mesmo da sua juventude nem de quando o comprara. O crescimento da cidade modificara a paisagem. Quando o governo resolveu retificar o rio Tamanduateí, os vizinhos começaram a discutir quanto iam querer pelo pedaço de seus terrenos, enquanto Domitila cedeu parte do fundo do seu lote gratuitamente. Com a abertura da rua Vinte e Cinco de Março, o vasto terreno do palacete ganhou uma nova frente. Ao longe, do outro lado do rio, a marquesa podia contemplar a imensa figueira que dava nome à sua outra propriedade, a chácara da Figueira, que ela alugara e que abrigava uma escola dirigida por jovens estudantes da Academia de Direito. Quando o sol se punha e o frescor chegava com a garoa, ela ia para dentro do velho solar, onde tudo agora recendia a lembranças.

O andar térreo do casarão continuava sendo utilizado como depósito e despensa. A parte superior dividia-se em área social, de estar e a parte íntima, dos quartos. Os três salões que dão para a atual rua Roberto Simonsen eram onde a marquesa continuava recebendo a sociedade que ainda a visitava. O que fica de quina, entre a rua e o beco do Pinto, era o mais esplendoroso, com mobiliário todo forrado de veludo. Na sala do meio, o mobiliário era de palhinha, e nas paredes havia quadros representando as façanhas do exército napoleônico, talvez lembranças de sua época em São Cristóvão — d. Pedro era fascinado pelo Corso. No terceiro salão, diante de quem hoje sobe a escadaria principal do solar, havia um reposteiro de veludo com as armas dos Castro do Canto e Melo. Esse aposento era denominado Sala dos Retratos. Nele, além de retratos dos filhos e de um álbum de fotografias, havia telas retratando a viscondessa de Castro, o brigadeiro Tobias de Aguiar e o famoso retrato da marquesa de Santos. Essas três telas, junto com os retratos de Rafael Tobias de Aguiar e Castro, filho mais velho de Domitila e Tobias, e da nora deles, Ana Cândida, foram vendidas por Gertrudes Maria de Aguiar em escritura de compra e venda de 1920, e hoje se encontram no Museu Histórico Nacional, no Rio de Janeiro.

O retrato da marquesa de Santos

O famoso retrato de Domitila, com a faixa e a medalha da Ordem de Santa Isabel, recebida por ela em 1827, tendo nos cabelos uma tiara, uma borboleta e uma pena de diamantes, é, como tudo que a envolve, polêmico. Devido ao fato de o retrato não estar assinado nem datado, ele suscita discussões a respeito de quem seria o autor da pintura e em qual época teria sido realizada. O primeiro pintor que se acreditou ter feito o retrato foi Francisco Pedro do Amaral (1780-1830); mais recentemente, a tela foi atribuída ao francês Arnaud Pallière (1784-1862). Os estudiosos que se dedicaram ao assunto são unânimes em inferir que, independentemente do autor, a tela teria sido pintada no momento de maior glória de Domitila, ou seja, antes de ela ser expulsa da corte em 1829. E aí temos um problema: a moda.

Baseando-se no modelo do vestido, na cintura baixa terminando em ponta, no volume da saia, no decote canoa, desnudo, com uma larga renda em volta dos ombros, nos cachinhos nas laterais do rosto e em algumas das joias, historiadores de moda e de joalheria consultados afirmaram que o quadro possivelmente foi feito durante a década de 1830, após a saída de Domitila da corte. Um retrato da princesa d. Januária, que teria sido pintado em 1834[23] — portanto cinco anos após a partida definitiva da marquesa do Rio de Janeiro —, apresenta características de vestuário idênticas.

Ligar o apogeu de Domitila à confecção da pintura limita a data, que é expandida pela análise da moda. Independentemente de ter mandado pintá-la em seu auge ou não, ela continuou tendo dinheiro e frequentando a sociedade, inclusive da corte, onde teria, ao longo do final dos anos 1830 e por diversos períodos da década de 1840, acesso a artistas que poderiam tê-la retratado.

O fim

Em meados de outubro de 1867, Domitila começou a se sentir fraca, teve náuseas e ia muitas vezes ao banheiro. Uma febre, baixa a princípio, tornou-se preocupante, levando o dr. Luís Lopes Batista dos Anjos a recomendar que ela se recolhesse ao leito. Dele não sairia com vida. Domitila havia contraído uma enterocolite aguda, provavelmente devido a uma salmonelose adquirida por meio de alimentos ou água contaminados. Após uma semana de agonia, melhoraria um pouco no Dia de Finados, 2 de novembro. Mas seria apenas a "melhora da morte". No final da tarde, suas forças começaram a se esvair.

Na manhã de 3 de novembro, uma missa foi rezada no quarto da marquesa na presença dos irmãos da Ordem Terceira do Carmo, tendo à frente o cônego José Joaquim da Silva e a prioresa d. Luiza Eufrosina Quartim Garneiro, além dos amigos mais íntimos, parentes e escravizados. A idosa marquesa comungou pela última vez. Logo após, foi rezado o ofício de Nossa Senhora, e Titília recebeu a extrema-unção.

A velha senhora que espantara a sociedade com seus vestidos luxuosos vestia uma túnica marrom e a capa amarelo-clara da Ordem Terceira. Na cabeça, em vez de uma borboleta ou uma pena de diamantes, um singelo véu preto das irmãs leigas professas. Às 16h30, seu sofrimento teve fim. Domitila morreu às vésperas de completar 70 anos. O Império que ela vira surgir em 1822 teria somente mais 22 anos de vida.

O corpo da marquesa de Santos foi velado por algum tempo no velho solar. Depois seguiu para a igreja da Ordem Terceira do Carmo, com uma guarda de honra formada pelos irmãos terceiros, para a celebração da missa de corpo presente. Uma multidão de amigos, parentes, admiradores e curiosos lotou a igreja.

Vinte e quatro horas depois da morte de Domitila, o féretro saiu da igreja do Carmo em direção ao Cemitério da Consolação, onde iria fazer companhia à viscondessa de Castro na rua 1, sepultura nº 3, ao lado da capela que a municipalidade construíra com sua doação. O presidente da província, Saldanha Marinho, acompanhou o enterro, junto com a nata política e social da cidade.

Exatos cinquenta anos depois de o navio que trazia d. Leopoldina ao Brasil lançar âncora na baía de Guanabara, o jornal *Correio Paulistano* de 5 de novembro de 1867 noticiava a morte de Domitila:

> No domingo último, à tarde, faleceu a exma. marquesa de Santos, d. Domitila de Castro Canto e Melo, dama honorária do paço, condecorada com o título de Dama da Ordem de Santa Isabel de Portugal, viúva do brigadeiro Rafael Tobias de Aguiar. Morreu na avançada idade de setenta anos [sic], guardando até o último dia de sua existência o inteiro uso de suas faculdades mentais.
>
> Contava nesta capital numerosas amizades entre todas as classes, mesmo entre a pobreza, a quem fazia constantes benefícios. A finada deixou testamento; onde determinou que sejam dados como legados quatro contos de réis para as alfaias da capela do cemitério municipal, e bem assim quatrocentos mil-réis para as pessoas pobres que não pedem esmolas.

A fortuna da marquesa

Sua fortuna pessoal havia triplicado com o passar dos anos. O total dos bens inventariados chegou a 1.308:848$600 (mil trezentos e oito contos, oitocentos e quarenta e oito mil e seiscentos réis). No mesmo ano da morte de Domitila, o jornal *O Ipiranga*, de 9 de agosto de 1867, informou que a arrecadação total do imposto da província de São Paulo para o período fiscal compreendido entre julho de 1867 e junho de 1868 seria de mil contos de réis, o suficiente para pagar a máquina pública do estado. Domitila deixou muito mais do que isso em bens.

Esse valor, à época do falecimento da marquesa, seria suficiente para alimentar com um prato de feijoada mais de seis milhões de pessoas.[24] Para fazer o mesmo atualmente — com uma feijoada custando, em média, 38 reais —, seriam necessários 228 milhões de reais.

O testamento da marquesa

Em seu testamento, feito em 1862, Domitila dividia seus bens, incluindo os escravizados, entre filhos, sobrinhos, afilhados e pessoas pobres. Porém um enigma persiste até hoje:

> Declaro que é minha vontade que de minha terça, primeiro que tudo, separe-se doze contos de réis para serem entregues a meu testamenteiro, a fim de que ele cumpra uma disposição particular conforme lhe recomendo numa carta fechada de cuja disposição não será obrigado a dar contas, devendo ser acreditado somente pelo seu juramento em juízo das contas e para isso e todos os mais efeitos de direito considerar a referida carta como fazendo parte do testamento, mas em caso algum será junto a ele.[25]

Doze contos de réis eram uma quantia respeitosa para a época. Se com dois contos elevaram a capela da Consolação e equiparam-na com os quatro contos que Domitila deixou em testamento, o que ela pretendia fazer com esse dinheiro que não podia se tornar público? Na prestação de contas do inventário, esse valor aparece como destinado a "cárcere e consciência". Meios financeiros para auxiliar os presidiários e suas famílias, dinheiro destinado às obras de caridade maçônicas ou ainda herança a algum dos filhos que lhe imputavam, sem que ela precisasse reconhecê-lo? Mais um dos mistérios que Domitila levou para o túmulo.

Algumas partes do testamento mostram preocupações da marquesa em relação aos seus escravizados mais íntimos, por exemplo, que o esposo escolhido para uma das escravizadas não maltratasse a esposa. Lembrança, talvez, de seu casamento com Felício e do que ela padeceu:

> Declaro que se ao tempo de minha morte ainda não tenha dado liberdade e feito casar a minha escrava Carolina, meu testamenteiro dará execução a estas minhas vontades passando-lhe

carta de liberdade na véspera de seu casamento, ou depois de casada [...] e rogo a meus filhos que não consintam que ela se case senão com pessoa de bons costumes, para que não a maltrate e conserve alguma coisa que tiver, e lhe darão uma escrava e duzentos mil-réis e as roupas para o seu casamento.

Outro trecho curioso diz respeito a uma escravizada que, aparentemente, tinha hábitos pouco cristãos: "Declaro que deixo forra a escrava Helena, com a condição de morar com sua filha e de não furtar e não beber bebidas espirituosas, e quando não cumpra esta condição ficará obrigada a viver debaixo da sujeição de meus herdeiros".

Outra escravizada, chamada no testamento de Firmina, foi dada de herança para a nora Ana Cândida, casada com Rafael Tobias de Aguiar e Castro, filho mais velho de Domitila com Tobias. Firmina foi libertada posteriormente pelo casal e teve ao menos três filhos. Faleceu aos 30 anos, deixando a última criança, batizada de João Firmino de Aguiar (1887-1937), órfã de mãe aos 6 anos. Ana Cândida adotou João Firmino, criou-o e fez dele um de seus herdeiros. Ele se casou com Leonor Julieta de Castro (1888-1961), filha de José Pinto de Castro, neto de Domitila, segundo relatou para as pesquisas deste livro a bisneta do casal, Silvia Regina de Aguiar — ou seja, parte da descendência de Domitila é fruto da união com o filho de uma ex-escravizada da família.

No inventário, podemos ter uma ideia da vida luxuosa de Domitila, além das diversas casas na cidade e das propriedades rurais, através do valor e da descrição das joias que deixou. A avaliação das peças chegou a quase cinquenta contos de réis. Entre as joias estavam: um leque de ouro, um relógio de ouro cravejado de brilhantes, duas tiaras, uma borboleta de diamantes e rubis e uma pena de brilhantes. As duas últimas aparecem no seu famoso retrato. A borboleta, transformada em broche, ainda estava na posse de descendentes da marquesa no final do século XX. Outra peça que se destacava era um colar com mais de quatrocentas pérolas, medindo 1,10 metro.

Na relação, na qual predominam joias dadas pelo imperador, encontramos referências às suas paixões: uma pulseira de contas de ouro com o retrato de d. Pedro I com um fecho de brilhantes, uma medalha com o retrato do monarca com brilhantes, um colar de ametistas e retrato em camafeu com a figura do imperador, um medalhão cercado de brilhantes tendo no centro a efígie de d. Pedro I. Lembrando o último marido, Domitila também possuía uma pulseira de ouro com o retrato do brigadeiro guarnecido de brilhantes. E, para se lembrar de sua última filha com o monarca, um alfinete com a imagem da condessa de Iguaçu.

Para a duquesa de Goiás, que a marquesa nunca mais vira desde que a filha partira do Rio de Janeiro em 1829, ela deixava joias no valor de quatro contos de réis. Elas foram entregues para a outra filha de Domitila com d. Pedro, Maria Isabel, a condessa de Iguaçu, para que tentasse entregá-las para a irmã; caso não conseguisse, podia ficar com elas. Essas joias acabaram envolvidas nas brigas do casal Iguaçu e não chegaram, até onde se sabe, a ser entregues à duquesa de Goiás.

EPÍLOGO

O DESTINO DA PROLE

Não gosto dos homens, gosto do que os devora.

André Gide

Assim como aconteceu com o testamento de Tobias de Aguiar, houve problemas no de Domitila. Ele foi aberto no mesmo dia de sua morte, e, segundo a lenda, seu inventário nunca teria sido encerrado, o que não é verdade. Apesar de os volumes disparatados dele, guardados no Arquivo Geral do Tribunal de Justiça do Estado de São Paulo, no bairro do Ipiranga, não esclarecerem muito sobre o final do processo, uma nota divulgada no *Correio Paulistano* de 7 de abril de 1888, na página 2, afirma: "[...] foi definitivamente julgada a prestação de contas do testamento da finada marquesa de Santos, falecida a 3 de novembro de 1867. Quase vinte anos durou o cumprimento desse testamento, sendo o seu último testamenteiro o sr. dr. H. M. Inglêz de Souza".

Um dos grandes problemas do testamento de Domitila é que ela não havia feito a partilha dos bens que cabiam aos filhos do primeiro casamento quando o primeiro marido faleceu, em 1833. Ao dividir a sua herança total entre todos os herdeiros, ela lesava o filho Felício e a neta Escolástica Pinto de Castro, filha de sua falecida filha Francisca. Ambos entraram com embargo contra o testamento para resolver a questão.

Para complicar mais as coisas, a filha de Domitila com d. Pedro, Maria Isabel, a condessa de Iguaçu, que estava separada do marido fisicamente desde 1864, ao longo dos anos tentou evitar que ele tivesse parte no inventário. Segundo a lei da época, a mulher casada não podia figurar em juízo como autora ou ré sem expressa autoridade do marido, nem mesmo no que dizia respeito a bens móveis. Toda a documentação anexada ao processo por Maria Isabel, por meio da qual ela buscava tomar parte no inventário de maneira independente da vontade do marido, foi rejeitada porque o seu divórcio ainda não tinha transitado em julgado, com sentença proferida por juízo eclesiástico. Além disso, ela e Felício não se entenderam.

Felício, o único filho vivo do primeiro casamento de Domitila, foi o seu testamenteiro. O inventário arrastou-se até bem depois da morte dele, em 1879, como demonstra a ação impetrada por Maria Isabel contra a cunhada.

A condessa de Iguaçu, que deveria ter recebido cinquenta contos de réis por desejo da mãe, só conseguiu ver o dinheiro em 1887, vinte anos após o falecimento da marquesa. Maria Isabel entrou na Justiça contra Ana Alves de Castro, viúva de Felício, cobrando os juros do período que demorou para receber o valor, mas a Justiça indeferiu o pedido.

Não somente Maria Isabel, como também outros parentes, partes na ação contra o espólio, reclamaram seus direitos. A própria Câmara de São Paulo, em 24 de agosto de 1871,[1] incumbiu um vereador de cobrar do testamenteiro da marquesa os quatro contos de réis que ela havia legado para as alfaias da capela do cemitério e que ainda não tinham sido dados à municipalidade. Em algum momento, a câmara conseguiu receber o valor, como provam o inventário da capela e a prestação de contas desse dinheiro, realizada dezesseis anos depois da morte de Domitila.

Com a morte de Felício, o Solar da Marquesa foi posto em hasta pública. Ele acabou sendo arrematado em leilão pela Mitra Diocesana de São Paulo, em 28 de maio de 1880, por cinquenta contos de réis. O local foi, por 29 anos, palácio episcopal, residência oficial do bispo de São Paulo. Hoje o edifício faz parte da rede de museus que compõem o Museu da Cidade de São Paulo.

Os filhos

É necessário fazer aqui um breve resumo dos filhos que Domitila teve. Com o primeiro marido, Felício Pinto Coelho de Mendonça, com quem foi casada de 1813 a 1824, foram três: Francisca Pinto Coelho de Mendonça e Castro (1813-1833), Felício Pinto Coelho de Mendonça e Castro (1816-1879) e João Pinto Coelho de Mendonça e Castro (1818-1819). De seu relacionamento com d. Pedro I, de 1822 a 1829, ela teve: incógnito (1823-?), Isabel Maria (1824-1898), Pedro (1825-1826), Maria Isabel (1827-1827) e Maria Isabel (1830-1896). Com o segundo marido, Rafael Tobias de Aguiar, Domitila teve: Rafael Tobias de Aguiar e Castro (1834-1891), João Tobias de Aguiar e Castro (1835-1901), Gertrudes de Aguiar e Castro (1837-1841), Antônio Francisco de Aguiar e Castro (1838-1905), Brasílico de Aguiar e Castro (1840-1891) e Heitor de Aguiar e Castro (1842-1846). No total, ao longo de 29 anos, entre a primeira gravidez aos 15 anos e a última aos 44, foram catorze filhos, fora os abortos que pode ter sofrido. Ao falecer, Domitila tinha sete filhos vivos, sem contar o primeiro filho de d. Pedro, que desapareceu na história.

Os filhos de Domitila com Felício

Francisca Pinto Coelho de Mendonça e Castro, apelidada de Chiquinha, morreu aos 19 anos, em 16 de agosto de 1833. Era casada com o tio materno, José de Castro do Canto e Melo, e, ao falecer, deixou uma filha recém-nascida, Escolástica Pinto de Castro, que foi criada por Domitila. Escolástica casou-se em primeiras núpcias com o dr. José Soares Teixeira de Gouveia, deixando descendência, e depois com o dr. Francisco Soares Bernardo de Gouveia, sem filhos.

O outro filho, Felício Pinto Coelho de Mendonça e Castro, casou-se poucos meses depois da morte de Domitila com Ana Alves de Oliveira, com quem teve quatro filhos: Faustina, Dometília, Maria das Dores e

Felício Filho. Antes do casamento, ele teve outros filhos: João Pinto de Castro, com Maria Rita Borba; José Pinto de Castro, com Maria Francisca de Moraes; e Joaquim Pinto de Castro e Felício Pinto de Castro, de mães incógnitas.

Felício foi comendador da Ordem de Cristo e moço fidalgo da Casa Imperial. Ele assentou praça de guarda-marinha, com licença para continuar os estudos na França, em 13 de março de 1827. Em Paris, ficou hospedado na casa do médico dr. Damezik, onde recebia uma pensão de 1.800 francos anuais, fora o que era pago a seus mestres. Durante o tempo que durou a sua licença, ele tinha um soldo de 22 mil-réis mensais, pago pela legação de Paris. Em 1831, já com a idade exigida para entrar para a Academia da Marinha, teve seus soldos suspensos pois não se apresentou, e em 1838 acabou recebendo baixa. Elegeu-se vereador e deputado, pertenceu ao Instituto Histórico e Geográfico Brasileiro e foi dono da fazenda Vacaria. Faleceu em 16 de julho de 1879, aos 62 anos.

Os filhos de Domitila com d. Pedro I

Isabel Maria, a duquesa de Goiás

De todos os descendentes de Domitila, a vida mais curiosa certamente é a de Isabel Maria, duquesa de Goiás. D. Pedro, em 1826, retirou a menina da mãe para ser educada no palácio de São Cristóvão, junto com os filhos dele com d. Leopoldina. Depois da morte da imperatriz e com a iminência da chegada de sua segunda esposa, d. Amélia, em 1829, ele transferiu Isabel para o palácio da Praia Grande, atual São Domingos, em Niterói. É romanceada a ideia de que a nova imperatriz, ao ser apresentada à menina, teria dito que tinha vindo para ser a mãe dos filhos de d. Leopoldina e que a sra. de Santos que cuidasse dos seus. A verdade é que d. Amélia só teve real conhecimento da criança após a abdicação de d. Pedro I, quando já estava em exílio na França.

Augusto de Leuchtenberg, irmão de d. Amélia, veio para o Rio de Janeiro acompanhando a irmã. Em carta para a mãe datada de 19 de outubro de 1829, ele tranquilizou a duquesa Augusta, informando que a marquesa de Santos não estava mais no Rio de Janeiro quando eles chegaram e que a duquesa de Goiás não estava na corte quando a nova imperatriz desembarcou. Augusto também contou que a menina seria enviada para a França a fim de ser educada, e que havia agradecido pessoalmente ao cunhado pelo ato, pois "a ingênua Amélia teria ficado, com certeza, muito surpresa se tivesse encontrado a tal criança em sua casa".[2]

Depois de diversos arranjos, inclusive a compra de um luxuoso enxoval, encomendado a madame Durocher, Isabel Maria embarcou em 25 de novembro de 1829 rumo à França na fragata *Isabel*, comandada por John Pascoe Grenfell. A jovem foi acompanhada pelo guarda-roupa do imperador, Paulo Martins de Almeida, futuro conde de Almeida; Isidoro da Costa de Oliveira, com a esposa, Bárbara Marques de Oliveira; a açafata Josefa de Santana Lopes, acompanhada pelo seu irmão Luís, ambos primos da marquesa de Santos; e uma moça de retrete, Maria Emília.

O destino final da duquesa era Paris, onde seria posta num colégio interno. Segundo carta do secretário de d. Pedro, Francisco Gomes da Silva, o Chalaça, para o visconde de Pedra Branca, era recomendável dar à duquesa "a melhor [educação] possível para fazer uma freira, com a menor despesa possível, sem contudo faltar à decência devida a uma filha de S.M.I. posto que bastarda".[3]

Um dos motivos que pesaram na escolha de d. Pedro de enviar a filha para ser educada na França pode ter sido a histórica liberalidade desse povo em relação aos bastardos reais.

A viagem foi tumultuosa. O navio passou por tempestade, fazia água e as velas estavam esfarrapadas. Por nove dias, vagaram próximo ao porto de Brest[4] sem conseguir ancorar devido aos ventos contrários. A tripulação e os passageiros que levavam a filha do imperador para a Europa tiveram surto de febre, e a duquesinha, estranhando o frio europeu, queixava-se de dor no peito. A situação era exasperadora quando Paulo

Martins de Almeida, o responsável pela criança, resolveu mandar o comandante mudar o percurso e seguir para Plymouth, onde ancoraram em 8 de fevereiro de 1830, 75 dias após terem partido do Rio.

Isabel Maria foi recebida na cidade inglesa pelo almirante lorde Northesk e depois partiu para Londres. Na capital inglesa, a menina foi acolhida pelo encarregado dos negócios brasileiros, Mello Mattos, e recebeu homenagens dos diplomatas portugueses fiéis à sua meia-irmã, a rainha d. Maria II de Portugal. Enquanto isso, o visconde de Itabaiana e o marquês de Resende procuravam um lugar em Paris que pudesse abrigar a filha de Domitila e d. Pedro. Em conferência com o príncipe de Polignac, primeiro-ministro da França, foi indicado o colégio Sacré-Coeur. O colégio, recém-transferido para um antigo palácio na rua de Varenne, que atualmente abriga o Museu Rodin, era uma instituição de excelência. Nesse local, irmãs de caridade, muitas delas antigas aristocratas que abraçaram a vida religiosa, educavam as filhas da elite nacional e estrangeira.

As regras para a admissão das garotas no colégio foram desprezadas pelos emissários brasileiros e por madame Eugénie de Gramont, superiora da instituição. Segundo Maria d'Agoult, antiga aluna do colégio, "as congregações lideradas por jesuítas sabem como quebrar a regra em qualquer ocasião importante".[5] A família e a posição da criança, aliadas à fortuna, demonstravam que ela poderia vir a ocupar uma alta posição na sociedade e, nesse caso, se transformava numa "influência a ser controlada, a ser conquistada, para a maior glória de Deus e para o benefício da ordem".[6] E, assim, a duquesa, sem ter a idade mínima para a admissão (7 anos), foi aceita. Também não tinha todo o enxoval requerido. Os diplomatas exigiriam que a filha do imperador do Brasil tivesse aposentos só para ela, em vez de ficar no dormitório comum a todas as alunas, e que não fizesse as refeições junto às demais; isso também foi resolvido prontamente. Tudo foi arranjado para receber tão ilustre aluna. Uma religiosa ficaria constantemente ao seu lado devido à pouca idade, uma das irmãs limparia o quarto dela e Isabel Maria seria servida em seus próprios aposentos.

Em 8 de março de 1830, Isabel Maria foi instalada no colégio. Os aposentos dela foram ricamente decorados, com uma cama de mogno coroada por cortinas cruzadas de veludo verde, coberta por uma colcha de seda azul-clara bordada com flores e o brasão fantasioso da duquesa, com as armas de Portugal e do Brasil, que hoje se encontra no Museu Imperial. Os demais móveis também eram de mogno, com exceção da escrivaninha em bronze. Nos aposentos havia ainda um piano, onde ela tomava as lições. Nas paredes, foram colocadas algumas gravuras, entre elas uma de d. Pedro e outra da irmã, d. Maria da Glória.

Um cerco fechou-se em torno da menina. Nenhuma pessoa sem autorização do visconde de Pedra Branca, Domingos Borges de Barros, ministro plenipotenciário do Brasil em Paris, tinha permissão de visitá-la. Todas as cartas que recebesse eram reenviadas fechadas para a embaixada ou para os responsáveis por sua educação. Essas mesmas pessoas eram as únicas com quem a pequena duquesa saía a passeio. Isabel só podia ter contato com quem lhe fosse devidamente apresentado no dia de seu aniversário e com membros da família imperial. Começava, dessa forma, a separação total da sua família materna.

D. Pedro, mesmo distante, não descuidou em nenhum momento da filha. Inúmeras pessoas mandavam-lhe pareceres do desenvolvimento da menina, e os relatórios médicos, apresentados trimestralmente, passaram, por ordem do imperador, a ser enviados mensalmente ao Brasil. Até a irmã de d. Pedro, a infanta d. Ana de Jesus Maria, marquesa de Loulé, que se encontrava em Paris, interessou-se pela pequena duquesa. No aniversário de Isabel Maria, em 1830, a tia deu-lhe uma cadeirinha e, anteriormente, já havia presenteado a sobrinha com uma boneca. Nesse aniversário, a duquesa ganhou do visconde de Santo Amaro um vaso de Sèvres com a imagem de Pedro I.

Segundo os informes que o imperador recebia do colégio e dos diplomatas, Isabel Maria era uma criança inteligente e esperta. Já estava lendo fluentemente, começava a fazer trabalhos com agulha e retinha com facilidade as histórias que lhe eram contadas, embora não fosse muito afeita aos estudos de piano. Tinha uma boa voz e gostava de canto.

De extrema docilidade, como descreveu madame Marbeuf em seus relatórios, a encantadora menina, contudo, mudava de humor quando era obrigada a estudar.

D. Pedro, numa das cartas que enviou à filha recomendando que se esforçasse nos estudos, deixava claro o seu pensamento acerca do assunto: "[...] trabalha por mereceres alguma opinião, e não te fies na tua hierarquia, pois a civilização tem feito ver aos monarcas, e aos grandes, que não basta o nascimento, que é necessária uma boa educação e saber [...]".[7]

Reencontro de pai e filha

Com a abdicação de d. Pedro, em 7 de abril de 1831, o ex-imperador partiu para o exílio na Europa, desembarcando em Cherbourg, na Normandia, França, em junho do mesmo ano. De lá, ele escreveu para a duquesa de Goiás, que estava com 7 anos, contando sobre a perda do trono, afirmando que agora se encontrava na Europa e desejava ardentemente vê-la "para beijar-te e dar-te em pessoa a benção daquele que é teu pai e amigo".[8]

Em Paris, finalmente, d. Pedro apresentou a filha para d. Amélia, que a aceitou e passou a recebê-la na casa da rua de Courcelles, em Paris, nos dias em que era permitido que a duquesa saísse do internato. Assim, Isabel Maria passou a integrar a pequena corte ao redor do pai, da irmã mais velha, d. Maria II de Portugal, e do mais novo membro da família, a princesa d. Maria Amélia, nascida em 1º de dezembro de 1831.

A duquesa de Goiás participaria de diversas comemorações na residência, como a recepção dada por d. Pedro em 1º de janeiro de 1832 e o Dia de Reis, em 6 de janeiro. Nessa data, ela teve papel ativo numa tradição centenária. Uma fava foi colocada na *galette des rois*, uma torta de massa folhada recheada com creme de amêndoa. Quem achasse a fava seria coroado rei. Ela foi para debaixo da mesa e, sem ver os pedaços que estavam sendo servidos, ditava para quem deveriam ser entregues. A rainha d. Maria II acabou recebendo o pedaço do doce que tinha a fava e foi coroada rainha. D. Pedro recusou-se a participar da brincadeira alegando que, do jeito que as coisas iam, era bem capaz de o pedaço com a fava cair para ele, e assim ser acusado de roubar a coroa da filha.

Nessa época, devido à gravidez e ao parto de d. Amélia, a mãe dela, a duquesa Augusta de Leuchtenberg, havia partido de Munique para cuidar da filha. Dessa forma, teve contato com Isabel Maria, por quem se encantou. Augusta anotou em seu diário sobre a menina, em dezembro de 1831: "Uma criança encantadora, impossível de não amar. Que pena que a rainha [d. Maria II de Portugal] não seja como ela".[9]

D. Pedro também estava contente com a menina, como se vê na menção que ele faz dela em carta para d. Mariana Carlota de Verna Magalhães Coutinho, aia dos seus filhos que ficaram no Rio de Janeiro: "[...] a pequena duquesa de Goiás está linda e adiantadíssima, toca mui bem piano [...] minha esposa estima-a como a sua filhinha".[10]

Essa convivência familiar seria uma das últimas lembranças que a duquesa de Goiás guardaria do pai. Ele partiu para a guerra contra o irmão, d. Miguel, em Portugal, em 25 de janeiro de 1832, e faleceu no palácio de Queluz em 24 de setembro de 1834, sem voltar a rever Isabel Maria.

A duquesa de Goiás e a família Leuchtenberg

Em seu testamento, feito em Paris em 21 de janeiro de 1832, d. Pedro foi específico quanto à duquesa de Goiás.

> Recomendo a S.M.I., a sra. d. A.A.E. de L. [d. Amélia Augusta Eugênia de Leuchtenberg], minha querida e adorada esposa, que chame ao pé de si a minha querida filha d. Isabel Maria de Alcântara Brasileira, duquesa de Goiás, logo que ela tiver completado a sua educação, e que durante ela, lhe assista com a sua imperial proteção e amparo.[11]

O desejo inicial de d. Pedro, de que a filha se tornasse freira, foi modificado em algum momento, talvez por interferência direta tanto de d. Amélia quanto da duquesa Augusta de Leuchtenberg.

Com a morte dele, elas tomaram a menina sob sua proteção, e, em abril de 1839, às vésperas de completar 15 anos, a duquesa de Goiás foi recebida no palácio Leuchtenberg, em Munique, e matriculada no Instituto Real de Moças.

Segundo a biógrafa de d. Amélia, Cláudia Thomé Witte,

> [...] o instituto [...], embora de língua francesa, era mais conhecido na Baviera como Fundação Max-Joseph, por ter sido criado em 1813 pelo avô de d. Amélia. Pai de nove filhas, o rei tinha se preocupado com a educação feminina e decidira criar esta instituição nos moldes da famosa Casa Imperial de Educação em Paris.[12]

Em 21 de março de 1839, d. Amélia escreveu para o seu enteado e meio-irmão da menina, o imperador d. Pedro II. Na carta, ela buscava justificar a sua decisão de transferir a duquesa de Paris para Munique:

> Confio-te que a esperança que tenho, de a casar convenientemente na Alemanha, contribuiu muito para me decidir a trazê-la para cá. [...] As vantagens que resultam dessa transferência são imensas para o seu futuro; e dá-me tranquilidade, quando eu tiver de voltar para Portugal, sabê-la aqui junto de minha boa mãe. [...] Eu me interesso tanto por tua irmã Isabelle[13] que não quero negligenciar o que possa contribuir para sua felicidade, e, além disso, não posso me esquecer de como ela era querida por teu pai.[14]

A irmã de d. Amélia, Teodolinda de Leuchtenberg, deixou nessa época uma recordação sobre a jovem duquesa de Goiás em seu diário: "[...] linda, alta, bem formada, com lindos olhos negros, dentes brancos como a neve e voz agradável".[15] Do mesmo modo que Isabel Maria encantara a duquesa Augusta em Paris, logo Munique também estava impressionada com a bela jovem, incluindo a rainha Teresa da Baviera, a quem a duquesa de Goiás foi apresentada logo após a sua chegada.

Em janeiro de 1841, d. Amélia dava novas notícias a d. Pedro II: "Todos estão muito contentes com Isabel Maria no instituto, e minha mãe escreveu que ela cresce e se embeleza todos os dias".[16]

O casamento da duquesa

Quando estava próximo de Isabel Maria completar 17 anos, começou o empenho das Leuchtenberg para arrumar um noivo para a jovem. A duquesa era bonita, de grandes olhos negros, com uma educação perfeita. Unia-se a isso o fato de ser irmã do imperador do Brasil e da rainha de Portugal, além de ser protegida da imperatriz-viúva do Brasil, d. Amélia, e de sua mãe, a duquesa Augusta, filha do antigo rei da Baviera e irmã do atual. Um fator contrário era, naturalmente, o fato de ser filha legitimada de d. Pedro, mas quanto a isso se daria um jeito.

Entre todos os partidos, o que acabou se destacando foi o conde Ernesto Fischler von Treuberg, barão de Holzen. Ele era filho da princesa Maria Crescentia Anna Johanna Francisca von Hohenzollern-Sigmaringen e do conde Franz Xaver Nikolaus von Treuberg. A família possuía títulos, terras e fortuna, e Ernesto estava à frente dos negócios desde a morte do pai, seis anos antes. Ele tinha 31 anos, e Isabel Maria era catorze anos mais jovem.

Por essa época, qualquer lembrança que Isabel Maria tivesse de Domitila já havia se perdido. Afastada desde cedo, ela pouco se recordava dos traços, da voz ou mesmo do nome dessa mãe que havia ficado no passado e que d. Amélia fizera questão de que fosse deixada por lá. A duquesa sabia apenas que era órfã de mãe e que d. Pedro a havia legitimado. Porém, ao futuro marido da duquesa foi contada a verdade. A mãe da menina ainda vivia no Brasil, e as duas não deveriam ter contato. Quem foi avisado do casamento da jovem duquesa foram os seus meios-irmãos paternos. D. Amélia acreditava que a fortuna que d. Pedro I havia deixado em testamento para Isabel Maria era pouco para ela fazer um bom casamento. Por isso escreveu para os enteados pedindo ajuda para aumentar o dote da duquesa de Goiás, como podemos ver nesta carta, de 1841, para d. Pedro II:

> Como a fortuna de Isabel não é grande, a coisa é bastante difícil, e é por isso que eu, não duvidando de que tu tenhas a intenção de fazer a Isabel um presente de noivado em diamantes ou em dinheiro, venho-te pedir, então, que isso seja preferencialmente em dinheiro, e peço-te que me digas em qual valor montaria a soma que tu darias de uma vez. Como eu espero que tua irmã, a rainha, dê a mesma coisa que tu, essas duas somas reunidas constituirão uma espécie de dote da duquesa de Goiás, que, adicionadas à sua pequena fortuna pessoal, poderão assegurar-lhe uma existência agradável.[17]

D. Pedro e d. Maria II de Portugal concorreriam com 50 mil francos, cada um, para o dote da irmã, e o conde de Treuberg, a pedido de d. Amélia, receberia do imperador do Brasil a grã-cruz da Ordem da Rosa. A duquesa Augusta de Leuchtenberg contribuiu para o casamento encarregando-se, junto com a filha, do enxoval de Isabel Maria.

Segundo Cláudia Thomé Witte, para evitar escândalos a respeito da origem da menina, "a união foi negociada durante visitas a Ismaning e os proclamas do casamento correram por Eichstätt, onde Augusta conseguia manter o sigilo sobre a origem da noiva, evitando associações entre a duquesa e sua mãe, a marquesa de Santos".[18]

A união do casal ocorreu na capela do palácio Leuchtenberg, em Munique, em 17 de abril de 1843, às vésperas de a duquesa de Goiás completar 19 anos. Após a ceia, o casal seguiu para a nova residência de Isabel Maria, em Holzen. Um ano antes, a mãe da noiva, Domitila, havia se casado com Rafael Tobias de Aguiar. Mas, no ano em que a filha entrava para a nobreza germânica, a marquesa estava numa prisão, no meio da baía de Guanabara, cuidando do marido.

A marquesa teria, sem saber, quatro netos da duquesa de Goiás: Maria Amélia (1844-1919), Fernando (1845-1897), Augusta Maria (1846-1909) e Francisco Xavier (1855-1933).

Os nomes das meninas eram homenagens à meia-irmã de Isabel Maria, a princesa Maria Amélia, que ela vira nascer em Paris em 1831 e que faleceria tuberculosa na ilha da Madeira em 1853, e à duquesa Augusta de Leuchtenberg, a avó postiça que acabara ganhando. Os dos filhos homenageavam o cunhado, d. Fernando, esposo da rainha d. Maria II de Portugal, e o avô paterno da criança. Mesmo com o contato com a família materna totalmente bloqueado, não foi apenas a família Leuchtenberg que a duquesa de Goiás conheceu. Os Bragança nunca se afastaram dela, e a duquesa manteve correspondência com os irmãos paternos. D. Pedro II e Isabel Maria reencontraram-se em Munique na viagem que ele fez à Europa, em 1871.

Segundo a história oral transmitida por diversas gerações dos descendentes da duquesa de Goiás, d. Pedro II teria também visitado a irmã no castelo de Holzen. Isso teria gerado uma cena pitoresca: chegando ao castelo, o monarca avistou um jardineiro que cuidava das macieiras do pomar e apresentou-se, dizendo que queria ver Isabel Maria. O funcionário entrou no castelo anunciando que havia um lunático nos jardins dizendo ser o imperador do Brasil.

Tentativa de contato entre o Brasil e a Baviera

A falta de conhecimento e contato de Isabel Maria em relação à sua família materna persistia, apesar de eles tentarem se aproximar. Assim que o conde de Iguaçu se casou com Maria Isabel, irmã da duquesa de Goiás, em setembro de 1848, ele escreveu para o conde de Treuberg:

> Senhor conde,
>
> Eu tenho a honra de vos participar do meu casamento com a senhorita d. Maria Isabel de Alcântara e Bragança, irmã da madame duquesa de Goiás, vossa nobre esposa.
>
> Espero que estas alianças que contraí com pleno consentimento e aprovação de S.M. o imperador do Brasil, meu augusto amo, recebam a vossa aprovação e que vós queirais doravante me considerar não somente um de vossos parentes, mas também um de vossos amigos.

A condessa se dirigiu diretamente à sra. duquesa para prestar-lhe os esclarecimentos necessários, e, como tencionamos fazer uma viagem pela Europa no ano que vem, rogo-vos que nos informeis o local de vossa residência, a fim de que possamos juntar-nos a vós.

Queira o sr. conde apresentar meus respeitos à sra. duquesa, e aceitar meus protestos de sincera amizade e da mais alta consideração, com a qual sou etc.

Vosso totalmente devotado parente e amigo
Senhor conde.
Rio de Janeiro, 16 de outubro de 1848.[19]

Na mesma ocasião, Maria Isabel tomou da pena para tentar estabelecer contato com a irmã:

Rio, 5 de outubro de 1848

Minha querida mana do C[oração].
Com o maior prazer que é possível pego na pena para te escrever e procurar ter notícias tuas. Tenho a satisfação de te participar que no dia 2 de setembro próximo passado me casei com o conde de Iguaçu, e hei de desejar que esta aliança mereça a tua afirmação. Este meu casamento foi contratado com plena afirmação de S.M.I. e de todos os meus. Talvez não saibas que meu marido tem merecido sempre que o imperador o trate com distinção, e que tenha dito várias vezes que o considera seu amigo. O imperador aprovou muito e muito a minha escolha, e desde que casei já fui duas vezes ao paço, e tenho sido mui bem recebida por ele, e [disse?] demais a meu marido que eu contasse agora com tua proteção. [...] espero que possamos hoje em dia nos corresponder regularmente, e

peço como especial favor que me dês breve notícias tuas. Apesar de não te conhecer, sabendo, porém, que és minha irmã, não posso deixar de te consagrar todo amor, e me interessar muito por tua pessoa; de maneira que anseio por notícias tuas, e de todos os teus.

Eu gozo de boa saúde felizmente. Pretendo estar algum tempo nesta corte, e depois ir a S. Paulo. Para o ano tenciono ir à Europa e se for possível terei muito prazer em te fazer uma visita. Nossa mãe não tem passado bem ultimamente; porém não é doença de maior cuidado. [...] desejarei [que] estejas de gozo de perfeita saúde. Aceitas muitas saudades de meu marido. Adeus, e creia que sempre serei com a maior amizade.

Sua mana do C[oração].

Maria Isabel

P.S. Peço que sejas tão boa que mandes tirar teu retrato a óleo a meio-corpo para eu ter sempre defronte de mim.[20]

Nenhuma das cartas obteve respostas. Elas foram interceptadas pelo conde Ernesto Fischler, e a duquesa de Goiás ficou sem ter conhecimento delas.

O fim da farsa

Como o tempo é inclemente contra os segredos, a duquesa de Goiás não ficaria mergulhada em ignorância sobre a sua família materna para sempre. Em 14 de maio de 1867, seis meses antes da morte de Domitila, seu genro alemão faleceu, deixando Isabel Maria, viúva aos 43 anos, administrando os bens do casal. Assim, o obstáculo entre ela e novas comunicações da família desaparecia.

Isabel Maria ia anualmente à estação termal de Carlsbad, atual Karlovy Vary, na República Tcheca. Fazia a viagem de mais de trezentos quilômetros de Holzen para essas termas, pois, segundo relatado em sua correspondência, ela sofria de uma doença "do baixo ventre", provavelmente ginecológica, e somente encontrava alívio nessas águas. Ela passava de quatro a seis semanas na cidade e preferia a baixa estação, quando havia poucos frequentadores. "Eu escolho o mês de maio, porque tem menos gente lá e, estando acostumada à solidão, não consigo me acostumar com o tumulto da alta sociedade."[21]

Em junho de 1869, em Carlsbad, ela travou contato com um intermediário chamado na correspondência de mr. Coats. Esse senhor colocou-a a par da sua filiação com a marquesa de Santos, que ela a princípio entendeu "marquesa de Souza". Mr. Coats informou-a do falecimento de sua mãe e fez a ligação entre ela e o conde de Iguaçu no Rio de Janeiro.

Em sua primeira carta ao cunhado, Isabel Maria escreveu:

> Existem momentos no mundo que são tão diferentes uns dos outros, existem uns bem deploráveis e outros felizes, hoje quero falar dos últimos na primeira carta que escrevo para você. Este belo momento da minha vida, tão triste desde a morte do meu excelente marido, foi você, monsieur, quem me fez sentir, pela lembrança tão querida que me enviaste, pelo retrato da minha falecida mãe, que nunca conheci e que não me foi permitido contar entre os vivos. Neste momento, a morte que separa a todos para sempre, deve reunir-me de longe aos meus, àqueles que lhe eram queridos e que não me serão doravante mais estranhos. Com sinceridade, senhor, posso assegurar-lhe minha amizade e a dos meus, pois li na carta do mr. Coats que você a tem. Mas, venho pedir que me dê todas as informações possíveis, que digam respeito à marquesa de Souza [sic], estou impaciente por receber notícias para mim desconhecidas infelizmente. Você me permite juntar aqui duas fotos, uma para você e outra para sua querida filha, mas peço contrapartida em sua próxima carta.

> Rogo para que você dê meus cumprimentos a seu irmão e diga mil coisas ternas para sua filha, saúdo-te de longe. Acredite, senhor conde, em meus sentimentos cheios de estima e amizade sua devotada
>
> Isabelle, condessa Fischler Treuberg Carlsbad
> Neste 7 de junho de 1869[22]

Inicialmente, a duquesa de Goiás não tinha ideia de qual a relação que o conde de Iguaçu tinha com ela, chegando até a achar que ele poderia ser seu irmão. Conforme a troca de correspondência avançou, o conde enviou a ela a genealogia da família Canto e Melo, a relação de filhos que d. Pedro e Domitila tiveram, a descrição da casa em que ela morou no Rio de Janeiro e algumas cartas trocadas entre d. Pedro e a marquesa de Santos que tratavam da filha e de seus amores.[23] Além disso, ele descreveu Domitila para a duquesa, falando do seu gênio e de sua beleza.

Numa das cartas, o conde revelou que, quando ele se casou com a irmã da duquesa, chegou a informar d. Amélia a respeito da união:

> Sua Majestade Imperial me enviou sua resposta por intermédio do marquês de Resende. A imperatriz não quis que, sob nenhum pretexto ou forma, fosse estabelecida correspondência entre você e eu, ou entre as duas irmãs, embora o imperador [d. Pedro II], a meu pedido, tivesse demonstrado que fazia pressão com grande interesse. Suponho que a recusa da imperatriz visasse impedir que você [...] tivesse contato, no Brasil, com seus parentes e principalmente com sua mãe [...]. Também acredito que os mesmos obstáculos existiram do seu lado, e que você não pôde escrever para o Brasil antes da morte de seu marido ou de sua mãe.[24]

Em carta de janeiro de 1870, a duquesa de Goiás diz compreender por que d. Amélia não quisera nenhuma correspondência entre eles:

> [...] com certeza quis me poupar de preocupações a respeito de meu marido e meus filhos, que seriam muito certas, porque para os meus e outras pessoas eu era, e ainda sou, infelizmente sempre serei, a filha ilegítima de d. Pedro e por isso sou vista com um olhar completamente diferente, o que se transforma em grandes dificuldades, que outras mulheres da minha categoria nunca terão de passar.

Ela também comentou a respeito da alegria com que recebeu o retrato da mãe, mas afirmou: "[...] com constrangimento mostrei aos meus filhos, pois com isso despertei uma lembrança que para mim só pode ser dolorosa e delicada".[25] Essa mistura de sentimentos fora justamente do que d. Amélia tentara poupar Isabel Maria.

A correspondência entre os cunhados durou de 1869 até 1871. Nelas, descobrimos que a filha mais velha da duquesa de Goiás, Maria Amélia, por ter herdado do pai ações da companhia de estradas de ferro e ter independência financeira, não estava interessada em se casar tão cedo. Fernando, o filho mais velho, havia abandonado os estudos para se dedicar às propriedades, mas não mostrara aptidão para isso, e a duquesa tivera que intervir na administração dos bens. A filha mais nova, Augusta Maria, casada com o barão Maximilian de Taenzl Trazberg, teve uma gravidez complicada, o que levou Isabel Maria a cuidar dela e a ver nascer sua primeira neta. Francisco Xavier, o caçula e seu favorito, ainda estava realizando os seus estudos.

A duquesa escrevia diretamente ao conde até o início da Guerra Franco-Prussiana (1870-1871), quando achou mais seguro enviar suas cartas pelo cônsul do Brasil, Francisco Moniz Barreto de Aragão. Dessa forma, a correspondência chegava pela mala diplomática, sem intermediários. Entretanto, em algum momento, Isabel entrou em contato com a casa comercial Samuel Phillips, banqueiros de d. Amélia no Brasil, talvez para questionar sobre um envio seguro das joias que Domitila havia legado a ela por testamento.

A casa bancária entrou em contato com d. Amélia, e esta, por sua vez, contatou Isabel Maria. Em carta de 31 de agosto de 1871, a duquesa de Goiás relatou ao conde de Iguaçu:

> [...] sou obrigada a cessar a nossa correspondência por ordem de S.M. a imperatriz, que [...] me exige que eu cesse de me informar ou de me interessar por qualquer membro da família da marquesa de Santos. Eu não creio que ela saiba que nós nos damos um ao outro novidades recíprocas, mas ela sabe que eu perguntei ao banqueiro no Rio, eu fui denunciada e tive que sofrer. Eu venho vos anunciar, meu querido cunhado, e vos suplicar para tirar dos olhos do mundo a minha fotografia pintada e de não mostrar as outras de mim e da minha família que eu vos enviei. Eu vos imploro, seja contido [...] com vossos conhecidos para que eu não esteja perdida com S.M. a imperatriz Amélia.[26]

Segundo Isabel Maria, ela devia obediência à imperatriz, pois ela sempre fora

> [...] um anjo da guarda [...] desde jovem, ela me demonstrou um amor que ia além do que minha posição merecia, ela sempre agiu com um coração nobre e desinteressado. Como tantos sabem, ela me tratou como filha e ainda demonstra isso de forma admirável em relação à minha família, com meus filhos. Eu lhe devo uma gratidão inalterável e por isso devo agir como ela me pede.

Após a morte de d. Amélia, Isabel Maria reclamou judicialmente no Brasil, em 2 de agosto de 1873, as joias que deveria ter recebido por herança da mãe. A condessa de Iguaçu declarou em juízo que o marido tinha ficado com elas, e que as passara para as mãos da viscondessa de Sousa Franco.

A duquesa de Goiás faleceu em Murnau, na Baviera, na casa do filho mais novo, Francisco Xavier, em 3 de novembro de 1898, exatos 31 anos depois da morte da marquesa de Santos.

A nota curiosa dos descendentes germânicos de Domitila é que os homens seguiram — assim como seus tios-avôs e seu bisavô, o visconde de Castro — a carreira militar, lutando contra o Brasil nas duas grandes guerras mundiais.

Maria Isabel, a condessa de Iguaçu

Ao contrário da duquesa de Goiás, amplamente poupada e protegida pelas Leuchtenberg a respeito de sua origem, Maria Isabel teve de conviver com o estigma de filha ilegítima desde que nasceu. Ao historiador Melo Morais a condessa de Iguaçu informou que d. Pedro I havia desejado se casar com a sua mãe, a marquesa de Santos, mas esta não aceitara o pedido. Domitila talvez tenha tentado, na mentira, salvar um pouco a imagem do pai que se recusou a reconhecer oficialmente a filha. Segundo o conde de Iguaçu:

> Numa carta endereçada à marquesa de Santos, d. Pedro I declarou que não prestou à segunda filha todos os favores que devia, concedendo-lhe todos os títulos e vantagens que concedera à primeira, em razão dos obstáculos criados pelos acontecimentos políticos de 1830 e 1831, e de sua partida apressada para a Europa.[27]

Além de todas as questões políticas, havia a questão moral. D. Pedro I, em sua busca por uma nova noiva, de 1827 a 1829, tentou se mostrar como um homem arrependido de seus erros passados. Após se ver casado na Europa com d. Amélia, não haveria como ele assumir publicamente a nova filha com a marquesa sem prejuízo da imagem que tentava criar para si. No final da vida, ele encarregaria a ex-imperatriz de respeitar a sua vontade, não permitindo que Maria Isabel fosse oficialmente reconhecida.

Maria Isabel, segundo o marido, "era uma pessoa muito bonita e elegante, bastante alta, amável, caridosa, espirituosa e dotada de uma bela voz. [...] Ela tinha, além disso, um caráter enérgico; facilmente se deixava levar pelas primeiras impressões e suas ações não eram dirigidas pela reflexão".[28]

A herança de Maria Isabel

Assim que Maria Isabel e o conde de Iguaçu se casaram, em 1848, a imperatriz d. Amélia fez cumprir o testamento de d. Pedro I e mandou que fosse entregue ao casal a parte de Maria Isabel da herança do pai, equivalente a onze contos e setecentos mil-réis, além das correções de mais de uma década. Mas, antes disso, d. Amélia tinha tomado a precaução de tentar impor ao seu enteado, o imperador d. Pedro II, que se mantivesse longe da questão do casamento de sua meia-irmã e que evitasse dar qualquer tipo de permissão ao consórcio, pois isso significaria o reconhecimento do parentesco entre o imperador e Maria Isabel. Em 22 de outubro de 1848, d. Amélia escreveu:

> [...] se der permissão para o casamento, pode-se pensar que tu consideras esta jovem Maria Isabel como filha de teu pai. Ele jamais a declarou como tal, nada pode provar que ela o seja e é um dever dos filhos de não a considerar como da família.
>
> O caso é totalmente diferente para a jovem duquesa de Goiás, que esposou o conde de Treuberg, pois teu pai a reconheceu e declarou como sua filha por um ato formal. Seus únicos parentes são os que teu pai lhe deu, pois, por sua vontade expressa, ela ignora quem foi sua mãe.
>
> Não deve haver relações de parentesco entre Isabela e Maria Isabel, pois a primeira só conhece teu pai e a segunda só a mãe.[29]

Em 22 de fevereiro de 1850, d. Amélia explicou sobre a herança deixada por d. Pedro a Maria Isabel:

> A ti, meu querido filho, direi no maior segredo que a terceira parte da metade da terça que teu pai no seu testamento determinou que me fosse entregue para eu lhe dar a aplicação que ele verbalmente me fez constar foi destinada à menina Maria Isabel, agora casada com o conde d'Iguaçu, mas não devendo eu revelar esta determinação do teu pai, acabo de mandar entregar por via da Casa Samuel Phillips e Cia. do Rio de Janeiro a quantia em que consiste o legado à condessa d'Iguaçu, como proveniente de um anônimo, pois nunca deve ela vir no conhecimento do nome da pessoa que lhe deu o dito legado, nem do nome da outra que lhe mandou entregar.[30]

Como, segundo o conde de Iguaçu,[31] d. Pedro II insistia junto à madrasta para que Maria Isabel tivesse contato com a duquesa de Goiás, d. Amélia foi firme, esclarecendo que, para honrar a memória de d. Pedro I, os Bragança deveriam evitar qualquer tipo de reconhecimento:

> O nosso respeito e o nosso amor à memória de teu nobre pai nos impõem a rigorosa obrigação de nos conformarmos inteira e estritamente às suas últimas vontades, bem claramente expressas no seu testamento. [...] Reconhecer um [filho] a mais seria [...] fazer-lhe depois da morte uma violência, revelando o que ele quis que ficasse duvidoso ou encoberto. [...] Se, pois, meu querido filho, o conde d'Iguaçu te tornar a falar n'alguma coisa a este respeito, deves perseverar em responder-lhe que não conheces outra filha natural de teu pai senão a duquesa de Goiás, que ignoras o que eu ouvi de teu pai e que não tens conhecimento de qualquer legado que, segundo diz o conde de Iguaçu, foi deixado para sua mulher.[32]

Uma nova vida

A falta do reconhecimento não impedia Maria Isabel de usufruir da sua nova condição de mulher casada, morando na corte, com acesso ao palácio e à alta sociedade. Com uma voz belíssima, ela tinha aulas de canto com grandes professores na capital. Seu interesse pela música lírica fez com que fosse vista frequentemente desembarcando de sua carruagem no Teatro São Pedro de Alcântara, no Teatro Lírico Fluminense, entre outros estabelecimentos, para assistir a óperas e cantores estrangeiros que vinham ao Brasil. Em 1852, junto com outras 43 senhoras da sociedade fluminense, ofereceu à cantora lírica internacional Rosine Stoltz, que se apresentara no Rio de Janeiro, uma coroa de ouro, brilhantes e esmeraldas.

No Museu Histórico Nacional, no Rio de Janeiro, existe um livro de músicas para piano que pertenceu à condessa de Iguaçu, com partituras de *Les noces de Jeannette*, uma ópera-cômica composta por Victor Massé em 1853, *Manon Lescaut*, não a de Puccini, mas a de Aubert, de 1856, e ainda composições de Bach e Liszt. Além do gosto musical dela, o livro dá uma amostra, pelo luxo da encadernação, do nível a que estava acostumada.

Mas esse padrão de vida tinha um custo elevado. Além do valor que d. Pedro I deixou para a filha, a marquesa de Santos concorreu com oitenta contos de réis para o dote de Maria Isabel, sendo metade paga por Domitila e a outra parte por Rafael Tobias de Aguiar. Com esse valor, foram adquiridas três residências, de número 8, 10 e 12 na rua Carvalho de Sá, atual Gago Coutinho, em Laranjeiras, muito próximo ao então largo da Glória, atual largo do Machado.

O conde de Iguaçu e suas dívidas

A se julgar pelas cartas da marquesa de Santos ao genro, a partir de 1851, Iguaçu devia gastar muito mais do que possuía, e colocou em risco o patrimônio do casal, o dote da esposa e até mesmo uma joia da sogra.

19 de maio
Primo[33]

[...] Veja o que me diz relativo à minha proposta sobre hipotecar a casa pequena para pagar suas malvadas dívidas, estas dívidas que tanto me atormentam de dia e de noite.

Eu sei que a casa não está incluída em seu dote. Primo, o que era mais feio o sr. já fez, que foi empenhar o bandó e a minha medalha, assim faça mais este sacrifício e hipoteque a casa e pague as suas dívidas.

[...] Estou bem convencida que o sr. é daqueles homens que não olham para suas dívidas e nem para o futuro.

Eu sendo mulher lembro-me do futuro. Não tenho expressões com que lhe explique os meus sentimentos. Tenho vergonha de falar a meu marido e assim remedeie-se lá como puder. Eu nunca poderei passar bem quando meu espírito tanto e tanto sofre.

Adeus, acredite que sou
Sua amiga

M. de Santos

P.S. Bela, muito estimo vossa saúde e sinto os incômodos dos queridos netos. Muito admirada estou contar-me vosso marido que estais de novo com mestre, deixai-vos disso esse dinheiro aplicai para pagar umas dívidas.

Quando tiver portador remeterei o dinheiro de tudo que tem vindo pois vejo que muito precisais. Vossa mãe que muito vos ama.

M. de Santos[34]

Em outubro de 1851, a marquesa novamente voltou ao assunto. Seu marido, Rafael Tobias de Aguiar, tentou surpreendê-la resgatando as joias de Maria Isabel empenhadas no chamado "Monte do Socorro", como eram chamadas casas de empréstimos a juros que operavam com penhoras e hipotecas. Mas descobriram que "para tirá-las ainda era preciso pagar seis contos que vosmecê deve". Além disso, o conde não podia "empenhar as joias da Bela que fazem parte do dote conforme a escritura que passou e que se não trata disto é para não lhe comprometer e que por isso se tirasse as joias eram para vir para o poder dele [Rafael Tobias] para não acontecer o mesmo outra vez".

E Domitila continuava:

> Espero porém que o primo caia em si e reconheça que tem obrado de uma maneira que mostra uma cegueira ou não sei o que [que] não merecíamos e que não lhe entreguei uma filha que muito estimava de tão boa vontade e que ao mesmo tempo que vosmecê não é capaz de fazer o menor sacrifício para me tranquilizar e tirar-me da inquietação em que vivo.[35]

Entre as joias estava uma medalha, mencionada em diversas cartas, que era dela e que nem a filha nem o genro tinham direito de dispor. Em 16 de novembro de 1851, Domitila retornou à carga contra o seu genro em carta enviada de São Paulo:

> Se vosmecê ama a Bela como diz, e quero acreditar, como foi empenhar as joias com que ela deve aparecer em público em dias de gala e festas ainda pondo de parte o seu dever e obrigação pela obrigação que contraiu pela escritura do casamento, pela qual fica inibido de vender ou aliená-las? [...]
>
> Atreve-se vosmecê a esquecer-se de deveres tão sagrados para mandar comprar parte do serviço de porcelana e cristais que lhe faltavam e que ficaram guardados no seu guarda-louças.

> [...] Eu queria, e tenho bastante vontade, de condescender com sua vontade pelo amor que tenho a Bela, mas para isso que tenho encontrado da sua parte senão completa relutância a tudo quanto o juízo e bom senso dita, que era [...] viver com a devida decência e economia para um dia fazer um papel decente e não sujeitar ao nosso Nhonho,[36] que diz lhe merece tanto amor, a pedir esmola um dia.
>
> [...]
>
> Enfim, se vosmecê persistir em permanecer aí como tem feito, faça o que lhe convier das joias, na certeza de que não estou para estar tendo trabalho e cuidado por quem só quer dinheiro e muito provavelmente para fazer o que fez com o da Bela, que serviu para pagar dívidas dos seus parentes, e que seu primo [Tobias de Aguiar] tem dado providências para quando se tenham de vender as joias se resgatarem por aquilo restritamente por que estão empenhadas no Monte do Socorro e isso só para não tratar seu nome do desaire que bem merecia pelo desprezo com que o tem tratado[...].[37]

Além das questões financeiras, a marquesa viria a ter muito mais inquietações a respeito da filha e do casamento dela.

Agressões e adultérios

O conde de Iguaçu, além de perdulário, era agressivo e infiel. Estudando o processo de divórcio deles, vemos a denúncia da condessa de que ele não só a agredia fisicamente, como também chegou a machucá-la. Segundo testemunhas, Pedro Caldeira Brant atirou Maria Isabel ao encontro de um armário de vidro, causando à esposa ferimentos num dos braços. Ela então fugiu com a roupa do corpo e procurou abrigo na casa de Leopoldo Augusto da Câmara Lima. Ele era veador da imperatriz Teresa Cristina e casado com a prima de Maria Isabel, Margarida de Castro Delfim Pereira, primogênita de Maria Benedita, a baronesa de

Sorocaba. Depois dos primeiros socorros, a condessa dirigiu-se ao paço de São Cristóvão para se queixar a respeito da conduta do marido.[38]

Além das agressões, o conde mandava Maria Isabel pedir dinheiro para desconhecidos e membros de sua família para o seu sustento. Entre as pessoas a que ela recorreu diversas vezes, além da mãe, estava a tia, a baronesa de Sorocaba, que a socorria com pequenas quantias. Como se isso não bastasse, segundo testemunhas, o conde chegou a fazer sexo com uma criada, de nome Ana, no quarto em que esta dormia com a filha mais velha dele. Outros testemunharam que uma ex-escravizada chamada Tomásia, antes de morrer, pediu para falar com a condessa para pedir-lhe perdão por ter cometido adultério com o conde de Iguaçu.

Por outro lado, Pedro Caldeira Brant também tinha acusações contra a esposa. Maria Isabel teve quatro filhos enquanto esteve casada com ele: Isabel Caldeira Brant (1849-1849), Pedro de Alcântara Caldeira Brant, o Nhonho (1850-1868), Maria Teresa Caldeira Brant (1852-1880) e Isabel Maria de Castro (1854-1884). Porém, segundo o conde deixa muito claro na sua correspondência para a duquesa de Goiás, a única filha que lhe restava em 1870 era Maria Teresa. Isabel Maria de Castro, que ele reconheceu, na realidade seria filha da condessa de Iguaçu com Pedro Betim Paes Leme.

Pedro era filho do marquês de São João Marcos, Pedro Dias Paes Leme da Câmara, uma das pessoas mais ricas e respeitadas do sul fluminense. Durante uma viagem, Maria Isabel teria feito uma parada numa das fazendas do marquês. Ao sair da carruagem, teria visto Pedro Betim e se apaixonado imediatamente, segundo contam alguns descendentes. O fruto de seu amor, Isabel Maria, se casaria com o tio paterno, Antônio Dias Paes Leme.

O conde de Iguaçu, inicialmente, teria perdoado a traição da mulher, aceitando-a e também à criança. Mas as brigas e as infidelidades mútuas tornaram a convivência insuportável. Mesmo antes das agressões, Maria Isabel pensou em se separar e escreveu para Domitila. A mãe, achando que ainda era possível que o casal se resolvesse, respondeu furiosa:

> Recebi a vossa carta. Vejo tudo o que nela me dizeis. Já não tenho expressões para vos pedir e vos dizer que não há quem não sofra com seus maridos, as mais virtuosas sofrem, quanto mais aquelas que dão motivos. Tenho também recebido cartas de vosso marido que com razão se queixa dos vossos desvarios. Eu, por desgraça minha, o conheço e mais: vos conheço. Estais sem juízo de todo, e se vos separares de vosso marido separai-vos de vossa mãe, isto vos digo de todo o meu coração.[39]

Separação

Mesmo com a ameaça e pedidos mais ternos, o casal Iguaçu não teve acerto e acabou se separando. O conde, num rompante, levou Maria Isabel para São Paulo e entregou-a de volta à marquesa. Posteriormente, em carta para a duquesa de Goiás, ele recordaria que tinha vivido com a esposa da melhor maneira possível até 1855: "[...] mas, desde então, as circunstâncias tornaram-se progressivamente tão graves que resultaram numa separação, que ocorreu em 1862".[40]

O conde de Iguaçu afirmou à cunhada que não tomou a decisão de se separar sem consultar d. Pedro II, que "certamente não teria aprovado esta resolução se não fosse perfeitamente legítima e fundamentada".[41] O imperador acabou sendo envolvido na briga familiar também pela marquesa de Santos. Em seu diário, ele menciona as desavenças do casal Iguaçu e a preocupação de Domitila com eles. Em 1862, o monarca recebeu o conselheiro João da Silva Carrão, político influente do Partido Liberal e amigo de Domitila. Carrão solicitou a d. Pedro, em nome da marquesa, que o conde de Iguaçu, a serviço no paço imperial com um salário de quinhentos mil-réis mensais, passasse alguns anos em São Paulo.

Domitila não queria deixar a filha sozinha na cidade quando tivesse que ir para as suas fazendas. A marquesa ainda solicitava que o meio-irmão da filha dividisse a pensão de Iguaçu em duas partes, dando uma parte para a condessa, que não recebia nem um centavo do marido. Carrão também comentou que a mãe mal podia com o gênio de Maria

Isabel e que o conde podia mais. A esse respeito, d. Pedro anotou no diário: "Não creio".

Conforme a anotação, o imperador resolveu ser diplomático na resposta para Domitila: "Eu respondi que não proibia que o Iguaçu ficasse em São Paulo e estava pronto a aconselhá-lo que não deixasse a mulher a não ser em companhia da mãe dela, mas que eu partia do princípio de que o marido é quem deve mandar em casa".[42]

Aparentemente, devido à pressão da marquesa e do imperador, o casal tentou se reconciliar. Numa carta de 10 de novembro de 1863 para a filha, Domitila diz: "Eu só desejo é que vocês se estimem, e sejam só um corpo e uma vontade para assim eu ter mais alguns anos de vida". Nove dias depois, ela escreve para o conde e Maria Isabel:

> Primo e Bela. Muito prazer tive com a carta de vocês por ver que fizeram boa viagem e que foram muito bem recebidos no paço. Deus permita que vocês continuem sempre e sempre com aquele juízo do qual eu espero depois de tantas provenças não espero outra coisa.[43]

Apesar dos desejos de Domitila, o casal acabou se separando no início de 1864. A partir dessa data, o nome de Maria Isabel desapareceu dos jornais da corte que relatavam as visitas de nobres que iam cumprimentar a família imperial no paço. A última menção a uma visita da condessa com o marido ao palácio é do *Correio Mercantil* de 2 de fevereiro de 1864. Após essa data, até a morte do conde, somente ele aparece frequentando o paço. Segundo o conde de Iguaçu, em carta para a duquesa de Goiás, d. Pedro II, ao tomar conhecimento da infidelidade da meia-irmã, como ela recusava-se a se recolher a um convento, teria proibido que fosse recebida no palácio.[44] Logo a condessa passaria a viver com Pedro Betim Paes Leme.

O conde de Iguaçu abriu-se com a cunhada. Afirmou que vivia aflito devido à separação "de uma esposa que tanto amei, e de ver minha filha [a mais velha, Maria Teresa] privada de sua mãe, numa idade em que uma jovem precisa tanto de um bom conselho de uma mãe virtuosa". Segundo ele, havia faltado a Maria Isabel "uma educação moral e religiosa que a ensinasse a manter a própria dignidade e a viver no seio da alta sociedade, onde tantos perigos assediam e ameaçam uma jovem bela e amável".[45]

O que Iguaçu não contou para a duquesa de Goiás, além das dívidas que fizera com os bens da esposa, foi que a marquesa havia criado a primeira filha, Francisca de Castro, e a neta, a quem casou com um bacharel em Direito, e a nenhuma das duas faltou educação moral e religiosa. Tampouco mencionou os maus-tratos à esposa e a própria infidelidade.

Com as informações desabonadoras sobre Maria Isabel passadas a Isabel Maria, o conde fez com que as irmãs não tivessem qualquer contato. Afinal, na época, uma mulher "de bem" não podia conviver ou ter contato com uma mulher "perdida" social e moralmente.

Divórcio

Depois de doze anos separada, a condessa de Iguaçu entrou com pedido oficial de divórcio contra o marido no Vicariato Geral do Rio de Janeiro em 26 de abril de 1874. Maria Isabel alegou que o conde de Iguaçu não a tratava como "companheira e igual, tanto que foi expelida da própria casa e obrigada a pedir dinheiro a diversos para manutenção da casa, já maltratando-a com violências físicas e ferimentos". Maria Isabel também acusou o marido de adultério, "não só com pessoas do serviço doméstico como também com outras diversas".[46]

O conde de Iguaçu negou tudo. Disse que sempre havia sido um marido exemplar e que ela, sim, tinha tido um caso e morava abertamente em São Paulo em público adultério.

O mais chocante do estudo do processo é que as testemunhas do marido, mesmo não tendo visto ou sabido de quase nada, tiveram um peso maior do que as da condessa. Estas confirmavam ter visto pessoalmente tanto a agressão quanto o adultério da parte dele. Em agosto de 1874, o vigário-geral do bispado do Rio, monsenhor Félix Albuquerque, deu sentença contra a separação ao desconsiderar alguns dos testemunhos.

Os erros, propositais ou não, na avaliação das testemunhas incluíram dispensar uma delas por ser escravizada, pois, na época, escravizados não podiam testemunhar em favor de seus proprietários. O problema é que a pessoa em questão já era liberta fazia alguns anos, logo não havia impedimento jurídico.

Mas Maria Isabel não desistiu. Ela apelou ao Superior Tribunal da Relação Eclesiástica da Bahia, conseguindo, em 29 de agosto de 1876, o divórcio perpétuo. Entretanto, a decisão durou pouco. O advogado do conde recorreu e acrescentou como prova do adultério de Maria Isabel o testamento de Pedro Betim Paes Leme, no qual ele perfilhava Isabel Maria de Castro, nomeando-a e a mãe, a condessa de Iguaçu, suas herdeiras.

Após uma nova análise, o tribunal manteve a sentença do bispado do Rio de Janeiro, que dava causa ganha ao conde e mandava o casal se reconciliar, o que, obviamente, não ocorreu.

Um retrato da condessa de Iguaçu

Segundo relato do escritor Gastão Penalva, sua mãe e sua avó conheceram a condessa de Iguaçu durante o divórcio, em 1874. Elas viajaram juntas, do Rio a São Paulo, a bordo do vapor *Paulista*. Maria Isabel era

> [...] alta, forte, insinuante, com lindos olhos azuis. Extremamente simpática, procurava aproximar-se de todos os passageiros com sua palestra finamente irônica, pontilhada de meiguice. Nessa viagem seguiu meu avô materno, o dr. Joaquim José do Amaral, para São Paulo, onde ia exercer o cargo de chefe de polícia. Nasceu-lhe uma filha a bordo, que se chamou Ondina, entre São Sebastião e Santos. O fato preocupou naturalmente a todos os passageiros. Foi a condessa quem mais se interessou pela parturiente e pela menina que acabava de vir ao mundo em pleno oceano. À noite, sob um lindo luar tropical, a condessa no seu camarote, sentada no beliche, com

o belo rosto na vigia aberta, cantava com voz belíssima que a todos extasiava. Em conversa, nunca esquecia de referir-se à mãe, a marquesa de Santos, com o afeto mais enternecido.[47]

A velhice da condessa

Com o tempo, as brigas pelo divórcio, as demandas judiciais contra os irmãos ao longo de vinte anos para conseguir parte de sua herança, a jovem que tanto encantou o poeta Álvares de Azevedo acabou se transformando. Rodrigo Otávio[48] lembrava-se da filha da marquesa já mais velha: "Conheci pessoalmente a condessa de Iguaçu e, pelos meus dez anos, tive muitas ocasiões de vê-la de perto. Meu pai foi seu advogado. [...] Era uma velha adiposa, feia, com uma belida[49] num dos olhos, e sem elegância no trajar. Falava muito alto e dirigia-se a todos, referindo-se sempre, de modo brutal, ao imperador e a figurões da corte".[50] Parte dessas pessoas, pela rede de sociabilidade do marido, devem ter contribuído para o fracasso do pedido de divórcio da condessa. O conde de Iguaçu faleceu no Rio de Janeiro e foi sepultado no Cemitério São João Batista em 18 de fevereiro de 1888. Maria Isabel continuou indo e voltando, mas se estabeleceu em São Paulo.

O historiador Victor Figueira de Freitas morou, quando menino, na rua da Vitória, localizada em Santa Ifigênia, região central de São Paulo, próximo à casa da condessa de Iguaçu. Ele recordava-se de assistir "a alguns dos tristes espetáculos que proporcionava aos vizinhos curiosos aquela infeliz filha [...] de d. Pedro I, herdeira muito mais dos impulsos grosseiros de seu pai do que das nobres qualidades e do estoicismo de sua mãe".

Victor recordava-se de que a condessa, no final da vida, contava apenas com uma única empregada, "talvez sua antiga escrava". "Podemos mesmo acrescentar que foi a condessa — sem o querer por certo e a respeitável distância — a nossa primeira professora de 'nomes feios'." Segundo o autor das recordações, ele presenciava furtivamente, da janela de sua casa, os "pileques" que Maria Isabel tomava e os palavrões que proferia quase diariamente. Nessas ocasiões, ela dizia aos brados: "Eu não sou a condessa de Iguaçu, sou condessa de Água Suja". O conde de Iguaçu seria um "grande libertino [...] jogava tudo quanto lhe passasse pelas mãos, a ponto de jogar certa vez a posse temporária, precária, da esposa, a condessa, quando a sorte o desamparou e nada mais lhe restava, nem mesmo o próprio pundonor".[51]

A morte da condessa de Iguaçu

O artigo de Victor de Freitas lançou luz sobre a minha dúvida a respeito de onde, quando e como a condessa de Iguaçu havia falecido. Desde minhas primeiras pesquisas a respeito da marquesa de Santos essa indagação me acompanhava. Uns cronistas diziam que ela havia morrido no Rio de Janeiro e estaria enterrada com o marido no Cemitério São João Batista, outros, que ela havia falecido em Minas Gerais. Quase nenhum falava em São Paulo.

Com a informação de Victor de onde Maria Isabel morava no final do século XIX, vasculhei os cartórios e localizei o seu óbito no 5º Cartório de Registro Civil de Santa Ifigênia. Lá, era informado que ela havia falecido em 5 de setembro de 1896 em casa, na rua dos Protestantes, nº 31, de arteriosclerose. Maria Isabel morreu sem fazer testamento, mas deixou uma relação de donativos que deveriam ser distribuídos. No registro de óbito, também constava que ela havia sido sepultada no Cemitério Municipal. Naquela época, esse podia ser o Cemitério da Consolação. De posse dessa informação, busquei, no Arquivo Público Municipal de São Paulo, o livro de enterramentos e achei, na folha 68 do Livro de Inumação nº 21, que a condessa de Iguaçu foi enterrada na rua 1, sepultura nº 5, ao lado do túmulo da mãe.

Maria Isabel foi sepultada em 7 de setembro de 1896, 74 anos depois do grito de seu pai no Ipiranga. Seus restos mortais repousam no mesmo túmulo que os de seu irmão mais velho, Felício, com quem havia se batido por quase vinte anos pela herança da marquesa. O nome dele consta no túmulo; o dela, não.

O incógnito

Quanto ao primeiro filho que Domitila e d. Pedro tiveram, ainda segundo as anotações genealógicas de Theodora de Camargo Ayres, ele se chamava Jesuíno do Amaral Gurgel e recebeu esse sobrenome da pessoa que o criou, o monsenhor Manuel Joaquim do Amaral Gurgel, parente e amigo da família da marquesa.

De acordo com Theodora, Jesuíno teve em São Paulo, na rua Formosa, "uma marcenaria com muitos operários e, um dia, um enlouqueceu e surpreendeu-o, dando-lhe uma pancada na cabeça, resultando num esquecimento constante e, para ampará-lo, o monsenhor, que era muito influente, pediu ao governador a fundação do primeiro hospital de doenças mentais a que deram o nome de hospício e, quando terminou [a fundação], o primeiro que foi internado para tratamento foi Jesuíno Amaral Gurgel. Ele não era louco, só tinha o esquecimento [amnésia] resultado da pancada no occipital".

Não há o registro da morte de Jesuíno, porém ele teria se casado com Gertrudes Bueno de Camargo e tido um casal de filhos: Guilhermina e Joaquim Carlos do Amaral Gurgel.

Os filhos de Domitila com Rafael Tobias de Aguiar

Dos filhos que Domitila teve com o brigadeiro Tobias de Aguiar, somente Brasílico não cursou a Academia de Direito. Os demais formaram-se, viraram juízes e políticos. Antônio Francisco, assim como os pais, foi militante do Partido Liberal, chegando a chefiá-lo. Em 20 de agosto de 1889, ele tomou posse como vice-presidente da província de São Paulo, de onde saiu após o golpe republicano de 15 de novembro. Com a chegada da República, não participou mais da política. Foi diretor da Caixa Econômica, juiz de paz e um dos diretores do Liceu de Artes e Ofícios. Faleceu em São Paulo em 12 de julho de 1905.

Seu irmão, João Tobias de Aguiar e Castro, também se destacou, mas no sentido oposto. João, após se formar, foi nomeado delegado de polícia em Itu, onde fixou residência, e casou-se com uma prima, d. Ana Barros de Aguiar, filha do barão de Itu. Também foi membro do Partido Liberal, sendo eleito deputado provincial três vezes. Saiu desse partido para ingressar no nascente movimento republicano. Em 10 de setembro de 1872, foi eleito membro da diretoria do Clube Republicano de Itu. Participou da Convenção Republicana de Itu em 1873, quando o Partido Republicano Paulista foi criado. Foi eleito para o Senado paulista em 1893 e faleceu em 1901.

Essa foi a grande última irreverência de Domitila. A nobre mais famosa do Brasil gerou um republicano.

ANEXOS

A PAULISTA QUE VIROU MARQUESA QUE VIROU LENDA

A MARQUESA DE SANTOS E A CULTURA BRASILEIRA

No México existe a crença de que cada pessoa morre três vezes. A primeira é no momento em que suas funções vitais cessam. A segunda é quando seu corpo é colocado na tumba.
A terceira acontece em algum momento no futuro, no qual o nome do falecido é pronunciado pela última vez.
Aí então a pessoa realmente morre.

Ted Klein para a *RootsWeb Review*

A figura de Domitila entrou oficialmente para a crônica brasileira em 1826, quando d. Pedro reconheceu a filha que teve com ela; foi aí que o romance saiu do campo privado e passou ao domínio público. É desse ano, segundo Assis Cintra,[1] um livro editado em Paris: *O Grito do Ipiranga e o Brasil político*. Essa obra anônima teria sido escrita pelos deputados da Constituinte exilados em 1823, capitaneados pelos irmãos Andrada — José Bonifácio, Martim Francisco e Antônio Carlos. Além de trazer a narrativa do Grito, escrita por uma das testemunhas — o padre Belchior —, o livro falava sobre a intromissão da marquesa na política nacional e a influência do conselheiro Francisco Gomes, o Chalaça, nos negócios públicos. D. Pedro teria mandado o intendente da polícia apreender e destruir as cópias da obra.

Entre 1826 e 1827, apareceram diversas caricaturas manuscritas fixadas nos muros e paredes da cidade. Numa delas, a imperatriz d. Leopoldina esfaqueava Domitila enquanto d. Pedro pedia misericórdia à esposa; em outra, a amante paulista conduzia o cavalo, que representava o imperador. Também são dessa época os pasquins com poesias satíricas a respeito de d. Pedro e de sua "dama paulista".

Os estrangeiros que por aqui estiveram também deixaram, nas suas memórias em livros relacionados ao Brasil, registros sobre a marquesa.

Maria Graham, ex-preceptora da rainha d. Maria II, conforme mencionado no primeiro capítulo, informava que d. Pedro, na sua viagem a São Paulo em 1822, havia se hospedado na loja que pertencia ao pai de Domitila. A narrativa de Graham é falha, mas não deixa de ser um exemplo do que podia ser ouvido nas ruas ou entre comerciantes e diplomatas estrangeiros conhecidos dela.

Contemporâneo dos fatos e íntimo da corte, como Graham, era o conselheiro Antônio Menezes Vasconcelos de Drummond, cujas lembranças, *Anotações de A. M. V. de Drummond à sua biografia*, de 1836, foram publicadas nos Anais da Biblioteca Nacional em 1886. Drummond, amigo dos Andrada, não primou pela imparcialidade, assim como Maria Graham. Deu ouvido a mexericos e criou alguns por conta própria.

Interessante notar a referência maledicente de Drummond ao dizer que Domitila já era "conhecida de um criado" de d. Pedro. O "criado" não era outro senão o próprio irmão dela, Francisco de Castro, que viajava na comitiva do imperador e apresentou-lhe a família em São Paulo. O escritor Paulo Setúbal usará essa informação equivocada de Drummond para colocar o Chalaça como antigo conhecido — e apaixonado por ela — em seu romance *A marquesa de Santos*. Titília é tratada por Drummond como a paulista da facção dos bernardistas que teria conseguido fazer d. Pedro demitir José Bonifácio e ainda recebido propina para tramar o fechamento da Assembleia Constituinte. O conselheiro retrata o imperador como um moleque altamente influenciado por sua amante e chora a sorte do velho Andrada.

O historiador Capistrano de Abreu aponta fatos que colocam em dúvida a credibilidade do conselheiro Drummond:

> Seu depoimento, felizmente impresso, no processo instaurado contra Januário, Alves Branco, José Clemente, Ledo, numa questão de penacho, [...] é contraditório e odiento. Compare-se o que diz sobre Villela Barbosa nas Constituintes de Lisboa com o que Gomes de Carvalho documenta no seu consciencioso livro a respeito dos deputados brasileiros àquelas cortes e ver-se-á como sua memória era sujeita às traições e desfalecimentos. Leia-se finalmente o seu famoso ofício de junho de 1852, em que denunciou ao governo brasileiro, que havia anos representava em Portugal, o emprego de animais putrefatos e talvez de carne humana numa fábrica de paios de Aldeia Galega. Depois deste estardalhaço ficou incompatibilizado com a corte de Lisboa [...]. Aproveitou os ócios forçados para escrever; é pena não escrevesse mais; lê-lo traz sempre proveito; mas aqui é o caso de confiar desconfiando sempre.[2]

As invencionices do conselheiro Drummond foram tantas, que a rainha d. Maria II pediu diretamente ao irmão, d. Pedro II, que substituísse o diplomata brasileiro em Portugal.

Os viajantes estrangeiros

Viajantes estrangeiros não tão íntimos da corte também relataram o que viram e ouviram no Brasil durante sua estadia. É o caso, por exemplo, do comerciante inglês John Armitage, que morou no Rio de Janeiro de 1828 a 1835. Foi ele quem primeiro relatou o incidente ocorrido com Domitila no Teatrinho Constitucional, em 1824. Armitage retratou Titília como ela entraria definitivamente para a história: amante preferida do imperador, que a tratou melhor que à própria mulher.

Outro inglês que narrou algumas curiosidades sobre o Primeiro Reinado foi o reverendo Walsh, que aportou no Brasil dois anos após a morte de d. Leopoldina. Foi ele o primeiro a relatar numa obra que Domitila havia tentado invadir o quarto da imperatriz agonizante.

Em 1863, surgiu a obra *Mulheres e costumes do Brasil*, do francês Charles Expilly. Nela, o autor também menciona a história da marquesa tentando entrar no quarto da imperatriz e lança um comentário sobre o médico de d. Leopoldina:

> Essa morte, que provocou acusações terríveis, foi seguida da quase loucura do barão de Inhomirim (Vicente Navarro, de raça judia, primeiro médico do paço). Essa desgraça, cuja causa para muitos brasileiros se envolverá nas dobras de um mistério, pesará todo o sempre, perante a história, sobre a memória de d. Pedro I.[3]

Diversos autores lançaram seus olhares sobre Inhomirim, tornando-o um dos principais suspeitos pela morte da imperatriz, geralmente em conluio com Domitila, ou, ainda, com facções dentro da corte.

O suíço Johann Jakob von Tschudi, que esteve em São Paulo em 1860, sete anos antes do falecimento de Domitila, faz menção à "famigerada favorita do imperador":

> Tive ocasião de ver algumas vezes essa Pompadour sul-americana. Os últimos traços de beleza já se tinham extinguido de seu rosto, mas o seu aspecto geral ficara, ao que parecia, inalterado. É conhecido o episódio que teve lugar na hora da morte da tão profundamente magoada arquiduquesa Leopoldina da Áustria, primeira esposa do imperador d. Pedro I, quando d. Domitila tentou penetrar, contra a proibição severa, nos aposentos imperiais, com a impertinência tão própria dessas cortesãs. Somente a intervenção enérgica de um dos ministros presentes impediu que ela amargurasse ainda os últimos momentos de vida da nobre princesa. A marquesa de Santos vive retirada em São Paulo, há muitos anos, apagada e sem influência nenhuma. Seu passado pertence à história brasileira, que já proferiu sua sentença, dura, mas justa, sobre essa mulher.[4]

Os murmúrios das ruas e da sociedade coletados por Walsh continuavam fortes quarenta anos depois e se perpetuariam no imaginário do brasileiro. Ainda hoje é comum ouvir alguém contar sobre o imperador que chutou a barriga da mulher, da amante que tentou violar a paz — mais que merecida — da moribunda esposa de d. Pedro I e da imperatriz que, agonizando com o aborto provocado pela brutalidade do marido, morreu chamando pelo seu "adorado Pedro".

Os estrangeiros também deixaram diversas memórias falando da corrupção brasileira e de sua grã-sacerdotisa, Domitila. Além de Schlichthorst, tratado anteriormente, que narrou uma negociata da qual participou com a marquesa, Seidler, Bösche e outros levaram para os seus livros de memórias boa parte do que capturaram nas ruas. Seidler lista as acusações que caíram sobre d. Pedro e Domitila a respeito da morte de d. Leopoldina, mas frisa que não havia provas, apenas rumores. O livro de Seidler, *Dez anos no Brasil*, surgiu cinco anos após a menção pública das suspeitas no livro do reverendo Walsh, de 1830.

Mas nem todos os estrangeiros que passaram pelo Brasil tinham péssimas coisas a dizer sobre a marquesa. Ao contrário de Tschudi, que avistou Domitila na rua e acreditou que ela não tinha mais influência alguma, Isabel Burton, como já relatado, não só a viu, como também a visitou e deixou dela a seguinte lembrança:

> Havia uma personagem muito curiosa em São Paulo. Era a marquesa de Santos. Ela foi uma beldade e uma favorita na época do pai do atual imperador e levou uma vida muito brilhante e tempestuosa. Foi, por fim, banida pela imperatriz (dizem) para Santos, com uma pensão vitalícia, e morava numa pequena casa perto da minha. Eu costumava vê-la frequentemente; ela era uma grande dama, muito compreensiva, muito interessante, cheia de histórias sobre o Rio, a corte, a família imperial e os acontecimentos daquela época. Tinha sido obrigada a adotar costumes rurais e, da última vez que a vi, ela me recebeu em traje informal na sua própria cozinha, onde se sentou no chão, fumando não um cigarro, e sim um

> cachimbo. Possuía belos olhos negros, cheios de compaixão, inteligência e sabedoria. Ela era objeto de grande interesse para mim naquele lugar fora de mão.[5]

A empatia de Isabel com a marquesa é facilmente explicável. Criada na alta sociedade londrina, católica, profunda estudiosa de assuntos teológicos, rompeu com os pais ao se casar contra a vontade deles com sir Richard Burton, tido como um devasso na puritana sociedade vitoriana. Para acompanhar o marido nas suas aventuras pelo mundo, aprendeu a atirar, esgrimir, nadar com tubarões e tratar de mordidas de cobra. Isabel era forte e teimosa, como Domitila.

Domitila nos jornais

Uma das primeiras aparições da marquesa na imprensa ocorreu quando ela doou dinheiro para a causa da Cisplatina, em 1827. Desde então, até o seu exílio, os panfletários contrários ao imperador usaram Domitila para atingir o monarca. Posteriormente, com a abdicação de d. Pedro, os jornais da época das Regências trataram-na como uma figura do passado, ligada aos aspectos mais negativos do Primeiro Reinado. Anos depois, o nome dela passou a frequentar o noticiário de São Paulo. Em sua terra, ficou conhecida na imprensa pelas obras de benemerência e pelas festas que dava em sua residência, na rua do Carmo.

A memória após sua morte

Livros e matérias sobre a história do Brasil começariam a delinear o perfil de Domitila após sua morte, em 1867. Em 1871, Joaquim Manuel Pereira da Silva lançou sua obra *Segundo período do reinado de d. Pedro I no Brasil*, na qual apresenta Domitila como aquela a quem "a maledicência apelidava de amante dileta de d. Pedro".

Ainda na segunda metade do século XIX, o escritor Joaquim Manuel de Macedo, autor de *A moreninha*, defendeu Domitila em seus escritos. Como Pereira da Silva, traçou uma marquesa vítima da maledicência da sociedade. Chegou a buscar no arrependimento de última hora, no pedido de perdão, a explicação da "tentativa de invasão" de Domitila na alcova da imperatriz agonizante. Aqui a política influenciava também. Manuel de Macedo, endividado, recebia de bom grado encomendas do Estado. Produziu para uma comissão presidida pelo conde d'Eu, genro de d. Pedro II, a obra *Ano biográfico brasileiro*, em 1876. Encomendas como essa provavelmente não surgiriam se ele pintasse o pai do monarca como um pândego.

Melo Morais pai, em diversas obras, principalmente na póstuma *Crônica geral do Brasil*, de 1886, deixou registradas as impressões e lembranças de pessoas que viveram na corte, ou na época em que ocorreu o romance entre Pedro e Domitila. Destaca-se o atentado à baronesa de Sorocaba, em que o autor se confunde ao afirmar que a própria marquesa se encontrava junto à irmã durante a tentativa de assassinato. Equívocos à parte, esse assunto, então restrito à correspondência diplomática, passou a ser documentado publicamente, assim como os estratagemas usados pela marquesa para prender o ciumento amante.

As cartas de d. Pedro à marquesa

Outro pioneirismo da obra de Melo Morais está na publicação, pela primeira vez num livro, de uma carta de d. Pedro a Domitila. Na mensagem, datada de 27 de dezembro de 1825, que foi inserida na introdução escrita por Melo Morais Filho, o imperador informa à marquesa:

> No dia em que fazia três anos que eu comecei a ter amizade com mecê, assino o tratado do nosso reconhecimento como Império por Portugal. Hoje, que mecê faz os seus 27, recebo a agradável notícia que no Tejo tremulara em todas as embarcações nele surtas o pavilhão imperial, efeito da ratificação do

> tratado por el-rei, meu augusto pai. Quando há para notar uma tal combinação de acontecimentos políticos com os nossos domésticos e tão particulares!!!!

D. Pedro termina essa carta assinando: "Este seu fiel, constante, desvelado, agradecido e verdadeiro amigo e muito do fundo d'alma — O imperador".[6]

Obviamente, a imprensa nacional na época assanhou-se, principalmente os republicanos. O primeiro imperador do Brasil aparecia numa carta íntima querendo ver ligações do destino entre as datas do início de seu relacionamento com a amante e a da assinatura do tratado de paz com Portugal e entre o dia do aniversário dela e a notícia da promulgação do mesmo tratado pelos portugueses. O livro saiu em 1886, e o Império teria apenas mais três anos de vida.

A carta original, que hoje se encontra no Museu Histórico Nacional, na realidade possui um termo que foi suprimido na versão impressa do livro. D. Pedro assina a carta como: "Este seu fiel, constante, desvelado, agradecido e verdadeiro amigo e *amante* do fundo d'alma — O imperador".

Essa não seria a única vez que o pudor levou à mutilação das cartas. Em 1974, foi lançada a obra *Marginados: anotações às cartas de d. Pedro I a d. Domitila*. Essa primeira tentativa de publicar as missivas coletadas e anotadas por Alberto Rangel, em pleno Regime Militar, sofreu censura dos editores: partes picantes ficaram de fora. Dez anos depois, a obra foi relançada pela Nova Fronteira com os textos na íntegra, sob o título de *Cartas de Pedro I à marquesa de Santos*.

Não apenas a "defesa dos bons costumes" afetou as pesquisas e obras a respeito de Domitila. Rangel não conseguiu que alguns particulares, como a escritora Lúcia Miguel Pereira, lhe permitissem copiar cartas de d. Pedro a Domitila que se encontravam em seu poder. Archer Milton Huntington, fundador da Hispanic Society e presidente da instituição até a morte, em 1955, tampouco permitiu que Rangel transcrevesse as 94 cartas que a instituição guarda até hoje. Tobias Monteiro igualmente não conseguiu colocar as mãos nessas missivas. Em nota na obra *História do Império: o Primeiro Reinado*,[7] comentou o caso:

> Em país estrangeiro há, em mãos de uma sociedade de estudos históricos, preciosa coleção de cartas de d. Pedro I a Domitila, que o A. durante cerca de vinte anos debalde procurou fazer copiar, sem vencer a obstinação do respectivo presidente, insensível aos mais valiosos pedidos de compatriotas seus.

Durante as pesquisas para esta biografia, consegui seguir o rastro dessas cartas. Finalmente, o interdito havia sido retirado e elas puderam ser pesquisadas e transcritas, dando origem à obra *Titília e o Demonão*, lançada em 2011.

Com a Proclamação da República, a vida amorosa e erótica do nosso primeiro imperador virou munição nas mãos dos panfletistas republicanos, que tinham por missão desacreditar, junto ao povo, o regime deposto. Em 1896, surgiu no Rio de Janeiro um folheto intitulado *Cartas do imperador d. Pedro I a Domitila de Castro (marquesa de Santos)*, no qual o público pôde, avidamente, saborear 63 missivas picantes do imperador à amante.

Os responsáveis pela edição, longe de agirem como Melo Morais ou os censores da década de 1970, alertaram os leitores de que trechos poderiam se prestar a "leitura pornográfica". Não fizeram questão nenhuma de trabalhar, como explicam na introdução, a "supressão de palavras porventura pouco harmoniosas para os castos ouvidos"; tudo era descaradamente mostrado, não havia "folhas de parreira". Era claramente um panfleto antimonarquista. Melhor seria quanto pior fossem pintados o "sátiro" d. Pedro I e o decrépito e corrupto regime deposto que, segundo o prefácio, impedia que se falasse sobre a devassidão dos membros da casa de Bragança.

O folheto foi publicado no ano da morte da condessa de Iguaçu. Foi ela quem franqueou ao escritor paulista Júlio Ribeiro a cópia dessas 63 cartas. Maria Isabel dispersou grande parte da correspondência dos pais. Algumas cartas foram dadas para o seu advogado, Rodrigo Otávio de Oliveira Meneses, outras, incluindo quadros e objetos, para o capitão José Leite da Costa Sobrinho.

O jornal republicano *O País* alimentou escandalosa propaganda de venda do folheto *Cartas do imperador d. Pedro I.* Tanto a obra quanto o assunto foram debatidos calorosamente por polemistas. Os republicanos aproveitaram para atacar os monarquistas, afirmando que essas cartas eram a prova de que a República era um regime moralmente superior à monarquia. Alguns, mais satíricos, diziam que os monarquistas finalmente tinham uma obra de cabeceira digna. O jornalista Carlos de Laet foi um dos que se levantaram em defesa da monarquia decaída.

O tumulto criado por essa edição das cartas foi tão grande, que pode ter sido uma das causas, além da financeira, de uma descendente da marquesa vender a um antiquário parisiense 94 cartas de d. Pedro a Domitila.

O político paulista Ademar de Barros, governador de São Paulo em dois mandatos, também esteve envolvido com as cartas de d. Pedro para a marquesa. Ademar comparava o relacionamento amoroso que tinha com sua secretária, Ana Capriglione, ao de d. Pedro I e Domitila. Em 1958 ele adquiriu uma coleção de 36 cartas encadernadas do imperador para a marquesa e deu-a de presente à amante. A coleção fora obtida em Paris, vinda do espólio da duquesa de Goiás, pelo embaixador Caio de Melo Franco, às vésperas da Segunda Guerra Mundial. O historiador Pedro Calmon, em seus escritos, mencionou erroneamente que tais cartas haviam sido vendidas para a Hispanic Society, e essa informação perpetuou-se na edição da Nova Fronteira das cartas de d. Pedro para Domitila.

Após o falecimento de Ana Capriglione, a coleção foi comprada de sua família pelo bibliófilo e editor Pedro Corrêa do Lago. Segundo ele, as cartas encontravam-se na gaveta de lingerie de Ana, que faleceu em 2005, aos 93 anos. Corrêa do Lago vendeu uma das cartas para a coleção Brasiliana do Itaú e o restante foi adicionado à sua famosa coleção de autógrafos.

Alberto Rangel, o primeiro biógrafo

A família de Domitila, após ter dado sumiço no exterior em parte das cartas de d. Pedro para ela, continuava tentando zelar por sua memória. Isso chegou a ponto de o então ministro do Supremo Tribunal Federal, Pedro Lessa, casado com uma neta de Domitila, ter interpelado o primeiro biógrafo da marquesa, o diplomata pernambucano Alberto do Rego Rangel (1871-1945). Lessa, não vendo com bons olhos "escabichar-se tal assunto", quis que Rangel submetesse a ele os originais de sua obra *Dom Pedro I e a marquesa de Santos* antes da publicação. O escritor, é claro, negou.

O interesse de Rangel por Domitila teve início em 1883, quando, aos 12 anos, passou uma noite de Santo Antônio no velho Solar da Marquesa em São Paulo, já de posse da Mitra. O sarau ocorrido no casarão, em homenagem ao santo do dia, não foi pautado somente pela religiosidade. Os mais velhos puseram-se a recordar as histórias daqueles antigos salões e da anfitriã de outrora:

> Recordando outros tempos, as saudosas épocas em que o melhor era de regra, explicavam eles aos circunstantes mais novos que naquela mesma sala a marquesa de Santos, antiga proprietária do prédio, tornara-se o objeto das maiores atenções de toda São Paulo. Nas reuniões que a matrona proporcionava, apresentava-se muito enfeitada nos seus vestidos de gala e coberta das mais lindas joias. E citavam os leques, a borboleta de brilhantes, o colar de grossas ametistas...[8]

Anos depois, Alberto Rangel debruçou-se sobre o trabalho de retirar Domitila da área da lenda e trazer boa parte de sua história à luz. Em 1916, publicou *Dom Pedro I e a marquesa de Santos*, que levou quatro anos de pesquisas e não esgotou o assunto. Rangel republicou a obra com acréscimos em 1928 e, ao longo de sua vida, debruçou-se sobre o tema em capítulos de outros livros, como *Textos e pretextos* e *No rolar do tempo*.

Outros escritores que ouviram o canto da sereia

Outro biógrafo da marquesa, Carlos Maul, em *A marquesa de Santos: seu drama e sua época*, de 1938, praticamente copiou, e mal, todas as informações da obra de Rangel. A rixa entre os dois tornou-se célebre quando Maul escreveu também sobre a vida da condessa de Iguaçu. O livro é uma cópia de uma carta autobiográfica escrita pela condessa, descoberta e transcrita por Rangel em 1916. Irritado com Maul por não haver dado a informação bibliográfica da fonte, Rangel alfinetou a biografia, chamando-a de "livro limitado e exangue, sem novidade alguma e limitado à exploração de um documento conhecido, que não foi indicado onde ou quando primeiro apareceu".[9]

A maior qualidade da obra de Maul é a linguagem. Mais popular que a do prolixo Rangel, teve seis edições só no Brasil, ao longo de trinta anos, e foi traduzida para muitos outros idiomas.

Dois fatores colaboraram para popularizar a história do romance de d. Pedro e Domitila na década de 1920: o pioneirismo de Rangel ao biografar um tema polêmico e o Centenário da Independência, comemorado com uma Exposição Universal no Rio de Janeiro, de setembro de 1922 a julho de 1923. O evento motivou uma farta publicação de livros, matérias e estudos sobre o Primeiro Reinado e seus personagens. Assis Cintra republicou em 1921, na obra *D. Pedro I e o Grito da Independência*, as 63 cartas de d. Pedro para Domitila impressas em 1896.

Dois anos após o término da exposição, surgiu o livro que inauguraria a carreira de romancista do escritor paulista Paulo Setúbal: *A marquesa de Santos*, de 1925. Setúbal foi criticado, na época, por escrever um romance histórico com notas de rodapé. Elas foram prontamente retiradas nas edições posteriores. Com as notas, o autor tentou justificar o enredo, mostrando de onde havia tirado algumas informações que conduziam a trama. Tarefa inócua, uma vez que não obedeceu a nenhuma cronologia dos acontecimentos. Setúbal seguiu fielmente o conselho de Alexandre Dumas de que todos os escritores têm o direito de violentar a história, sob a condição de que desse ato nasça uma criança robusta. E que robustez! O objetivo do autor foi amplamente cumprido: além de lançar seu nome nacionalmente romanceando um tema polêmico — vendendo 70 mil exemplares em 25 anos, um recorde na época —, entreteve o leitor, escorado pela maior quantidade possível de informações históricas.

Setúbal escapa da linha predileta de alguns autores. Ao tratar da marquesa, não busca analogias com a figura de Maria Madalena, a prostituta arrependida aos pés do Rabi da Galileia, ícone menos traumático, e facilmente palatável, usado para explicar a transformação de concubina imperial em piedosa mãe de família. Para Setúbal, o cenário é a corte. A cidade de São Paulo é só a terra onde ela se recolhe após sua aventura; o que houve depois não interessa. Entre intrigas palacianas e a tentativa de assassinar a irmã, Domitila caiu no gosto popular.

A marquesa de Santos e Paulo Setúbal tinham uma relação mais próxima que a de personagem e autor. Ambos, cada qual em sua época, haviam sido irmãos da Ordem Terceira do Carmo. O subprior, dr. Raul Ortiz Monteiro, havia aconselhado Setúbal a não publicar o livro, pois só continha a parte "escandalosa" da vida da marquesa. Na obra *Confiteor*, o escritor conta que incinerou os originais de uma obra inédita por escrúpulos religiosos. Só podemos inferir que, se houvesse feito o mesmo com sua primeira obra, provavelmente não teria tido uma carreira como romancista.

O livro *A marquesa de Santos* foi publicado pelo escritor Monteiro Lobato, que era também editor em São Paulo. Lobato visitou a Exposição do Centenário da Independência no Rio de Janeiro e parece ter ouvido, também, o canto dessa "sereia paulista". Em carta datada de maio de 1923 ao seu amigo Godofredo Rangel, confidenciava: "Estou com ideia dum romance histórico, *Titila*. Tenho de estudar o Primeiro Império para romancear historicamente a famosa marquesa do Pedro I. [...] A Titila *titilava*. Prendeu aquele garanhão durante oito anos".[10]

Desse romance projetado não houve mais notícia até as pesquisas realizadas para esta biografia. O jornal paulista *Folha da Noite*, de 21 de novembro de 1923, dá uma pista:

> Uma peça de Monteiro Lobato. A Oduvaldo Viana, diretor da Companhia Abigail Maia, o ilustre escritor Monteiro Lobato acaba de fazer a entrega dos originais da peça de época *A marquesa de Santos*, que vai ser posta em cena com rigorosa montagem, no início da temporada.

Infelizmente, essa peça nunca foi levada aos palcos. Não existe nenhuma outra notícia a respeito dela, e até o momento, nos acervos de Lobato e de Viana, nada sobre o assunto surgiu.

Domitila no teatro, cinema e rádio

Em 1938, além do lançamento da biografia da marquesa escrita por Carlos Maul, Domitila apareceria no teatro. Em 4 de março, estreou em São Paulo e, posteriormente, no Rio de Janeiro a peça de Viriato Corrêa *A marquesa de Santos*. Incluía três composições do maestro Heitor Villa-Lobos: "Gavota-choro", "Valsinha brasileira" e o famoso "Lundu da marquesa de Santos", que, sendo originariamente cantado por d. Pedro, hoje faz parte do repertório de sopranos. Domitila era representada pela atriz Dulcina de Moraes. Apresentada no Rio de Janeiro em 30 de março do mesmo ano, a peça contou com os atores Odilon Azevedo, como Pedro I, Zilka Salaberry, como a imperatriz d. Leopoldina, Dercy Gonçalves, como uma aia, na versão carioca, e Manoel Pêra, pai da atriz Marília Pêra, como o Chalaça.

Montada com subsídio governamental, encaixava-se na política do Estado Novo de exaltação dos heróis nacionais. Domitila foi usada para, literalmente, endeusar d. Pedro I, como bem ilustra uma de suas falas ao relembrar o Sete de Setembro: "[O imperador] não parecia criatura igual às outras criaturas. O sol caía-lhe em cima inteirinho e ele estava todo coberto de sol, todo dourado como figura sobrenatural. Como um deus!".

O público pôde, nessa peça, conhecer uma marquesa amorosa, ansiosa por atenção exclusiva, não por poder ou negociatas. Titília, pronta a realizar o maior dos sacrifícios, resolve abandonar o imperador para salvar a honra do Brasil no exterior. O amor dela serviu de mote para apresentarem o herói da Independência pronto para o consumo popular, em grandioso cenário e riquíssimo guarda-roupa.

O tom cômico da peça ficou por conta da mãe de Domitila, d. Escolástica. Ela é apresentada fazendo mandinga para "amarrar" o amante da filha. Uma das explicações da velha senhora para as coisas não saírem bem entre a filha e o imperador era que o galo que lhe arranjaram para o despacho não era totalmente preto, tinha duas penas brancas bem escondidas. Provavelmente, Viriato Corrêa deve ter tomado ciência da carta em que José Bonifácio xingava a mãe da marquesa de bruxa.

Essa peça foi levada à cena diversas vezes na televisão. A primeira apresentação foi em 12 de fevereiro de 1962, no programa *Teatro Nove*, da TV Excelsior, canal 9 de São Paulo. No elenco, Cleyde Yáconis, Nathalia Timberg, Mauro Mendonça, Leonardo Villar, Rosamaria Murtinho, entre outros.

Em dezembro de 1941, chegava ao Brasil o filme argentino *Embrujo*, que não por acaso levava o título com que a obra de Paulo Setúbal foi traduzida na Argentina. O filme estreou no Brasil com o título de *A marquesa de Santos*. Enrique Susini dirigiu e fez o argumento da película. A família de Paulo Setúbal considerou a obra um plágio do livro e levou o caso à Justiça, que suspendeu a exibição do filme. Solucionada a pendência, foi liberado para apresentação, em todo o Brasil, no ano seguinte. O célebre cantor cubano Bola de Nieve representou um criado do Chalaça. Numa das cenas, aparece numa taberna paulista do século XIX cantando em ritmo afro-cubano. Em Portugal, o filme foi lançado, em 1944, com o pomposo nome de *O grande amor de d. Pedro de Bragança*.

Outro que esteve prestes a colocar Titília no circuito mundial de cinema foi o escritor austríaco Stefan Zweig. Radicado no Brasil, trabalhou de agosto de 1941 a fevereiro de 1942 com Afonso Arinos de Mello Franco e Paulo Frischauer no roteiro de um filme sobre Domitila. Porém, com o suicídio de Zweig em Petrópolis, em 1942, a obra ficou inconclusa.

Em 1948, foi concluída a ópera *A marquesa de Santos*, composta por João Batista Siqueira. A peça em três atos teve libreto escrito por Joaquim Ribeiro.

Mas não foram só a literatura, o cinema e o teatro que exploraram o tema. Os amantes também apareceram no rádio diversas vezes. Um dos primeiros programas sobre eles foi uma dramatização realizada pela Rádio Nacional em 1946. Quatro anos depois, em São Paulo, a 7 de setembro de 1950, foi a vez da Rádio Record. Os paulistas puderam ouvir a radiodramatização, que contava a história do relacionamento. O narrador, na introdução, ambientada no Museu Paulista, anunciava que Domitila havia sido "o mais arrebatado amor do príncipe d. Pedro, depois imperador do Brasil". Do programa, escrito por Gabus Mendes, participaram Randal Juliano, como d. Pedro I, e Adoniran Barbosa, como o Chalaça.

Nem todas as obras envolvendo Domitila se preocupavam com o decoro para agradar a família brasileira. Ela também apareceu no teatro de revista, com um grau menos elevado de moralidade. A vedete Virgínia Lane, amante de Getúlio Vargas, representou a amante de d. Pedro I na peça *No paço da marquesa*.

No ano seguinte, durante as comemorações do IV Centenário da Cidade de São Paulo, foi posta em cartaz a peça *O imperador galante*, de Raimundo Magalhães Jr., que havia estreado um ano antes no Rio de Janeiro. Escrita na década de 1940, foi levada ao palco com Odilon Azevedo e Dulcina de Moraes novamente nos papéis principais. O ator Carlos Zara estreou profissionalmente na montagem. O tom d'*O imperador galante* não diferia muito do da obra de Viriato Corrêa. Segundo o crítico Décio de Almeida Prado, ela conseguiu cumprir a missão de "encher o coração do público de ardor patriótico ou sentimental e os seus olhos de assombro e encantamento pela riqueza e pompa do espetáculo, obrigatório em tais evocações do passado".[11]

Mais tarde, em 1961, desembarcavam no Rio de Janeiro os produtores norte-americanos Deed Meyer e Stuart Bishop, que pretendiam levar para a Broadway essa história de amor com o nome *The Petticoat Prince*. Bishop havia recebido de presente da cantora Barbara Ashley o livro *Amazon Throne*, de Bertita Harding, publicado no Brasil sob o título de *O trono do Amazonas: a história dos Braganças no Brasil*, uma grande colagem de fofocas e mexericos históricos. Entretanto, esse folhetim, que por pouco não virou peça na Broadway musicada por Ary Barroso em 1941, despertou o interesse dos produtores. Eles vieram fotografar e tirar as medidas do palacete do Caminho Novo, antiga residência de Domitila no Rio de Janeiro, para convertê-lo em luxuoso cenário, que nunca saiu do papel.

Não foram apenas os norte-americanos que projetaram uma peça sobre Domitila que não estreou. Diversas outras *Marquesas de Santos* tiveram a mesma sina. Luís Edmundo publicou a sua em 1924. Premiada pela Academia Brasileira de Letras, nunca foi montada. A obra de Luiz Carlos Barbosa Lessa teve o mesmo fim. Escrita para as comemorações dos 150 anos da Independência, em 1972, também não foi levada à cena. Ainda há o caso ocorrido com *Lírios brancos para a marquesa*, de Beth Araújo. A peça seria toda encenada no interior do antigo palacete de Domitila, no bairro de São Cristóvão, porém, devido ao fechamento do Museu do Primeiro Reinado para restauro, acabou sendo cancelada a um mês da estreia, no início de 2011.

Domitila e o Carnaval

Em 1964, a escola de samba Imperatriz Leopoldinense levava à passarela o samba-enredo “A favorita do Imperador”. É interessante que uma escola com o nome da imperatriz traída tenha ganhado o vice-campeonato com um enredo sobre a sua antagonista. Com a conquista, a Imperatriz Leopoldinense foi elevada do 2º para o 1º Grupo do Carnaval carioca. Talvez o final da música tenha uma conotação de vingança ao afirmar que Domitila desfrutou somente de um curto momento de glória.

A bela Titíl[i]a foi glorificada
Num suntuoso beija-mão
Onde esteve sentada
Ao lado do soberano
Que solenemente quis
Dar-lhe a glória de alguns momentos
Como imperatriz.

Um fato curioso a respeito desse desfile é que, no último instante, com o Carnaval já bem próximo, ainda não haviam encontrado quem fizesse o papel da marquesa na passarela. O colunista e sambista José Carlos Netto[12] conta o caso de um dos convites feitos:

> [O carnavalesco Ary] Catucha entra e senta no sofá e começa falar dos seus planos e fazer o convite para a d. Carminha representar a marquesa de Santos no desfile da Imperatriz Leopoldinense.
>
> — Ela foi uma grande dama do império e até chamada de favorita do imperador Pedro I. Era muito elegante e sempre ajudou os pobres e etc. e tal.
>
> Calado. Sem dizer uma só palavra, o senhor Edvaldo [esposo de d. Carminha e militar da FAB na reserva] apenas escuta.
>
> — Então, d. Carminha, a senhora aceita ser a nossa marquesa de Santos? — perguntou esperançoso o Catucha.
>
> Foi o bastante para o senhor Edvaldo bradar:
>
> — Essa marquesa de Santos foi, sim, uma rameira, uma mariposa que viveu pegando todos os homens da corte imperial, inclusive o nosso imperador. Como é que o senhor aparece aqui em casa para convidar minha mulher para representar uma prostituta dessas?

A marquesa no Sesquicentenário da Independência

A defesa da moral e dos bons costumes parece ter afrouxado um pouco na década de 1970, sobretudo durante as comemorações do Sesquicentenário da Independência. Em 1972, a fábrica de brinquedos Estrela lançou três bonecas Susi comemorativas: uma vestida de d. Pedro I, outra com vestido de imperatriz e outra de dama da corte. Mal disfarçavam o real intento de mostrar Leopoldina e Domitila. Impossível, ao olhar a foto do catálogo, não se lembrar do austríaco barão de Mareschal relatando a Viena a sensação de que a bigamia havia se tornado oficial no Brasil. O jornal *Folha de S.Paulo* de 10 de dezembro de 1972 noticiava:

> Para comemorar o 150º aniversário da Independência do Brasil, a Estrela lançou na praça a boneca Susi caracterizada de marquesa de Santos, d. Pedro I e imperatriz Leopoldina. A marquesa de Santos e d. Pedro I esgotaram-se. Mas a imperatriz Leopoldina ficou encalhada.

Parecia não ser o ano da doce austríaca. Marques Cruz, criador da taça da Copa Independência do Brasil daquele ano, buscou nas pinturas decorativas do palacete da marquesa de Santos, no Rio de Janeiro, inspiração para o projeto do troféu.

No teatro, também em 1972, um d. Pedro I mais humano, e ainda apaixonado pela sua Titília, surgiu na peça *Um grito de liberdade*, de Sérgio Viotti. A montagem tinha Antônio Fagundes como d. Pedro, Ana Maria Dias como imperatriz Leopoldina e Nize Silva interpretando a marquesa. Estreada em São Paulo, a 24 de outubro de 1972, contava também com os atores Ruthineia de Moraes, Elias Gleizer, Zezé Motta, Tony Ramos e Marcelo Picchi. O tom político da peça dialoga com o Brasil da época da ditadura. Segundo o diretor Osmar Rodrigues Cruz:

> Tentamos mostrar um homem comum e falível, suas relações humanas e as implicações políticas resultantes do caráter autoritário e da sede de poder deste imperador que preferia dissolver a Assembleia Constituinte a ter que admitir suas falhas e o cunho ditatorial de seu governo.[13]

Esse também foi o ano do lançamento do célebre filme *Independência ou morte*. A película trazia Tarcísio Meira como d. Pedro, sua esposa, Glória Menezes, como marquesa de Santos, Kate Hansen como d. Leopoldina e Dionísio Azevedo como José Bonifácio. O diretor artístico do filme, Campello Neto, criou os figurinos e as joias de acordo com o acervo de Pedro Otávio Carneiro da Cunha, tetraneto de Domitila. Parte das filmagens foi feita no próprio palacete da marquesa, no Rio de Janeiro. O enredo, bastante comportado e fortemente influenciado pelo romance de Paulo Setúbal, limitou-se a recontar sobre o relacionamento tudo que era público e notório. Numa cena antológica, Domitila flerta com o trono do Brasil num salão deserto. A Rede Globo exibiu esse filme pela primeira vez na TV em 7 de setembro de 1976. Durante o Regime Militar, a película foi passada em todas as comemorações da Independência. Foi um dos mais importantes filmes brasileiros a retratar fielmente cenários, trajes, costumes e músicas, chegando a recriar cenas inteiras com base em gravuras do pintor Jean-Baptiste Debret.

A marquesa da abertura política em diante

No ano seguinte, 1973, o regente Francisco Mignone venceu o concurso para peça teatral de um ato só, com sua ópera-cômica *Chalaça*. Domitila é um dos personagens. A peça estreou em São Paulo em novembro de 1976.

Durante a abertura política realizada pelo governo militar, os editoriais de jornais e revistas passaram a evocar constantemente as figuras de Domitila e de d. Pedro I. Baseados nos relatos dos viajantes estrangeiros e no do conselheiro Drummond, o casal de amantes retornou à mídia no auge da crise econômica dos anos 1980 como os pais primordiais da corrupção do Estado brasileiro, ícones do tráfico de influência e da decadência do meio político nacional.

Nesse período, em 21 de agosto de 1984, estreou a minissérie *A marquesa de Santos* na recém-inaugurada Rede Manchete. Com propagandas em diversos jornais e revistas, anunciava para o horário das 21h15: "Maitê Proença é Domitila. A marquesa de Santos que a escola não ensinou". As chamadas eram provocativas: "O que vai ser de mim agora? Estou sem honra, sem ninguém no mundo", "Vossa Majestade é como uma fonte. Quanto mais bebo, mais aumenta a minha sede", "O primeiro escândalo que abalou o Brasil como nação independente". A dramatização também foi baseada na obra de Paulo Setúbal, lançada 59 anos antes. O roteiro foi escrito por Wilson Aguiar Filho e Carlos Heitor Cony, os cenários e figurinos ficaram a cargo de Arlindo Rodrigues e a direção era de Ari Coslov.

Maitê Proença, considerada uma das mais belas mulheres daquela época, foi contratada para interpretar Domitila. D. Pedro foi representado por Gracindo Jr. O imperador parecia mais interessado em seus negócios de família do que na condução do recém-fundado Império brasileiro. Sobre a minissérie, escreveu Affonso Romano de Sant'Anna:

> Quem quiser pode pensar que a minissérie é apenas uma história de amor. Mas quem quiser ver mais fundo vai começar a entender melhor o Brasil. Eu diria, indo já ao centro da questão, que uma narrativa como essa nos ajuda a entender como se constitui o poder e explica até a política de hoje.[14]

Logo após o lançamento da minissérie, estreou no teatro, em 8 de setembro de 1984, a comédia *Pedro e Domitila*. Escrita por Ênio Gonçalves, tinha a atriz Taya Perez como marquesa e o próprio ator e dramaturgo no papel de d. Pedro. A direção ficou a cargo de Mario Masetti. Com o tempo, Ênio modificou a peça e acrescentou um casal de escravizados amantes que, além de auxiliar na narrativa durante as transposições de cena, fazem o contraponto entre o casal branco de nível social elevado e o povo.

A obra, entre montagens profissionais e amadoras, já foi levada à cena mais de cinquenta vezes pelo Brasil. A última apresentação profissional, dirigida por Ênio, ocorreu em 2008. O autor, que sempre teve curiosidade pela história dos amantes, pesquisou por mais de dois anos para poder contextualizar a história. Em tom jocoso, a peça, além de contar um pouco da vida do imperador e da marquesa, faz uma crítica política. O retrato pintado por Ênio foge da exaltação da figura de d. Pedro, que, numa das cenas, aparece vestindo a camisa do time da Portuguesa.

O crítico Edélcio Mostaço comentou sobre a peça:

> Os conservadores ou os românticos (se alguma diferença existe entre eles) certamente não aprovarão esta investida sobre a história pátria, que possui a grande virtude de contribuir para uma revisão necessária de figuras do passado envoltas

> em glórias suspeitas. Príapo consumado, pai de vários filhos naturais, político interesseiro, monarca autoritário com laivos caudilhescos são alguns traços de caráter que conviveram ao lado do idealismo romântico e heroico de d. Pedro I. Bem como foi por arte de seus encantos eróticos que aquela paulista sem uma gota de sangue azul ascendeu à condição de marquesa.[15]

Em 1995 — para não dizermos que a década de 1990 passou sem que alguém chamasse Domitila de santa ou pecadora —, o advogado João Pinheiro Neto, ex-ministro do governo João Goulart, lançou um livro sobre os amantes. *Pedro e Domitila: amor em tempo de paixão* reedita o velho libelo de Vasconcelos Drummond. A marquesa de todos os santos e demônios ressurge expulsando os Andrada da corte e, inovando na lista de acusações ao casal, finalmente acha-se o culpado pela dívida externa brasileira: d. Pedro I.

Em 2000, colocaram Titília para cantar o seu amor na ópera de câmara *Domitila*. Com música e libreto do compositor carioca João Guilherme Ripper, uma soprano, acompanhada por clarineta, violoncelo e piano, canta as cartas recebidas pela marquesa transformadas em letras de música, contando o relacionamento dela com o imperial amante do começo ao fim. Contemplada com o Prêmio Circuito Funarte de Música Clássica em 2010, foi reencenada em Porto Alegre, Joinville, Cuiabá, Campo Grande e Dourados. No papel de Domitila estava a soprano Maíra Lautert. A direção musical ficou a cargo de Priscila Bomfim e a direção cênica, de Luiz Kleber Queiroz. Essa ópera foi uma das atrações do *Auto da Independência*, realizado no Parque da Independência em São Paulo, durante as comemorações dos 190 anos do Grito, em 2 de setembro de 2012. A história do relacionamento, das cartas trocadas, viu-se misturada anacronicamente com o processo de emancipação política do Brasil.

Um ano após a estreia da ópera *Domitila*, a TV Globo levou ao ar, em janeiro de 2001, a minissérie *Quinto dos Infernos*. Chanchada e pornochanchada foram as palavras mais repetidas nas críticas, quer positivas ou negativas, sobre o programa. Ao contrário da obra de Paulo

Setúbal, o estupro à história perpetrado por Carlos Lombardi gerou uma caricatura, não um filho robusto. Houve protestos até do outro lado do Atlântico. Portugueses furiosos com o estereótipo traçado deles pela série ameaçaram boicotar as novelas brasileiras.

Se uma raça se sentiu ofendida, a história, nem se fala. Colocar Domitila e a imperatriz d. Amélia lado a lado velando o finado d. Pedro I foi apenas uma das inúmeras cenas que extrapolaram os limites da licença poética. Na série, Domitila é retratada como uma mulher ciumenta que quebra vasos na cabeça do imperador mulherengo.

A marquesa também serviu como inspiração para duas obras coletivas nos anos 2000: um livro e um evento de artes plásticas. Clóvis Bulcão organizou o livro *Marquesa de Santos: ficção em 12 contos*, de 2003. Os autores deixaram a imaginação — e a marquesa — correr solta pela linha histórica e temporal. Em 2011, inspirados pelo livro *Titília e o Demonão*, lançado no início daquele ano, o grupo de artistas plásticos Somaisarte, de Porto Alegre, com o apoio do Café Dometila, organizaram em junho um encontro na praça Doutor Maurício Cardoso. Os artistas, inspirados pelas cartas trocadas pelos amantes, reuniram-se para pintar suas impressões. As obras, em sua maioria, pautaram-se ora pelo tom romântico, ora pelo erotismo das mensagens.

O Café Dometila foi um dos diversos estabelecimentos comerciais no Brasil batizados com o nome da amante de d. Pedro. Segundo conta o seu idealizador, Claiton Franzen, a intenção era criar um ambiente "onde as pessoas se sentissem tão acolhidas quanto na casa de sua (ou seu) amante. Amante no sentido literal, pessoas que amam. Não existe nenhum lugar melhor do que estar na casa de quem se ama. Lá, tudo é bom".[16] Entretanto, a ousadia em associar seu estabelecimento ao nome da histórica amante rendeu a Claiton uma coleção de histórias curiosas sobre a resistência de clientes mais conservadores ao nome, estilo e ambientação do café.

O evento de moda Fashion Rio Verão 2012, ocorrido em maio de 2011, homenageou a mulher brasileira com a exposição Universo Tropical. Entre peças de arte plumária, obras modernistas e os balangandãs de Carmen Miranda, Domitila reinava soberana. Seu retrato de quando jovem veio do Museu Histórico Nacional, e painéis reproduziam as cartas inéditas transcritas no livro *Titília e o Demonão.*

No ano anterior, a marquesa já havia feito sua incursão pelo ramo da moda nacional. Ao lado de Evita Perón, d. Leopoldina, Anita Garibaldi e outras, Domitila fez parte da coleção de esmaltes Mulheres Guerreiras, lançada pela marca de cosméticos L'Apogée.

É interessante ver como a imagem de Domitila presta-se a diversos usos na cultura, em produtos e no imaginário em geral. Sua figura como mulher batalhadora, sobrevivente, é tão forte quanto aquela carregada de erotismo da amante, como vemos em *A carne e o sangue*, obra da historiadora Mary Del Priore publicada no primeiro semestre de 2012 que trata do triângulo amoroso imperial.

Não raro a marquesa é lembrada pela sua relação com o poder, mais que outras mulheres que chefiaram nosso país anteriormente, como d. Leopoldina e sua neta, a princesa Isabel. Diferentemente, porém, da imperatriz e da princesa, Domitila não nasceu na classe governante, muito menos destinada ao poder: o que teve foi conquistado. O ex-prefeito de São Paulo Gilberto Kassab, em seu discurso na inauguração da exposição *Marquesa de Santos, uma mulher, um tempo, um lugar*, em 19 de novembro de 2011, abordou justamente esse aspecto de Domitila.

Em 2015, a banda Lítera, de Porto Alegre, inspirada no relacionamento entre d. Pedro e Domitila, lançou o CD *Caso real.* Entre as músicas encontra-se "Ouvidor", criada a partir de trechos das cartas inéditas do imperador para a marquesa que constam da obra *Titília e o Demonão.* A temática explorada no CD são os diversos momentos de um relacionamento amoroso, usando seus altos e baixos como linha condutora.

Romantizando o caso extraconjugal de Domitila e Pedro, ao transformá-lo num amor impossível, a Lítera criou três principais ações para divulgar seu trabalho. Uma foi a colagem de diversas cartas de d. Pedro para Domitila, retiradas da obra *Titília e o Demonão*, pelas ruas de Porto Alegre. Numa outra, um dos componentes da banda andava pelas ruas de cidades do Rio Grande do Sul e de São Paulo portando um cartaz com a pergunta "Você já viveu um amor impossível?". Muitas pessoas pararam para contar suas histórias, e algumas acabaram sendo registradas em vídeo e divulgadas pela internet. E a última foi a de *sticker art*, uma manifestação artística pós-moderna com uso de adesivos, nos quais a banda estampou a mesma frase do cartaz pelas ruas de diversas cidades do Brasil e do mundo.

Um aspecto interessante a destacar é a capa do CD. Nela, d. Pedro e Domitila são representados pela artista Isadora Laís Costa Brandelli como duas jaguatiricas. Domitila, num símbolo do empoderamento feminino, usa uma coroa; d. Pedro, não.

Em março de 2017, a TV Globo estreou a novela *Novo Mundo*, que teve início com o embarque de d. Leopoldina para o Brasil. Nela, Domitila aparece estereotipada como a vilã. Apesar de os autores justificarem as liberdades tomadas alegando que se trata de uma ficção histórica, o enredo afastou-se tanto da linha temporal, que a novela, na prática, se transformou numa história alternativa sem compromisso algum com os fatos.

Mesmo com d. Pedro, nas diversas cartas de que temos conhecimento, afirmando que eles se conheceram em São Paulo em agosto de 1822, na novela, Domitila aparece no Rio de Janeiro antes da Independência. O incidente com a carruagem de Maria Benedita ocorre quatro anos antes da data real. Em diversos momentos, a marquesa é representada como uma mulher fria e calculista, que passa por cima de tudo para atingir seus objetivos, inclusive da moralidade. Como se não fosse escândalo suficiente, na época, uma mulher ser a amante pública do imperador, colocaram Domitila deitando-se com diversos outros homens em busca de proteção ou como forma de atingir seu objetivo supremo: o então príncipe d. Pedro.

Em 2019 e 2020, foi à cena, no Solar da Marquesa de Santos, em São Paulo, e no Museu Nacional, no Rio de Janeiro, o monólogo de minha autoria *Marquesa de Santos: verso e reverso*, estrelado pela atriz Beth Araújo. Na peça, Domitila volta do seu descanso para se defender das acusações que lhe foram feitas.

Em 2021, foi inaugurada no Solar da Marquesa de Santos, sede do Museu da Cidade de São Paulo, a exposição de longa duração *A São Paulo da marquesa de Santos*, em cartaz até setembro de 2023, com minha curadoria. Nela, procurei unir a vida de Domitila com o tecido urbano da cidade. São Paulo, além de cenário, torna-se um dos personagens da vida da marquesa.

Durante o Bicentenário da Independência do Brasil, em 2022, Domitila foi lembrada em várias obras audiovisuais, como no filme de Laís Bodanzky *A viagem de Pedro*. Na maioria das vezes, a figura de Domitila continuou ressurgindo com a imagem da mulher sensual e fácil, que seduz o príncipe e obtém dele o que deseja.

Além das expressões artísticas e culturais alimentadas por uma indústria de entretenimento que molda a imagem da marquesa conforme o momento político, econômico e cultural, existe também uma segunda vertente, cultivada diretamente pelo povo, por intermédio dos mitos ao redor da marquesa.

AS CASAS DA MARQUESA

Qualquer pessoa com mais de 30 anos que, indo passear na Baixada Santista, tenha descido a serra pela Estrada Velha de Santos, hoje transformada em parque, deve se recordar de algum adulto apontando para um velho casarão na estrada e dizendo: "Veja, essa é a casa da marquesa de Santos".

Os prédios em questão — sim, mais de um — nada têm a ver com a ilustre titular, assim como Santos também não. Domitila nunca morou na cidade de Santos.

Em 1922, 55 anos após a morte da marquesa, Washington Luís, então presidente do estado de São Paulo, inaugurou essa estrada durante os festejos do Centenário da Independência do Brasil. Ao longo de seu percurso, foram erguidos monumentos e belvederes que contavam um pouco da história de São Paulo, da qual o "paulista de Macaé" era um entusiasta. Assim foram construídos o Cruzeiro Quinhentista, o Rancho da Maioridade, o Pouso do Paranapiacaba, entre outros. Projetados pelo arquiteto Victor Dubugras e decorados com azulejos de autoria do artista José Wasth Rodrigues, esses pousos eram localizados próximo à água corrente para refrescar os paulistas e os primeiros automóveis que se aventuravam serra abaixo e acima.

Além dessas "casas da marquesa de Santos", outros casarões, afastados do centro urbano de grandes e pequenas cidades — em muitas das quais d. Pedro e Domitila nunca botaram os pés —, levaram a fama de serem antigos pontos de encontro dos dois.

Em São Paulo, palco do início do relacionamento, somente parte do antigo traçado urbano sobreviveu. Nem as casas dos pais de Domitila nem o palácio do governo, onde d. Pedro se hospedou de agosto a setembro de 1822, foram conservados.

O Solar da Marquesa de Santos

A única casa em que Domitila efetivamente morou na cidade de São Paulo que ainda está de pé é o conhecido Solar da Marquesa de Santos, que durante alguns anos recebeu o nome de palacete do Carmo. Esse é o último edifício remanescente em taipa no centro de São Paulo. Após o falecimento do primogênito e testamenteiro de Domitila, o casarão foi leiloado e arrematado pela Mitra Diocesana, que a transformou no palácio episcopal, residência do bispo de São Paulo. O casarão, na ocasião, recebeu algumas modificações, como a construção de uma capela dentro da casa, onde o bispo chegou a realizar casamentos e batizados de pessoas que gozavam de sua intimidade. Também foi modificado o antigo telhado colonial, diminuindo-o e ocultando-o por detrás de uma platibanda. A fachada recebeu a feição neoclássica atual.

Em 1909, a Mitra vendeu o imóvel, que foi adquirido pela empresa The São Paulo Gaz Company. Nessa época, o solar passou por diversas reformas. Foi aberto um pátio que não existia anteriormente no lado direito, e diversas paredes de taipa foram derrubadas. Janelas e portas também foram modificadas para se transformarem em vitrine dos produtos vendidos pela companhia, como chuveiros a gás e aquecedores. No andar de cima, foi instalada a residência do diretor e, na parte de baixo, o showroom e escritórios. Na década de 1930, a fachada dos fundos da residência, que dava para a Várzea do Carmo, desapareceu com a construção de um anexo. Em 1967, a Companhia de Gás de São Paulo, empresa sucessora da The São Paulo Gaz Company, foi encampada, e seus imóveis passaram à prefeitura.

Em 1975, o solar passou a abrigar a Secretaria de Cultura do Município de São Paulo e alguns dos seus órgãos, como o Departamento do Patrimônio Histórico, foram criados nesse ano. Em 1991, o imóvel passou por um imenso restauro e, dez anos depois, por outro. Devido às diversas ocupações do prédio do final do século XIX a meados do século XX, não foi possível reconstituir nenhum estágio específico da edificação, então procurou-se evidenciar o que ainda restava dos diversos períodos. No andar superior, os antigos salões ainda apresentam os forros apainelados da época de Domitila onde, trinta anos depois da morte dela, seu primeiro biógrafo, Alberto Rangel, passaria uma noite de São João no que na época era a residência do bispo de São Paulo.

O Solar da Marquesa de Santos, como dito anteriormente, é a atual sede do Museu da Cidade de São Paulo, onde ficam a diretoria, diversos departamentos e a reserva técnica. O Museu da Cidade é formado por várias casas e sítios históricos, entre os quais a Cripta Imperial, onde se encontram os restos mortais de d. Pedro I, d. Leopoldina e d. Amélia — ou seja, ainda hoje, os quatro personagens encontram-se de alguma maneira, uma vez que a cripta é administrada a partir da antiga casa de Domitila. Também é no solar, na reserva técnica, que estão guardados diversos itens que foram descobertos durante a exumação de d. Pedro e suas duas esposas. No local, em 2014, eu localizei e estudei uma placa antiga de madeira que ficava junto ao caixão de d. Leopoldina no antigo convento da Ajuda, no Rio de Janeiro. Ela veio para São Paulo junto com os restos mortais da primeira imperatriz quando de seu traslado para a Cripta Imperial, em 1954. A imagem foi publicada na minha biografia sobre d. Leopoldina.

O casarão do Anastácio e outras lendas

Esse edifício, bem como outros adquiridos por Domitila, ou já pertencentes ao seu segundo marido, Tobias de Aguiar, são posteriores ao término do relacionamento com d. Pedro I. Isso inclui o casarão localizado na Vila Anastácio, que, segundo moradores da região, pertenceria à marquesa de Santos.

O prédio, em estilo colonial espanhol, foi construído na década de 1920 e serviu de clube de campo para os funcionários do frigorífico Armour do Brasil. O local fazia parte da antiga gleba da fazenda do coronel Anastácio, que pertenceu efetivamente a Tobias de Aguiar e Domitila. Entretanto, a sede da fazenda dessa época não existe mais.

Outro local mencionado é o edifício do Museu do Ipiranga. Certa vez, um repórter perguntou se era verdade que d. Pedro I soltava as escravizadas nuas nos jardins e brincava de pega-pega com elas. O prédio em que hoje se encontra o Museu da Universidade de São Paulo, conhecido popularmente como Museu do Ipiranga, não foi construído como moradia, e sim como um marco arquitetônico da Independência. A construção foi iniciada em 1885 e finalizada em 1890, décadas após a morte de d. Pedro e Domitila. A Casa do Grito, localizada no Parque da Independência, que se assemelha à retratada no célebre quadro de Pedro Américo, também não foi cenário das noites de amor do casal, conforme fantasiam alguns estudantes em visitas monitoradas ao local.

A Casa da Marquesa de Santos no Rio de Janeiro

Se em São Paulo nada do cenário do romance sobreviveu, o mesmo não ocorreu no Rio de Janeiro, que preserva até hoje o palacete do Caminho Novo, no bairro de São Cristóvão.

O prédio, ao longo dos anos, passou de Domitila para d. Pedro, e deste para seus herdeiros. A ex-imperatriz d. Amélia acabou se tornando proprietária do imóvel. Em 1847, a casa foi vendida para o barão de Vila Nova do Minho. Ao longo dos anos, passou de mão em mão, chegando a pertencer ao barão de Mauá, que a perdeu devido à falência. Então o imóvel foi leiloado pelo Banco do Brasil.

De 1898 a 1909, a antiga residência de Domitila transformou-se numa luxuosa clínica dirigida pelo médico italiano dr. Abel Parente, que também residiu no local. O polêmico dr. Parente era ginecologista e atendia mulheres da sociedade brasileira. Ele havia criado um método de esterilização ao qual muitas delas recorreram. Não demorou muito para ele ser perseguido pela sociedade médica brasileira por essa prática. Alguns médicos protestavam pois, segundo eles, sem a gravidez, as mulheres se entregariam à prostituição.[1]

Em 1913, o antigo palacete de Domitila foi alugado pelo cônsul do Uruguai e, com a morte do dr. Parente na Europa, foi vendido em 1920 para a firma Hime e Cia., pondo fim ao período em que a casa serviu de residência particular. Posteriormente, o imóvel foi alugado para a Fundação Rockefeller, que instalou ali o Serviço de Febre Amarela. Em 1938, o edifício foi tombado pelo Sphan, atual Iphan.

O governador do então estado da Guanabara, Carlos Lacerda, mandou desapropriar o imóvel pelo decreto de 4 de março de 1961. A casa passou a sediar a reitoria da Universidade da Guanabara e, posteriormente, em 1965, foi transformada em Museu do Primeiro Reinado, inaugurado em 1979. Essa função durou até o início de 2011, quando fechou para restauro. O Brasil, até então, era o único país no mundo em que a memória de um período histórico nacional estava confiada à casa da amante do governante da época.

Ironicamente, o local onde a marquesa se entrincheirou em 1829, relutando em partir e deixar o campo livre para a próxima esposa de d. Pedro, expunha, até o museu fechar, o conjunto de louças atribuído ao casamento do imperador com d. Amélia de Leuchtenberg. As porcelanas foram um presente do irmão dela, o duque Augusto de Leuchtenberg, para d. Pedro.[2]

Pelo decreto nº 45.346, de 19 de agosto de 2015, foi instituído no local a Casa da Marquesa de Santos/Museu da Moda Brasileira. No início de 2023, sob a coordenação do diretor da Casa da Marquesa de Santos e presidente da Funarj, Douglas Fasolato, o restauro da casa, parado há mais de nove anos, foi retomado.

Passagens secretas

Durante uma das primeiras restaurações do palacete, foi descoberto um alçapão na parte de trás da escadaria principal. Essa passagem levava para uma área subterrânea, provavelmente vestígio de antiga ligação entre a cozinha externa e a residência. O próprio museu, na época, alimentando a imaginação das pessoas, recriou a ilusão de um caminho secreto, com a ajuda de um jogo de espelhos. Segundo a lenda local, d. Pedro utilizava-se de um túnel para sair da Quinta da Boa Vista e visitar a amante sem ser visto.

Entre o mito e a realidade, não foram levadas em conta algumas questões. A movimentação de terra para a escavação de um túnel de um quilômetro ligando as duas residências dificilmente conseguiria passar despercebida pela corte. O barão de Mareschal, outros diplomatas e os estrangeiros que passaram pelo Rio de Janeiro e deixaram suas impressões e memórias sobre o período iriam deixar registrada tal obra de porte. Afinal, não seria tarefa para ser realizada numa noite. Se isso não bastasse, supondo que conseguissem fazer toda essa movimentação, o solo pantanoso da região seria impeditivo à construção de qualquer túnel no local sem um excelente projeto de contenção, que envolveria uma tecnologia muito avançada para o Brasil na época.

Também existiria, segundo os comentários populares, uma passagem secreta usada por d. Pedro para se encontrar com a amante no Museu Histórico Sorocabano. A casa pertenceu à família de Tobias de Aguiar, e a marquesa de Santos passou temporadas lá. Num quarto, atrás de um armário, uma passagem secreta efetivamente leva ao forro da casa e também levava ao porão, antes de ser aterrado. Ao contrário da passagem de São Cristóvão, esta realmente existe, porém as estadas de Domitila nessa casa ocorreram anos depois da morte de d. Pedro I, que nunca esteve em Sorocaba.

Sete anos durou o relacionamento e quase duzentos já se passaram após o fim do caso, porém o povo continua fantasiando sobre ele. Coloca os amantes encontrando-se em locais ermos e usando de subterfúgios, como passagens secretas, para não serem pegos. Esse povo voyeur em relação à vida sexual da classe governante é o mesmo que afixa no túmulo de Domitila, no Cemitério da Consolação, em São Paulo, uma pequena placa de acrílico agradecendo a graça alcançada.

UM SOLAR ASSOMBRADO

Em novembro de 2011, 144 anos após a morte da marquesa de Santos, seu solar na capital paulista foi reaberto após restauro. Além do antigo casarão, fechado havia mais de três anos, os visitantes puderam apreciar uma exposição que mostrava um pouco da história de Domitila. Foram expostos objetos da época da marquesa e até mesmo alguns que pertenceram a ela e estiveram no solar enquanto ali viveu.

Logo, com o grande fluxo de pessoas, alguns fenômenos estranhos começaram a ser relatados. Casa antiga, com mais de trezentos anos, sem barulhos desconhecidos, rangeres e infiltrações seria de estranhar. No entanto, alguns dos relatos são, no mínimo, curiosos.

Um dos vigilantes noturnos do solar contou que toda manhã dava bom-dia para a marquesa. No dia em que não deu foi porque cochilou, e aí foi a marquesa, em sonho, quem veio despertá-lo, pois estranhou a falta do bom-dia dele. Outro vigilante relatou ter ouvido um forte estrondo durante uma madrugada, como um tiro de canhão. Mas, correndo o edifício em busca de alguma explicação, não achou qualquer causa que justificasse o som.

No andar de cima da casa, ao subir a escadaria de madeira, localizada do lado direito da entrada, deparamo-nos com três grandes salas cujas janelas dão para a rua Roberto Simonsen. Elas ainda se apresentam, espacialmente, como eram no tempo em que o solar foi residência da marquesa.

Na primeira sala, durante a exposição, foram colocados alguns documentos e retratos de Domitila. Na segunda, um grande piano lembrava as festas do solar, com músicas da época tocando ao fundo. Ali também era mostrado o luxo da casa, com um antigo faqueiro que pertenceu a ela e algumas peças de porcelana, cristais e prataria.

O terceiro recinto, que fica de esquina entre a rua Roberto Simonsen e o beco do Pinto, era anteriormente a chamada Sala de Veludo, parte da antiga área social da casa, onde Domitila recebia visitas formais. Na exposição aberta em 2011, o local foi transformado na Sala do Senhor da Casa. Lá, foram colocados alguns móveis e pertences do brigadeiro Rafael Tobias de Aguiar, como uma espada, uma pasta de quando era governador de São Paulo, além de um retrato a óleo de corpo inteiro, baseado numa ilustração da época. Um dos móveis era um armário de madeira antigo com portas de vidro, que acabou virando um estranho protagonista.

Avisado pelo pessoal da segurança da época, acabei entrando em contato com Daniele Fernanda Maffei. Ela e uma amiga, Sandra Alves de Souza, haviam ido conhecer o Solar da Marquesa em fevereiro de 2013. O que se passou deixo para a própria Daniele contar:

> Como de costume, estávamos tirando algumas fotos [sem flash] e uma delas foi intrigante, era a foto de um móvel [armário] localizado num dos cômodos. Os vidros do armário refletiram alguns móveis que estavam no local e a imagem de duas pessoas conversando. Estranho que não havia ninguém na sala no momento da foto, muito menos vestindo as "roupas de época" que aparecem. Ficamos curiosas e resolvemos voltar ao solar, para olhar novamente o ambiente, tirar outras fotos e ter certeza de que nada [quadro etc.] pudesse ter gerado aquela imagem de duas pessoas na foto... E realmente não havia.[1]

Vi a foto, que, por ter sido tirada com um celular, é de baixa resolução, mas nitidamente se enxerga uma mulher usando um vestido de época rosado. Ela encontra-se de costas para o armário e a pessoa em frente a ela é um homem, vestido de maneira idêntica ao modo como o brigadeiro Tobias de Aguiar foi retratado no quadro que estava nessa sala — a tela estava numa parte que não era refletida no armário.

Quando o relato e a foto chegaram a mim, fiz uma batelada de perguntas, entre as quais a que religião pertenciam. Nada nunca demonstrou que elas procuravam algum tipo de divulgação. Apesar de Daniele ter me autorizado a falar sobre o assunto desde 2013, somente em 2017, com a primeira reedição desta obra, o fato foi divulgado ao público.

Outra imagem misteriosa foi feita por um segurança do solar. Ao fotografar a exposição, ele registrou um antigo oratório, exibido no corredor que ligava a sala onde estava o quadro do brigadeiro Tobias a uma outra, onde ficava a antiga cama que pertencera à marquesa. O vidro protetor posto diante do oratório reflete duas pessoas na foto tirada. Uma delas é o próprio fotógrafo, já a outra… bem, ela não estava lá na hora da foto. Podemos ver nitidamente uma jovem morena, de cabelos presos na altura da nuca, usando um antigo vestido fechado de tom claro.

Durante a exposição, uma figura frequente para alguns visitantes era o próprio brigadeiro Tobias. Mais de uma vez, visitantes do solar congratularam seguranças e monitores do serviço educativo por terem colocado, na Sala dos Retratos, um ator vestido como o brigadeiro, o último marido de Domitila. Para não haver escândalos, os cumprimentos feitos ao fantasma eram aceitos sem o esclarecimento de que não havia ator algum. Um dos casos mais lendários foi o de uma senhora que se dirigiu a um dos seguranças e pediu-lhe que falasse com o ator que estava atrás dela, vestido como o senhor do quadro, para parar de segui-la, pois ela não era ladra. O segurança, olhando para o ar, obedeceu e, aparentemente, adiantou, pois o fantasma não mais importunou a visitante.

Na sala onde o brigadeiro Tobias foi visto mais de uma vez, é possível notar frequentemente uma mudança de temperatura, pois normalmente é um dos ambientes mais quentes da parte antiga da casa. Esse é um dos poucos cômodos que têm janelas dando para a Roberto Simonsen e para o beco do Pinto, pegando sol do meio-dia ao entardecer, porém o fator da insolação parece que é científico demais para os que querem crer.

Além dessas aparições, registraram-se dois outros fenômenos sobrenaturais. Um deles foi testemunhado por boa parte da equipe do museu, da diretoria até o serviço de limpeza. Uma antiga diretora, logo pela manhã, antes da abertura, ao passar pela área da exposição, notou uma poça no assoalho, embora não tivesse chovido recentemente. Mandou que chamassem a equipe de limpeza para removê-la antes da chegada do público. Várias pessoas viram a poça, e, enquanto uma funcionária desceu para pegar o material de limpeza, outra pôs o dedo no líquido. Não era água, mas, sim, alguma espécie de óleo perfumado. Quando a funcionária retornou para limpar o local, a poça não só havia desaparecido completamente, como o piso de madeira não tinha qualquer marca de umidade.

Um último episódio foi vivenciado por mim. Numa tarde de julho de 2014, estávamos eu e as professoras Ana Laura Gamboggi Taddei, Sandra Tucci e Luciana Birindelli numa reunião no solar, discutindo ideias para uma futura exposição. Após a reunião, contei a elas essas histórias de assombração. Uma delas brincou, perguntando em voz alta se a marquesa havia gostado das nossas ideias, e pediu que, em caso positivo, batesse uma vez. Logo ouvimos o som de uma pancada. Para tirar a dúvida de que não estávamos doidos ou influenciados, a pergunta foi feita mais uma vez, e logo ouvimos, novamente, uma pancada idêntica, vinda de um lugar próximo, mas que não conseguimos identificar. Até hoje, questiono-me se algum funcionário gaiato teria sido o autor das pancadas e ainda se divertiria recordando o assunto.

E eu — você deve estar se perguntando — acredito em tudo isso que relatei? Infelizmente, apesar de passar muitas horas no solar, inclusive durante a noite, nunca fui recebido pessoalmente por Domitila, muito menos por Tobias. Porém, como o espanhol, eu também *no creo en brujas, pero que las hay, las hay.*[2]

SANTA DOMITILA

Conforme mencionado anteriormente, a imagem de Domitila, ao se metamorfosear de amante do imperador a mãe de família, carrega-se, para alguns autores, como Tavares Pinhão,[1] de simbologia.

Se Maria Madalena se arrependeu, por que não Titília? Sua proverbial bondade para com os escravizados, as esmolas que dava e as que deixou legadas em testamento ajudaram a alimentar sua memória na benemerência paulista. A isso acrescentam-se rumores bem típicos da figura de "Madalena arrependida": Titília teria fundado uma organização para tirar prostitutas das ruas e casá-las com homens de bem, além de ter criado um dispensário no palácio do governo, durante a presidência de seu marido, para atender famílias carentes. Após o seu falecimento e a higiene do corpo inerte, foram-lhe postas as vestes da Ordem Terceira do Carmo, da qual havia se tornado irmã leiga.

Como boa samaritana, teria doado terras para que a municipalidade construísse o Cemitério da Consolação. O que não passa de lenda, reforçada por uma placa colocada inapropriadamente em seu túmulo, tamanha a confusão que se faz de sua memória até hoje. Ao se estudar as Atas da Câmara Municipal de São Paulo, observa-se que uma parte das terras onde o cemitério foi construído era de propriedade pública, e o restante pertencia a Marciano Pires de Oliveira, que tinha uma chácara no local. Posteriormente, o território foi ampliado, com o acréscimo de uma parte da chácara do conselheiro Ramalho e da de Joaquim Floriano Wanderley.

O singelo túmulo da marquesa em mármore branco, de formato quadrangular, encimado por um nicho que protege um anjinho e antigamente tinha uma cruz no alto, foi encomendado pelo seu filho e testamenteiro Felício Pinto Coelho de Mendonça e Castro. Uma inscrição quase apagada na parte de trás do túmulo indica que ele foi confeccionado no Rio de Janeiro, na Marmoraria João Manuel Pomar, de João Manuel Pomar e José Ribeiro Pacheco, localizada na rua da Ajuda, nº 37, famosa no Rio de Janeiro pelas suas marmorarias e seus artesãos.

Instalado na parte mais antiga do Cemitério da Consolação, perto da capela, o jazigo perpétuo é um dos mais bem cuidados e recebe flores até hoje. Clarival do Prado Valadares, em sua monumental *Arte e sociedade nos cemitérios brasileiros*, de 1972, notou, durante suas pesquisas, o mesmo que ocorre hoje, mais de cinquenta anos depois: "Muitas são as visitantes, e pouco provável que sejam suas descendentes".[2]

Vão longe os dias das "elegantes senhoras" observadas pelo autor, que iam de motorista ao cemitério levar flores ao túmulo de Domitila. Essas mulheres faziam o zelador trocar um buquê ainda fresco e recém-colocado pelo que estavam ofertando naquele momento. Uma breve oração e partiam. Valadares observou que, naquela época, não havia velas ou outras "implicações popularescas" que surgiriam depois. Nos dias de hoje, as velas são proibidas. Um aviso no túmulo da marquesa deixa isso bem claro. O pesquisador sugere que a afluência ao túmulo de Domitila esteja ligada ao sentimento de identificação das "marquesinhas modernas" com ela.

Mais recentemente, foi coletado o costume de mulheres solteiras darem três voltas ao redor da lápide e beijarem o retrato de Domitila, na esperança de arrumar marido. Existem também rumores de que ela seria a santa popular das prostitutas.

Essa relação entre corações partidos e a marquesa já havia sido verificada pela imprensa, em 1977. Durante a obra de reforma do túmulo de Domitila, repararam que o jazigo amanhecia coberto de flores. Segundo funcionários do cemitério, as flores eram presentes de namorados infelizes que iam pedir proteção à padroeira dos apaixonados.[3]

Mas não é somente como protetora dos amantes que a figura de Domitila surge após sua morte. Um bisneto de Francisco de Castro, irmão mais novo da marquesa, Elias Alves de Castro, contou numa entrevista a seguinte passagem:

> Já vieram falar-me de seus milagres. Isso mesmo, milagres. Uma senhora, aparentada de um político de muito destaque, já falecido, veio até aqui em casa para comprovar a graça alcançada. Disse-me ela: "Elias, quando tenho qualquer apertura na vida, peço ajuda à marquesa de Santos. E sempre fui atendida".[4]

Em 1984, o padre Marcílio Simões Romeiro de Melo, da Igreja Católica Apostólica de Jerusalém, foi encarregado pelo bispo d. Dylmar Correa Baldoino da Costa de formar uma comissão para investigar os possíveis milagres atribuídos a Domitila.

As graças coletadas pelo padre Marcílio são variadas, mas nenhuma trata de relacionamentos amorosos. Em sua maioria, os crentes de Domitila buscam emprego e a cura de doenças. O padre chegou a rezar missas no início da década de 1980 no túmulo da marquesa no Dia de Finados, nas quais distribuía panfletos mimeografados, explicando a campanha pela redenção da memória de Titília.

O devoto mais famoso de Domitila foi o sanfoneiro e compositor Mário Zan. Se os leitores mais novos nunca ouviram falar nele, provavelmente já dançaram alguma quadrilha de festa junina com uma das trinta canções que ele compôs para o gênero. Em 1954, seu disco com o Hino do IV Centenário da Cidade de São Paulo atingiu um recorde para a época: mais de um milhão de cópias vendidas em poucos meses.

Zan, nascido na Itália em 1920, residiu durante a adolescência no Ipiranga, próximo ao museu. Ouvindo as histórias que os mais velhos contavam sobre Domitila e d. Pedro, passou a se interessar pela marquesa e pelas ações benemerentes dela em São Paulo. Ao estudar sobre Domitila e descobrir que o túmulo dela estava no Cemitério da Consolação, Mário resolveu visitá-lo e revoltou-se: até pé de milho brotava nele. Tomou para si o restauro e a manutenção do sepulcro da marquesa, que é mantido até hoje pela família dele com recursos provenientes dos direitos autorais do artista.

Quando a filha de Mário, Mariângela, com 3 meses de idade, esteve à beira da morte, seus pais foram ao túmulo de Domitila pedir pela saúde da bebê. Ao chegarem em casa, ela havia tomado uma mamadeira inteira, e o organismo voltara a funcionar normalmente.

Mário Zan, sem vínculo com religião nenhuma, considerava Domitila uma protetora no plano espiritual, para si e sua família. Além da recuperação da filha, Zan afirmava ter recebido diversas outras graças, entre elas, um terreno no próprio cemitério, onde foi enterrado em 2006, aos 86 anos: "Eu queria um terreno para minha família no Cemitério da Consolação, nunca conseguia, até que rezei para ela e acabei conseguindo um bem na frente do túmulo dela".[5] De prostituta a santa, de corrupta a dama benemerente, de afronta à família e aos bons costumes a ícone fashion, Domitila de Castro Canto e Melo, a marquesa de Santos, acolhe todos os adjetivos como acolhia os filhos imputados a ela pelo povo. Ao mesmo tempo é esposa, vítima de violência doméstica, amante, mãe, capitalista, avó e fomentadora de corridas de cavalos.

Seu meio-sorriso no célebre retrato pode ser comparável ao da Mona Lisa. Que mistério nos esconde? Todos e, ao mesmo tempo, nenhum. Mais cartas de amor poderão ainda surgir, segredos sobre sua vida virão à tona? Talvez, mas, mesmo que não apareça nada de novo em sua biografia, a imaginação do brasileiro continuará a transformar a figura de Domitila, polindo-a, burilando-a e dando quantas formas quiser a essa polêmica personagem.

A marquesa, mesmo morta, ainda desperta paixões. Impossível ouvir o seu nome sem algo negativo ou positivo a dizer sobre ela.

As mulheres que, em São Paulo e no Rio, se recusam a entrar na casa da amante de d. Pedro parecem estar corretas ao impedir que seus acompanhantes — maridos, namorados, filhos e amigos — façam o passeio. Será coincidência só existirem biógrafos do sexo masculino da grande amante do Brasil? De forma alguma. A sereia paulista continua a encantar os homens e irritar as mulheres que não se emanciparam completamente. As que ainda não pagaram o preço elevado da liberdade de amar, pensar e agir como bem entendem e se deixam guiar pelas convenções sociais vigentes têm todos os motivos para odiá-la e insultá-la. Não é possível ter empatia com o que não se conhece. Quanto aos homens, esses só desejam, como seres humanos, o que não possuem ou não compreendem, no caso, uma imagem e uma ideia de mulher; se fosse real, de carne e osso, é provável que fugissem dela.

Exemplo de mulher emancipada para uns, ícone da corrupção política brasileira para outros, ela é como a Geni, da música "Geni e o Zepelim", de Chico Buarque: apesar de boa com todos e de salvar a cidade em perigo, sofre perseguição por causa da sexualidade. Mas, como boa paulista, ainda hoje se impõe à cidade que a viu nascer, crescer, amar e morrer. Seu solar, tão resistente quanto a famosa dona, perto de onde nasceu a São Paulo do padre Anchieta e de Tibiriçá, é o único remanescente urbano de residência em taipa de pilão da capital. Lá é possível ver uma das dezenas de guias que acompanham excursões escolares começarem o tour com a pergunta: "Estão vendo como está quente lá fora? Viram que aqui dentro é mais fresco? Olhem o tamanho desta parede". Enquanto isso, crianças mais afastadas cochicham: "Esta é a casa da namorada do d. Pedro!".

APÊNDICES

Registro do casamento de Domitila com Felício, seu primeiro marido

A 13 de janeiro de 1813, em casa de residência do sargento-mor João de Castro do Canto e Melo, às nove da noite, dispensadas as diligências de Regis costume, em provisão do reverendíssimo dr. juiz dos casamentos Manoel Joaquim Gonçalves de Andrada, em presença do reverendo padre mestre Bernardo da Pureza Claraval de licença das testemunhas o bispo assinado, o tenente coronel Francisco Antônio de Paula Nogueira da Gama, solteiro, e o alferes Boaventura Delfim Pereira, casado, recebendo em matrimônio pelas palavras do presente o alferes Felício Pinto Coelho de Mendonça, natural da Freguesia de São João Batista do Morro Grande do Bispado de Mariana, filho legítimo do capitão-mor Felício Muniz Pinto Coelho da Cunha e de sua mulher dona Mariana Manuela Furtado Leite de Mendonça, dona Domitila de Castro Canto e Melo, natural desta, filha legítima do sargento-mor João de Castro do Canto e Melo, e de sua mulher dona Escolástica Bonifácia de Toledo; e logo lhes deu as bênçãos na forma do ritual romano. Do que foi este assento que assinam: João Nepomuceno, Francisco Antônio de Paula Nogueira da Gama e Boaventura Delfim Pereira.

Fonte: Arquivo Metropolitano Dom Duarte Leopoldo — São Paulo.

Requerimento do capitão-general de São Paulo em favor de Domitila

Diz d. Demetilia de Castro Canto e Melo, filha do tenente-coronel João de Castro do Canto e Melo e sua mulher d. Escolástica Bonifácia de Toledo, moradores nesta província de São Paulo, que seus pais a fizeram casar com o tenente Felício Pinto Coelho, do Regimento de Cavalaria de Minas Gerais, o qual recolhendo-se para a sua capital por ficar sem efeito a expedição do Sul a que tinha vindo a esta, a suplicante acompanhou ao dito seu marido, mas este chegando a casa e pátria, pondo em execução o péssimo gênio e depravados costumes tentado até contra a vida da suplicante, viu-se esta nas circunstâncias de sair da sua casa e procurar a companhia e abrigo de sua avó d. Ana Maria de Toledo, residente em Vila Rica, e escrevendo aos seus pais a cidade de São Paulo, estes a mandaram buscar onde a suplicante até hoje reside; mas passados alguns meses apareceu naquela cidade o marido da suplicante, e com protestos de amizade e reforma de costumes persuadiu aos seus pais que a convenceram de retornar a unir-se ao dito seu marido no que a suplicante conveio, não porque a suplicante deixasse de conhecer a péssima condição do suplicado; mas sim para que seus pais e o público fossem testemunhas dos seus depravados costumes, e obtendo de V.M. a graça de passar daquele Corpo de Cavalaria para os de Caçadores desta cidade e província, parecia que executaria as suas promessas, no entanto sofria a suplicante a todas as sevícias caseiras, até que as públicas a justificassem, então seus pais e o público conheceram que a suplicante não tinha uma camisa que este lhe desse, nem para seus filhos, e se conseguia era depois de grandes desordens: ele andava pelos negociantes comprando fazendas atestando que era para vestir a suplicante e seus filhos, porém dava-lhe outro destino; não há uma pessoa nesta cidade a quem não pedisse dinheiro, dizendo ser para sustentar a sua família, porém mal dela se não fosse o amparo dos pais da suplicante, ele procurava amizade que pudesse desfrutar, e logo que assim não acontecia tratava debaixo de pretexto de honra culpando [rasgado] a fim de encobrir a sua conduta, chegando a ponto de pedir a seus próprios camaradas trastes emprestados, vendê-los, ficou sem uniformes, tudo consumiu, e até fingindo provocações falsas tentou arrecadar dinheiro da Pagadoria das Tropas, e com firmas falsas da suplicante, mandou dar consumo nos bens que tinha em Vila Rica, que lhe tocaram por falecimento de sua mãe que não podiam ser vendidos sem outorga da suplicante, deixando-a sem coisa alguma, tudo acabou com más companhias pelas casas de jogos, chegando até a levar seus filhos pequenos para casas indecentes, de que foi avisada por alguém passar de bem desta cidade, e sendo esta a conduta pública do suplicado, este há assim mesmo que se anima a macular a conduta da suplicante na presença de V.M. até a ponto de ofender a honra de seus pais pedindo a V.M. que lhe mandasse entregar seus filhos por ser perigosa a educação deles a poder da suplicante sem se lembrar que seus pais, que tratam da suplicante, também tratam de seus netos, e que são aqueles mesmos que criaram e educaram as suas filhas e as fizeram casar, sendo de entre elas a suplicante a desgraçada, pelo péssimo acerto que teve, educaram seus filhos os quais todos hoje estão servindo a V.M. na Campanha do Sul com honra e inteireza de que têm sido remunerados por V.M., e à vista do exposto ainda que o pai do suplicado tenha mais posses, e seja abastado em bens, não se segue que a riqueza seja consequência de uma boa educação. Por isso a suplicante roga a V.M. com toda a submissão se digne a atendê-la mandando que seus filhos sejam conservados na companhia da suplicante, debaixo da tutela de seus pais e avós e que o suplicado, seu marido, seja obrigado a dar-lhe os alimentos, visto não ter entregue à suplicante a sua meação conforme determinam as leis, segue a suplicante não perdeu o direito, o que tudo espera da piedade de V.M. como pai, ERM [Espera Receber Mercê].

Fonte: FBN, Seção de Manuscritos. Localização: C-04,58,038.

Testamento da marquesa de Santos

Em nome de Deus, amém. Eu, a marquesa de Santos, em estado de saúde, em meu perfeito juízo e entendimento, certa de que um dia hei de morrer, por ser coisa natural, resolvi fazer o meu testamento e disposição de minha última vontade pelo modo seguinte: Declaro que sou católica apostólica romana, em cuja fé sempre tenho vivido e pretendo morrer, convencida de que não poderei salvar-me senão pelos merecimentos de Nosso Senhor Jesus Cristo. Declaro que sou natural desta imperial cidade de São Paulo, filha legítima do visconde de Castro e de sua mulher a viscondessa do mesmo título, ambos já falecidos. Declaro que fui casada em primeiras núpcias com o alferes Felício Pinto Coelho de Mendonça e divorciando-me dele por sevícias fez-se no juízo competente a separação dos bens que haviam, ficando cada um com a sua meia ação, e por isso tudo quanto tenho e possuo acha-se livre da comunhão em que estive com o dito meu primeiro marido. Declaro que do meu primeiro consórcio tive os seguintes filhos: o comendador Felício Pinto Coelho de Mendonça e Castro e a Excelentíssima dona Francisca Pinto de Castro, que foi casada com o meu irmão, o finado brigadeiro José de Castro do Canto e Melo, e deste seu casamento teve uma filha, que é a Excelentíssima dona Escolástica Pinto Coelho de Gouvêa. Declaro que fui casada em segundas núpcias com o exmo. brigadeiro Rafael Tobias de Aguiar, não pelo costume e leis do Império, mas por pacto exclusivo da comunhão de bens dotando-me ele com oitenta contos de réis com a condição de que por minha morte sucederem em quarenta contos do dote constituído em partes iguais meus herdeiros do primeiro e do segundo matrimônio e nos outros quarenta contos de réis a exma. dona Maria Isabel de Alcântara Bourbon Bragança, hoje condessa de Iguaçu, cuja quantia já foi entregue à mesma exma. condessa por meu falecido marido com anuência minha ao tempo do seu casamento com o conde do mesmo nome. Declaro que do meu segundo matrimônio tenho quatro filhos vivos, que são o doutor Rafael Tobias de Aguiar, o doutor João Tobias de Aguiar e Castro, o doutor Antônio Francisco de Aguiar e Castro e Brasílico de Aguiar e Castro. Declaro que os meus filhos do primeiro e do segundo matrimônio, e a referida minha neta, são meus únicos herdeiros, e a todos os quais instituo universalmente nas duas terças partes de meus bens livres e na totalidade do meu dote. Declaro que é a minha vontade que depois de minha morte meu corpo seja dado a sepultura em lugar que for designado pelo meu testamenteiro, e a seu arbítrio deixo também meu funeral, recomendando-lhe somente que o faça decente, mas sem ostentação. Declaro que é minha vontade que no dia do meu falecimento ou quando puder ser se digam cinquenta missas por bem de minha alma e que além destas se digam mais quatro capelas de missas em sufrágio pela minha alma, uma capela pela de meu finado pai, uma capela pela alma de minha finada mãe, e outra capela pela alma de meu marido, e vinte missas pelas almas de meus escravos falecidos. Declaro que à minha finada filha d. Francisca, quando casou com meu irmão, o brigadeiro José de Castro, dei em moeda corrente a quantia de doze contos de réis e mais os escravos Mafalda, de dois anos de idade, e Joana, da mesma idade mais ou menos; tudo em avanço da sua legítima. Declaro que a meu filho comendador Felício, em avanço de sua legítima, dei a fazenda denominada Vacaria, no valor de quatro contos de réis, o escravo Benedito, de idade de sete anos mais ou menos no valor de duzentos mil-réis, o escravo Ireno, logo que nasceu, no valor de cem mil-réis e mais alguns dinheiros de que ele estará bem certo e há de constar dos assentamentos da minha casa. Declaro que na ocasião de seu casamento dei à minha neta, d. Escolástica, dez contos de réis por conta de sua legítima. Declaro que à minha finada filha d. Francisca, quando se casou, dei em minha terça os escravos João e Patrício.

Declaro que a meu filho, o dr. João Tobias de Aguiar, dei em minha terça o escravo Tibúrcio, e é minha vontade que, depois de minha terça a cada um dos meus filhos do segundo matrimônio, quantia igual em dinheiro à da avaliação do referido escravo Tibúrcio. Declaro que a minha falecida sobrinha d. Maria Francisca, quando se casou com meu sobrinho João Carlos de Oliva, dei uma casa sita na travessa Santa Teresa, e os escravos Maria da Glória, Francisco e Benedita, de oito dias de idade, com a condição, porém, de não poder vender nem alhear a dita casa e escravos e de não poder obrigar a dívidas de qualidade alguma, e por sua morte passar a seus filhos com as mesmas condições: de todas estas doações fiz entrega à donatária, e por este testamento confirmo com as mesmas condições e cláusulas. Declaro que deixo à minha sobrinha e afilhada d. Domitila, filha de João Carlos de Oliva, quatro contos de réis. Declaro que a meu irmão, o exmo. major Francisco de Castro do Canto e Melo, emprestei a quantia de um conto de réis cuja dívida deixo aos filhos e filha do dito meu irmão, que terá a administração, mas não o usufruto, deste legado, devendo conservar o principal e interesses, e por morte do dito meu irmão o conto de réis, assim como os rendimentos, serão empregados em apólices ou bens de raiz, que não poderão ser vendidos, nem alienados, nem sujeitos a dividirem a dívida alguma, podendo somente os meus sobrinhos, filhos do dito meu irmão, perceber e dispor dos rendimentos, e por morte deles passarão os ditos bens sem mais condição a seus herdeiros. Declaro que deixo mais aos filhos do dito meu irmão, o exmo. major Francisco de Castro do Canto e Melo, uma apólice de um conto de réis que será conservada, e seus juros reservados enquanto menores ou sujeitos ao poder paterno, e casando-se eles ou entrando na administração de seus bens cada um receberá a parte que lhe tocar assim do principal como de seus rendimentos. Declaro que deixo à duquesa de Goiás uma medalha de ouro cravejada de grandes brilhantes estimada no valor de oito contos de réis, um par de brincos de brilhantes do mesmo valor e um anel do valor de dois contos de réis. A medalha deverá ser entregue pela condessa de Iguaçu, em cujo poder se acha, e as outras joias, por meu testamenteiro. E quando aconteça que por qualquer causa se não cumpra este legado, sucederá nele a condessa de Iguaçu para que use das mencionadas joias durante a sua vida, e por sua morte passem a seus filhos sem condição alguma, ou reserva. Declaro que deixo a João Felício, filho de meu filho, o comendador Felício, o meu escravo Agapito, e para Felício, filho do mesmo meu filho, o escravo Amâncio. Declaro que deixo à minha afilhada d. Ana Cândida, mulher de meu filho dr. Rafael, uma pretinha de nome Firmina. Declaro que deixo para meu sobrinho Carlos duzentos mil-réis. Declaro que deixo a meu afilhado, filho do meu sobrinho Pedro, duzentos mil-réis. Declaro que deixo a meu filho Brasílico o escravo Rufino. Declaro que deixo para meu filho, o dr. João Tobias, Antônio Francisco e a escrava Eva, com uma filha. Declaro que deixo a d. Dometillia, filha do meu filho, o dr. João Tobias, a mulatinha de nome Maurícia, filha da escrava Eva. Declaro que deixo a escrava Inácia para servir a minha sobrinha d. Maria Carlota durante toda sua vida, e espero a bondade dos meus filhos que consintam que a mesma minha sobrinha more na casa que lhe dei para habitar até sua morte. Declaro que deixo para edificação ou alfaias da capela do cemitério que se está erigindo na freguesia de Santa Efigênia, com a invocação de Nossa Senhora dos Aflitos, quatro contos de réis; e se aconteça que se mude o cemitério para outro lugar antes de ser empregada esta quantia, o meu testamenteiro não deixará de aplicar este legado na capela que for ereta em outro cemitério que se construir, ainda que seja em outra freguesia e com outra invocação. Declaro que deixo quatrocentos mil-réis para serem repartidos por famílias pobres e honestas que não vivem de pedir esmolas. Declaro que deixo à liberta Geralda, que foi escrava da minha neta d. Escolástica, duzentos mil-réis. Declaro que deixo livres de toda escravidão os meus escravos Paulo Boleeiro e Elias, ficando ambos, todavia, debaixo da tutela do meu filho, o comendador Felício, e em falta deste meu filho, o doutor Felício. Declaro que deixo livre de toda escravidão minha escrava Manoela. Declaro que se ao tempo de minha morte ainda não tenha dado liberdade e feito casar a minha escrava Carolina, meu testamenteiro dará execução a estas minhas vontades passando-lhe carta de liberdade na véspera de seu casamento, ou depois de casada, a julgar ser isto mais conveniente, e rogo a meus filhos que não consintam que ela se case senão com pessoa de bons costumes, para que não a maltrate e conserve alguma coisa que tiver, e lhe darão uma escrava e duzentos mil-réis e as roupas para o seu casamento. Declaro que deixo forra a escrava Helena, com a condição de morar com sua filha e de não furtar e não beber bebidas espirituosas, e quando não cumpra esta condição ficará obrigada a viver debaixo da sujeição de meus herdeiros. Declaro que é minha vontade que de minha terça, primeiro que tudo, separe-se doze contos de réis para serem entregues a meu testamenteiro, a fim de que ele cumpra uma disposição particular conforme lhe recomendo numa carta fechada de cuja disposição não será obrigado a dar contas, devendo ser acreditado somente pelo seu juramento em juízo das contas e para isso e todos os mais efeitos de direito considerar a referida carta como fazendo parte do testamento, mas em caso algum será junto a ele. Declaro que à exma. condessa de Iguaçu dei um dote de quarenta contos de réis em apólices de um conto cada uma a preço de 84 por cento, além de joias de ouro, prata e brilhantes, o que tudo consta de uma nota escrita por seu marido, o conde do mesmo nome, e mais alguns escravos, e várias quantias em dinheiro para se deduzir tudo da minha terça; e todas estas doações confirmo por este testamento. Declaro que, além do que tenho dado em vida à exma. condessa de Iguaçu, deixo à mesma exma. condessa cinquenta contos de réis em apólices pelo que correrem a todo o remanescente de minha terça depois de cumprida todas as minhas disposições, cujo remanescente será também convertido em apólices da dívida pública por meu testamenteiro para serem reunidas aos cinquenta contos de réis acima referidos, formando a soma total um só, e mesmo legado; e todas estas apólices serão entregues à mesma exma. condessa de Iguaçu com a condição de não poder ela, nem seu marido, vendê-las nem obrigá-las, nem pagar dívidas com as mesmas apólices que sejam contraídas antes ou depois que lhe forem entregues, podendo somente perceber os juros delas enquanto viverem para seu tratamento e por sua morte passarão as ditas apólices a seus filhos, que sobreviverem, em usufruto com as mesmas condições e reservas acima especificadas e, se algum falecer, os que sobreviverem perceberão repartidamente todos os juros das mencionadas apólices, sem que os herdeiros do pré-morte, a não serem descendentes, possam ter parte alguma neste legado, e assim se observará sucessivamente até o último filho da exma. condessa de Iguaçu que sobreviver a todos, o qual perceberá a totalidade dos juros, e por sua morte, seus herdeiros e de seus irmãos germanos premortos sucederão neste legado na forma das leis sem mais condições ou reserva alguma. Declaro mais que, se falecer a condessa deixando filhos menores, e ainda sujeitos ao poder paterno, não terá o conde, seu pai — se vivo for —, parte alguma nos juros das mencionadas apólices, não só porque segundo o direito se não dá usufruto de usufruto, como porque é minha vontade que assim se observa devendo os juros pertencerem aos filhos sucessores da condessa, serem recolhidos aos cofres durante a menoridade deles para lhes serem entregues quando se casarem ou entrarem na administração de seus bens. Declaro que é meu particular desejo que meus filhos legatários vivam em completa harmonia e concórdia, e que não tenham questão por causa de heranças e legados, porém, se o contrário acontecer, o que não presumo deles, e movam demandas entre si, como herdeiros ou legatários de meus bens, é minha vontade que aquele ou aqueles que aparecerem como motores da discórdia fiquem privados dos legados declarados neste testamento, revertendo aos meus herdeiros que respeitarem e cumprirem esta minha vontade. Declaro que para cumprimento e execução a este meu testamento rogo em primeiro lugar a meu filho o comendador Felício Pinto Coelho de Mendonça e Castro, em segundo lugar a meu filho o doutor Rafael Tobias de Aguiar e em terceiro a meu filho o doutor João Tobias de Aguiar, em quarto a meu filho doutor Antônio Francisco de Aguiar e Castro, em quinto a meu filho Brasílico de Aguiar e Castro, queiram ser meus testamenteiros, e aquele que aceitar terá dois anos para prestação de suas contas e dois contos de réis pelo seu trabalho, podendo aquele prazo ser espaçado quando não baste para cumprir todas as minhas disposições. E por esta forma hei por concluído o meu testamento e disposições de minha última vontade, e rogo às justiças deste império queiram dar-lhe toda força e rigor, para que se cumpra e guarde como nele se contém; e que quando não possa valer como testamento, valha ao menos como codicilo o que tudo faço de minha livre e espontânea vontade sem constrangimento ou sugestão de pessoa alguma e por verdade roguei ao conselheiro Joaquim Inácio Ramalho que por mim escrevesse e o assinei sem depois de o haver lido e ter achado em tudo conforme ao que ditei e mandei escrever. São Paulo, 23 de fevereiro de 1862. Marquesa de Santos.

Fonte: Museu do Tribunal de Justiça de São Paulo.

Extratos do inventário de bens da marquesa de Santos

Joias:

Um relógio de ouro cravejado de brilhantes: um conto, 225 mil-réis. Uma borboleta cravejada de brilhantes: dois contos de réis. Uma pulseira de contas de ouro com o retrato de Pedro I com um fecho de brilhantes: um conto, 390 mil-réis. Uma medalha com o retrato de Pedro I, contendo brilhantes sendo dez grandes: 720 mil-réis. Um alfinete de esmeraldas grandes rodeado de brilhantes: 570 mil-réis. Um alfinete pequeno com brilhantes: 710 mil-réis. Um anel com um solitário: quatro mil-réis. Um par de brincos de grandes brilhantes com pingentes: seis contos e quinhentos mil-réis. Um broche pequeno com brilhantes e três pingentes: um conto e cem mil-réis. Um anel com cinco brilhantes: 240 mil-réis. Um par de brincos esmaltados com um solitário: quatrocentos mil-réis. Duas prisões, sendo uma com brilhantes maiores: cem mil-réis. Dois pares de brincos de ouro com pedras pretas: 7.050 réis. Um colar comprido de pérolas: um conto e 425 mil-réis. Um colar pequeno: 35 mil-réis. Um par de brincos de pérola pequeno: setenta mil-réis. Uma pulseira de contas grandes de ouro liso: 71.750 réis. Uma dita com pedras: oitenta mil-réis. Uma dita com contas de coral com fecho de esmalte: doze mil-réis. Duas ditas com pedras verdes: 42 mil-réis. Uma dita com pedra azul e teteias: 51 mil-réis. Um hábito de Cristo de ouro: seis mil-réis. Uma pulseira de ouro com fechadura: 24 mil-réis. Um par de botões de punho com pedras esverdeadas: seis mil-réis. Uma caixa com um par de pulseiras de filigrana esmaltada de azul: 132 mil-réis. Dois botões de colarinho: três mil-réis. Um par de brincos de pedras com raios pretos: três mil-réis. Uma pulseira de ouro com o retrato do brigadeiro Tobias de Aguiar guarnecida de brilhantes: 830 mil-réis. Uma fivela de brilhantes com fita e medalha da Ordem de Santa Isabel: 580 mil-réis. Um cordão de ouro maciço com as iniciais J.B.: 115 mil-réis. Um cordão de ouro maciço: 259 mil-réis. Um dito de fita de filigrana: oitenta mil-réis. Um dito redondo de filigrana: 118.400 réis. Um dito com anéis de filigrana e um par de pulseiras: 144 mil-réis. Um dito de filigrana com anéis: 105.600 réis. Um dito de continhas de ouro trançadas: 98 mil-réis. Um dito de ouro com pequenos anéis: 22 mil-réis. Uma fita de ouro e platina: 55 mil-réis. Um colar de ouro e pedras brancas: 28 mil-réis. Um alfinete com o retrato da condessa de Iguaçu: 6 mil-réis. Um alfinete de brilhantes com camafeu: 375 mil-réis. Um vidro cravejado de ouro para cheiro: 9 mil-réis. Um adereço de alfinetes e brincos com figuras pretas: 15 mil-réis. Uma pulseira de ouro à jour: 57.600 réis. Um alfinete de peito com veado de marfim e trancelim de cabelos: 6 mil-réis. Uma pulseira com fechos grandes de ouro: 10 mil-réis. Uma bolsa de contas com fechos amarelos: 5 mil-réis. Uma dita bordada de contas: 10 mil-réis. Galões de prata dourada: 15.680 réis. Um colar e brincos: 63 mil-réis. Um dito de filigrana com pedras pretas encravadas: 83.200 réis. Um enfeite de cabeça com pedras: 80 mil-réis. Um colar de pedras roxas e retrato em camafeu de Pedro I: 126 mil-réis. Um colar com pentes e brincos de camafeu, faltando num destes uma pedra: 80 mil-réis. Um colar, pulseira, brincos e alfinetes, enfeite de cabeça de pedras grandes roxas, desfeito e quebrado: 300 mil-réis. Um leque de ouro. Um par de brincos de brilhantes, um dito de bichas, um alfinete de brilhantes, um dito de bichas, um alfinete com doze brilhantes e uma safira, um fio com 32 pérolas grandes e 14 pequenas, um dito com 185 pérolas regulares, um medalhão cercado por brilhantes tendo no centro a efígie de d. Pedro I, um anel com um enorme brilhante rodeado de outros pequenos e outras joias de pequeno valor, extraviadas pelo conde de Iguaçu: quatro contos de réis. Um bandeau de brilhantes: dois contos e seiscentos réis. Uma pena de pavão em brilhantes, uma flor de brilhantes, bichas de brilhantes e solitário avaliados em quatro contos de réis. Um bandeau de brilhantes avaliado em quatorze contos.

Fonte: Inventário da marquesa de Santos: Arquivo Geral do Tribunal de Justiça de São Paulo.

Resultado das partilhas do inventário que sofreram embargo pelos herdeiros

Bens móveis: 4 contos, 654.120 réis, ainda mais 4 contos, 67 mil-réis, escravos: 27 contos e 335 mil-réis, escravos libertos: 2 contos e 400 mil-réis, escravos doados: 3 contos e 800 mil-réis, escravos legados a diversos: 8 contos de réis, bens de raiz: 98 contos, 160 mil-réis, bens doados à condessa de Iguaçu: 71 contos de réis, objetos de prata: 8 contos, 567.480 réis, objetos de prata doados à condessa de Iguaçu: 1 conto, 742 mil-réis, objetos de ouro e joias: 14 contos, 309.730 réis, objeto de ouro e joias à condessa de Iguaçu: 35 contos e 400 mil-réis, objetos a d. Placidina: 2 contos e 600 mil-réis, legados à duquesa de Goiás: 18 contos e 800 mil-réis, dívidas ativas cobráveis: 250 contos, 844.674 réis, dívidas ativas incobráveis: 57 contos, 584.181 réis, responsabilidade de interessados na herança: 108 contos, 321.820 réis, quantias provenientes da cobrança de diversos devedores à herança: 544 contos, 117.475 réis, dinheiro em depósito: 200 réis, dinheiro recebido de um devedor: 7 contos, 745.121 réis, doação à condessa de Iguaçu: 40 contos de réis (somam as 21 parcelas retro e supra que formam o monte-mor da herança a quantia de 1.308 contos, 848.600 réis). A deduzir a terça: 279 contos, 493.484 réis, foi assim distribuída: missas: 840 mil-réis, cárcere e consciência: 12 contos de réis, conta do testamento: 2 contos de réis, liberdade de três escravos: 2 contos e 400 mil-réis, legado à condessa de Iguaçu: 40 contos de réis, legados diversos: 221 contos, 723.270 réis. Coube de legítima a cada um dos filhos: 125 contos, 533.393 réis.

Fonte: Inventário da marquesa de Santos: Arquivo Geral do Tribunal de Justiça de São Paulo.

Sentença para que seja feita nova partilha dos bens deixados pela marquesa de Santos

Acordam em relação etc.

Que vistos e relatados estes autos, rejeitam as preliminares de se não conhecer das apelações interpostas pela apelante condessa de Iguaçu, como parte ilegítima e fora do decêndio, comendador Felício, mais herdeiros maiores e menores órfãos, por interpostas perante o escrivão sem despacho do juiz; a primeira pelo privilégio inerente ao seu dote, que em juízo procura defender a apelante condessa, a favor da Ord. L 4º Tit. 96 § 19; e as mais apelações por idêntico motivo, e pelo benefício de restituição concedido aos menores lesos; e por ser a causa indivíduos, tomam das mesmas apelações conhecimento, para anularem, como anularam a partilha de fl. 535 e 639, por fazer cúmulo para ela, e aquinhoados aos herdeiros da segunda causa da inventariada, avultados bens exclusivamente pertencentes aos herdeiros de seu primeiro matrimônio, como evidentemente se verifica. Com efeito, consta com toda a clareza dos autos que foi em primeiras núpcias casada a inventariada a exma. marquesa de Santos com o major Felício Pinto Coelho de Mendonça, de quem se divorciando em 1824, por sentença obtida no juízo eclesiástico, acordaram posteriormente entre si (escritura à fl. 391) ficar cada um com os seus bens existentes em seu poder, sem prejuízo de seus filhos, aos quais ficava salvo o direito de fazer a partição deles; mais tarde, em 1833, faleceu o major Felício, deixando muitos escravos, casa e mais bens constantes da arrecadação que se fez e se mostra à fl. 395, de que tudo tomou posse a inventariada, que já então possuindo uma boa fortuna, não partilhou com seus dois únicos filhos daquele casal; até que em 1842 contraiu segundas núpcias com o contrato exclusivo da comunhão de bens, e morrendo em 7 de outubro de 1857 seu segundo marido, para inventariar e dar partilha aos filhos, que do mesmo tivera, tornou-se indispensável discriminarem-se os bens próprios de cada um antes do casamento, e verificou-se pelos documentos, assentos e livros da casa, cuidadosamente examinados por hábil guarda-livros nomeado a contento dos interessados, que já em 1833 era a inventariada, por falecimento de seu marido, senhora da fortuna de 329:861$859, constante de 240 apólices, produto da venda de seu palácio no Rio de Janeiro, escravos, prédios nesta cidade, dinheiro e dívidas ativas, que tudo se acha descrito sob o juramento do inventariante de fl. 383v naquela fl. 384: todos esses bens, e parte de seu rendimento, que pela metade pertenciam aos dois filhos de seu primeiro matrimônio exclusivamente, compuseram o monte partível da inventariada, e foram também divididos e aquinhoados pelos herdeiros do segundo matrimônio, que nem um direito tem à meação deles; ficando assim privados os herdeiros do primeiro matrimônio de sua herança paterna; o que torna a partilha evidentemente nula e lesiva; lesão visivelmente enorme, que afeta aos herdeiros do primeiro matrimônio da inventariada, entre os quais figuram seus bisnetos menores órfãos, e que incontestavelmente, em mais da sexta parte, predica a herdeira do remanescente da terça, a apelante condessa de Iguaçu, a quem se computou em duplicata em seu quinhão à fl. 613v, o dote no valor de 40:000$, feito pela inventariada; carregando-se ao mesmo tempo o valor das três casas sitas à rua do Carvalho de Sá, na corte, compradas com o produto daquele, e outro dote de igual valor, feito pelo brigadeiro Tobias, que não fazendo parte da herança da inventariada, a quem se constituíra com a condição expressa, conforme se evidencia do testamento de fl. 5, de passar por sua morte à condessa de Iguaçu, a esta não se devia ter carregado à parte das casas havidas com o produto desse dote, do qual seria apenas considerada a inventariada usufrutuária, aí logo não renunciasse esse direito em sua vida, como bem se manifesta do referido testamento e escritura de fl. 710, em favor da apelante condessa de Iguaçu, que ilegítima e inoportunamente recebeu em seu quinhão o medalhão no valor de 4:000$ que toca à duquesa de Goiás, pelo testamento de fl. 5; procedendo-se com a mesma irregularidade; lançando-se em quinhão, e como pertencente à herdeira a apelante d. Escolástica, a parte de seu filho pré-defunto de seu primeiro matrimônio com o dr. Teixeira de Gouvêa que deve voltar a seus irmãos germanos, na conformidade da Ord. L 4º Tit. 91 § 2, e de que é sua mãe apenas usufrutuária, por já ter passado a segundas núpcias com o desembargador Gouvêa.

Mandam, em consequência, que se processe a nova partilha, dividindo-se o acervo dos bens deixados em 1833, por falecimento do primeiro marido da inventariada, e constantes das declarações do inventariante de fls. 383 e 384 em duas partes iguais, uma que será dividida na forma de direito, pelos herdeiros do mesmo casal, e a outra pertencente à inventariada, com todos os bens por ela adquiridos posteriormente, se partilhará, tendo-se em vista o testamento de fl. 5, por seus filhos e representantes, tanto do primeiro como do segundo matrimônio; figurando seus bisnetos filhos da herdeira d. Escolástica em primeiras núpcias com o dr. Teixeira de Gouvêa, numa e outra divisão, como representantes de seu finado pai; acautelando-se-lhes o prejuízo, que fica notado, e os da herdeira do remanescente da terça, a apelante condessa de Iguaçu, a quem se não computara em pagamento o medalhão, o valor das casas da rua do Carvalho de Sá e dote de seu finado padrasto o brigadeiro Tobias; contemplando-se na legítima ou porção hereditária da herdeira d. Escolástica todas as doações feitas a sua finada mãe e a constante da escritura de fl. 224, na parte que se considera inoficiosa e nula por falta de insinuação, como é de direito, e bem ensinam, entre outros praxistas, Pereira de Carvalho em seu processo orfanológico, nota 115, e o autor do Digesto P. v. 3º, art. 1.653. Pagas as custas pelos apelados, em que se condenam. São Paulo, 8 de junho de 1877. A. L. da Gama, presidente. Mendonça Uchoa, A. Brito e J. A. P. Fleury

Fonte: Despacho publicado no jornal *O Estado de S. Paulo* de 20 de junho de 1877.

CRONOLOGIA

1794

4 de outubro
Nasce em Sorocaba, São Paulo, Rafael Tobias de Aguiar.

1797

22 de janeiro
Nasce em Viena, Áustria, d. Leopoldina.

27 de dezembro
Nasce em São Paulo Domitila de Castro.

1798

7 de março
Batizado de Domitila.

12 de outubro
Nasce no palácio de Queluz, Portugal, d. Pedro.

1808

7 de março
Chegada da família real portuguesa ao Brasil.

1813

13 de janeiro
Casamento de Domitila com o mineiro Felício Pinto Coelho de Mendonça.

1817

6 de novembro
Casamento de d. Pedro e d. Leopoldina no Rio de Janeiro.

1819

6 de março
Domitila é esfaqueada por Felício em São Paulo; tem início a disputa pela guarda dos filhos.

1821

22 de abril
D. Pedro é nomeado príncipe regente.

25 de abril
Regresso da família real a Portugal.

25 de agosto
Chegada de d. Pedro a São Paulo.

1822

29 de agosto
Primeira relação entre d. Pedro e Domitila de Castro.

7 de setembro
Grito do Ipiranga.

9 de setembro
Partida de d. Pedro de São Paulo.

14 de setembro
Chegada de d. Pedro ao Rio de Janeiro.

17 de novembro
Primeira carta que se tem notícia de d. Pedro para Domitila.

1º de dezembro
Coroação de d. Pedro como imperador do Brasil.

1823

Primeiro semestre
Chegada de Domitila ao Rio de Janeiro.

30 de junho
D. Pedro sofre um acidente de cavalo.

4 de novembro
Nasce Rodrigo Delfim Pereira, filho de d. Pedro com Maria Benedita, irmã de Domitila.

1824

4 de março
Início do processo de divórcio de Domitila.

21 de maio
Sentença de divórcio do primeiro marido.

23 de maio
Nasce Isabel (futura duquesa de Goiás).

31 de maio
Batizado de Isabel na igreja do Engenho Velho.

22 de setembro
D. Pedro ordena o fechamento do teatro, depois de Domitila ser barrada na entrada.

1825

Páscoa
Domitila é destratada na capela imperial.

4 de abril
Domitila é nomeada dama camarista da imperatriz d. Leopoldina.

12 de outubro
Domitila recebe o título de viscondessa de Santos.

2 de dezembro
Nasce d. Pedro II.

7 de dezembro
Nasce Pedro, segundo filho de Domitila com o imperador.

10 de dezembro
Brasil declara guerra à Argentina.

1826

2 de fevereiro
Viagem dos imperadores à Bahia; Domitila acompanha como dama da imperatriz.

10 de março
Falece d. João VI em Portugal.

13 de março
Falece o filho Pedro no Rio de Janeiro.

1º de abril
Retorno da Bahia.

2 de maio
D. Pedro renuncia à coroa portuguesa em favor de sua filha d. Maria da Glória.

20 de maio
D. Pedro reconhece oficialmente Isabel como sua filha, e esta passa a se chamar Isabel Maria.

24 de maio
Isabel Maria recebe o título de duquesa de Goiás, com tratamento de Alteza.

12 de outubro
Domitila tem seu título elevado a marquesa de Santos.

2 de novembro
Falece o pai de Domitila, o visconde de Castro, aos 85 anos.

23 de novembro
Embarque de d. Pedro para o Rio Grande do Sul.

11 de dezembro
Falece d. Leopoldina, aos 29 anos.

1827

15 de janeiro
D. Pedro retorna ao Rio de Janeiro.

4 de abril
Domitila é nomeada dama da Real Ordem de Santa Isabel de Portugal.

Maio
Início das tratativas para um novo casamento de d. Pedro.

13 de agosto
Nasce Maria Isabel, terceira filha de Domitila com o imperador.

20 de agosto
Partida do marquês de Barbacena para a Europa.

23 de agosto
Atentado contra a baronesa de Sorocaba.

25 de agosto
D. Pedro retira as filhas de Domitila e as leva para serem criadas no paço.

26 de agosto
Ordem para Domitila embarcar para a Europa.

1828

Maio
Retorno do marquês de Barbacena.

27 de junho
Partida de Domitila para São Paulo.

Julho
Nova partida do marquês de Barbacena para a Europa.

Agosto
Cessação de hostilidades entre Brasil e Argentina.

15 de agosto
Domitila chega a São Paulo.

25 de outubro
Falece Maria Isabel.

Dezembro
Discussão entre Domitila e d. Pedro sobre a volta dela à corte.

1829

19 de março
Falece Boaventura Delfim Pereira, barão de Sorocaba, cunhado de Domitila.

29 de abril
Retorno de Domitila ao Rio de Janeiro.

24 de maio
Comemoração do aniversário da duquesa de Goiás.

2 de agosto
Casamento de d. Pedro com d. Amélia por procuração.

13 de agosto
D. Pedro adquire as propriedades de Domitila em São Cristóvão.

27 de agosto
Partida definitiva de Domitila para São Paulo.

29 de agosto
Despacho dos móveis de Domitila para São Paulo.

17 de outubro
Desembarque de d. Amélia, bênção nupcial e decreto de criação da Ordem da Rosa em homenagem à união entre ela e d. Pedro.

25 de novembro
Embarque da duquesa de Goiás para a Europa.

1830

28 de fevereiro
Nasce Maria Isabel, futura condessa de Iguaçu, quarta filha de d. Pedro e Domitila.

1831

7 de abril
Abdicação de d. Pedro I.

13 de abril
Partida de d. Pedro para a Europa.

24 de maio
Batizado de Maria Isabel.

17 de novembro
Rafael Tobias de Aguiar assume como sexto presidente da província de São Paulo.

1832

15 de fevereiro

Nasce a primeira neta de Domitila, Escolástica Pinto Coelho de Mendonça e Castro, filha de Francisca e José de Castro.

1833

16 de agosto

Falece Francisca Pinto Coelho de Mendonça e Castro, filha de Domitila com Felício.

5 de novembro

Falece Felício Pinto Coelho de Mendonça, primeiro marido de Domitila.

1834

Domitila adquire a residência da rua do Carmo, atual sede do Museu da Cidade de São Paulo.

21 de maio

Nasce Rafael Tobias de Aguiar e Castro, primeiro filho de Domitila e Rafael Tobias de Aguiar.

27 de maio

Falece Ana Cândida de Castro Canto e Melo, irmã de Domitila.

24 de setembro

Falece, em Portugal, d. Pedro I.

1835

17 de junho

Nasce João Tobias de Aguiar e Castro.

11 de novembro

Rafael Tobias de Aguiar deixa o cargo de presidente da província de São Paulo.

1837

Nasce Gertrudes de Aguiar e Castro, a única filha de Domitila e Rafael Tobias de Aguiar.

1838

26 de junho
Nasce Antônio Francisco de Aguiar e Castro.

1840

6 de agosto
Rafael Tobias de Aguiar assume como 11º presidente da província de São Paulo.

4 de outubro
Nasce Brasílico de Aguiar e Castro.

1841

20 de abril
Falece Gertrudes de Aguiar e Castro, filha de Domitila e Rafael Tobias de Aguiar.

15 de julho
Rafael Tobias de Aguiar deixa a presidência da província de São Paulo.

1842

Nasce Heitor de Aguiar e Castro, filho de Domitila e Tobias.

17 de maio
Nomeação de Rafael Tobias de Aguiar como presidente da província de São Paulo pela Câmara de Sorocaba.

Dezembro
Prisão de Rafael Tobias de Aguiar em Passo Fundo, Rio Grande do Sul.

1843

Janeiro
Rafael Tobias de Aguiar é preso na fortaleza da Laje, no Rio de Janeiro.

15 de fevereiro
Rafael Tobias de Aguiar é transferido para a fortaleza de Villegagnon, onde Domitila passa a morar com ele.

17 de abril
Casamento de Isabel Maria, duquesa de Goiás, na Alemanha.

1844

14 de março
Anistia política aos envolvidos na Revolução Liberal, libertação de Rafael Tobias de Aguiar.

1846

Falece Heitor de Aguiar e Castro, filho de Domitila e Rafael Tobias de Aguiar.

30 de março
Falece José de Castro, irmão e genro de Domitila.

1847

20 de julho
Falece Carlos Maria de Oliva, cunhado de Domitila.

1857

5 de março
Falece Maria Benedita, baronesa de Sorocaba, irmã de Domitila.

7 de outubro
Falece o brigadeiro Rafael Tobias de Aguiar.

23 de novembro
Formatura de Rafael Tobias de Aguiar e Castro na Academia de Direito de São Paulo.

1858

Formatura de João Tobias de Aguiar e Castro na Academia de Direito de São Paulo.

1859

31 de maio
Falece a mãe de Domitila, d. Escolástica, aos 94 anos.

1861

Forma-se Antônio Francisco de Aguiar e Castro na Academia de Direito de São Paulo.

1865

25 de fevereiro
Domitila, no Ipiranga, faz oferta pessoal de dinheiro aos combatentes a caminho da Guerra do Paraguai.

1867

3 de novembro
Falece Domitila, às vésperas de completar 70 anos.

1869

27 de junho de 1869
Falece Francisco de Castro do Canto e Melo, irmão mais novo de Domitila e companheiro de d. Pedro na jornada da Independência.

1879

16 de julho
Falece Felício Pinto Coelho de Mendonça e Castro, último filho vivo do primeiro casamento de Domitila.

1888

17 de fevereiro
Falece Pedro Caldeira Brant, conde de Iguaçu.

1891

22 de fevereiro
Falece Brasílico de Aguiar e Castro.

31 de outubro
Falece Rafael Tobias de Aguiar e Castro.

1896

5 de setembro
Falece Maria Isabel, condessa de Iguaçu.

1898

3 de novembro
Falece em Murnau, Baviera, Isabel Maria, duquesa de Goiás.

1901

Falece João Tobias de Aguiar e Castro.

1905

Falece Antônio Francisco de Aguiar e Castro, último filho vivo de Domitila.

NOTAS

Apresentação

1. JUNG, *Contribution to Analytical Psychology*, 1928, p. 361.
2. PERROT, "Práticas da memória feminina", 1989, p. 33.

Prefácio à nova edição revista

1. A frase refere-se à minissérie *Marquesa de Santos*, exibida na TV Manchete, em 1984, p. 15. Todas as páginas referenciadas neste prefácio dizem respeito à presente edição.
2. Carta datada de 27 de dezembro de 1825, p. 16.
3. Feitos de Domitila enumerados pelo diplomata norte-americano Condy Raguet, p. 17.
4. Análise da suposta última carta, pp. 17.
5. Carta de Domitila em resposta ao pedido de d. Pedro I para que ela deixasse a corte em razão da chegada do marquês de Barbacena, que buscava uma esposa para o imperador nas cortes europeias, p. 17.
6. Testamento transcrito na íntegra, pp. 18.

Introdução à primeira edição

1. LINS, Álvaro. *Discurso de posse na Academia Brasileira de Letras*, 1958.
2. A cópia do quadro da marquesa de Santos foi executada por Maximiliano Scholze e doada ao Museu Paulista em novembro de 1926 por Washington Luís, que a recebeu de Arthur Azevedo. Washington Luís era casado com Sofia Paes de Barros, filha do segundo barão de Piracicaba, Rafael Tobias de Aguiar Paes de Barros, sobrinho do brigadeiro Tobias de Aguiar e da marquesa de Santos.

3. Dona Veridiana divorciou-se do marido, e tio, em 1877, dez anos após a morte de Domitila. Seu pai, o barão de Iguape, menciona em testamento que tanto ela quanto o irmão nasceram antes do casamento com a mãe deles.
4. BARROS, *No tempo de dantes*, 1998, p. 133.
5. Apesar da placa existente em seu túmulo informando a respeito da doação, isso nunca ocorreu. As terras do cemitério foram adquiridas pela municipalidade. Nenhuma delas pertencia a Domitila, e ela não doou dinheiro para comprá-las. O que liga a marquesa de Santos ao cemitério, além do fato de lá estar enterrada, são as doações para a construção da capela e das alfaias litúrgicas, como detalhado adiante.

A formosa sem dote

1. Apelido dado a São Paulo, atribuído ao governador Gomes Freire de Andrade (1685-1763).
2. O nome era uma referência ao padre José de Anchieta, porém não se tratava do caminho original usado pelos jesuítas no início da colonização.
3. MARCÍLIO, "A população paulistana ao longo dos 450 anos da cidade", 2004, p. 254.
4. GRAHAM, *Escorço biográfico de dom Pedro I*, 2010, p. 92.
5. Carta do conde de Iguaçu para a duquesa de Goiás. FBN, Seção de Manuscritos. Localização: I-04,16,33.
6. Sacerdote e cientista (1685-1724) que inventou o primeiro aeróstato operacional e é considerado um dos precursores da aeronáutica.
7. Diplomata (1695-1753). Foi secretário particular do rei português d. João V e teve papel crucial nas negociações do Tratado de Madri, que definiu as fronteiras entre os domínios portugueses e espanhóis na América do Sul, em 1750.
8. Irmão do cacique Tibiriçá, líder de uma aldeia localizada na região onde hoje está o bairro paulistano de São Miguel Paulista. É tido como um dos patriarcas indígenas do povo paulista. Era visto como inimigo dos jesuítas.
9. Chefe dos indígenas que habitavam a região onde foi fundada São Paulo, entre os rios Tamanduateí e Anhangabaú. É tido como o primeiro indígena a ser catequizado pelo padre José de Anchieta. Uma de suas filhas

casou-se com o português João Ramalho, fundador de diversas povoações do estado de São Paulo.

Bodas de sangue

1. BEYER, "Ligeiras notas de viagem do Rio de Janeiro à capitania de São Paulo, no Brasil, no verão de 1813", 1908, p. 290.
2. No local onde a sede se erguia hoje está o CPOR do Exército, no bairro de Santana.
3. Onde hoje se ergue a Faculdade de Direito da USP, no centro de São Paulo.
4. Leito de madeira e lona, rústico e com pouco conforto.
5. OLIVEIRA; HARAZIM, *Marquesa de Santos, uma história real*, 2001.
6. FBN, Seção de Manuscritos. Localização: C-04,58,038.
7. *Idem.*
8. *Idem.*
9. *Idem.*
10. Ordenações Filipinas, livro V, título XXXVIII, p. 1.188.

O príncipe encantado

1. AMBIEL, *Estudos de arqueologia forense...*, 2013, p. 138.
2. KANN; LIMA, *Cartas de uma imperatriz*, 2006, p. 332.
3. A cadeirinha era um meio de transporte da época. Existiam dois modelos: a serpentina, mais simples, fechada por cortinas em toda a volta, ocultando o passageiro, e a cadeirinha de arruar, mais elaborada, com paredes de madeira, janelas envidraçadas e uma abertura lateral para o passageiro entrar e sentar-se. Essa abertura poderia ser fechada com uma cortina ou uma portinhola com vigia. Seus varais, traseiros e dianteiros, eram sustentados por escravizados robustos, sobre os ombros no primeiro caso e nas mãos no segundo, como uma padiola.
4. A memória escrita por Francisco de Castro Canto e Melo foi publicada inicialmente na *Revista Comercial*, de Santos, em 29 de dezembro de 1864, depois em diversas outras publicações, inclusive na *Revista do IHGB*, t. 41, 2ª parte, de 1878, e na *História do Brasil Reino e do Brasil Império*, de Melo Morais.
5. *Correio Paulistano*, 23 dez. 1934, p. 2.

6. BUENO, *A cidade de São Paulo*, 1976.
7. O local da residência, que ficava próximo da atual praça Almeida Júnior, não existe mais — desapareceu com a abertura da Radial Leste. A mesma casa serviria, anos mais tarde, de república estudantil, onde morou Álvares de Azevedo.
8. RANGEL, *Dom Pedro I e a marquesa de Santos*, 1928, p. 98 *et seq.*
9. SPIX; MARTIUS, *Viagem pelo Brasil 1817-1820*, 1968, p. 103.
10. RANGEL; ARAÚJO, *Cartas de d. Pedro I à marquesa de Santos*, 1984, p. 101.
11. *Ibidem*, p. 469.
12. KANN; LIMA, *Cartas de uma imperatriz*, 2006, p. 412.
13. RANGEL; ARAÚJO, *Cartas de d. Pedro I à marquesa de Santos*, 1984, p. 53.

Versalhes tropical

1. GARCIA, *O Rio de Janeiro em 1823...*, 1917, p. 519.
2. Segundo medição dos restos mortais de d. Leopoldina executada pela arqueóloga Valdirene do Carmo Ambiel, em maio de 2012.
3. KANN; LIMA, *Cartas de uma imperatriz*, 2006, p. 327.
4. *Ibidem*, p. 320.
5. *Ibidem*, p. 379.
6. REZZUTTI, *Titília e o Demonão*, 2019, p. 80.
7. OBERACKER, *A imperatriz Leopoldina*, 1973, p. 182.
8. KANN; LIMA, *Cartas de uma imperatriz*, 2006, p. 379.
9. COBURGO E BRAGANÇA, "A imperatriz dona Leopoldina: sua correspondência com Maria Luísa de Parma". *In*: *D. Pedro I e dona Leopoldina perante a história*, 1972, p. 97.
10. MARROCOS, *O bibliotecário do rei*, 2007, p. 204.
11. Philippe Leopold Wenzel, barão de Mareschal (1784-1851).

A nova Castro

1. REZZUTTI, *Titília e o Demonão*, 2019, p. 199.
2. *Ibidem*, p. 109.
3. *Ibidem*, p. 66.
4. Anais da Constituinte, t. 2, p. 113.

5. RANGEL; ARAÚJO, *Cartas de Pedro I à marquesa de Santos*, 1984, p. 516.
6. REZZUTTI, *Titília e o Demonão*, 2019, p. 69.
7. *Idem.*
8. Segundo informações da dra. Regina Wanderley (IHGB/Uerj) ao autor, d. Pedro I teria inaugurado, com os registros de seus filhos tidos fora do casamento na Igreja São Francisco Xavier, o costume de pessoas batizarem seus filhos naturais nessa igreja até o século XX, quando a Lei do Divórcio foi aprovada, em 1977.
9. REZZUTTI, *Titília e o Demonão*, 2019, p. 98.
10. *Ibidem*, p. 85.
11. *Ibidem*, p. 80.
12. LUSTOSA, *D. Pedro I*, 2006, p. 191.
13. ARMITAGE, *História do Brasil*, 1981, p. 242.
14. REZZUTTI, *Titília e o Demonão*, 2019, p. 83.

A primeira dama do imperador

1. REZZUTTI, *Titília e o Demonão*, 2019, p. 129.
2. *Ibidem*, p. 96.
3. Referência à imperatriz d. Maria Leopoldina.
4. RANGEL, *Cartas de Pedro I à marquesa de Santos*, 1984, p. 615.
5. GRAHAM, *Escorço biográfico de dom Pedro I*, 2010, p. 163.
6. Aqui o autor se confunde. Na realidade, a gravura é uma alegoria à Constituição de 1824.
7. SCHLICHTHORST, *O Rio de Janeiro como é (1824-1826)*, 2000, p. 60.
8. RANGEL; ARAÚJO, *Cartas de d. Pedro I à marquesa de Santos*, 1984, p. 101.
9. Despacho de 24 de outubro de 1825 *apud* OBERACKER, *A imperatriz Leopoldina*, 1973, p. 379.
10. ANDRADA; ANDRADA, *Cartas andradinas*, 1890, p. 14 *et seq.*

Marquesa

1. SILVA, *Memorias offerecidas à nação brazileira pelo Conselheiro Francisco Gomes da Silva*, 1831, p. 80-1.
2. *Ibidem.*

3. MARESCHAL, "A correspondência do barão Wenzel de Mareschal", 1914, p. 180-1.
4. *Ibidem*, p. 181.
5. OBERACKER, "Comentários às cartas da imperatriz Leopoldina a João Martinho Flach", 1997, p. 199.
6. KANN; LIMA, *Cartas de uma imperatriz*, 2006, p. 450.
7. Palácio da Justiça.
8. RANGEL; ARAÚJO, *Cartas de d. Pedro I à marquesa de Santos*, 1984, p. 120.
9. AHMI: I-PAN-05.02.1826-Lem.do.
10. AHMI: I-POB-08.02.1826-Rib.c.
11. PESSOA; SANTOS, "O palacete da Independência". No prelo.
12. *Idem*.
13. *Idem*.
14. *A HISTÓRIA das mulheres do Brasil, da Inconfidência ao Império*. Apresentado por Paulo Rezzutti e Douglas Fasolato. [S.l.: s.n.], 2020. 1 video (112 min). Publicado pelo canal Paulo Rezzutti. Disponível em: https://www.youtube.com/watch?v=_5M7f6gAIaM. Acesso em: 13 fev. 2022.
15. SCHLICHTHORST, *O Rio de Janeiro como é (1824-1826)*, 2000, p. 61.
16. PESSOA; SANTOS, *op. cit.*
17. CAMPOS, "Os móveis franceses da marquesa de Santos", 2008.
18. REZZUTTI, *Titília e o Demonão*, 2019, p. 104.
19. *Ibidem*, p. 108.
20. RANGEL; ARAÚJO. *Cartas de d. Pedro I à marquesa de Santos*, 1984, p. 619.
21. *Ibidem*, p. 321.
22. *Ibidem*, p. 372.
23. *Ibidem*, p. 443.
24. DEL PRIORE, *A carne e o sangue*, 2012, p. 155.
25. TAUNAY, *Memórias*, 2004, p. 384.
26. *Idem*.
27. AHMI: II-POB-24.05.1826-PI.B.de.
28. MELO MORAIS, *Crônica geral do Brasil*, t. 2, 1886, p. 255.
29. *Ibidem*, p. 254.
30. GRAHAM, *Escorço biográfico de dom Pedro I*, 2010, p. 93.
31. MANSFELDT, *Meine Reise nach Brasilien im Jahre 1826*, v. 1, 1828, p. 168.

32. DÓRIA, *A imperatriz Leopoldina*, 1911, p. 414.
33. MARESCHAL, *op. cit.*, p. 189.
34. *Ibidem*, p. 193.
35. *Ibidem*, p. 194.
36. Arquivo Nacional, Registro Geral das Mercês, livro 68, fls. 76-7, códice 137.
37. FBN, Seção de Manuscritos. Localização: I-28,13,072.

Quebra-se o triângulo

1. MELO MORAIS, *Crônica geral do Brasil*, t. 2, 1886, p. 256-7.
2. OBERACKER, *A imperatriz Leopoldina*, 1973, p. 431.
3. RANGEL, *Textos e pretextos*, p. 200.
4. REZZUTTI, *D. Leopoldina*, 2022, p. 399.
5. MARESCHAL, *Correspondência do barão* de Mareschal, 1982, p. 163.
6. OBERACKER, "Os ofícios do cônsul prussiano Von Theremin sobre a morte da imperatriz Leopoldina", 1985, p. 212.
7. MARESCHAL, *op. cit.*, p. 162.
8. KANN; LIMA, *op. cit.*
9. Annaes do Parlamento Brazileiro. Primeiro ano da quarta legislatura, v. 2, p. 46.
10. *Gazeta de Lisboa*, 6 ago. 1831.
11. SEIDLER, *Dez anos no Brasil*, 1941, p. 127.
12. GRAHAM, *Escorço biográfico de d. Pedro I*, 2010, p. 231.
13. MARESCHAL, *op. cit.*, p. 160.
14. Carta do barão de Mareschal ao príncipe de Metternich. Rio de Janeiro, 2 fev. 1827. FBN, Seção de Manuscritos. Localização: 64,01,005 n. 007.
15. RANGEL; ARAÚJO, *Cartas de Pedro I à marquesa de Santos*, 1984, p. 159.
16. PINHEIRO, "Memórias do visconde de S. Leopoldo José Feliciano Fernandes Pinheiro…", 1875, p. 8.

O atentado da Glória

1. REZZUTTI, *Titília e o Demonão*, 2019, p. 140.
2. Anuário do Museu Imperial, v. 18, p. 132-3.
3. *Diário do Rio de Janeiro*, 4 maio 1827.

4. LUSTOSA, *D. Pedro I*, 2006, p. 252.
5. OLIVEIRA, *Memórias de um magistrado do Império*, 1943, p. 101.
6. AHMI: I-POB-18.08.1827-Sil.a.
7. O título não foi oficialmente dado, mas até em São Paulo já se sabia que ele seria outorgado, como demonstra uma carta de Antônio Mariano de Azevedo Marques ao seu irmão José Xavier, datada do segundo semestre de 1828.
8. VALERA, *Correspondência*, 2002, p. 245.
9. *Ibidem*, p. 246.
10. REZZUTTI, *Titília e o Demonão*, 2019, p. 183-4.
11. *Ibidem*, p. 157.
12. *Ibidem*, p. 161.
13. RANGEL; ARAÚJO, *Cartas de d. Pedro I à marquesa de Santos*, 1984, p. 285.
14. *Gazeta do Brasil*, n. 42. Rio de Janeiro, sábado, 20 out. 1827. Suplemento, p. 1.

O exílio paulista

1. AHMI: I-POB-13.05.1828-Mel.c 1-21.
2. *Idem.*
3. *Idem.*
4. *Idem.*
5. *Idem.*
6. TAUNAY, *Cartas do Mestrinho (Antônio Mariano de Azevedo Marques) ao seu irmão José Xavier de Azevedo Marques*, 1931, p. 409.
7. *Idem.*
8. *Ibidem*, p. 410.
9. Grávida.
10. AHMI: I-POB-13.05.1828-Mel.c 1-21.
11. *Agnese ou O pai louco por causa de sua filha*, ópera italiana de Ferdinand Paer, segundo Alberto Rangel, estreou no Rio de Janeiro em 27 de julho de 1827.
12. RANGEL; ARAÚJO, *Cartas de d. Pedro I à marquesa de Santos*, 1984, p. 469.

13. O terreno da chácara foi loteado e não existe mais; atualmente, o prédio do Instituto de Identificação do Estado de São Paulo fica em parte da antiga propriedade.
14. Arquivo Histórico do Museu Imperial. I-POB-13.05.1828-Mel.c 1-21.
15. *Idem.*
16. *Idem.*
17. *Idem.*

Os cem dias de Domitila

1. RANGEL; ARAÚJO, *Cartas de d. Pedro à marquesa de Santos*, 1984, p. 485.
2. Ofício de 23 de maio de 1829 *apud* RANGEL, Alberto. *Dom Pedro I e a marquesa de Santos*, 1928, p. 253.
3. FBN, Seção de Manuscritos. Localização: I-28,29,001 n. 032.
4. *Idem.*
5. *Idem.*
6. *Idem.*
7. AHMI: II-POB-12.04.1829-PI.B.c.
8. AGUIAR, *A vida do marquês de Barbacena*, 1896, p. 677.
9. *Jornal do Commercio*, 27 ago. 1829, p. 2.
10. AHMI: I-POB-10.07.1829-PI.B.c [D02].
11. *Idem.*
12. CAMPOS, "Os móveis franceses da marquesa de Santos", 2008.
13. VON SECKENDORFF, *Das Reisejournal des Grafen Friedrich von Spreti*, p. 172 *apud* WITTE, *D. Amélia*, 2023, p. 161.

Marquesa de Santos ou de Pompadour?

1. MARESCHAL, *op. cit.*, p. 162.
2. *Ibidem*,
3. DEBRET, *Viagem pitoresca ao Brasil*, t. 2, v. 3, 1954, p. 242.
4. SCHLICHTHORST, *O Rio de Janeiro como é (1824-1826)*, 2000, p. 228-30.
5. SEIDLER, *Dez anos no Brasil*, 1941, p. 15.
6. Coleção de documentos relativos ao tratado de comércio concluído entre Brasil e Portugal, p. 134.

7. VALERA, *Correspondencia*, 2002, p. 245.
8. Pensão anual dos funcionários do Paço em 1829. Lista dos pagamentos 1829/1830:

Marquesa de Santos	12.000$000;
Francisco Gomes da Silva	1.200$000;
Mariana Carlota da Verna	960$000;
Açafata (mínimo)	300$000.

9. OBERACKER, "Comentários às cartas da imperatriz Leopoldina a João Martinho Flach", 1997, p. 175.
10. AHMI: I-POB-03.09.1826-Men.c.
11. AHMI: Maço 67 — Doc. 3177.
12. Coleção das decisões do governo do Império do Brasil de 1827, p. 8.
13. RANGEL; ARAÚJO, *Cartas de Pedro I à marquesa de Santos*, 1984, p. 562.
14. REZZUTTI, *Titília e o Demonão*, 2019, p. 102.
15. RANGEL, *op. cit.*, p. 277.

Recomeço

1. AHMI: II-POB-20.01.1829-Abr.c 1-10.
2. RANGEL, Alberto. *Dom Pedro I e a marquesa de Santos*, 1928, p. 394, doc. 62.
3. AHMI: II-POB-26.04.1830-PI.B.me 1-9.
4. FBN, Sessão de manuscritos. Localização: I-02,25,062.
5. Corregedor.
6. Atual Líbero Badaró.
7. AHMI: I-POB-19.07.1831-Men.c.
8. *Idem.*

O "Reizinho de São Paulo"

1. *O Sete d'Abril*, n. 44, 28 maio 1833, p. 3.
2. Rafael Tobias de Aguiar ocupou o cargo de presidente da província de São Paulo de 17 de novembro de 1831 até 11 de maio de 1835 e depois de 6 de outubro de 1840 até 15 de abril de 1841.
3. LEITE, *Vida e obra do brigadeiro Rafael Tobias de Aguiar*, 1965, p. 19.

4. *História da vida da filha bastarda de d. Pedro I apud* RANGEL, *Dom Pedro I e a marquesa de Santos*, 1928, p. 394.
5. Título de partilha dos bens do duque de Bragança, 1838. ANTT CCR, cx. 7.307 cap. 44, doc. 1.
6. BRAGANÇA E BOURBON, *Testamento de sua magestade imperial d. Pedro, duque de Bragança*, [18--], p. 1.
7. FBN, Seção de Manuscritos. Localização: I-04,16,041.
8. *Idem.*
9. *Almanak administrativo, mercantil e industrial do Rio de Janeiro*, 1845, p. 56.
10. *História da vida da filha bastarda de d. Pedro I apud* RANGEL, *Dom Pedro I e a marquesa de Santos*, 1928, p. 394.

Tempo de revolução

1. *História da vida da filha bastarda de d. Pedro I apud* RANGEL, *Dom Pedro I e a marquesa de Santos*, 1928, p. 394.
2. *Ibidem*, p. 398.
3. CAXIAS, *Cartas sobre a Revolução de 1842*, 1931, p. 61.
4. IRMÃO, *Rafael Tobias de Aguiar*: o homem, o político, 1992, p. 401.
5. Carta do conde de Iguaçu à duquesa de Goiás, FBN, Seção de Manuscritos. Localização: I-04,16,33.
6. *Idem.*
7. João Carlos Pereira de Almeida, cunhado do conde de Iguaçu, casado com a irmã deste, d. Ana Constança Caldeira Brant, dama honorária da imperatriz.
8. Extrato do libelo de divórcio dos condes de Iguaçu. Arquivo da Cúria Metropolitana de Salvador.
9. Carta do conde de Iguaçu à duquesa de Goiás, FBN, Seção de Manuscritos. Localização: I-04,16,33.
10. RANGEL, *Dom Pedro I e a marquesa de Santos*, 1928, p. 451.
11. MARINATTO, Documento revela pensão recebida pela marquesa de Santos, amante de Dom Pedro I, 2021.

Estudantadas

1. IRMÃO, *Rafael Tobias de Aguiar*: o homem, o político, 1992, p. 456.
2. Arquivo Nacional da Torre do Tombo, Manuscritos da Livraria, n. 2.554, cx. 468 *apud* FARIA; AMORIM, *O Reino sem corte*, 2010, p. 71.
3. Júlio Frank (1808-1841) é o único professor da Faculdade de Direito enterrado na escola. Num dos pátios, o seu centenário túmulo em forma de obelisco, cercado por velhas grades de ferro com mochos soturnos pousados sobre elas, ainda pode ser admirado.
4. Fraternidade, ou União dos Camaradas.
5. Loja de adoção é uma loja maçônica feminina, que, como o próprio nome diz, é adotada por uma loja maçônica masculina, tornando-se subordinada a esta.
6. Maçom responsável pela administração da loja.
7. AZEVEDO, *Cartas de Álvares de Azevedo*, 1978, p. 38.
8. *Ibidem*, p. 66.
9. *Ibidem*, p. 117.
10. AZEVEDO, *Poesia completa*, 1965, p. 26-8.
11. AZEVEDO, *Cartas de Álvares de Azevedo*, 1978, p. 123.
12. *Ibidem*, p. 124.
13. MORAES, *Reminiscências de uma velha (memória)*, 1981, p. 34.
14. ALMEIDA NOGUEIRA *apud* VAMPRÉ, *Memórias para a história da Academia de São Paulo*, 1977, p. 51.
15. RANGEL, *Dom Pedro I e a marquesa de Santos*, 1928, p. 300.
16. NOGUEIRA, *A Academia de São Paulo*, v. 5, 1977, p. 13-4.

Crepúsculo

1. Prefeitura do Município de São Paulo. Atas da Câmara da Cidade de São Paulo, 1859, p. 191-8.
2. Atas da Câmara da Cidade de São Paulo, 1887, p. 319-20.
3. São essas, somente, as contribuições de Domitila para o Cemitério da Consolação. Ela não doou nenhum terreno para a construção dele, como pregam a lenda e uma placa errônea colocada em seu túmulo.
4. *Novo Farol Paulistano*, 11 abr. 1832, p. 276.
5. *Correio Paulistano*, 7 jan. 1856, p. 7.
6. *Correio Paulistano*, 16 set. 1864, p. 3.

7. *Diário de São Paulo*, 1º nov. 1866, p. 2.
8. *Almanak administrativo, mercantil e industrial da província de São Paulo de 1858*, p. 108.
9. O barão de Ramalho, dr. Joaquim Inácio Ramalho, era padrasto de Placidina Adélia de Brito, que se casou em 1858 com Antônio Francisco de Aguiar e Castro, filho de Domitila e de Tobias. O barão de Ramalho foi diretor da Academia de Direito, presidente da província de Goiás, conselheiro imperial e maçom ilustre.
10. PRADO, "Biografia de d. Veridiana Valéria da Silva Prado". Manuscrito, São Paulo, 1948. *In*: HOMEM, *O palacete paulistano*, 1996.
11. BURTON, *The life of Captain Sir Richard F. Burton*, v. 1, 1893, p. 432.
12. Carta do conde de Iguaçu à duquesa de Goiás, FBN, Seção de Manuscritos. Localização: I-04,16,33 n. 1.
13. MAUL, *A marquesa de Santos*, [19--], p. 207.
14. RANGEL, *Dom Pedro I e a marquesa de Santos*, 1928, p. 79-80.
15. *Correio Mercantil*, Rio de Janeiro, 27 fev. 1860, p. 1.
16. Diferentemente da lenda, Maria Domitila não montou o cavalo. O nome do jóquei era Rufino. Muita gente confunde Maria Domitila com a avó. A rua no bairro do Brás, em São Paulo, que leva esse nome homenageia a neta, não a marquesa, e não é verdade que Domitila não usava o "Maria" porque não gostava: era simplesmente porque não tinha "Maria" no nome. A rua foi aberta nas terras que formavam a famosa chácara da Figueira, de propriedade de Domitila, que passou, por herança, ao filho Brasílico e, deste, para sua única filha, Maria Domitila. Também cabe aqui desfazer outra lenda. O bairro do Brás, em São Paulo, não tem esse nome por causa do apelido "Brás" atribuído a Brasílico. Na planta cadastral de 1841, feita pelo engenheiro Bresser, já aparece a indicação da "Freguesia do Brás". Brasílico nessa época tinha apenas 1 ano, e a chácara da Figueira não pertencia à família dele.
17. O grande idealizador do Clube de Corridas Paulistano, que deu origem ao Jockey Club, foi Rafael de Aguiar Paes de Barros, sobrinho de Domitila e de Tobias de Aguiar, de quem recebeu o primeiro nome.
18. Cargo equivalente hoje ao de deputado estadual.
19. LEME, *Nobiliarquia paulistana*, t. I, 1980, p. 131.
20. A Ordem Terceira é formada por irmãos leigos que seguem os preceitos religiosos da Ordem Carmelita. A primeira ordem é formada por monges,

a segunda, por monjas, e a terceira, pelos irmãos leigos. O irmão leigo é aquele que abraça, de certa forma, a vida religiosa sem entrar para o sacerdócio.

21. RANGEL, *Dom Pedro I e a marquesa de Santos*, 1928, p. 303.
22. *Ibidem*, p. 309.
23. PESSOA; BANDEIRA; LAGO, *Pallière e o Brasil*: obra completa, 2011, p. 112.
24. O jornal *Correio Paulistano* anunciava, em setembro de 1867, alguns preços praticados pelo Restaurant Provincial, entre eles o de uma feijoada: 210 réis.
25. Testamento da marquesa de Santos sob guarda do Museu do Tribunal de Justiça de São Paulo.

O destino da prole

1. Prefeitura de São Paulo. Atas da Câmara da Cidade de São Paulo, 1871, p. 105.
2. ADALBERTO, *Die Herzen der Leuchtenberg*, 1963, p. 57.
3. AHMI: II-POB-23.09.[1829]-IM.c 1-18.
4. França, região da Bretanha.
5. STERN, *Mes souvenirs*, 1831, p. 153.
6. *Ibidem*.
7. AHMI: I-POB-05.05.1830-PI.B.c 1-3.
8. ASSUMPÇÃO, *A história do Brasil nas ruas de Paris*, 2014, p. 34.
9. ADALBERTO, *Die Herzen der Leuchtenberg*, 1963, p. 75.
10. Carta de d. Pedro à condessa de Belmonte. FBN, Seção de Manuscritos. Localização: 64,02,002 n. 021.
11. BRAGANÇA E BOURBON, *Testamento de sua magestade imperial d. Pedro, duque de Bragança*, [18--], p. 2.
12. WITTE, Cláudia Thomé. *D. Amélia*. 2023, p. 334.
13. Trata-se de Isabel Maria. Na época era comum a tradução de nomes para o idioma em que se estava escrevendo, tanto na assinatura quanto na forma de se referir a alguém.
14. Arquivo Grão-Pará. Carta de d. Amélia para d. Pedro II, de 21 de março de 1839 *apud* WITTE, *D. Amélia*. 2023, p. 297.
15. ADALBERTO, *Die Herzen der Leuchtenberg*, p. 211 *apud* WITTE, *D. Amélia*. 2023, p. 334.

16. TORRES, *Imperatriz dona Amélia*, 1947, p. 217.
17. Arquivo Grão-Pará. Carta de d. Amélia para d. Pedro II de 16 de janeiro de 1841 *apud* WITTE, *D. Amélia*, 2023, p. 344.
18. WITTE, *D. Amélia*, 2023, p. 343.
19. Carta ao conde Ernesto Fischler de Treuberg. FBN, Seção de Manuscritos. Localização: I-02,12,056.
20. Carta do conde de Iguaçu à duquesa de Goiás. FBN, Seção de Manuscritos. Localização: I-04,15,067.
21. Carta da duquesa de Goiás ao conde de Iguaçu. FBN, Seção de Manuscritos. Localização: I-04,15,055.
22. Carta da duquesa de Goiás ao conde de Iguaçu. FBN, Seção de Manuscritos. Localização: I-04,15,047.
23. Coleção adquirida pelo embaixador Caio de Melo Franco em Paris, às vésperas da Segunda Guerra Mundial. Hoje, parte pertence ao colecionador Pedro Correia do Lago e parte, à Coleção Brasiliana do Itaú Cultural.
24. Carta do conde de Iguaçu à duquesa de Goiás. FBN, Seção de Manuscritos. Localização: I-04,16,33 (2).
25. Carta da duquesa de Goiás ao conde de Iguaçu. FBN, Seção de Manuscritos. Localização: I-04,15,049.
26. Carta da duquesa de Goiás ao conde de Iguaçu. FBN, Seção de Manuscritos. Localização: I-04,15,56.
27. Carta do conde de Iguaçu à duquesa de Goiás. FBN, Seção de Manuscritos. Localização: I-04,16,33.
28. *Ibidem*.
29. Arquivo Grão-Pará. Cartas de d. Amélia para d. Pedro II de 22 de outubro de 1848 *apud* WITTE, *D. Amélia*, 2023, p. 363.
30. Arquivo Grão-Pará. Cartas de d. Amélia para d. Pedro II de 22 de fevereiro de 1850 *apud* WITTE, *D. Amélia*, 2023, p. 364.
31. Carta do conde de Iguaçu para a duquesa de Goiás. FBN, Seção de Manuscritos. Localização: I-04,16,33.
32. Arquivo Grão-Pará. Carta de d. Amélia para d. Pedro II de 20 de abril de 1850 *apud* WITTE, *D. Amélia*, 2023, p. 365.
33. Forma utilizada pela marquesa para se referir ao conde de Iguaçu como parente.
34. FBN, Coleção Manuscritos Avulsos. Série Correspondência. Localização: I-02,25,059.

35. *Ibidem.*
36. Apelido de Pedro de Alcântara Caldeira Brant, filho dos condes de Iguaçu.
37. Biblioteca Nacional, seção de manuscritos, I-5,33,61.
38. *LIBELO cível de divórcio perpétuo que move a condessa de Iguaçu...*, 1874-76.
39. *Apud* RANGEL, *Dom Pedro I e a marquesa de Santos*, 1928, p. 302.
40. FBN, Seção de Manuscritos. Localização: I-04,16,33.
41. *Ibidem.*
42. PEDRO II, Dom. *Diário do imperador dom Pedro II*, 1956, p. 133.
43. *Apud* RANGEL, *Dom Pedro I e a marquesa de Santos*, 1928, p. 302.
44. Carta do conde de Iguaçu para a duquesa de Goiás. FBN, Seção de Manuscritos. Localização: I-04,16,33.
45. *Ibidem.*
46. *LIBELO cível de divórcio perpétuo que move a condessa de Iguaçu...*, 1874-76.
47. MAUL, *A marquesa de Santos*, [19--], p. 208.
48. Rodrigo Otávio de Langgaard Meneses (1866-1944). Jurista brasileiro, foi vice-presidente da Liga das Nações e ministro do Supremo Tribunal Federal.
49. Mancha na córnea.
50. OTÁVIO, Rodrigo. *Minhas memórias dos outros*, 1934, p. 314.
51. FREITAS, *Os últimos anos da condessa de Iguaçu*, 1962.

A marquesa de Santos e a cultura brasileira

1. CINTRA, "Um livro anônimo e precioso". *In*: *Serões históricos*, 1945, p. 235.
2. ABREU, *Ensaios e estudos (crítica e história)*, 1932, p. 171-2.
3. EXPILLY, *Mulheres e costumes do Brasil*, 1935, p. 52.
4. TSCHUDI, *Viagem às províncias do Rio de Janeiro e São Paulo*, 1952, p. 206.
5. BURTON, *The Life of Captain Sir Richard F. Burton*, v. 1, 1893, p. 432.
6. MELO MORAIS, *Crônica geral do Brasil*, t. 2, 1886, p. XIV.
7. MONTEIRO, *História do Império*: o Primeiro Reinado, 1982, p. 240.
8. TONIN, *Águas revessas*, 2009, p. 363.
9. RANGEL; ARAÚJO, *Cartas de Pedro I à marquesa de Santos*, 1984, p. 590.
10. LOBATO, *A barca de Gleyre*, 1972, p. 318.

11. *Apud* MAGALDI, Sábato; VARGAS, Maria Thereza. *Cem anos de teatro em São Paulo*, 2001, p. 333.
12. NETTO, *A marquesa de Santos de Ramos*, [2011].
13. *Folha da Tarde*, 30 out. 1972.
14. SANT'ANNA, "A marquesa de Santos e a nova história", 1984, p. 26.
15. MOSTAÇO, "As traquinagens de Pedro e Domitila", 1984, p. 42.
16. Entrevista com o autor em 29 nov. 2011.

As casas da marquesa

1. REZZUTTI, *Mulheres do Brasil*, 2018, p. 263.
2. WITTE, *D. Amélia*, 2023, p. 185.

Um solar assombrado

1. Entrevista com o autor, 2013.
2. Não acredito em bruxas, mas que elas existem, existem.

Santa Domitila

1. PINHÃO, *Domitila de Castro*, 1942.
2. VALADARES, *Arte e sociedade nos cemitérios brasileiros*, v. I, 1972, p. 444.
3. "Consolação, o mais caro cemitério, depois de 110 anos". *Folha de S.Paulo*, 14 ago. 1977, Segundo Caderno, p. 24.
4. MONTADON, "Este ano o velho parente não leva flor à marquesa", 1974, p. 6.
5. SAMORA, "Os amores da marquesa", 2004, p. 13.

BIBLIOGRAFIA

Fontes primárias manuscritas

Arquivo Público do Estado de São Paulo.

Maços de População, 1798. Companhia de Ordenanças. Lata 32, maço 20, folha 62.

Contrato de obras: Ordem 5219-1847/82, lata 2; Ordem 5220-1883, lata 3; Ordem 5221-1884/86, lata 4.

Arquivo da Cúria de Salvador.

LIBELO cível de divórcio perpétuo que move a condessa de Iguaçu contra seu marido, o conde de mesmo título. Rio de Janeiro; São Paulo; Salvador, 1874-1876. Acervo do Tribunal da Relação Eclesiástica Metropolitana da Bahia. Arquivo da Cúria de Salvador.

Arquivo Municipal de São Paulo.

FUNDO Visconde de Castro. Documentos e cartas oficiais com nomeações, promoções de patentes e concessões de condecorações ao primeiro e ao segundo viscondes de Castro.

Tribunal de Justiça de São Paulo.

Museu do Tribunal. Testamento da marquesa de Santos.

Arquivo Geral. *Inventário da marquesa de Santos, Inventário do brigadeiro Rafael Tobias de Aguiar, Embargo feito pelo testamenteiro do brigadeiro Rafael Tobias de Aguiar, Processo da condessa de Iguaçu contra o espólio da marquesa de Santos.*

Coleções particulares.

ALPHABETO das Pessoas que tem vencimento pela Caza Imperial — 1829/1830. Caderno manuscrito. 87 p. Relação de todas as pessoas que recebiam salários, aposentadorias e dotações pelo Tesouro da Casa Imperial.

Arquivo Histórico do Museu Imperial (AHMI).
Arquivos da Casa Imperial do Brasil (POB).
Fundação Biblioteca Nacional (FBN).
Fundo (Coleção Ernesto Senna).
Fundo (Coleção Manuscritos Avulsos).
Fundo (Coleção Rio de Janeiro).
Fundo (Coleção Tobias Monteiro).

Fontes primárias impressas

Coleções, jornais, relatórios

A MUDANÇA do Tribunal de Justiça do Estado. Objetos artísticos e antiguidades da marquesa de Santos. *Folha da Manhã*, São Paulo, p. 5, 30 dez. 1932.

ACORDAM EM RELAÇÃO. Apelação judicial dos herdeiros da marquesa de Santos contra a partilha dos bens deixados. *O Estado de S. Paulo*, São Paulo, p. 2, 20 jun. 1877.

BORBA, Quincas. A marquesa de Santos no Teatro. *Folha da Manhã*, São Paulo, p. III, 13 mar. 1938.

CÂMARA DA CIDADE DE SÃO PAULO. *Ata*. São Paulo: [s.n.], 1859. p. 191-8.

CÂMARA DA CIDADE DE SÃO PAULO. *Ata*. São Paulo: [s.n.], 1887. p. 319-20.

COLEÇÃO das decisões do governo do Império do Brasil de 1827, p. 8. *Correio Paulistano*, São Paulo, p. 3, 7 jan. 1856.

COLEÇÃO das decisões do governo do Império do Brasil de 1827, p. 3, 16 set. 1864.

COLEÇÃO das decisões do governo do Império do Brasil de 1827, p. 1, 26 fev. 1865.

COLEÇÃO das decisões do governo do Império do Brasil de 1827, p. 3, 2 ago. 1865.

COLEÇÃO das decisões do governo do Império do Brasil de 1827, p. 3, 5 nov. 1867.

COLEÇÃO das decisões do governo do Império do Brasil de 1827, p. 2, 7 abr. 1888.

COLEÇÃO das decisões do governo do Império do Brasil de 1827, p. 2, 23 dez. 1934.

CONSOLAÇÃO, o mais caro cemitério, depois de 110 anos. *Folha de S.Paulo*, São Paulo, 2º caderno, p. 24, 14 ago. 1977.

CONSTITUINTE, t. 2. *Anais.* [S.l.: s.n., s.d.]. p. 113.

CORRESPONDÊNCIA da Legação Norte-Americana no Rio de Janeiro (1828-1829). *In*: *Message from the President of the United States, to the Two Houses of Congress, at the Commencement of the First Session of the Twenty-Fifth Congress.* Washington: Blair and Rives, 5 set. 1837. p. 2 *et seq.*

DA TV para o cinema. *Folha da Tarde*, São Paulo, p. 18, 28 fev. 1972.

DEPARTAMENTO DE PATRIMÔNIO HISTÓRICO. *Relatório: pesquisa histórica referente à casa nº 3 da antiga rua do Carmo.* São Paulo: Departamento de Patrimônio Histórico, [199-].

Diário de São Paulo, São Paulo, 1º nov. 1866.

Diário do Rio de Janeiro, Rio de Janeiro, n. 6, 7 dez. 1826.

Diário do Rio de Janeiro, Rio de Janeiro, n. 11, 14 dez. 1826.

Diário do Rio de Janeiro, Rio de Janeiro, n. 14, 18 dez. 1826.

Diário do Rio de Janeiro, Rio de Janeiro, n. 15, 19 dez. 1826.

Diário do Rio de Janeiro, Rio de Janeiro, n. 16, 20 dez. 1826.

Diário do Rio de Janeiro, Rio de Janeiro, n. 21, 27 jan. 1827.

Diário Fluminense, Rio de Janeiro, v. 7, n. 128, 10 jun. 1826.

Diário Fluminense, Rio de Janeiro, v. 7, n. 139, 26 jun. 1826.

Diário Fluminense, Rio de Janeiro, v. 8, n. 87, 13 out. 1826.

Diário Fluminense, Rio de Janeiro, v. 8, n. 88, 14 out. 1826.

Diário Fluminense, Rio de Janeiro, v. 8, n. 89, 16 out. 1826.

Diário Fluminense, Rio de Janeiro, v. 8, n. 130, 4 dez. 1826.

Diário Fluminense, Rio de Janeiro, v. 8, n. 133, 7 dez. 1826.

Diário Fluminense, Rio de Janeiro, v. 8, n. 134, 9 dez. 1826.

Diário Fluminense, Rio de Janeiro, v. 8, n. 140, 16 dez. 1826.

Diário Fluminense, Rio de Janeiro, v. 9, n. 12, 16 jan. 1827.

Diário Fluminense, Rio de Janeiro, v. 9, n. 12, 24 jan. 1827.

Diário Fluminense, Rio de Janeiro, v. 9, n. 21, 27 jan. 1827.

EM BENEFÍCIO das crianças pobres a *avant-première* da marquesa de Santos. *Folha da Manhã*, São Paulo, p. 18, 11 dez. 1941.

EM QUE se fala de uma princesa. *Folha de S.Paulo*, São Paulo, 3º caderno, p. 35, 10 dez. 1972.

FUNDADO no Rio Museu do I Reinado. *Folha de S.Paulo*, São Paulo, 1º caderno, p. 11, 9 dez. 1965.

Gazeta do Brasil, Rio de Janeiro, n. 42, suplemento, 20 out. 1827.

GURGEL, L. Amaral. A marquesa de Santos. *Folha da Manhã*, São Paulo, p. 7, 1º ago. 1931.

MARQUESA de Santos será revivida numa peça musical a ser encenada na Broadway. *Folha da Tarde*, São Paulo, 2º caderno, p. 4, 20 out. 1961.

MONTADON, Marco Antônio. Este ano o velho parente não leva flor à marquesa. *Folha de S.Paulo*, São Paulo, Caderno Local, p. 6, 2 nov. 1974.

MOSTAÇO, Edélcio. As traquinagens de Pedro e Domitila. *Folha de S.Paulo*, São Paulo, Ilustrada, p. 42, 14 set. 1984.

NOVAMENTE em foco a questão do quadro da marquesa de Santos. *Folha da Manhã*, São Paulo, Primeira Página, 23 set. 1953.

Novo Farol Paulistano, São Paulo, p. 276, 11 abr. 1832.

O IMPERADOR Galante. *Folha da Noite*, São Paulo, 2º caderno, p. 3, 15 mar. 1954.

O Spectador Brasileiro, Rio de Janeiro, n. XXXIV, p. 3-4, 14 jun. 1826.

O Spectador Brasileiro, Rio de Janeiro, n. CXXXI, p. 1-2, 6 nov. 1826.

O Spectador Brasileiro, Rio de Janeiro, n. CXLI, p. 1, 29 nov. 1826.

O Spectador Brasileiro, Rio de Janeiro, n. CXLIV, p. 1-2, 6 dez. 1826.

O Spectador Brasileiro, Rio de Janeiro, n. CXLVII, p. 1-2, 15 dez. 1826.

OURO, brilhante e pérolas na Copa 72. *Folha de S.Paulo*, São Paulo, 1º caderno, 10 dez. 1971.

PEÇA de Barbosa Lessa. *Folha da Tarde*, São Paulo, p. 14, 4 out. 1971.

PRIMEIRAS. A marquesa de Santos no Sant'Anna. *Folha da Manhã*, São Paulo, p. 5, 5 mar. 1938.

SAMORA, Guilherme. Os amores da marquesa. *Revista Já*, ano 8, n. 400, 5 set. 2004.

TEATRO Nove. *Folha de S.Paulo*, São Paulo, 2º caderno, p. 4, 12 fev. 1962.

TEPEDINO, dr. A. O amor: o conceito médico. *Folha da Manhã*, São Paulo, p. 12, 5 dez. 1927.

UMA PEÇA de Monteiro Lobato. *Folha da Noite*, São Paulo, p. 5, 21 dez. 1923.

UM D. PEDRO mais humano na peça que é um ensaio. *Folha da Tarde*, São Paulo, p. 31, 30 out. 1972.

UM GRITO de liberdade. *Folha de S.Paulo*, São Paulo, p. 47, 24 ago. 1972.

Livros e artigos

ALMANAK do Rio de Janeiro para o anno de 1827. *Revista do Instituto Histórico e Geográfico Brasileiro*, Rio de Janeiro: Departamento de Imprensa Nacional, v. 300, jul./set. 1973.

BIBLIOGRAFIA

ANDRADA E SILVA, José Bonifácio de; ANDRADA, Antônio Carlos Ribeiro de; ANDRADA, Martim Francisco Ribeiro de. *Cartas andradinas*: correspondência particular de José Bonifácio, Martim Francisco e Antônio Carlos dirigida a Antônio de Meneses Vasconcelos de Drummond. Rio de Janeiro: Leuzinger & Filhos, 1890.

ARMITAGE, João. *História do Brasil*: desde o período da chegada da família de Bragança em 1808 até a abdicação de d. Pedro 1º em 1831, compilada à vista dos documentos públicos e outras fontes originais, formando uma continuação da história do Brasil de Southey. Belo Horizonte: Itatiaia; São Paulo: Edusp, 1981.

AZEVEDO, Vicente de (org.). *Cartas de Álvares de Azevedo*. São Paulo: Academia Paulista de Letras, 1978.

BARROS, Maria Paes de. *No tempo de dantes*. São Paulo: Paz e Terra, 1998.

BEYER, Gustavo. Ligeiras notas de viagem do Rio de Janeiro à capitania de São Paulo, no Brasil, no verão de 1813 [...]. *Revista do Instituto Histórico e Geográfico de São Paulo*, São Paulo, v. XII (1907), p. 275-311, 1908.

BÖSCHE, Eduardo Theodoro. Quadros alternados de viagens terrestres e marítimas, aventuras, acontecimentos políticos, descrições de usos e costumes de povos durante uma viagem ao Brasil. *Revista do Instituto Histórico e Geográfico Brasileiro*, Rio de Janeiro, t. 83, n. 137, p. 133-242, 1918.

BRAGANÇA E BOURBON, D. Pedro de Alcantara. *Testamento de sua magestade imperial d. Pedro, duque de Bragança*. Rio de Janeiro: Austral, [18--]. Disponível em: https://bibliotecadigital.stf.jus.br/xmlui/bitstream/handle/123456789/446/107333.pdf?sequence=5&isAllowed=y. Acesso em: 18 dez. 2022.

BROTERO, Frederico de Barros. *A vida do dr. João Dabney de Avelar Brotero*. São Paulo: Paulista, 1945.

BUENO, Francisco de Assis Vieira. *A cidade de São Paulo*: recordações evocadas de memória. São Paulo: Academia Paulista de Letras, 1976.

BURTON, Isabel. *The Life of Captain Sir Richard F. Burton*. Londres: Chapman & Hall, 1893. 2 v.

CALDEIRA, Jorge (org.). *Brasil, a história contada por quem viu*. São Paulo: Mameluco, 2008.

CARTAS do imperador d. Pedro I a Domitila de Castro. Rio de Janeiro: Moraes, 1896.

CAXIAS, barão de. *Cartas sobre a Revolução de 1842*. Separata de: Tomo V dos Anais do Museu Paulista. São Paulo: Imprensa Oficial de São Paulo, 1931.

CÓDIGO Filipino, Livro V, Título XXXVIII. Disponível em: https://www2.senado.leg.br/bdsf/bitstream/handle/id/242733/000010186_05.pdf. Acesso em: 16 jun. 2025.

DEBRET, Jean-Baptiste. *Viagem pitoresca e histórica ao Brasil*. São Paulo: Martins, 1954.

DRUMMOND, A. M. V. Anotações de A. M. V. de Drummond à sua biografia. *Anais da Biblioteca Nacional do Rio de Janeiro*, v. XIII, pt. 3. Rio de Janeiro: Leuzinger & Filhos, 1885-1886.

EXPILLY, Charles. *Mulheres e costumes do Brasil*. São Paulo: Nacional, 1935.

FREITAS, Affonso A. *Tradições e reminiscências paulistanas*. São Paulo: Governo do Estado, 1975.

GARCIA, Rodolfo. O Rio de Janeiro em 1823, conforme a descrição de Otto von Kotzebue, official da marinha russa. *Revista do Instituto Histórico e Geográfico Brasileiro*, Rio de Janeiro, t. 80, n. 134, p. 507-26, jul. 1917.

GRAHAM, Maria Dundas. *Diário de uma viagem ao Brasil e de uma estada nesse país durante parte dos anos 1821, 1822, 1823*. São Paulo: Nacional, 1956.

GRAHAM, Maria Dundas. *Escorço biográfico de dom Pedro I*. Rio de Janeiro: Fundação Biblioteca Nacional, 2010.

HAMMOND, Graham Eden. *Os diários do almirante Graham Eden Hamond*. Rio de Janeiro: JB, 1984.

KANN, Bettina; LIMA, Patrícia Souza. *Cartas de uma imperatriz*. São Paulo: Estação Liberdade, 2006.

LEME, Pedro Taques de Almeida Paes. *Nobiliarquia paulistana*. 3 v. Belo Horizonte: Itatiaia, 1980.

LESUR, C. L. *Annuaire historique universel pour 1829*. Paris: Chez Alexis Pillot, nov. 1830.

LOBATO, Monteiro. *A barca de Gleyre*. 14. ed. São Paulo: Brasiliense, 1972.

LUCCOCK, John. *Notas sobre o Rio de Janeiro*. São Paulo: Nacional, 1969.

MANSFELDT, Julius. *Meine Reise nach Brasilien im Jahre 1826*. 2 v. Magdeburgo: Gedruckt bei E. Bansch, 1828.

MARESCHAL, barão de. A correspondência do barão Wenzel de Mareschal. *Revista do Instituto Histórico e Geográfico Brasileiro*, Rio de Janeiro, t. 77, n. 129, p. 165-244, 1914; t. 80, n. 134, p. 5-148, jul. 1917.

MARESCHAL, barão de. Correspondência do barão Wenzel de Mareschal. *Revista do Instituto Histórico e Geográfico Brasileiro*, Rio de Janeiro, n. 313-315, 319-321, 323-324, 328-330, 332-337, 340-349, out./dez. 1976-out./dez. 1985.

MARQUES E IRMÃO. *Almanak administrativo, mercantil e industrial da província de São Paulo para o anno de 1858.* 2º ano. São Paulo: Imparcial de J. R. de Azevedo Marques, 1857.

MARROCOS, Luís Joaquim dos Santos. *O bibliotecário do rei.* Rio de Janeiro: Biblioteca Nacional, 2007.

MAWE, John. *Viagens ao interior do Brasil.* Belo Horizonte: Itatiaia; São Paulo: Edusp, 1978.

MELO, Marcílio Simões Romeiro de. *Marquesa de Santos*: santa ou megera. Mogi das Cruzes: Teco, 1985.

MORAES, Maria da Glória Quartim de. *Reminiscências de uma velha (memória).* São Paulo: [s.n.], 1981.

MÜLLER, Daniel Pedro. *Ensaio d'um quadro estatístico da província de São Paulo.* São Paulo: Governo do Estado, 1978.

NOGUEIRA, José Luis de Almeida. *A Academia de São Paulo*: tradições e reminiscências. 5 v. São Paulo: Saraiva, 1977.

OBERACKER JR., Carlos H. Comentários às cartas da imperatriz Leopoldina a João Martinho Flach. *Revista do Instituto Histórico e Geográfico de São Paulo*, São Paulo, v. 93, 1997.

OBERACKER JR., Carlos H. O duque de Santa Cruz: Augusto duque de Leuchtenberg e o Brasil. *In: Jahrbuch für Geschichte von Staat, Wirtschaft u. Gesellschaft Lateinamerikas.* v. 26. Colônia; Viena: Böhlau Verlag, 1989.

OTÁVIO, Rodrigo. *Minhas memórias dos outros.* Primeira série. Rio de Janeiro: José Olympio, 1934.

OLIVEIRA, Albino José Barbosa de. *Memórias de um magistrado do Império.* São Paulo: Nacional, 1943.

PEDRO II, dom. Diário do imperador dom Pedro II. *Anuário do Museu Imperial*, v. 17, 1956.

PINHEIRO, José Feliciano Fernandes. Memórias do visconde de São Leopoldo José Feliciano Fernandes Pinheiro, compiladas e postas em ordem pelo conselheiro Francisco Ignácio Marcondes Homem de Mello. *Revista do Instituto Histórico e Geográfico Brasileiro*, Rio de Janeiro, t. 38, pt. 2, 1875.

RANGEL, Alberto. *Dom Pedro I e a marquesa de Santos.* 2. ed. Tours: Arrault, 1928.

RANGEL, Alberto. *Textos e pretextos.* Tours: Arrault, 1926.

RANGEL, Alberto (notas); ARAÚJO, Emanuel (coord.). *Cartas de Pedro I à marquesa de Santos.* Rio de Janeiro: Nova Fronteira, 1984.

REZZUTTI, Paulo. *Titília e o Demonão:* a vida amorosa na corte imperial: mensagens de d. Pedro I à marquesa de Santos. São Paulo: LeYa Brasil, 2019.

SAINT-HILAIRE, Auguste. *Viagem à província de São Paulo e resumo das viagens ao Brasil, província Cisplatina e missões do Paraguai.* São Paulo: Martins, 1945.

SANTOS, Luís Gonçalves dos. *Memórias para servir à história do Reino do Brasil.* 2 v. Belo Horizonte: Itatiaia; São Paulo: Edusp, 1981.

SCHLICHTHORST, C. *O Rio de Janeiro como é (1824-1826).* Brasília: Senado Federal, 2000.

SEIDLER, Carl. *Dez anos no Brasil.* São Paulo: Martins Fontes, 1941.

SILVA, Francisco Gomes da. *Memorias offerecidas à nação brazileira, pelo Conselheiro Francisco Gomes da Silva.* Londres: J. Thompson, 1831. Disponível em: https://digital.bbm.usp.br/handle/bbm/588. Acesso em: 14 dez. 2022.

SISSON, S. A. *Galeria dos brasileiros ilustres.* 2 v. Brasília: Senado Federal, 1999.

STERN, Daniel. [Marie d'Agoult]. *Mes souvenirs.* Paris: Calmann Lévy, 1880.

TAUNAY, Afonso d'Escragnolle. Cartas do Mestrinho (Antônio Mariano de Azevedo Marques) ao seu irmão José Xavier de Azevedo Marques. *Annaes do Museu Paulista,* t. 4, 1931.

TAUNAY, Afonso d'Escragnolle. *Memórias.* São Paulo: Iluminuras, 2004.

TAUNAY, Afonso d'Escragnolle. *Terra bandeirante.* São Paulo: Diário Oficial, 1931.

TORRES, Lygia Lemos. *A imperatriz dona Amélia.* São Paulo: Elvino Pocai, 1947.

TSCHUDI, J. J. von. *Viagem às províncias do Rio de Janeiro e São Paulo.* São Paulo: Martins, 1952.

VALERA, Juan. *Correspondencia.* v. 1. Madri: Castalia, 2002.

Fontes secundárias

Manuscrito

Biblioteca Nacional, Rio de Janeiro. Fundo (Coleção Tobias Monteiro).

Livros e artigos

ABREU, J. Capistrano. *Ensaios e estudos (crítica e história).* Segunda série. [S.l.]: Briguiet; Sociedade Capistrano de Abreu, 1932.

ADALBERTO, príncipe da Baviera. *Die Herzen der Leuchtenberg*: Chronik einer napoleonisch-bayerisch-europäischen Familie. Munique: Prestei, 1963.

AGUIAR, Antônio Augusto de. *A vida do marquês de Barbacena*. Rio de Janeiro: Imprensa Nacional, 1896.

ALMEIDA, Aluísio de. *Vida quotidiana da capitania de São Paulo (1722-1822)*. São Paulo: Pannartz, 1975.

AMARAL, Antonio Barreto do. *Dicionário de história de São Paulo*. São Paulo: Governo do Estado, 1980.

ASSUMPÇÃO, Maurício Torres. *A história do Brasil nas ruas de Paris*. São Paulo: LeYa Brasil, 2014.

AZEVEDO, Álvares de. *Poesia completa*. Rio de Janeiro: Ediouro, 1965.

BANDECCHI, Brasil. *A Bucha, a maçonaria e o espírito liberal*. São Paulo: Parma, 1982.

BARBUY, Heloisa Maria Silveira. *A marquesa de Santos*: uma mulher, um tempo, um lugar. São Paulo: [s.n.], 2011.

BITTENCOURT, Adalzira. *A mulher paulista na história*. Rio de Janeiro: Livros de Portugal, 1954.

BRITO, José Gabriel de Lemos. *Pontos de partida para a história econômica do Brasil*. 3. ed. São Paulo: Nacional, 1980.

BRUNO, Hernani da Silva. *História e tradições da cidade de São Paulo*: arraial de sertanistas (1554-1828). v. 1. Rio de Janeiro: José Olympio, 1954.

BRUNO, Hernani da Silva. *História e tradições da cidade de São Paulo*: burgo de estudantes (1828-1872). v. 2. Rio de Janeiro: José Olympio, 1954.

CALÓGERAS, João Pandiá. *A política exterior do Império*. 3 v. Rio de Janeiro: Imprensa Nacional; IHGB, 1927.

CALÓGERAS, João Pandiá. *O marquês de Barbacena*. Brasília: Ed. Universidade de Brasília, 1982.

CAMPOS, Alzira Lobo de Arruda. *Casamento e família em São Paulo colonial*. São Paulo: Paz e Terra, 2003.

CAMPOS, Alzira Lobo de Arruda. População e sociedade em São Paulo no século XIX. *In*: PORTA, Paula (org.). *História da cidade de São Paulo*: a cidade no Império 1823-1889. São Paulo: Paz e Terra, 2004. v. 2, p. 15-55.

CINTRA, Assis. *Serões históricos*. São Paulo: Renascença, 1945.

CORRÊA, Viriato. *A marquesa de Santos*. Comédia em três atos e sete quadros. Três números de música do maestro Villa-Lobos. [S.l.]: Getúlio M. Costa, [19--].

CORRÊA DO LAGO, Pedro. *Brasiliana Itaú*: uma grande coleção dedicada ao Brasil. São Paulo: Capivara, 2009.

CUNHA, Rui Vieira da. *Figuras e fatos da nobreza brasileira.* Rio de Janeiro: [Arquivo Nacional], 1975.

D. PEDRO I e dona Leopoldina perante a história: vultos e fatos da Independência. São Paulo: Instituto Histórico e Geográfico de São Paulo, 1972.

DEL PRIORE, Mary. *A carne e o sangue:* a imperatriz d. Leopoldina, d. Pedro I e Domitila, a marquesa de Santos. Rio de Janeiro: Rocco, 2012.

DIAS, Demosthenes de Oliveira. *O solar da marquesa de Santos.* Rio de Janeiro: Carlos Ribeiro, 1972.

DIAS, Maria Odila Leite da Silva. *Quotidiano e poder em São Paulo no século XIX*. São Paulo: Brasiliense, 1984.

EDMUNDO, Luis. *A marquesa de Santos.* [S.l.: s.n., 19--].

EGAS, Eugênio. *Galeria dos presidentes de São Paulo.* v 1. São Paulo: Imprensa Oficial do Estado de São Paulo, 1926.

FARIA, Ana Leal de; AMORIM, Maria Adelina (coord.). *O Reino sem corte*: a vida em Portugal com a corte no Brasil 1807-1821. Lisboa: Tribuna da História, 2010.

FAZENDA, José Vieira. *Antiqualhas e memórias do Rio de Janeiro.* Rio de Janeiro: Imprensa Nacional, 1921.

FREITAS, Victor F. de. Os últimos anos da condessa de Iguaçu. *In*: *O Estado de Minas*, 17 jun. 1962.

GASPAR, Byron. *Fontes e chafarizes de São Paulo.* São Paulo: Secretaria de Cultura, 1970.

GOMES, Laurentino. *1822*: como um homem sábio, uma princesa triste e um escocês louco por dinheiro ajudaram d. Pedro a criar o Brasil — um país que tinha tudo para dar errado. Rio de Janeiro: Nova Fronteira, 2010.

GUIMARÃES, Argeu. *Em torno de um casamento de d. Pedro II.* Rio de Janeiro: Zelio Valverde, 1942.

GUIMARÃES, A. C. D'Araújo. *A corte no Brasil, figuras e aspectos.* Porto Alegre: Globo, 1936.

HADDAD, Jamil Almansur. *Álvares de Azevedo, a maçonaria e a dança.* São Paulo: Conselho Estadual de Cultura, 1960.

HOLANDA, Sérgio Buarque de (coord.). *História geral da civilização brasileira.* 11 v. 2. ed. São Paulo: Difusão Europeia do Livro, 1967.

HOMEM, Maria Cecília Naclério. *O palacete paulistano.* São Paulo: Martins Fontes, 1996.

IRMÃO, José Aleixo. *Rafael Tobias de Aguiar*: o homem, o político. Sorocaba: Fundação Ubaldino do Amaral, 1992.

JORGE, Fernando. *Vida, obra e época de Paulo Setúbal*. 2. ed. São Paulo: Geração, 2008.

JUNG, C. G. *Contributions to Analytical Psychology*. Londres: Kegan Paul, 1928.

LEITE, Aureliano. *Vida e obra do brigadeiro Rafael Tobias de Aguiar*. São Paulo: Força Pública do Estado de São Paulo, 1965.

LEMOS, Carlos A. Organização urbana e arquitetura em São Paulo dos tempos coloniais. *In*: PORTA, Paula (org.). *História da cidade de São Paulo*: a cidade no Império 1823-1889. São Paulo: Paz e Terra, 2004. v. 2, p. 145-77.

LEMOS, Juvêncio Saldanha. *Os mercenários do imperador*. Rio de Janeiro: Biblioteca do Exército, 1996.

LESSA, Barbosa. *Marquesa de Santos*. Peça em três atos. Peça não publicada.

LIGHT, Kenneth *et al*. *A transferência da capital e corte para o Brasil*. Lisboa: Tribuna de História, 2007.

LUSTOSA, Isabel. *D. Pedro I*. São Paulo: Companhia das Letras, 2006.

MACHADO, Maria Helena P. T. Sendo cativo nas ruas: a escravidão urbana na cidade de São Paulo. *In*: PORTA, Paula (org.). *História da cidade de São Paulo*: a cidade colonial 1554-1822. São Paulo: Paz e Terra, 2004. v. 1, p. 57-99.

MAGALDI, Sábato; VARGAS, Maria Thereza. *Cem anos de teatro em São Paulo*. 2. ed. São Paulo: Ed. Senac, 2001.

MARCÍLIO, Maria Luiza. *A cidade de São Paulo*: povoamento e população, 1750-1850. São Paulo: Pioneira; Edusp, 1974.

MARCÍLIO, Maria Luiza. A população paulistana ao longo dos 450 anos da cidade. *In*: PORTA, Paula (org.). *História da cidade de São Paulo:* a cidade colonial 1554-1822. São Paulo: Paz e Terra, 2004. v. 1, p. 244-69.

MARCÍLIO, Maria Luiza. Notas sobre a cultura material e o cotidiano em São Paulo dos tempos coloniais. *In*: PORTA, Paula (org.). *História da cidade de São Paulo:* a cidade colonial 1554-1822. São Paulo: Paz e Terra, 2004. v. 1, p. 179-89.

MARCOVITCH, Jacques. Os Prados. *In*: MARCOVITCH, Jacques. *Pioneiros e empreendedores*: a saga do desenvolvimento no Brasil. 2. ed. rev. São Paulo: Edusp, 2006.

MARINHO, José Antonio. *História do movimento político de 1842*. 2. ed. Belo Horizonte: Itatiaia; São Paulo: Edusp, 1977.

MARQUES, Manoel Eufrásio de Azevedo. *Província de São Paulo*. 2 v. Belo Horizonte: Itatiaia; São Paulo: Edusp, 1980.

MARTINS, Antonio Egydio. *São Paulo antigo, 1554-1910*. São Paulo: Paz e Terra, 2003.

MARTINS, José de Souza; CAMARGO, Luís Soares de. *História e arte no Cemitério da Consolação*. São Paulo: Secretaria de Cultura; Secretaria de Serviços, [20--].

MAUL, Carlos. *A marquesa de Santos*: seu drama, sua época. 2. ed. rev. Rio de Janeiro: Zelio Valverde, [19--].

MAUL, Carlos. *Vida da condessa de Iguassú*: filha de d. Pedro I e da marquesa de Santos. Rio de Janeiro: Zelio Valverde, 1942.

MELO MORAIS, A. J. de. *A Independência e o Império do Brasil*. Brasília: Senado Federal, 2004.

MELO MORAIS, A. J. de. *Crônica geral do Brasil*. 2 v. Rio de Janeiro: Garnier, 1886.

MELO MORAIS, A. J. de. *História do Brasil Reino e do Brasil Império*. 2 v. Belo Horizonte: Itatiaia; São Paulo: Edusp, 1982.

MENEZES, Raimundo. *São Paulo dos nossos avós*. São Paulo: Saraiva, 1969.

MONTEIRO, Raul Leme. *Carmo*: patrimônio da história, arte e fé. São Paulo: [s.n.], 1978.

MONTEIRO, Tobias. *História do Império*: o Primeiro Reinado. v. 2. Belo Horizonte: Itatiaia, 1982.

MORSE, Richard M. *De comunidade a metrópole*: biografia de São Paulo. São Paulo: Comissão do IV Centenário, 1954.

NORTON, Luiz. *A corte de Portugal no Brasil*. São Paulo: Nacional, 1938.

OBERACKER JR., Carlos H. *A imperatriz Leopoldina*: sua vida e sua época. Rio de Janeiro: Imprensa Nacional, 1973.

PESSOA, Ana; BANDEIRA, Júlio; LAGO, Pedro Corrêa do. *Pallière e o Brasil*: obra completa. Rio de Janeiro: Capivara, 2011.

PINHÃO, Tavares. *Domitila de Castro, marquesa de Santos*. São Paulo: Anchieta, 1942.

PINHO, Wanderley. *Salões e damas do Segundo Reinado*. 2. ed. São Paulo: Martins, [19--].

PORTO, Antonio Rodrigues. *A história da cidade de São Paulo através de suas ruas*. São Paulo: Carthago, 1996.

PRADO, J. F. de Almeida. *Tomas Ender*: pintor austríaco na corte de d. João VI no Rio de Janeiro: um episódio da formação da classe dirigente brasileira, 1817-1818. São Paulo: Nacional, 1955.

RAMIREZ, Ezekiel Stanley. *As relações entre a Áustria e o Brasil, 1815-1889.* São Paulo: Nacional, 1968.

REZZUTTI, Paulo. *D. Leopoldina*: a mulher que arquitetou a Independência do Brasil. 2. ed. rev. e aum. São Paulo: LeYa Brasil, 2022.

REZZUTTI, Paulo. *D. Pedro*: o homem revelado por cartas e documentos inéditos. 2. ed. rev. e aum. São Paulo: LeYa Brasil, 2022.

REZZUTTI, Paulo. *Mulheres do Brasil.* São Paulo: LeYa Brasil, 2018.

RIBEIRO, João A. Pereira. *O romance histórico na literatura brasileira.* São Paulo: Secretaria de Cultura, 1976.

SANTANA, Nuto. D. Pedro I e d. Amélia. *In*: Santana, Nuto. *Documentário histórico.* v. 1. São Paulo: Departamento de Cultura, 1956.

SANTANA, Nuto. *São Paulo histórico (aspectos, lendas e costumes).* 6 v. São Paulo: Departamento de Cultura, 1937-1944. 1 v.

SCHMIDT, Maria Junqueira. *A segunda imperatriz do Brasil.* São Paulo: Melhoramentos, 1927.

SETÚBAL, Paulo. *A marquesa de Santos.* São Paulo: Geração, 2009.

SILVA, Fernando Nascimento. *Rio de Janeiro em seus quatrocentos anos*: formação e desenvolvimento da cidade. Rio de Janeiro: Record, 1965.

SILVA, Maria Beatriz Nizza da. *Cultura e sociedade no Rio de Janeiro (1808-1821).* São Paulo: Nacional, 1978.

SILVA, Paulo Napoleão N. B. Nogueira. *Pedro I, o português brasileiro.* 2. ed. Rio de Janeiro: Gryphus, 2003.

SMITH DE VASCONCELOS, barão; VASCONCELOS, barão. *Archivo Nobiliarchico Brasileiro.* Lausanne: La Concorde, 1918.

SOUSA, Octávio Tarquínio de. *A vida de d. Pedro I.* 3 v. Rio de Janeiro: José Olympio, 1952.

SOUSA, Octávio Tarquínio de. *História dos fundadores do Império do Brasil*: fatos e personagens em torno de um regime. Belo Horizonte: Itatiaia; São Paulo: Edusp, 1988.

SPIX, Johann Baptist von; MARTIUS, Carl Friedrich Philipp von. *Viagem pelo Brasil, 1817-1820.* São Paulo: Melhoramentos, 1968.

TAVARES, Silva. *A vida amorosa de d. Pedro IV.* Lisboa: Clássica, 1934.

TOLEDO, Benedito Lima de. *São Paulo*: três cidades em um século. 2. ed. aum. São Paulo: Duas Cidades, 1983.

VALLADARES, Clarival do Prado. *Arte e sociedade nos cemitérios brasileiros*. Rio de Janeiro: MEC; Conselho Federal de Cultura, 1972.

VAMPRÉ, Spencer. *Memórias para a história da Academia de São Paulo*. v. 2. Brasília: INL; Conselho Federal de Cultura, 1977.

VIANNA, Hélio. *D. Pedro I e d. Pedro II, acréscimos às suas biografias*. São Paulo: Nacional, 1966.

WITTE, Cláudia Thomé. *D. Amélia*: a neta de Napoleão que se tornou imperatriz do Brasil. São Paulo: LeYa Brasil, 2023.

Artigos

ALMEIDA, Aluísio. Rafael Tobias de Aguiar — 1794-1857. *Revista do Arquivo Municipal de São Paulo*, São Paulo, n. LXXXVI, 1942.

AZEVEDO, Vicente de Paulo Vicente de. Domitila de Castro, marquesa de Santos. *Revista do Instituto Histórico e Geográfico Brasileiro*, Rio de Janeiro, n. 299, abr./jun. 1973.

BANDECCHI, Brasil. A sociedade dos patriarcas invisíveis e a Revolução Liberal de 1842. *Revista do Instituto Histórico e Geográfico de São Paulo*, São Paulo, v. 77, 1982.

BREDA FILHO, Odorino. A enfermidade da imperatriz Leopoldina. *Revista do Instituto Histórico e Geográfico de São Paulo*, São Paulo, v. 71, 1974.

CAMPOS, Eudes. Os móveis franceses da marquesa de Santos. *Informativo Arquivo Histórico Municipal* [on-line], ano 3, n. 17, São Paulo, mar./abr. 2008. Disponível em: http://www.arquiamigos.org.br/info/info17/i-inter.htm. Acesso em: 26 jan. 2023.

DÓRIA, Luiz Gastão d'Escragnolle. A imperatriz Leopoldina. *Revista do Instituto Histórico e Geográfico de São Paulo*, São Paulo, v. 16, 1911.

FLEUISS, Max. Sessão especial… Centenário do falecimento da imperatriz dona Maria Leopoldina. *Revista do Instituto Histórico e Geográfico Brasileiro*, Rio de Janeiro, v. 153, 1926.

LEMOS, Carlos A. C. A casa da marquesa de Santos. *Revista do Instituto de Estudos Brasileiros*, São Paulo, n. 4, 1968.

MARINATTO, Luã. Documento revela pensão recebida pela marquesa de Santos, amante de Dom Pedro I. *Ancelmo.com*, 18 nov. 2021. Disponível em:

https://blogs.oglobo.globo.com/ancelmo/post/documento-revela-pensao-recebida-pela-marquesa-de-santos-amante-de-dom-pedro-i-apos-morte-do-marido.html. Acesso em: 30 jan. 2023.

NETTO, José Carlos. A marquesa de Santos de Ramos. Disponível em: http://www.sidneyrezende.com/noticia/154957+a+marquesa+de+santos+- de+ramos. Acesso em: 6 dez. 2011.

OBERACKER JR., Carlos H. Os ofícios do cônsul prussiano Von Theremin sobre a morte da imperatriz Leopoldina. *Revista do Instituto Histórico e Geográfico Brasileiro*, Rio de Janeiro, t. 348, 1985.

PERROT, Michelle. Práticas da memória feminina. *Revista Brasileira de História*, v. 9, n. 18, p. 9-18, 1989.

PESSOA, Ana; SANTOS, Ana Lúcia Vieira dos. "O palacete da Independência". No prelo.

RAFFARD, Henri. Apontamentos acerca de pessoas e coisas do Brasil. *Revista Trimensal do Instituto Histórico e Geográfico Brasileiro*, Rio de Janeiro, t. LXI, pt. 11, 1899.

REZENDE, Carlos Penteado de. Casamento de Emílio do Lago. *Revista do Arquivo Municipal*, São Paulo, v. 33, 1970.

RHEINGANTZ, Carlos Grandmasson. Ascendência-descendência de d. Arcângela, irmã do padre Correia. *Anuário do Museu Imperial*, Petrópolis, v. 18, 1957.

SANT'ANNA, Affonso Romano de. A marquesa de Santos e a nova história. *Manchete*, n. 1690, p. 26, 8 set. 1984.

TAUNAY, Afonso de. O Ypiranga em 1822. *Guia da seção Histórica do Museu Paulista*, São Paulo, p. 7-10, 1937.

VASCONCELOS, Maria Celi Chaves; REZZUTTI, Paulo. A marquesa de Santos e o gosto pelo poder: de "favorita" a militante liberal. Disponível em: http://dx.doi.org/10.1590/1806-9584-2018v26n248809. Acesso em: 23 dez. 2022.

WITTE, Cláudia Thomé. Amélia e dom Pedro I, um casamento imperial há 180 anos. *Revista Ponto de Vista*, Juiz de Fora, abr. 2010.

Multimídia

A HISTÓRIA das mulheres do Brasil, da Inconfidência ao Império. Apresentado por Paulo Rezzutti e Douglas Fasolato. [S.l.: s.n.], 2020. 1 vídeo (112 min).

Publicado pelo canal Paulo Rezzutti. Disponível em: https://www.youtube.com/watch?v=_5M7f6gAIaM. Acesso em: 13 fev. 2022.

A MARQUESA de Santos, uma história real. Diretores: Dimas Oliveira Jr.; Luis Felipe Harazim. São Paulo: WeDo Comunicação, 2002. 1 DVD.

PEDRO I: um brasileiro. Direção: Maria Lourdes Pereira Horta. Petrópolis: Ministério da Cultura-Iphan-Museu Imperial, 1998. 1 CD-ROM.

Teses e dissertações

AMBIEL, Valdirene do Carmo. *Estudos de arqueologia forense aplicados aos remanescentes humanos dos primeiros imperadores do Brasil depositados no Monumento à Independência.* 2013. Dissertação (Mestrado em Arqueologia) — MAE/USP, São Paulo, 2013.

CARVALHO, Clênio de Araújo. *Aspectos jurídicos de um processo de divórcio do séc. XIX à luz do direito civil atual*: o libelo da condessa e do conde de Iguaçu. 2022. Trabalho de Conclusão de Curso (Bacharelado em Direito) — Unisba, Salvador, 2022.

SILVA, Fábio Carlos da. *Barões de ouro e aventureiros britânicos no Brasil*: a Companhia Inglesa de Macaúbas e Cocais, 1828-1912. 1997. Tese (Doutorado em História Econômica) — FFLCH/USP, São Paulo, 1997.

TONIN, Fabiana Bigaton. *Águas revessas*: confluências da memória, literatura e história nas memórias inéditas de Alberto Rangel. 2009. Dissertação (Mestrado em Teoria e História Literária) — IEL/Unicamp, Campinas, 2009.

Exposições

BARBUY, Heloísa (cur.). *Marquesa de Santos*: uma mulher, um tempo, um lugar. São Paulo: Museu da Cidade, nov. 2011.

PALÁCIO do Tribunal de Justiça. *A marquesa de Santos e a defesa de São Paulo no Brasil independente.* São Paulo: Tribunal de Justiça de São Paulo; Casa do Saber, set. 2009.

REZZUTTI, Paulo (cur.). *A São Paulo da marquesa de Santos*: a (cumpli)cidade de um cenário. São Paulo: Museu da Cidade, mar. 2021.

AGRADECIMENTOS

Esta edição, para chegar ao nível de informação obtido, tanto documental quando iconográfico, contou com a ajuda de diversas pessoas. Agradeço à museóloga Simone Trindade, do Museu Costa Pinto, e à profa. dra. Alícia Duhá Lose, do Instituto de Letras da UFBA, que me forneceu acesso ao processo de divórcio da condessa de Iguaçu. À ma. Jandira Flaeschen, chefe da Seção do Laboratório de Restauração, Coordenadoria de Preservação da Fundação Biblioteca Nacional, pelas informações e imagens de um álbum de autógrafos que estava sendo restaurado, permitindo que eu chegasse a cartas e guardados de Domitila que ainda não tinham sido estudados. Ao diplomata Hélio Franchini Neto e à ministra de primeira classe sra. Daniella Xavier Cesar, coordenadora de Patrimônio Histórico e diretora do Museu Histórico e Diplomático do Itamaraty, pelo acesso a fotos e informações sobre a pulseira que pertenceu a Domitila e está em seu acervo. Ao coordenador-geral dos museus da Fundação Anita Mantuano de Artes do Estado do Rio de Janeiro (Funarj) e ao diretor da Casa da Marquesa de Santos, Douglas Fasolato, pela constante ajuda e troca de informações, e pelo acesso à casa de Domitila no Rio de Janeiro, bem como às arquitetas Ana Pessoa e Ana Lúcia Vieira dos Santos, que forneceram para estudo o artigo ainda inédito "O palacete da Independência", a ser publicado futuramente num livro sobre a Casa da Marquesa de Santos no Rio de Janeiro. A toda a equipe do Museu Histórico Nacional, principalmente à ex-diretora Fernanda Santana Rabello de Castro, a Jeanne Mautoni, responsável pela Reserva Técnica, e a Barbara Primo, do Arquivo Histórico. Aos colecionadores José Augusto Bezerra, Luiz Claudio Began e Miguel Geraldi, por permitirem acesso a suas coleções particulares e pela divulgação de algumas das peças.

Também sou muito grato a Eduardo Monteiro, diretor da Fundação Maria Luisa e Oscar Americano, bem como a José Alberto Ribeiro, diretor do Palácio Nacional da Ajuda, em Portugal, pelas autorizações para a publicação de algumas das peças dessas instituições.

A Adriana Moura, que, pela terceira vez, leu e corrigiu os originais deste livro. Ao escritor Paulo Schmidt (*in memoriam*), que em 2012 me ensinou como eu poderia estruturar esta obra e em 2020 faleceu durante a pandemia de covid-19.

À querida amiga Cláudia Thomé Witte, pela leitura atenta e pelos inúmeros conselhos, mas, sobretudo, pela ajuda com informações a respeito das biografias da imperatriz d. Amélia e da duquesa de Goiás. Também por ter encontrado na Alemanha a fotopintura retratando Domitila, enviada pelo conde de Iguaçu à duquesa de Goiás, que está me encarando neste momento, enquanto termino os agradecimentos deste livro.

A Marfísia Lancelotti, que acompanha a evolução desta obra desde 2010 até os dias atuais.

Aos diversos descendentes da marquesa de Santos, entre eles as sras. Sophia Loyda de Vasconcellos Sobral (*in memoriam*), Ligia Sobral Marcondes e Ignez Polidoro, e o sr. Pierre Moreau, sempre prestativos.

A Silvia Regina de Aguiar, pela ajuda com informações genealógicas inéditas a respeito da descendência da marquesa de Santos.

À historiadora Suzana Barretto Ribeiro e ao seu esposo, Joaquim Caetano de Lima Filho, pelo acesso aos escritos genealógicos de Theodora de Camargo Ayres.

À arqueóloga Valdirene Ambiel.

À profa. dra. Mary Del Priore, que, ao compartilhar as pesquisas realizadas no Rio de Janeiro para a elaboração de seu livro *A carne e o sangue*, encurtou em alguns meses o trabalho de levantamento de dados para esta biografia, que corria o risco de não ficar tão completa.

A Sidiney Peterson, pela ajuda na coleta a respeito da mítica da marquesa no imaginário popular.

A Arzelinda Maria Lopes, pelas pesquisas às Atas da Câmara de São Paulo.

Ao d. José Palmeiro Mendes, OSB, abade emérito do mosteiro de São Bento, no Rio de Janeiro, pela ajuda com a genealogia das filhas de Domitila.

A Raul Breno Marquardt, do Atelier Heráldico, pela confecção dos brasões da marquesa de Santos.

E a diversas outras pessoas que não posso deixar de mencionar:

Viviane Tessitore (*in memoriam*), João Moreira Garcez (*in memoriam*), Angela Maria Chiesi Moliterno de Oliveira, Beth Araújo, Mariângela Zan, Ênio Gonçalves (*in memoriam*) e Claiton Franzen, proprietário do antigo Café Dometila; o arq. Victor Hugo Mori, pela permissão em publicar a fotomontagem do Solar da Marquesa de Santos; Priscila Scattone, gerente de produtos da Brinquedos Estrela, e Bruno Mollica Passos, do setor de Marketing da Brinquedos Estrela; Maria Cristina Maia de Castro, do Museu do Tribunal de Justiça de São Paulo; Katia Maria Bruno Ferreira, bibliotecária do Museu Paulista da USP, que deveria servir de exemplo a diversos colegas bibliotecários como técnicos da disseminação das informações, e não do entesouramento destas e dos livros e suportes que as contêm; Vera Lúcia Lima, do Museu Histórico Nacional; Francival de Almeida Gomes, o Popó, administrador do Cemitério da Consolação e profundo conhecedor da história do local; o sr. Nani Claro, do Museu do Turfe do Jockey Club de São Paulo; à antiga equipe do Museu do Primeiro Reinado, em específico Luiza Marcier e Michelle Kauffmann Benarush; à equipe do Museu Imperial, em específico Ana Luisa Alonso de Camargo, do setor de Museologia, e Neibe Machado Costa e Thais Martins, do Arquivo Histórico; Sérgio Roberto dos Santos, da gerência do acervo da SBAT; e Joelma Neris e Caroline Cantanhede, do CEDOC da Funarte.

Este livro foi composto na tipografia Minion Pro,
em corpo 11,5/15,5, e impresso em
papel off-white no Sistema Cameron da
Divisão Gráfica da Distribuidora Record.